MW01016349

C. B. Macpherson

La théorie politique de l'individualisme possessif

de Hobbes à Locke

Traduit de l'anglais
par Michel Fuchs
Postface de Patrick Savidan

Gallimard

Titre original :

THE POLITICAL THEORY
OF POSSESSIVE INDIVIDUALISM

L'édition originale de The Political Theory of Possessive Individualism
*est parue en 1962. La présente traduction est parue avec l'accord
d'Oxford University Press.*
© *Oxford University Press, 1962.*
© *Éditions Gallimard, 1971, pour la traduction française ;
2004 pour la présente édition et pour la postface.*

AVERTISSEMENT

Les traductions du *Léviathan* de Hobbes renvoient à l'édition et la traduction établies par Gérard Mairet, Thomas Hobbes, *Léviathan ou Matière, forme et puissance de l'État chrétien et civil* (Folio Essais n° 375).

Pour Susan, Stephen, Sheila.

PRÉFACE

Il y a quelques années, nous attirions l'attention sur la remarquable unité que nous semble manifester la pensée politique anglaise du XVIIe au XXe siècle. Cette unité nous paraissait tenir à un présupposé sous-jacent que nous nommions « individualisme possessif » — c'est-à-dire l'individualisme conçu comme l'affirmation d'une propriété — et nous avancions alors que certaines des difficultés majeures auxquelles ont achoppé tous les théoriciens de la démocratie libérale, de John Stuart Mill à nos jours, étaient susceptibles d'être mieux comprises, pour peu qu'on voulût bien les attribuer à ce présupposé qui demeure profondément enraciné dans cette philosophie politique. Par ailleurs, la notion d'individualisme possessif nous semblait promettre une compréhension renouvelée des principales théories politiques élaborées au XVIIe siècle, et même offrir, dans certains cas, la solution des problèmes d'interprétation qu'elles posaient encore.

L'ouvrage que nous présentons aujourd'hui au public s'inscrit dans cette direction de recherche, qui nous semblait alors prometteuse. Il est le fruit de plusieurs années de travail. L'étude consacrée à Locke, qui a été écrite la première, fonde — du moins, nous l'espérons — une lecture de sa théorie du droit de propriété qui modifie radicalement la perspective dans laquelle on a coutume de situer sa pensée politique. Elle a paru sous la forme de deux articles publiés en 1951 et en 1954. Nous n'avons pas cru devoir modifier profondément notre analyse d'alors ni lui ajouter des développements substantiels. Nous nous sommes borné à y introduire des renvois à certaines études publiées depuis lors. L'étude consacrée à Hobbes a pour point de départ les lacunes que nous avons cru déceler dans les interprétations de sa théorie politique qui ont cours et elle propose une nouvelle interprétation de sa pensée. Quant au chapitre consacré à la théorie politique des Niveleurs, il s'efforce de corriger une grave erreur d'interprétation et tente de mettre au jour tout ce qu'implique leur idée de liberté fondée sur l'affirmation d'une propriété. Enfin, l'étude sur Harrington essaie de dégager sa théorie de toute la polémique dont elle a souffert à propos du problème historique de la gentry et de montrer qu'il convient de la considérer comme une pensée qui s'enracine dans l'idéologie bourgeoise de l'époque plutôt que comme l'expression des préjugés aristocratiques de son auteur. Nous avons soigneusement étudié, surtout chez Locke et chez Harrington, les contradictions internes de ces théories ; et nous avons traité ces contradictions, qu'on avait jusqu'ici négligées ou sur lesquelles on avait passé trop rapidement, comme autant d'indices des présupposés implicites de leurs auteurs ; cette démarche nous a permis, croyons-nous, de mieux saisir la portée d'ensemble de ces théories.

Ainsi, prises séparément, ces études doivent permettre d'avoir de la pensée politique anglaise au XVIIᵉ siècle une intelligence plus poussée et, pour ce qui est de certaines d'entre elles, plus précise. Prises ensemble, elles établiront — nous voulons le croire — le bien-fondé du concept d'individualisme possessif et la position centrale qu'il occupe parmi les présupposés de la pensée politique anglaise.

Nous tenons à remercier le comité de direction de la revue Western Political Quarterly, *qui nous a autorisé à utiliser deux articles que nous y avions publiés :* « Locke sur l'appropriation capitaliste » *(décembre 1951) et* « Aspects sociaux de la théorie politique de Locke » *(mars 1954), ainsi que le comité de rédaction de* Past and Present, *qui nous a permis de reproduire l'étude sur Harrington publiée dans son numéro d'avril 1960.*

Les amis et les collègues avec qui nous avons discuté la plupart des idées exposées ici nous ont mis en garde contre certains enthousiasmes irréfléchis. Il nous serait difficile de les remercier tous individuellement ; ils n'y tiennent d'ailleurs pas, d'autant que certains d'entre eux nous ont rendu des services qu'ils sont bien loin de soupçonner. Il en est de même de nos étudiants. Mais nous devons à la vérité de dire qu'ils nous ont fait prendre conscience de certaines difficultés du sujet et nous ont encouragé à penser qu'elles pouvaient être surmontées.

Les voies de la recherche sont ardues. On les aplanit de diverses manières selon les siècles. Qu'il nous soit donc permis d'exprimer notre gratitude envers la Fondation Nuffield, le Canada Council et notre Université, qui ont tous eu la bonté de penser que nos études n'étaient pas sans intérêt, et qui ont, par ailleurs, fait de nous leur obligé grâce aux témoignages bien réels de leur considération.

C.B. MACPHERSON.

Université de Toronto.
Le 30 juin 1961.

Introduction

1. LES FONDEMENTS THÉORIQUES
DE LA DÉMOCRATIE LIBÉRALE

La doctrine démocratique et libérale de l'État attend encore des fondements théoriques solides. Les échecs essuyés par tous ceux qui, depuis quelques années, se sont efforcés de lui en trouver autorisent à se demander si la difficulté du problème ne tiendrait pas autant aux origines mêmes de la tradition libérale qu'à tel ou tel de ses développements ultérieurs. Pour tenter de répondre à cette question, il est légitime de remonter à la théorie et à la pratique politiques du XVIIe siècle anglais. C'est en effet l'époque où, à travers une lutte prolongée au Parlement, une guerre civile, une série d'expériences républicaines, une restauration de la monarchie et, enfin, une révolution constitutionnelle, se sont élaborés tous les principes qui, plus tard, allaient servir de fondements à la démocratie libérale. Qu'ils aient connu, au XVIIe siècle, des fortunes diverses ne sau-

rait dissimuler l'importance de la croyance nouvelle
à la valeur et aux droits de l'individu, qui a tout à la
fois nourri la lutte pratique et inspiré ses justifica-
tions théoriques.

L'individualisme du XVIIᵉ siècle a sapé la tradition
chrétienne de la loi naturelle. On peut le déplorer
ou se féliciter de voir, grâce à lui, s'ouvrir de nouvelles perspectives de liberté et de progrès, mais on ne
peut en contester l'importance. De même, il est indéniable que l'individualisme a profondément marqué toute la tradition libérale ultérieure. En tant
que principe fondamental, il date au moins de Hobbes. Les conclusions de celui-ci passeront difficile-
ment pour libérales : ses postulats sont pourtant
tout imprégnés d'individualisme. Rejetant les concepts traditionnels de société, de justice et de loi naturelle, c'est sur l'intérêt et la volonté d'individus
distincts que Hobbes fonde sa théorie des droits et
de l'obligation politiques. Sous forme de croyance à
l'égalité morale de tous les hommes, c'est encore
l'individualisme qu'on trouve au centre de la pensée
politique des Puritains. Et la place qu'il occupe chez
Locke, pour être ambiguë, n'en est pas moins considérable. Toutes ces doctrines se rattachent étroitement à la lutte pour une libéralisation de l'État,
lutte dont la théorie de Locke et celle des Puritains
constituent, à un degré égal, la principale justification. Même l'utilitarisme, qui semble les supplanter
au XVIIIᵉ et au XIXᵉ siècle, n'est au fond qu'une réaf-
firmation des principes individualistes élaborés au

xvıı^e siècle : l'édifice de Bentham s'élève sur les fondations posées par Hobbes.

On admettra sans peine l'impossibilité où l'on se trouve aujourd'hui d'adopter tels quels les principes politiques fondamentaux du xvıı^e siècle : le monde a changé, sa complexité s'est accrue. Mais si ces principes étaient aussi solides qu'ils le semblaient naguère, s'ils étaient aussi bien adaptés qu'on l'a dit aux besoins, aux aspirations et aux aptitudes de l'homme moderne, on aurait pu légitimement espérer les voir servir de fondements à des constructions théoriques nouvelles. Cet espoir a été déçu. Les fondations se sont lézardées et ont basculé : si l'on ne veut pas y renoncer, il faut les réparer.

Les remèdes dépendent évidemment du jugement qu'on porte sur elles. Les diagnostics n'ont pas manqué. Depuis que J.S. Mill a attaqué l'utilitarisme benthamien, qui incarnait alors l'individualisme politique, on a eu tendance à imputer la faiblesse de l'individualisme libéral à l'égoïsme et au rationalisme étriqués qui le caractérisent dans la version que Bentham en a donnée. Celui-ci postule en effet que, dans les rapports politiques qu'il établit, l'homme est le froid calculateur de ses propres intérêts et doit être traité comme tel. Ce postulat, à quoi se résume pour Bentham toute la nature de l'homme en tant qu'« animal politique », a été considéré comme une perversion des visées fondamentales de la tradition libérale antérieure.

On a donc été amené à penser que, pour retrouver les valeurs de l'individualisme qu'on tenait pour désirables et prévenir leur usage abusif, il suffisait de réintroduire dans la théorie libérale la notion de la valeur morale de l'individu, associée de nouveau à celle de la valeur morale de la communauté, comme l'avaient fait, dans une certaine mesure, les Puritains et Locke. Malheureusement, les nombreuses tentatives auxquelles on s'est livré à la suite de Mill pour appliquer ce remède — tel l'idéalisme de T.H. Green, ou encore les diverses sortes de pluralisme moderne — se sont toutes heurtées à de sérieux obstacles. Il convient donc de reconsidérer le diagnostic.

C'est à quoi s'attache cette étude. Les problèmes que soulève la théorie moderne de la démocratie libérale sont, nous le verrons, plus fondamentaux qu'on ne l'a cru. Il nous est apparu qu'ils ne sont qu'autant d'expressions d'une difficulté essentielle qui apparaît aux origines mêmes de l'individualisme au XVIIe siècle : celui-ci est en effet l'affirmation d'une propriété, il est essentiellement possessif. Nous désignons ainsi la tendance à considérer que l'individu n'est nullement redevable à la société de sa propre personne ou de ses capacités, dont il est au contraire, par essence, le propriétaire exclusif. À cette époque, l'individu n'est conçu ni comme un tout moral, ni comme la partie d'un tout social qui le dépasse, mais comme son propre propriétaire. C'est dire qu'on attribue rétrospectivement à la nature même de l'individu les rapports de propriété qui avaient alors pris une importance décisive pour un nombre grandissant de personnes, dont ils déterminaient concrètement la liberté, l'espoir de se réaliser pleinement. L'individu, pense-t-on, n'est libre que dans la mesure où il est propriétaire de sa personne et de ses capacités. Or, l'essence de l'homme, c'est d'être libre, indépendant de la volonté d'autrui, et cette liberté est fonction de ce qu'il possède. Dans cette perspective, la société se réduit à un ensemble d'individus libres et égaux, liés les uns aux autres en tant que propriétaires de leurs capacités et de ce que l'exercice de celles-ci leur a permis d'acquérir, bref, à des rapports d'échange entre propriétaires. Quant à la société politique, elle n'est qu'un artifice destiné à protéger cette propriété et à maintenir l'ordre dans les rapports d'échange.

Il serait imprudent d'affirmer qu'au XVIIᵉ siècle les notions de liberté, de droit, d'obligation et de justice ne sont que l'émanation pure et simple du seul concept de possession : mais on peut prouver que celui-ci les a toutes puissamment façonnées. Nous verrons que les présupposés fondés sur la notion de propriété informent les deux grandes théories de l'obligation politique, celle de Hobbes et celle de Locke. Bien plus, on les retrouve là où l'on s'y serait le moins attendu : chez les Niveleurs radicaux et chez Harrington, qui est pourtant tout imbu des préjugés de la petite noblesse. Si au XVIIᵉ siècle ces présupposés, qui correspondent en substance aux rapports réels qu'établit une économie de marché, ont fait la force de la théorie libérale, ils ont été, par la suite, cause de sa faiblesse. Au XIXᵉ siècle notamment, le développement de l'économie de marché a fait disparaître cer-

taines des conditions qui avaient permis jusque-là de
déduire une théorie libérale à partir de ces présupposés, mais sans entraîner l'abandon de ces derniers,
auxquels la société a continué de se conformer étroitement. Aujourd'hui, nous ne les avons pas encore
abandonnés ; nous ne le pourrons pas tant que notre
société sera soumise à une économie de marché.
Quand on aura vu à quel point ces présupposés s'en-
racinent dans le terreau originel de la démocratie libérale, on comprendra qu'ils aient survécu à toutes
les transformations sociales. On pourra alors se poser
la question de savoir dans quelle mesure cette survivance est responsable des difficultés théoriques
auxquelles se heurte, à notre époque, le libéralisme
démocratique.

2. PROBLÈMES D'INTERPRÉTATION

On n'a pas, en général, identifié clairement les
présupposés d'ordre social dont nous avons essayé
d'établir l'importance dans la théorie politique au
XVIIe siècle ; par là même, on ne leur a pas accordé
assez de poids. La plupart d'entre eux apparaissent
dans les théories comme des mélanges incertains de
postulats concernant le fait et de postulats concernant le droit : du même coup, ils ont tendance à
échapper aux regards tout à la fois des philosophes
et des historiens. Il est d'ailleurs très facile de les

ignorer ou d'en sous-estimer l'importance, car ils ne sont souvent qu'implicites ou qu'à demi formulés dans les théories elles-mêmes. Ce qui soulève un problème général d'interprétation.

Dire d'un théoricien qu'il n'a pas énoncé clairement certains de ses postulats, c'est évidemment impliquer qu'il a eu recours à d'autres présupposés que ceux qu'il a explicitement formulés. Or, il ne s'agit là que d'une présomption qui ne saurait se transformer en certitude. Il ne suffit pas, en effet, de montrer que certains présupposés non énoncés sont logiquement nécessaires (comme c'est très fréquemment le cas) aux conclusions de l'auteur : il faudrait aussi supposer que celui-ci était un logicien de stricte obédience. Supposition imprudente, car, bien que les théoriciens politiques essaient de convaincre leurs lecteurs par des arguments rationnels, les exigences de la persuasion politique et celles de la logique ne sont pas toujours identiques. De plus, un penseur d'un siècle passé n'a pas nécessairement la même notion de la logique que nous.

Mais, à défaut de devenir certitude, cette présomption n'en conserve pas moins un caractère de très grande probabilité. Il serait en effet étonnant que les théoriciens politiques énoncent toujours clairement tous les présupposés dont ils se servent. Deux raisons évidentes peuvent l'expliquer.

D'abord, lorsqu'un écrivain peut tenir pour acquis que ses lecteurs partageront certains de ses présupposés, il ne lui vient pas à l'esprit de les exposer en tel point de son raisonnement où leur absence, pour nous qui ne les acceptons pas nécessairement, l'affaiblit. Ainsi, la classe laborieuse est générale-ment considérée au XVIIᵉ siècle comme une classe à part ; quand on la fait figurer au nombre des parties constitutives de la société civile, ce n'est qu'à titre d'élément négligeable. Que, sans ce postulat, les conclusions d'un théoricien du XVIIᵉ siècle ne soient pas légitimes ne constitue pas une raison suffisante pour le lui attribuer : il n'est, en effet, pas impossi-ble que les mêmes conclusions découlent d'un autre postulat ; c'est celui-ci qu'il faudra alors lui attri-buer. En revanche, un présupposé peut satisfaire au double critère d'être si communément admis que l'auteur a pu le tenir pour acquis, et de combler une lacune dans son raisonnement ; si, de plus, l'auteur le mentionne ou l'utilise dans d'autres contextes, ces conditions réunies confèrent à sa présence implicite tout au long de ce raisonnement un caractère de probabilité telle, qu'à vouloir l'ignorer on s'expose à de grands risques d'erreur. Nous rencontrerons plusieurs exemples de ce genre : tantôt un postulat essentiel à une théorie n'est mentionné qu'en pas-sant comme s'il était négligeable[*1], tantôt il apparaît au détour d'un raisonnement portant sur un tout autre sujet[2].

Ensuite, un théoricien n'a pas toujours clairement conscience lui-même de ses présupposés. Sa vie dans

* Les notes ont été regroupées dans les Appendices en fin d'ouvrage, sous les deux rubriques « Notes littérales » (p. 483 à 499) et « Notes numériques » (p. 500 à 531).

la société de son temps détermine, chez un penseur, des idées d'ordre général sur la nature de l'homme et de la société, qu'il lui arrive parfois de transformer, plus ou moins consciemment, en prémisses d'un raisonnement. Pour regrettable qu'elle soit, cette conversion est tout à fait compréhensible. De plus, aucun auteur ne formule explicitement toutes ses pensées ; rares sont ceux qui, à propos des problèmes dont ils traitent, n'omettent pas certains arguments que, plus tard, les commentateurs ne manqueront pas de trouver pertinents et dont ils déploreront l'absence. Et pourtant, il n'est pas impossible que ce qu'ils ont omis de dire informe toute leur pensée. La présence chez un auteur de postulats implicites constitue donc un problème qu'on ne peut ignorer. Mais il ne suffit pas qu'ils soient logiquement nécessaires à sa thèse pour qu'on soit en droit d'affirmer qu'ils la sous-tendent. Il faut encore qu'ils confèrent à cette thèse un sens, ou plus de sens qu'on ne pourrait lui en donner autrement, que la société de son temps ait pu tout naturellement les inspirer à l'auteur, et enfin qu'ils soient implicites dans plusieurs de ses raisonnements incidents[3]. Alors seulement leur utilisation par l'auteur devient suffisamment probable pour que nous soyons en droit de l'admettre.

Certes, on risque toujours d'attribuer indûment à un auteur tel ou tel présupposé qu'il n'a pas clairement énoncé. Bien plus : même si nous avons tout lieu de penser qu'il y a eu recours, nous ne pouvons être sûrs de ne pas nous tromper dans la formulation que nous en donnons. On peut néanmoins poser en principe qu'il vaut mieux accepter ce risque que refuser de le prendre. À condition, toutefois, d'appliquer les critères que nous venons de définir. Grâce à eux, on évitera peut-être le travers trop fréquent qui consiste à attribuer inconsciemment à un écrivain du passé des postulats que nous tenons pour démontrés, mais qu'il aurait récusés.

On peut invoquer d'autres raisons pour expliquer la discrétion d'un auteur sur les présupposés dont il se sert. Il a pu vouloir les dissimuler ou les déguiser, de peur d'offenser les lecteurs qu'il souhaitait convaincre, ou parce qu'il redoutait la persécution. Au XVIIe siècle, faire de la théorie politique ne va pas sans danger. D'autre part, un théoricien circonspect, dont la pensée est en rupture marquée avec la tradition reçue, peut penser que quelques subterfuges sont nécessaires pour forcer l'assentiment de ses lecteurs. On a de plus en plus tendance à recourir à des considérations de ce genre, notamment pour rendre compte de la confusion qui règne chez Locke[4]. L'existence de tels subterfuges est toujours possible et, dans le cas de Locke, probable, mais, même chez ce dernier, elle est loin d'expliquer tout ce qui doit l'être. Il est beaucoup plus satisfaisant de se rallier à l'hypothèse selon laquelle des présupposés d'ordre social ont été imparfaitement énoncés ou laissés à l'état implicite pour l'une des raisons que nous avons dites.

Une remarque générale, enfin, sur le problème de la cohérence logique des théories politiques. Le point de départ de chacune des études qui suivent est constitué par une incohérence, réelle ou supposée, au sein d'une structure théorique. C'est dire que nous sommes partis de l'hypothèse que chacun des penseurs étudiés visait à la cohérence, ou — ce qui revient au même — qu'ils étaient tous cohérents dans les limites de leur vision du monde. Cette hypothèse s'est révélée fructueuse. Mais, et nous tenons à le souligner, cela ne signifie nullement que nous ayons postulé la cohérence en dernière analyse de chacune des théories considérées. Il nous est arrivé de montrer que ce qui semble une incohérence n'en est pas une, dès lors qu'on admet l'existence d'un présupposé implicite ou imparfaitement énoncé que l'on avait jusqu'ici ignoré ou sur lequel on n'avait pas assez insisté. Mais, plus fréquemment, nous avons été amené à démontrer que telle théorie est, à certains égards, strictement incohérente, même — ou surtout — si l'on tient compte de ses présupposés implicites. Ce n'est donc pas à résoudre les incohérences logiques qu'aboutit l'analyse, mais à expliquer comment le théoricien a pu en être inconscient.

D'ailleurs, le problème de la cohérence logique est secondaire. Postuler qu'un auteur visait à la cohérence n'est rien de plus qu'une hypothèse utile pour aborder son œuvre. L'existence, dans une même phrase, de propositions qui se contredisent (ainsi, il arrive aux Niveleurs de déclarer que, l'équité voulant que *tous les hommes* aient le droit de s'exprimer par l'élection, le droit de vote doit donc être

accordé à tous, sauf aux serviteurs et aux
mendiants[5], nous autorise à nous demander si,
parmi tous les présupposés que l'auteur pouvait
avoir à l'esprit, il n'en existerait pas un qui puisse
rendre compte de ces contradictions. Omettre de le
vérifier serait faire preuve de légèreté, car la présence d'une incohérence doit être traitée comme
l'indice de présupposés insuffisamment énoncés.
Mais postuler qu'un auteur a été cohérent dans les
limites de sa vision du monde sert moins à résoudre
ses contradictions qu'à indiquer le sens et les limites
de cette vision, que d'autres preuves sont alors en
mesure d'établir.

CHAPITRE PREMIER

Hobbes : L'obligation politique en régime de marché

1. PHILOSOPHIE ET THÉORIE POLITIQUE

On tient généralement Hobbes pour le plus redoutable des théoriciens politiques anglais : à juste titre d'ailleurs. Non qu'il soit un auteur difficile. S'il est redoutable, c'est que sa doctrine est tout à la fois claire, radicale et détestée. Ses postulats relatifs à la nature humaine ne sont pas flatteurs, ses conclusions politiques sont dénuées de tout libéralisme ; mais, surtout, sa logique est telle qu'elle semble interdire toute échappatoire. La clarté de Hobbes, indéniable lorsqu'on le compare à la plupart de ses contemporains, l'aurait mis à l'abri des critiques si sa pensée ne s'était distinguée par une ampleur et une profondeur peu communes. On s'est donc livré contre elle à des attaques répétées au nom de la théologie, de la philosophie, mais également au nom du pragmatisme politique. Elle a pourtant survécu : mieux, son prestige n'en a été que rehaussé. Enfin, les attaques directes n'ayant pas réussi à entamer sa force ni l'attrait qu'elle continue d'exercer, on l'a soumise à de multiples interprétations. Aujourd'hui, on l'a même reconstruite de fond en comble.

Si les interprétations les plus communément admises, celles qui font autorité, ne laissaient rien à désirer, on pourrait s'en contenter. Mais ce n'est pas le cas. La plupart d'entre elles consistent à fragmenter ce que Hobbes a présenté comme une structure monolithique. Le procédé vise parfois à discréditer l'ensemble de la théorie, mais, plus souvent, à en sauver une partie importante en la soustrayant ainsi à la contamination mortelle des autres. En soi cela n'a rien de répréhensible : sonder ce qui s'offre comme un tout monolithique, tâcher d'y déceler des failles logiques ou des défauts de structure, est une entreprise parfaitement légitime. L'ennui, en ce qui concerne Hobbes, c'est que les analyses de ce genre n'ont chaque fois abouti qu'à des conclusions si peu probantes qu'on ne voit pas très bien en quoi elles ont fait progresser notre connaissance.

Ainsi, on a commencé par dissocier le matérialisme philosophique de Hobbes, sa conception de la science, et, d'autre part, sa théorie politique. D'après certains de ses commentateurs les plus connus, ces deux domaines seraient strictement indépendants l'un de l'autre. Ce point de vue, qui a abouti à la magistrale étude que Leo Strauss a consacré à ce penseur en 1936[1], n'a toutefois pas entraîné une remise en cause fondamentale de la théorie politique de Hobbes. Car, si ce dernier a évoqué la possibilité de déduire ses principes psychologiques (et, par voie de conséquence, sa doctrine politique) de la géométrie et de la physique, c'est-à-dire des principes premiers de la matière et du mouvement[2], il n'a jamais tenté lui-même cette déduction. En revanche, il a indiqué — et c'est la méthode qu'il a utilisée[3] — qu'on pouvait également appréhender directement, par l'observation de soi-même, les principes psychologiques permettant de fonder une science politique. Il s'ensuit qu'on peut mettre entre parenthèses le matérialisme de Hobbes, sans pour autant saper sa théorie politique. Si, comme nous le montrerons, celle-ci ne va pas sans celui-là, c'est pour d'autres raisons que nous examinerons plus loin[4].

Plus récemment, on a voulu séparer principes psychologiques et théorie politique. Du coup, il a fallu procéder à la reconstruction de la théorie politique de Hobbes. C'est A.E. Taylor qui, le premier en 1938, a soutenu la thèse selon laquelle ces deux domaines n'entretiennent aucun rapport nécessaire[5]. Les commentateurs nombreux qui s'y sont rangés ont depuis lors essayé d'élaborer, à partir des écrits de Hobbes, une théorie cohérente et logique qui pût passer pour l'expression véritable de sa pensée. Cette tentative les a conduits à rejeter les déclarations de Hobbes lui-même, et à chercher dans son œuvre d'autres fondements à la théorie de l'obligation politique que ceux qu'il lui avait expressément assignés[6].

C'est ainsi qu'Oakeshott, prévenant les critiques, souligne que nous ne devons pas nous attendre à trouver dans la pensée morale de Hobbes une cohé-

rence dont aucun écrivain du XVIIe siècle n'avait
idée. Il nous met en garde contre la tentation de l'y
introduire nous-mêmes en extrayant de ses écrits
une doctrine conséquente. Les commentateurs y
ont succombé, qui ont interprété la théorie de
l'obligation politique selon Hobbes en termes d'intérêt personnel, et c'est pourquoi Oakeshott rejette
leur point de vue. Mais cela ne l'empêche pas de
nous proposer une interprétation qui vise à donner
« une idée cohérente de cette théorie s'accordant
autant que possible avec tout ce que Hobbes a réellement écrit[7] ». Sa thèse consiste à définir l'obligation politique, telle que la conçoit Hobbes, comme
un mélange de trois types d'obligation : l'obligation
physique (soumission à la force supérieure du souverain), l'obligation rationnelle (fondée sur l'intérêt
personnel) qui interdit à tout homme de vouloir
une action dont les conséquences, rationnellement
prévisibles, risquent de lui être néfastes ; l'obligation
morale enfin (non fondée sur l'intérêt personnel)
que crée l'acte volontaire qui institue le souverain,
aux ordres duquel, dès lors, on doit obéissance[8].

La cohérence de cette interprétation n'a pas satisfait tout le monde. Considérant, à la suite d'Oakeshott, que l'intérêt personnel ne suffit pas à fonder la
théorie de l'obligation politique chez Hobbes, Warrender rejette, toutefois, ses appels à la prudence et
construit, à partir de Hobbes, une théorie de l'obligation rigoureusement logique. Il assimile obligation morale et obligation politique, et fonde cette
dernière non pas sur la nature humaine telle que

Hobbes la postule, mais sur la volonté et les commandements de Dieu, ou encore sur un ensemble
de lois naturelles qui ne tirent leur autorité que
d'elles-mêmes[9]. Cette interprétation a été contestée
à son tour, mais, comme elle représentait l'effort le
plus poussé pour systématiser la thèse de Taylor,
c'est celle-ci qu'on a fini par remettre en cause[10].

On peut la rejeter et revenir à l'interprétation traditionnelle selon laquelle la conception que Hobbes
se fait de la nature humaine — et dont l'évidence ne
peut manquer, à son avis, de s'imposer aux esprits réfléchis — sert de fondement à sa théorie de l'obligation politique. Mais on retrouve aussitôt les difficultés
que Taylor avait eu le mérite d'éviter ou de résoudre.
Deux d'entre elles valent qu'on s'y arrête.

On a récusé la nature humaine telle que Hobbes
la présente, ou du moins on a nié qu'elle puisse prétendre, comme le voulait son auteur, au statut de
théorie universelle. Mais comme Hobbes fonde sur
elle toute sa théorie politique, le refus de l'une entraîne nécessairement le refus de l'autre, à moins
qu'on puisse les dissocier logiquement. Or, la théorie politique de Hobbes ne cesse de hanter ses critiques qui sont incapables de se résoudre à n'en pas
tenir compte. D'où la première difficulté.

Il faut avouer qu'il est difficile de souscrire entièrement à la conception que Hobbes se fait de l'homme :
elle est tellement révoltante qu'on peut être instinctivement tenté de la rejeter en bloc. Mais on peut invoquer contre elle des arguments plus sérieux. On
déclarera alors indéfendable le matérialisme méca-

niste qui la sous-tend ; ou encore, on l'attaquera au
nom de l'empirisme : si sa théorie de la nature humaine était juste, les conclusions politiques que Hobbes en tire (en admettant, comme le font volontiers
les critiques qui utilisent cet argument, que ses conclusions sont impeccables) n'auraient-elles pas dû
s'imposer aux hommes pour qui, et à propos de qui,
il écrivait ? Or, le fait est qu'ils ne les ont jamais
acceptées. Pour l'une ou l'autre de ces raisons, la nature humaine selon Hobbes passe donc pour in-
soutenable. Mais, dans le même temps, on demeure
tellement fasciné par la hardiesse de ce penseur et
par la force contraignante de ses conclusions que,
bon gré mal gré, on est amené à tenter de fonder sa
théorie de l'obligation sur d'autres postulats que
ceux qu'il a énoncés. Faut-il vraiment se donner tant
de mal pour avoir le droit d'admirer Hobbes sans
scrupules ?

Nous ne le pensons pas. Pour cela, il n'est pas nécessaire de jeter par-dessus bord sa théorie de la nature humaine ou de lui refuser la place essentielle
qu'elle occupe dans son système de déductions.
Nous pensons que cette théorie n'est que le reflet
de sa connaissance des hommes de son temps et de
la manière dont ils se comportent les uns à l'égard
des autres lorsqu'ils sont placés dans un type de société donné. Admettre ce point de vue, c'est comprendre l'assurance de Hobbes, qui ne doute pas un
instant que tous les esprits réfléchis et honnêtes ne
se rendent à l'évidence des propositions qu'il a à
énoncer sur l'homme dès lors qu'il les aura expo-

sées « avec ordre et clarté ». Mais c'est aussi découvrir que, si ces propositions ne sont pas valables universellement, elles s'appliquent à son époque et à la nôtre bien mieux que ne le voudraient ceux qui, obéissant à la loi du tout ou rien, rejettent tout ce dont la validité universelle ne peut être prouvée. Par ailleurs, expliquer pourquoi ces propositions ne se sont pas imposées aux contemporains en dépit de leur pertinence et de leur rigueur est chose fort aisée[11]. Bref, réduire à leur juste proportion historique les prétentions de Hobbes à l'universalité, c'est faire l'économie d'un divorce : nul besoin, dès lors, de dissocier théorie politique et théorie de la nature humaine. Chacune de ces théories possède une valeur et une pertinence spécifique qui est indéniable. Prises ensemble, elles forment un tout parfaitement cohérent.

La seconde difficulté tient à ce que l'interprétation traditionnelle de Hobbes lui fait commettre ce qu'il est convenu de considérer aujourd'hui comme une grave faute de logique. N'a-t-il pas tenté de déduire une théorie de l'obligation morale à partir de faits empiriquement postulés ? Il est incontestable que sa théorie de la nature humaine s'appuie sur des faits de ce genre, et qu'il présente sa théorie politique en termes d'obligation morale. Dès lors, la cause est entendue : Hobbes est déclaré coupable d'avoir déduit ce qui doit être de ce qui est, et cela parce qu'on estime aujourd'hui qu'une telle déduction viole les canons de la logique. Pour tirer Hobbes de ce mauvais pas, on a eu jusqu'ici le choix

entre deux démarches : ou bien dissocier les deux
théories et rechercher de nouveaux fondements à
l'obligation politique élaborée par lui, ou bien soutenir (malgré ses affirmations répétées) que, loin
d'être fondée sur la morale, l'obligation politique
s'appuie chez Hobbes sur des considérations d'élémentaire prudence.

Pourtant, ici encore le recours à l'histoire peut
nous épargner un choix aussi radical. Pourquoi faudrait-il appliquer à la pensée de Hobbes des critères
logiques qui lui sont postérieurs ? Dira-t-on que nous
n'avons pas d'autre moyen d'apprécier son degré de
rigueur logique et de déterminer dans quelle mesure les assises de sa théorie politique sont susceptibles de servir de fondement à de nouvelles
constructions théoriques ? Mais la règle qui interdit
de déduire ce qui doit être de ce qui est n'est-elle
pas elle-même historiquement discutable ? Il suffit
d'accorder toute son importance au contenu historiquement déterminé des présupposés dont Hobbes
se sert pour s'apercevoir qu'il existe de sérieuses raisons de penser que celui-ci, perçant les sédiments
confus accumulés par la philosophie, est parvenu à
découvrir entre le fait et l'obligation un rapport qui
possède un statut logique égal, si ce n'est supérieur,
à celui de l'épistémologie contemporaine[12]. Sa science
aiguë de la société de son temps lui a permis d'accomplir un saut philosophique important, mais les
exigences que la société de l'époque fait peser sur la
philosophie ont vite fait perdre de vue cette découverte aux successeurs de Hobbes et les ont empê-

chés de la reprendre à leur compte. Sans anticiper sur notre démonstration, nous nous bornerons ici à faire remarquer qu'en face des difficultés que soulève l'application à Hobbes de critères logiques qui lui sont postérieurs, il est pour le moins permis d'avoir recours à des considérations d'ordre social et historique pour tenter de résoudre le problème de la cohérence et de la justesse logiques de son système.

On nous rétorquera peut-être que recherche logique et recherche historique constituent deux domaines séparés, et qu'il n'appartient pas à l'histoire, même la mieux informée, de juger de la cohérence logique d'une théorie. Nous ne nions certes pas que l'accumulation de preuves ou d'hypothèses historiques portant sur les intentions ou l'idiosyncrasie d'un auteur ne saurait en décider. Encore cette démarche est-elle susceptible, en attirant l'attention sur ses intentions et sur le public auquel il s'adresse, d'éviter de lui attribuer des problèmes philosophiques qu'il ne se posait pas ou de fouiller ses œuvres pour y découvrir des réponses qu'il ne cherchait nullement. Mais, ce que nous entendons ici par interprétation historique n'a rien à voir avec les intentions d'un auteur. Interpréter historiquement une œuvre, c'est étudier historiquement le contenu probable des présupposés non énoncés ou confusément formulés qu'une théorie recèle ou implique nécessairement. Nous ne voyons pas pourquoi ce type de recherche n'aurait pas droit de cité en philosophie. Il est vrai que depuis quelques années la division du travail s'est considérablement accentuée entre spécialistes de la philosophie politique et philosophes, surtout depuis que ces derniers se sont entichés d'analyse linguistique. C'est au point que le philosophe le plus compétent qui se soit penché sur Hobbes peut soutenir, le plus sérieusement du monde, qu'il faut commencer par écarter toute considération historique pour établir ce que Hobbes a voulu dire : à l'en croire, « découvrir les origines de la théorie de Hobbes et expliquer celle-ci » est un problème qui n'a rien à voir avec « la question préalable de savoir ce qu'est sa théorie[13] ». Bel exemple de pétition de principe : car ne se pourrait-il pas tout aussi bien qu'on ne puisse savoir ce qu'est sa théorie tant qu'on n'a pas tenté de déterminer ses présupposés non énoncés, ou confusément formulés, à l'aide d'hypothèses d'ordre historique et d'ordre logique ? Quoi qu'il en soit, ne vaut-il pas la peine d'adopter une démarche à la fois logique et historique pour voir quel éclairage nouveau elle est susceptible de jeter sur la théorie de Hobbes, et si elle est capable d'en révéler certains aspects essentiels laissés jusqu'ici dans l'ombre par les analyses logiques à la mode ?

Dans l'étude qui suit, nous partons du postulat que Hobbes a essayé de faire ce qu'il a déclaré avoir fait, c'est-à-dire qu'il a bien déduit l'obligation politique de données, hypothétiques ou observables, sur la nature humaine. Nous aurions pu commencer par appliquer à sa théorie des critères de cohérence qui ont été élaborés ultérieurement à propos du problème de l'être et du devoir-être, puis tenter d'échafauder, en nous inspirant de ses écrits, une théorie qui satisfît en tous points aux exigences de la logique moderne. Nous aurions aussi pu absoudre Hobbes en montrant que ces critères ne s'appliquent à aucun écrivain du XVIIe siècle, puis plaider de notre mieux la cause de ce penseur entravé par les insuffisances philosophiques de son temps. Nous avons préféré mettre provisoirement de côté le problème de sa cohérence logique, pour passer au contenu de certains de ses présupposés d'ordre social.

Notre section 2 a pour objet de montrer que la démarche de Hobbes qui va de la nature physiologique de l'homme au comportement des hommes les uns envers les autres, et à l'affirmation de la nécessité du souverain, n'est nullement la simple déduction qu'on imagine trop souvent, mais qu'elle n'a de sens que si l'on postule un certain modèle de société. On se méprend souvent sur le raisonnement qui permet à Hobbes de déduire le mouvement social de l'homme de son mouvement physiologique : cela tient, nous semble-t-il, à ce que l'état de nature que Hobbes postule, et dont on ne saisit pas toujours très clairement le sens, passe en général pour être le couronnement de cette déduction. C'est pourquoi nous commençons par bien dégager les traits qui caractérisent l'état de nature chez Hobbes : il ne se rapporte pas à l'homme naturel, mais à l'homme social ; en tout état de cause, il ne saurait constituer l'aboutissement d'une série de déductions qui auraient permis à Hobbes de passer de la physiologie humaine au comportement des hommes entre eux : en effet, avant d'avoir recours à l'hypothèse de l'état de nature, Hobbes a déjà élaboré une théorie des rapports nécessaires des hommes *vivant en société* (théorie qu'il applique ensuite, en lui faisant subir quelques modifications, à l'état de nature hypothétique). Nous montrons ensuite que cette théorie des rapports humains dans le cadre de la société présuppose que Hobbes postule un certain type de société. Deux questions se posent alors : à quel moment de sa déduction introduit-il les présupposés d'ordre social dont il ne peut se passer ? à quel type de société correspond le mouvement social tel qu'il le définit ? La première question est moins importante que la seconde, mais l'une et l'autre méritent d'être étudiées attentivement. La première admet plusieurs réponses qui dépendent de la manière dont on interprète les déclarations apparemment contradictoires de Hobbes sur ce qui, dans la nature de l'homme, est inné et sur ce qui est acquis. Nous analyserons cette difficulté et donnerons les raisons qui nous font préférer l'une des interprétations aux autres. Quant à la seconde question, elle n'admet qu'une réponse, quelle que soit la façon dont on a résolu la première.

Ayant ainsi montré que la théorie du mouvement social de l'homme que Hobbes élabore exige le postulat d'un certain type de société, nous examinons, dans la section 3, divers modèles de société de manière à arriver à une définition précise de celui dont Hobbes se sert. Nous pensons en effet qu'il a, plus ou moins consciemment, construit un tel modèle, et que ce dernier correspond dans une très large mesure à la réalité sociale de l'Angleterre au XVIIᵉ siècle. Mais la reconnaissance des présupposés de Hobbes, et donc du bien-fondé de la démarche qui lui permet de déduire la nécessité du souverain, ne résout pas par elle-même le problème philosophique de savoir si l'obligation politique dont il a démontré la nécessité se fonde sur la morale ou s'appuie sur des considérations d'opportunisme prudent. Toutefois, elle le situe dans une perspective différente.

Nous en venons donc, dans la section 4, à établir, à la lumière des présupposés de Hobbes, la validité logique aussi bien que l'étonnante originalité de la démarche qui lui permet de passer d'un jugement de fait à la notion d'obligation. Parce qu'il pose en principe que la société est, par nature, constituée d'un ensemble de rapports concurrentiels entre individus distincts, indépendants, qui trouvent en eux-mêmes la loi de leur mouvement et ne sont soumis à aucune subordination naturelle, il est en droit de déduire l'obligation morale à partir de faits supposés, et peut se dispenser de transformer la hiérarchie sociale en valeur morale ou d'avoir recours à des principes téléologiques. Dès lors, loin d'apparaître comme une aberration, son matérialisme fait partie intégrante de son système de déduction. Ce système de déductions, qui part de données hypothétiques sur la nature humaine et sur les rapports que les hommes entretiennent nécessairement, ne contredit nullement la logique : il exige seulement,

pour être valable, que soient remplies certaines conditions qui n'existent pas clairement en Angleterre
avant l'époque de Hobbes.

Dans la section 5, après avoir de nouveau exa-
miné le problème de l'originalité de Hobbes et les
raisons qui ont empêché ses contemporains d'accepter sa politique, nous sommes amené à conclure que
les erreurs de Hobbes sont bien moins considéra-
bles qu'on ne se plaît à l'affirmer et que sa théorie
politique est beaucoup plus d'actualité qu'on ne veut
bien l'admettre.

2. NATURE HUMAINE ET ÉTAT DE NATURE

I. *Homme abstrait ou homme social ?*

Les propositions de Hobbes concernant la physiologie humaine ont trait à l'homme en tant
qu'homme, à l'homme conçu abstraitement, en dehors de tout rapport social ; ces propositions contiennent tous les éléments qui lui permettent de
prouver, par déduction, la nécessité d'un État souverain ; telles sont les deux affirmations, explicites ou
implicites, de tous ceux qui acceptent l'interprétation traditionnelle de Hobbes. Mais ce sont là des
simplifications abusives. Car ou bien l'on entend par
physiologie toutes les analyses de Hobbes portant
sur les organes des sens, l'imagination, la mémoire,

la raison, le désir, l'aversion, bref, toute sa conception de l'être humain comme système automoteur
et autorégulateur de matière en mouvement (sur
quoi s'ouvre le *Léviathan*, et dont on peut dire en
effet qu'elles décrivent l'homme en tant que tel,
abstraction faite de toute donnée sociale), mais
alors il est clair que la nécessité d'un État souverain
ne saurait s'en déduire rigoureusement ; ou bien on
inclut dans ce terme la théorie du comportement
nécessaire des hommes entre eux, que Hobbes expose d'une manière générale, notamment lorsqu'il
déclare que tous les hommes cherchent à accroître
leur pouvoir sur autrui, et qu'il applique aussi à l'hypothèse de l'état de nature (c'est-à-dire au degré
zéro de société), mais alors, si la nécessité d'un État
souverain s'en déduit en toute rigueur, il est évident
qu'entendue ainsi la physiologie de Hobbes n'a pas
pour objet l'homme en tant qu'animal humain,
mais qu'elle comporte des postulats qui ont trait au
comportement d'hommes civilisés vivant en société.
C'est dire que chez Hobbes on peut passer de la
lutte universelle pour le pouvoir au sein de la société, ou encore dans l'état de nature, à la nécessité
d'un souverain, sans avoir recours à d'autres postulats que ceux qui font partie des prémisses, mais
qu'il est impossible de passer de l'homme conçu
comme une machine organisée à la lutte de tous
pour le pouvoir, ou à l'état de nature, sans recourir
à d'autres postulats. Ces postulats, que Hobbes introduit dans sa théorie, il les croit universellement
valables : en fait, ils ne s'appliquent qu'à un certain

type de société et aux rapports humains qui en découlent. C'est là une façon assez inhabituelle de voir
Hobbes : elle justifie quelques explications supplémentaires.

Nous procéderons en deux temps. D'abord nous
montrerons (section 2, II) que l'état de nature selon
Hobbes, ou plutôt ce qu'il appelle la « condition naturelle de l'humanité », ne concerne pas l'homme
naturel par opposition à l'homme civilisé, mais vise
des hommes dont les désirs sont spécifiquement civilisés. L'état de nature est chez lui un état hypothétique : c'est la condition dans laquelle les hommes,
tels qu'ils sont aujourd'hui, avec leur nature façon-
née par leur vie dans la société civilisée, se trouve-
raient nécessairement s'il n'existait aucun pouvoir
commun capable de se faire craindre de tous. La
preuve de cette affirmation, nous la trouverons dans
la manière même dont Hobbes décrit l'état de nature

Ensuite (section 2, III), nous referons le chemin
de Hobbes et reprendrons depuis le début la série
de ses déductions. Nous verrons alors que l'analyse
psychologique, qui commence (ou semble commencer) comme une analyse de la nature de l'homme
abstrait, devient très vite l'étude des hommes pris
dans des rapports sociaux institutionnalisés. C'est
alors que nous nous interrogerons sur les présupposés d'ordre social dont Hobbes a besoin pour prouver que les hommes vivant en société cherchent
continuellement à accroître leur pouvoir sur autrui
(et même pour déterminer le comportement des

hommes dans l'état de nature), et donc pour établir la nécessité d'un souverain ; enfin (dans la section 3) nous montrerons que ces présupposés d'ordre social ne s'appliquent qu'à un type de société bien défini.

II. *L'état de nature*

Dans les trois exposés de sa politique qu'il nous a laissés[14], Hobbes démontre la nécessité d'un souverain capable de se faire craindre de tous ; or, à chaque fois, l'état de nature, ou condition naturelle de l'humanité, constitue le prélude immédiat à cette démonstration. L'état de nature, tel que le décrit Hobbes, évoque la manière dont les hommes se comporteraient nécessairement s'il n'existait aucune autorité capable d'assurer le respect des lois et des contrats. Étant donné la nature de l'homme, faite d'appétits et de raison (que les *Elements* et le *Léviathan* nous décrivent en leurs premiers chapitres, tandis que les *Rudiments* nous la font apercevoir par une rapide évocation de la manière dont les contemporains de Hobbes se conduisent), si l'on supprimait tout ce qui assure le respect de la loi et des contrats, les hommes, nous dit Hobbes, ne pourraient s'empêcher d'adopter un comportement qui se ramène, pour lui, à la lutte incessante de tous contre tous, une lutte de chacun pour dominer tous les autres. Ce qu'il veut montrer, c'est, bien entendu, qu'une telle condition ne peut manquer de

frustrer le désir qu'a l'homme de « bien vivre » et
d'éviter une mort violente ; en conséquence, tout individu raisonnable doit se prémunir contre cet état
en faisant tout ce qu'il faut pour cela, c'est-à-dire en
reconnaissant la nécessité d'un souverain absolu.

L'état de nature chez Hobbes est une hypothèse
logique et non historique : on l'admet généralement. C'est « une déduction faite à partir des passions » ; il évoque « le genre de vie là où n'existe
aucune puissance commune à craindre »[15]. Hobbes
ne prétend pas que l'État imparfaitement souverain
qui existe résulte d'un accord conclu jadis entre des
hommes placés dans l'état de nature. Bien au contraire. Il pense que cet état de nature n'a jamais
existé d'une façon générale dans le monde entier
(bien qu'il croie en voir quelque chose d'appro-
chant chez « les sauvages de nombreux endroits de
l'*Amérique*[16] ») ; et il affirme clairement que la plupart des États souverains existants n'ont pas pour
origine un contrat mais la conquête : « les États sont
rares, dont les commencements peuvent, en conscience, être justifiés[17]. ». Il ne prétend pas non plus
qu'un État parfait, totalement souverain, ne puisse
être institué que par un accord conclu dans l'état de
nature. Cela n'aurait pas eu grand sens : il écrit en
effet pour convaincre des hommes qui vivent dans
des États partiellement souverains (c'est-à-dire, par
définition, tout le contraire de l'état de nature),
qu'ils peuvent et doivent reconnaître une totale
obligation envers leur souverain et passer, de la
sorte, dans un État pleinement souverain. Ce qu'il

prétend — et qui a un sens —, c'est que pour y passer les hommes doivent agir *comme si*, à la suite d'un accord général, ils étaient sortis de l'état de nature.

Hobbes envisage deux manières pour le pouvoir souverain qu'il appelle de ses vœux de s'établir : ou bien un homme, ou un groupe d'hommes, conquiert un territoire et en assujettit les habitants (souveraineté fondée sur le droit de conquête), ou bien les hommes ratifient tous un contrat aux termes duquel ils s'engagent à renoncer aux pouvoirs qu'ils détiennent de la nature, au profit d'un homme ou d'une assemblée (souveraineté fondée sur le contrat[18]). Mais peu importe la façon dont la souveraineté s'établit, pourvu que tous les citoyens la reconnaissent. Il suffit à Hobbes qu'ils reconnaissent *en fait* un souverain ou une assemblée, et accordent à l'un ou à l'autre toute l'obéissance à laquelle ils seraient logiquement contraints envers eux s'ils avaient volontairement renoncés à tous les droits naturels qu'implique l'hypothèse d'un état de nature. En d'autres termes, la condition nécessaire et suffisante d'un État souverain, c'est que les citoyens agissent comme si, vivant dans l'état de nature, ils s'étaient engagés, par des accords mutuels où chacun aurait traité avec chacun, à renoncer à leurs droits naturels.

Lorsque Hobbes en vient à déduire les droits nécessaires du souverain et les devoirs des sujets, il parle du contrat comme d'un accord qui a été réellement conclu à un moment précis, ou qui doit l'être. Mais il ne s'agit là que d'une commodité

d'expression qui lui évite d'avoir continuellement
recours au conditionnel. Au lieu de répéter lourdement : « si les hommes avaient ratifié un tel contrat,
il s'ensuivrait que, etc. », il lui est dès lors permis de
dire, comme il le fait tout au long du chapitre XVIII
du *Léviathan* : « parce que les hommes se sont liés
par contrat, il s'ensuit que, etc. » Toutefois, avant
d'en venir là, il prend bien soin de préciser qu'un
tel contrat n'est pas, en fait, nécessaire à l'établissement du pouvoir souverain. Le droit de conquête
entraîne pour le souverain les mêmes droits (et
pour les sujets les mêmes devoirs) que la ratification
d'un contrat.

L'état de nature chez Hobbes est donc bien une
hypothèse logique et non une conjecture historique.
Ce fait est généralement admis, et nous aurions pu
nous dispenser d'y insister, si certains n'en avaient
parfois tiré une conséquence fausse. On a souvent
considéré, semble-t-il, que, puisque l'état de nature n'est pas une hypothèse historique, il doit
s'agir d'une hypothèse logique que Hobbes n'a pu
énoncer qu'en faisant abstraction de la nature sociale de l'homme, acquise historiquement. Puisqu'il
est admis qu'il n'est pas question chez Hobbes de
l'homme primitif, c'est donc de l'homme naturel
qu'il parle par opposition à l'homme civilisé. Mais
cette conclusion ne résiste pas à l'analyse. L'état
de nature est pour Hobbes une condition logique
préalable à l'établissement d'une société civile parfaite, c'est-à-dire pleinement souveraine ; la conclusion qu'il tire de l'état de nature, c'est la nécessité

pour tous les hommes de renoncer à l'État imparfait qu'ils connaissent à l'époque, et d'admettre à
sa place un État pleinement souverain. C'est même
ce qui lui permet de mettre à profit ce qu'il sait de
la nature historiquement déterminée de l'homme
dans les sociétés civiles existantes pour en déduire
l'état de nature. Sa « déduction faite à partir des
passions » peut dès lors être tirée de l'examen des
passions des hommes tels qu'ils existent réellement, tels qu'ils ont été façonnés par un mode de
vie civilisé. L'état de nature définit la conduite virtuelle que les hommes, tels qu'ils sont aujourd'hui, avec leurs désirs d'hommes civilisés, adopteraient si l'on n'assurait plus (même imparfaitement comme dans la société du XVIIe siècle) le
respect de la loi et des contrats. Pour y arriver,
Hobbes a fait abstraction de la loi, mais nullement
de la conduite et des désirs acquis par les hommes
vivant en société.

Si l'on a généralement négligé ce point important, c'est, pensons-nous, parce que le modèle de
société que Hobbes a élaboré avant d'en venir à l'hypothèse de l'état de nature est presque aussi fragmenté que son état de nature. Ce modèle[19] se
caractérise également par la concurrence universelle,
par la guerre incessante de tous contre tous, même
si cette guerre a pour cadre un ordre légal. Le comportement des hommes y est, pour ainsi dire, tellement antisocial, que lorsque Hobbes l'applique à
l'état de nature il y passe facilement pour la description d'un comportement asocial. Mais il n'empêche

qu'il s'agit bien pour Hobbes d'un comportement social civilisé. On peut s'en persuader de plusieurs manières.

L'indice le plus évident, bien qu'il ne constitue pas en soi une preuve décisive, en est que Hobbes cherche, dans le comportement observable de ses contemporains, confirmation de la tendance « naturelle » des hommes à s'attaquer et à se détruire mutuellement :

> Il peut paraître étrange à celui qui n'a pas bien pesé ces choses, que la nature dissocie ainsi les humains en les rendant capables de s'attaquer et de s'entre-tuer les uns les autres ; celui-là peut ne pas accepter une telle déduction faite à partir des passions et il désire peut-être que la même chose lui soit confirmée par l'expérience. Qu'il s'observe donc lui-même quand, pour partir en voyage, il s'arme et cherche à être bien accompagné ; quand, allant se coucher, il boucle ses portes ; quand, jusque dans sa propre maison, il verrouille ses coffres, et cela tout en sachant qu'il y a des lois et des agents publics armés pour punir tous les torts qu'on pourrait lui faire. Quelle opinion se fait-il de ses semblables quand il voyage tout armé, de ses concitoyens quand il boucle ses portes, et de ses enfants, de ses domestiques quand il verrouille ses coffres[20] ?

De même, il n'a pas plus tôt nié l'existence générale d'un état de nature, qu'il ajoute :

> Quoi qu'il en soit, on peut se faire une idée de ce qu'est le genre de vie là où n'existe aucune puissance

commune à craindre, par le genre de vie dans lequel sombrent, lors d'une guerre civile, ceux qui vivaient précédemment sous un gouvernement pacifique[21].

On le voit : le comportement d'hommes civilisés vivant sous un gouvernement civil, ou qui, après avoir vécu sous un tel gouvernement, sont jetés dans une guerre civile, constitue l'image, à tout le moins approchée, du comportement auquel les hommes « naturels » sont nécessairement entraînés par leurs passions. Or, si ces observations de la société de son temps confirment la « déduction faite à partir des passions », c'est précisément parce que celle-ci est une inférence tirée de l'examen des passions de l'homme civilisé.

L'état de nature chez Hobbes, c'est l'état social actuel moins son souverain imparfait : une preuve plus concluante nous en est fournie par la démarche même de Hobbes. C'est en dépouillant successivement la société civile de certains de ses caractères distinctifs qu'il arrive au pur état de nature. On l'oublie trop souvent : le tableau que Hobbes nous trace de l'état de nature n'est rien d'autre que la négation de la société civilisée. C'est en effet un état où il n'y a point place pour l'industrie, où il n'y a point d'agriculture, point de navigation, point d'habitations confortables, ni arts, ni lettres, ni société, et dans lequel, ajoute-t-il, la « vie humaine est solitaire, misérable, dangereuse, animale et brève ». Tableau tellement impressionnant que nous risquons d'oublier comment Hobbes en démontre la néces-

sité. Il convient donc de le rappeler. Si Hobbes
aboutit à une telle conception de l'état de nature,
c'est parce qu'il la déduit des appétits d'hommes
qui sont civilisés en ce sens qu'ils ne désirent pas
seulement vivre, mais encore vivre bien, vivre confortablement.

Des « trois causes principales de conflit » que
Hobbes découvre « dans la nature humaine », et
qui, selon lui, ne manqueraient pas de rejeter
l'homme dans cet état d'abrutissement naturel s'il
n'y avait aucun pouvoir capable de lui en imposer,
les deux premières (la compétition et la défiance)
ont leur source dans le désir du bien-vivre.

C'est l'homme qui « plante, sème, bâtit ou possède un lieu qui lui convient[22] », qui doit s'attendre
à être attaqué et dépossédé par ceux dont le seul
but va être de jouir des fruits de son travail
(n'oublions pas que, pour Hobbes, la compétition
telle qu'elle existe dans l'état de nature se ramène
au désir d'attaquer et de déposséder autrui). Et c'est
le possesseur de ces terres cultivées et de ces bâti-
ments convenables qui, se mettant à éprouver
crainte et défiance, cherche à assurer sa sécurité en
assujettissant le plus grand nombre possible de gens
susceptibles de l'attaquer ; pour reprendre les termes mêmes de Hobbes, il cherche à « se rendre
maître, par la force et les ruses, de la personne du
plus grand nombre possible de gens, aussi longtemps qu'il ne verra pas d'autre puissance assez
grande pour le mettre en danger ». Même celui
« qui sans cela se serai[en]t contenté[s] de vivre

tranquillement dans des limites modestes » se voit contraint d'augmenter sa puissance en attaquant les autres, s'il veut avoir une chance de résister à leurs attaques. Bref, ce qui est l'objet de la compétition et de la défiance, et qui mène à la guerre de tous contre tous, c'est précisément la terre cultivée et les lieux d'habitation convenables.

Quant à la troisième cause de conflit (que Hobbes désigne par le terme de « gloire »), elle relève davantage de l'échelle de valeurs adoptée par l'homme vivant en société qu'elle ne se rapporte aux instincts de l'homme naturel. Elle consiste en ceci que

> chacun cherche à s'assurer qu'il est évalué par son voisin au même prix qu'il s'évalue lui-même ; et à tout signe de mépris, chaque fois qu'on le sous-estime, chacun s'efforce naturellement, dans la mesure où il l'ose (ce qui, parmi ceux qu'aucune puissance commune ne tient tranquilles, est suffisant pour qu'ils s'exterminent les uns les autres), d'obtenir par la force que ses contempteurs admettent qu'il a une plus grande valeur, et que les autres l'admettent par l'exemple[23].

Ces trois causes de conflit, Hobbes les voit à l'œuvre dans tous les types de société imaginables. Mais elles n'acquièrent un caractère destructeur que là où il n'existe pas de pouvoir commun capable de leur faire échec. La compétition, la défiance et la gloire, loin d'être les attributs de la seule brute naturelle, sont des facteurs à l'œuvre dans toutes les sociétés civiles de l'époque, et qui les détruiraient

en ramenant l'homme à son état de brute originelle, si aucun pouvoir commun n'existait. Ces trois
termes définissent les dispositions « naturelles » de
l'homme vivant en société. L'adjectif « naturel »
n'est pas chez Hobbes l'antonyme de « social » ou
« civil » : « De la condition du genre humain à l'état
de nature », tel est le titre du chapitre où, des dispositions actuelles de ses contemporains, Hobbes passe
à l'état de brutalité originelle. Cette condition naturelle est celle dans laquelle l'humanité se trouve
aujourd'hui, et non pas celle dans laquelle elle se
serait trouvée jadis dans des lieux éloignés des
grands centres de civilisation.

Si le terme « état de nature » n'avait pas cours
dans la littérature du sujet, il vaudrait la peine de
l'écarter et de s'en tenir à l'expression « condition
naturelle de l'humanité » : on éviterait ainsi le malentendu qui consiste à croire que Hobbes a en vue
un état étranger à l'homme actuel, alors qu'il pense
à ses dispositions intérieures. Lui-même a rarement
employé la notion d'état de nature. Dans les *Elements*, le chapitre dans lequel il en parle s'intitule « De
la condition des hommes dans la simple nature[24] ». Il
entame ce chapitre en déclarant qu'après avoir décrit l'ensemble des facultés naturelles de l'homme,
tant physiques qu'intellectuelles, il va désormais
« considérer dans quel état de sécurité notre nature
nous a placés » ; c'est alors qu'il en vient à la description de la condition « naturelle » des hommes
dans toutes les circonstances de la vie, par quoi il
entend leur égalité, leur vanité et leurs appétits na-

turels. Mais il ne se sert d'aucune expression particulière pour désigner cet état. Quand il montre que
l'absence d'un pouvoir commun réduirait l'homme à
l'état de brute, c'est à l'expression « état de guerre »
qu'il a recours pour décrire ce que ses commentateurs entendent par état de nature. De même, dans
le *Léviathan*, le chapitre XIII de la Première Partie
s'intitule « De la CONDITION du genre humain à
l'état de NATURE » : Hobbes y étudie la condition naturelle des hommes dans les circonstances les plus
générales de la vie (égalité, compétition, défiance et
vanité naturelles), et découvre « dans la nature de
l'homme » trois causes principales de discorde entre
les hommes sans recourir une seule fois à l'expression « état de nature ». Quand il en vient à parler de
l'état auquel les hommes seraient réduits s'ils
n'étaient pas soumis à un pouvoir commun, il le désigne par les expressions « temps de guerre » ou
« condition de guerre ».

Dans ces deux traités, où il évite l'expression
« état de nature », et singulièrement dans le *Léviathan*, il est possible de distinguer entre l'état naturel
de l'homme (à savoir, la condition dans laquelle
tous les hommes se trouvent, ou ont tendance à se
trouver, de par leur nature, au sein de la société civile ou hors d'elle) et l'état de guerre (condition
dans laquelle l'homme se trouve nécessairement
placé si, par hypothèse, on supprime le pouvoir
commun). En revanche, lorsqu'il emploie l'expression « état de nature » dans ses *Rudiments*[25], il l'applique indifféremment à ces deux conditions qui, dès

lors, se confondent. Il s'ensuit que le caractère hypothétique de l'état de guerre (qui est tout juste
maintenu dans les *Elements* et dans le *Léviathan*) disparaît dans cette œuvre, où l'état de nature, identifié à l'état de guerre, passe pour avoir été « l'état
naturel des hommes, avant qu'ils n'établissent la
société[26] ».

Mais, même ici, il ne saurait faire de doute que
c'est à partir du comportement des hommes civilisés
que Hobbes déduit l'état de nature. En fait, sa démarche y apparaît encore plus clairement que dans
les deux autres œuvres. Pour découvrir les inclinations « naturelles » de l'homme, il lui suffit de grat-
ter le vernis de la société contemporaine. Son état
de nature est le résultat d'une double abstraction : il
commence par isoler les inclinations naturelles de
l'homme de leur environnement social, puis il aboutit à l'état de guerre par une suite de déductions logiques. De fait, si l'on passe sur l'analyse physio-
psychologique de l'homme comme système de matière en mouvement, les *Rudiments* s'ouvrent sur un
brillant exposé du comportement des hommes dans
la société contemporaine, qui permet à Hobbes de
disséquer leurs « penchants naturels » et d'en déduire directement l'état de guerre, qui en est la conclusion nécessaire en l'absence d'un souverain :

> Pourquoi les hommes se rassemblent-ils ? ce fai-
> sant, à quels mobiles obéissent-ils ? On ne le saura ja-
> mais aussi bien qu'en observant ce qui se passe
> lorsqu'ils se rassemblent. Car, s'ils le font pour

échanger des marchandises, il est clair que chacun, ignorant son voisin, n'a d'yeux que pour ses affaires ; si c'est pour accomplir quelque mission, une certaine amitié intéressée ne tarde pas à naître qui, procédant davantage de la jalousie que de l'affection véritable, peut parfois engendrer des factions, mais la bonne volonté[27] jamais ; si c'est pour le plaisir et la récréation de l'esprit, on ne prend jamais autant de plaisir qu'aux choses qui provoquent le rire, parce qu'il permet (c'est la nature même du ridicule qui le veut) par la comparaison qu'on établit avec les défauts et les infirmités d'autrui, d'éprouver, sauf exception, le sentiment de sa propre supériorité ; ce commerce a beau être parfois innocent et dépourvu de toute intention offensante, il n'en est pas moins manifeste que le plaisir qu'on en retire tient davantage aux satisfactions de la vanité qu'à la société d'autrui. Quoi qu'il en soit, les absents sont ceux qui font le plus souvent les frais des rencontres de ce genre : toute leur vie — ce qu'ils ont dit, ce qu'ils ont fait — est passée en revue, jugée et condamnée ; il est même bien rare qu'une flèche ne soit pas décochée, avant qu'il ne parte, à l'un des présents ; par où l'on voit qu'il n'avait pas tort celui qui, à la fin d'une réunion, partait toujours le dernier. À la vérité, ce sont là les vraies délices de la société auxquelles la nature, c'est-à-dire ces passions qui sont le propre de tous les êtres humains, nous pousse inévitablement. [...] L'expérience montre donc clairement à tous ceux qui examinent un tant soit peu attentivement les affaires humaines, que tous les rassemblements volontaires ont pour cause soit une pauvreté mutuelle, soit la vanité, et que chacune des parties assemblées essaie ou bien d'en tirer quelque profit, ou alors de laisser derrière elle, auprès de ceux avec lesquels elle a eu commerce, cette εὐδοκιμεῖν que certains tiennent en grande estime et considération. La raison permet de son côté d'arriver aux mêmes conclusions à partir des seules définitions de la volonté, du bien, de l'honneur et de ce qui est profitable[28].

Ici encore, c'est donc avant tout l'observation de la société contemporaine qui permet de dégager les traits de la nature humaine, que l'examen des définitions ne fait, éventuellement, que confirmer.

L'état de guerre a nécessairement tendance à s'instaurer entre les hommes : Hobbes opère cette déduction à partir de l'analyse précédente de la nature de l'homme social. Il le fait en mettant provisoirement entre parenthèses la crainte, celle que l'homme éprouve tout à la fois en face d'un souverain et en face d'autrui. Prenez, dit-il, les hommes tels qu'ils sont aujourd'hui, ôtez-leur toute crainte de voir leurs actions entraîner des conséquences néfastes ou fatales pour eux, et leurs tendances naturelles engendreront immédiatement un état de guerre. L'analyse des hommes et de leur comportement dans la société contemporaine montre que toute société « a pour but l'intérêt ou la gloire : c'est-à-dire qu'elle est fondée beaucoup plus sur l'amour-propre que sur l'amour d'autrui ». Et comme, ajoute-t-il, le profit et la gloire « s'obtiennent plus aisément par la domination que par le commerce pacifique, j'espère que personne ne mettra en doute que si les hommes étaient débarrassés de toute crainte, ils seraient naturellement plus avides de s'assurer la domination que le commerce d'autrui[29] ».

Ainsi, poser par hypothèse l'absence de toute crainte, c'est déboucher sur l'état de nature dans toute sa pureté, c'est-à-dire sur l'état de guerre. Mais, dans cet état, la crainte d'autrui est nécessairement omniprésente. Il suffit donc de tenir compte à nouveau de la crainte d'autrui (en fait, elle est toujours présente) pour s'apercevoir que l'absence d'un souverain ne fait que l'accroître. Il s'ensuit que le pur état de nature — ou état de guerre — contredit la nature de l'homme (faite d'appétits et de craintes) : « Et de là vient que la peur naturelle que nous éprouvons nous fait trouver bon d'échapper à notre condition et de nous associer » en instituant, ou en reconnaissant, un souverain capable de nous protéger[30].

L'état de nature qu'évoquent les *Rudiments* est donc bien un état hypothétique auquel Hobbes arrive par abstraction logique. Mais en baptisant « état de nature » cette condition hypothétique, il a tendance à induire en erreur : il est en effet facile d'y voir un état historiquement antérieur à la société civile ou un état hypothétique déduit à partir des caractères « naturels » de l'homme considéré indépendamment de tous les traits qu'il a acquis au sein de la société.

Ce qui est gênant dans ce concept d'état de nature, c'est qu'il a tendance à faire se télescoper deux

situations très différentes : celle de concurrence
malveillante dans laquelle, selon Hobbes, les hommes se trouvent continuellement placés de par leur
nature, et l'abrutissement de l'état de guerre. Le risque de télescopage est beaucoup plus grand quand
il emploie (comme dans les *Rudiments*) la notion
d'état de nature, que lorsqu'il l'évite, mais il n'est jamais tout à fait absent. On peut s'en prémunir en
gardant constamment à l'esprit que les hommes me-
nacés de sombrer dans l'état de guerre en l'absence
d'un pouvoir commun sont des êtres civilisés, qui
ont le désir civilisé d'une vie confortable, et des
goûts civilisés qui leur permettent d'éprouver le
sentiment de leur supériorité : du même coup, il
sera impossible de considérer l'état de nature chez
Hobbes comme une évocation de l'homme primitif
ou de l'homme abstrait.

Il existe une troisième manière de démontrer que
l'état de nature selon Hobbes, loin de faire abstraction des caractères sociaux acquis par l'homme, ne
fait que mettre entre parenthèses la crainte du souverain (et, provisoirement, comme nous venons de
le voir à propos des *Rudiments*, celle d'autrui), qui
seule assure le respect de la loi et des contrats. Il suffit de se demander ce qui, selon Hobbes, manquerait à l'homme, et ce dont il éprouverait le plus le
manque, s'il était réduit à l'état de brute naturelle.
La réponse est simple : précisément tous les bienfaits de la vie civilisée, la propriété, l'industrie, le
commerce, les sciences, les arts, les lettres, et la sécurité personnelle. Être privé de ces bienfaits est,

pour Hobbes, contraire à la nature de l'homme. Et c'est parce qu'il en est privé que l'homme naturel, chez Hobbes, cherche à sortir de l'état de nature : « Les passions qui poussent les humains à la paix sont la peur de la mort, le désir des choses nécessaires à une existence confortable, et l'espoir de les obtenir par leur activité[31]. » La passion du bien-vivre est chez Hobbes une passion de l'homme de la nature : c'est assez dire que celui-ci n'est rien d'autre que l'homme civilisé moins les entraves de la loi.

III. *De la physiologie à la société.*

Nous l'avons vu : l'état de nature chez Hobbes ne décrit le comportement nécessaire ni de l'homme primitif (bien que celui-ci en offre une meilleure approximation que l'homme qui vit sous un gouvernement établi) ni de l'animal humain en général et dans l'abstrait. Loin d'avoir trait à l'homme en tant que tel, l'état de nature est le fruit d'une déduction opérée à partir de l'analyse, qu'a faite Hobbes, des appétits et des autres facultés des hommes civilisés.

Ce sont les étapes de cette déduction qu'il nous faut maintenant examiner. L'analyse psycho-physiologique de la nature humaine qui l'amorce dans les *Elements* et dans le *Léviathan* se présente d'abord comme l'analyse de la nature ou « mouvement » de l'homme, abstraction faite de tous rapports sociaux. C'est dire qu'elle porte, ou semble porter, sur l'homme en tant qu'homme, et non sur l'homme civilisé. Pourtant, quand Hobbes en vient à l'hypothétique état de nature, c'est de l'homme civilisé qu'il parle. À quel point de son raisonnement a-t-il donc introduit la civilisation ?

Cette question peut sembler superflue : en un sens, en effet, la civilisation est toujours et partout présente chez Hobbes. Ne nous avertit-il pas lui-même qu'il se livre à l'analyse psychologique de l'homme contemporain ? « quiconque regarde en soi-même et considère ce qu'il fait quand il *pense, réfléchit, raisonne, espère, craint*, etc., et sur quels fondements, celui-là lira et connaîtra, par cela même, les pensées et passions des autres humains, dans les mêmes occasions[32] ». Et Hobbes d'inviter le lecteur du *Léviathan* à se borner, pour confirmer la lecture à laquelle l'auteur s'est livré, à prendre la peine « de trouver la même chose en lui-même — car cette sorte de doctrine ne requiert aucune autre démonstration[33] ». Il y a donc fort à parier que Hobbes part bien de l'homme civilisé. Il emprunte à Galilée sa méthode analytico-synthétique qu'il admire tant[34] : or, cette méthode consiste à décomposer la société existante en ses éléments premiers et à en opérer ensuite la synthèse logique. C'est dire que l'analyse part de la société telle qu'elle est, pour aboutir aux individus tels qu'ils existent, puisqu'elle réduit ces individus aux éléments premiers de leur mouvement. En fait, Hobbes n'expose pas la partie analytique de sa pensée, mais, se fondant sur les résultats auxquels il est parvenu grâce à l'analyse, il nous invite à le suivre dans son mouvement de synthèse. Sa démarche réelle comprend deux temps : un premier temps le mène, par un mouvement descendant, de la société existante à l'homme, système mécanique de matière en mouvement ; un deuxième temps lui fait découvrir, par un mouvement ascendant, le comportement social nécessaire de l'homme. Mais il ne nous fait part que du deuxième temps de sa démarche. C'est la raison pour laquelle le lecteur du *Léviathan* et des *Elements* a tendance à oublier le point de départ de Hobbes.

Malgré tout, il vaut la peine d'essayer de répondre à la question que nous posions tout à l'heure : à quel point de sa construction théorique Hobbes fait-il intervenir la civilisation ? Car dans la méthode analytico-synthétique, le stade analytique ne consiste pas seulement à décomposer le phénomène en ses éléments premiers ; il entraîne également un degré d'abstraction considérable. Dans ce processus d'abstraction, on risque de perdre de vue certains éléments du tout complexe (ici la société et la nature civilisée de l'homme). C'est ce que semble avoir fait Hobbes dans le tableau qu'il trace de la nature humaine au début du *Léviathan* et des *Elements*. D'où la nécessité de notre enquête. Le cas des *Rudiments* est légèrement différent : l'aperçu que Hobbes y donne de la société contemporaine débouche directement sur l'élaboration de l'état de nature sans passer par le détour des notions hautement abstraites qui constituent, dans les deux autres œuvres, l'analyse psychologique préalable à l'étude de l'obligation politique.

L'homme, tel que Hobbes nous le présente dans les premiers chapitres du *Léviathan* devrait nous être plus accessible qu'aux hommes du xviiᵉ siècle, car il ressemble beaucoup à un automate, automoteur certes, mais aussi autodirecteur. Il possède un système incorporé qui lui fait changer de mouvement en réponse aux stimuli des matériaux divers qu'il utilise, en réponse également aux chocs actuels, ou même prévisibles, d'autres matières sur lui. Les cinq premiers chapitres du *Léviathan* décrivent les éléments de ce système. Les sens, d'abord, qui reçoivent la pression des corps externes, la transmettent, par le moyen des nerfs, au cerveau et au cœur, tandis que ceux-ci, en retour, produisent une contre-pression ; ensuite, l'imagination, ou mémoire, qui est capable de rappeler les impressions sensorielles passées et d'en emmagasiner les souvenirs ; puis le système que Hobbes appelle « suite dirigée de pensées » ou « enchaînement des images », qui consiste en une « investigation des causes d'un effet quelconque présent ou passé, ou bien des effets d'une cause quelconque présente ou passée[35] », et permet ainsi au mécanisme de prévoir le résultat probable des diverses solutions pratiques qu'il pourrait adopter ; enfin, le langage, grâce auquel la machine échange des messages et met de l'ordre dans ses calculs, et la raison qui, par l'addition ou la soustraction de noms ou de leurs conséquences, atteint à des propositions générales ou règles de conduite qui lui permettent de se diriger.

Le chapitre VI du *Léviathan* décrit le but, ou orientation générale, incorporé à la machine : celle-ci cherche à perpétuer le mouvement dont elle est animée. Elle le fait en se dirigeant vers les choses dont elle a calculé qu'elles favoriseront la perpétuation de son mouvement, et en évitant celles qui sont susceptibles de l'entraver. Le mouvement d'approche s'appelle appétit ou désir, le mouvement de recul se nomme aversion. Certains de ces mouvements d'approche et de recul, comme ceux qui s'appliquent à la nourriture, sont innés, mais ils sont en très petits nombres. Tous les autres s'acquièrent par « l'expérience et de l'essai de leurs effets sur nous ou sur les autres[36] ». Ces appétits et ces aversions acquis n'ont pas toujours les mêmes objets : ceux-ci changent d'une machine à l'autre (car leurs expériences respectives ne sont pas identiques) et, dans une même machine, ils varient selon le moment (car chaque machine est « en mutation permanente[37] »). Tout objet de désir est, pour chaque machine, un bien, tout objet d'aversion un mal. Ainsi chaque machine cherche son propre bien et évite ce qui peut lui faire du mal.

Les états d'esprit et les dispositions générales de l'homme se réduisent tous, sans exception, à l'action du désir qui le pousse à rechercher son propre bien dans toutes les circonstances où il se trouve placé : ainsi en va-t-il de l'espoir, du désespoir, de la crainte, du courage, de la colère, de la confiance en soi, de la défiance de soi, de la cupidité, de l'ambition d'obtenir places et dignités, de la pusillanimité, de la magnanimité, de l'amour, de la jalousie, du ressentiment, du découragement, de la pitié, de l'émulation et de l'envie.

Toute action est déterminée par les appétits et les aversions de l'homme, ou plutôt par le calcul des effets probables de chacune de ses actions possibles sur la satisfaction de ses appétits :

> Quand, dans notre esprit, appétits et aversions, espoirs et craintes au sujet d'une seule et même chose arrivent alternativement ; quand plusieurs conséquences bonnes et mauvaises nous viennent à l'esprit au sujet d'une chose qu'on se propose de faire ou qu'on omet de faire, de sorte que tantôt nous éprouvons de l'appétit, tantôt de l'aversion ; tantôt nous espérons être capable de la faire, tantôt nous désespérons ou craignons de nous engager à la faire — toute la somme de désirs, aversions, espoirs et craintes éprouvés jusqu'à ce que la chose soit faite ou qu'on la pense impossible à faire, s'appelle DÉLIBÉRATION[38].

Toutes les actions volontaires sont déterminées par ce processus de délibération : « En effet, un *acte volontaire* est celui qui procède de la *volonté*, et nul autre », et la « *volonté* est donc *le dernier appétit dans la délibération* »[39]. Enfin, « parce que la vie elle-même n'est que mouvement, et ne peut jamais être dépourvue de crainte, pas plus que de sensation », l'individu est contraint de chercher à obtenir un succès constant dans la réalisation des désirs qu'il peut avoir et qu'il ne peut s'empêcher d'avoir.

Jusqu'ici, il convient de le noter, Hobbes n'a guère parlé des rapports possibles entre plusieurs de ces systèmes automoteurs ; la seule mention qu'il en ait faite se trouve dans le développement consacré aux états d'esprit, ou dispositions générales, de l'homme. Certains d'entre eux (à savoir l'indignation, la charité, la cupidité, l'ambition, le courage, la libéralité, la jalousie, le ressentiment, la pitié, la cruauté, l'émulation et l'envie), Hobbes les définit comme des rapports entre les hommes, ou comme les conséquences de ces rapports. Mais l'analyse qu'il en donne ne constitue guère qu'une parenthèse lui permettant de montrer que son postulat de l'homme-machine explique une foule de caractères observables chez les hommes ; bref, il s'agit là bien davantage d'une simple confirmation de son postulat initial que d'une étape essentielle dans la suite de déductions qui le font passer de la nature du mécanisme à l'affirmation de la lutte de tous contre tous.

Il faut attendre le chapitre VIII pour trouver des propositions qui s'inscrivent dans le droit-fil de cette déduction. Parlant des vertus intellectuelles, Hobbes énonce deux affirmations générales fondées sur l'observation des hommes : la première a trait aux rapports qu'ils entretiennent, la seconde aux différences qui caractérisent les passions d'individus différents. Il affirme d'abord que les hommes n'accordent de valeur à une chose qu'en la comparant à ce que d'autres possèdent : « Dans tous les domaines, la vertu est généralement ce qu'on valorise

comme étant supérieure ; elle consiste en une comparaison : en effet, si toutes les choses étaient également réparties parmi les hommes, on n'attacherait
de prix à rien[40]. » Il déclare ensuite que la différence entre l'entendement d'hommes différents
(c'est-à-dire leur capacité respective à résoudre intel-
ligemment leurs problèmes) tient essentiellement
au degré, variable selon les individus, du « désir de
puissance, de richesses, de connaissances et d'honneurs » qu'ils éprouvent. Certains n'ont « pas de
grande passion pour l'une quelconque de ces
choses » ; chez d'autres, c'est tout le contraire ; la
différence s'explique « à cause de la différence de
complexion des gens, mais aussi de leurs habitudes
différentes et de l'éducation »[41].

Ce n'est toutefois pas avant le chapitre X que
Hobbes entame sérieusement l'analyse des rapports
entre systèmes mécaniques distincts. Ce chapitre et
le suivant contiennent presque tout ce que Hobbes
a à dire sur ce sujet. Mais il faut noter qu'il y parle
des rapports entre hommes civilisés vivant dans des
sociétés établies, et que ces deux chapitres énoncent
toutes les propositions essentielles — ou plutôt, toutes sauf une — qui lui permettront de déduire, au
chapitre XIII, la nécessité de la guerre de tous contre
tous si l'on supprime le pouvoir commun. La seule
proposition pertinente qui ne figure pas dans ces
deux chapitres, mais que l'on trouvera au chapitre XIII, est celle qui affirme l'égalité naturelle des
hommes ; elle est indispensable pour prouver que

l'état de guerre ne saurait jamais prendre fin par la victoire d'un homme sur tous les autres.

Bref, la transition qui nous fait passer de l'homme-machine en soi à l'homme conçu comme unité dans une série de relations sociales se trouve pour l'essentiel dans les chapitres X et XI. Ce sont eux qu'il nous faut donc examiner de près pour tâcher d'y découvrir les postulats nouveaux, implicites ou explicites, nécessaires au raisonnement qui permet à Hobbes d'inférer l'état de nature, et pour tenter de voir sur quoi ils se fondent.

Dans les chapitres X et XI, nous passons, en substance, d'une définition neutre du pouvoir (sur quoi s'ouvre le chapitre X : « Chez un humain, la PUISSANCE (considérée universellement) consiste en ses moyens actuels pour acquérir dans l'avenir un bien apparent quelconque ») à la conclusion que Hobbes en tire dès le début du chapitre XI : « je place au premier rang, à titre de penchant universel de tout le genre humain, un désir inquiet d'acquérir puissance après puissance, désir qui ne cesse seulement qu'à la mort[42] ». Cette conclusion, qui définit le pouvoir comme celui qu'on exerce sur autrui, débouche directement sur l'état de guerre tel que le décrit le chapitre XIII. Le problème est de savoir comment Hobbes passe de la première définition à la seconde.

Immédiatement après avoir énoncé sa définition neutre du pouvoir, Hobbes distingue dans le *Léviathan* entre pouvoir originel, ou naturel, et pouvoir instrumental :

La *puissance naturelle* réside dans les facultés supérieures du corps et de l'esprit, comme la force, la beauté, la prudence, les arts, l'éloquence, la générosité, la noblesse, situées à un niveau exceptionnel. Les puissances *instrumentales* sont de celles que l'on acquiert par celles-ci ou par la fortune ; elles sont des moyens et des instruments pour en acquérir plus, comme les richesses, la réputation, les amis et les manœuvres secrètes de Dieu que l'on appelle chance. En effet, la nature de la puissance est, sur ce point, comme la célébrité, elle augmente en avançant ; ou comme le mouvement des corps lourds qui vont de plus en plus vite au fur et à mesure qu'ils avancent[43].

Ce qui frappe ici, c'est que pour Hobbes le pouvoir naturel d'un individu ne se définit pas par ses capacités naturelles (force, prudence, etc.), mais par leur *éminence* ; c'est cette éminence, c'est-à-dire leur supériorité par rapport aux capacités d'autrui, qui permet à l'homme qui en est doué d'acquérir les « pouvoirs instrumentaux » (richesses, réputation, amis, etc.). C'est dire que le pouvoir de l'homme n'a rien d'absolu : c'est une quantité relative qui s'établit par comparaison. Contrairement à ce que sa première définition neutre aurait pu donner à penser, le pouvoir de l'homme ne se ramène pas pour Hobbes à l'équation : capacités personnelles de l'individu, plus maîtrise sur les choses que leur exercice lui permet d'acquérir. Le pouvoir de l'homme est, en fait, égal à l'excédent de ses capacités sur celles d'autrui, plus ce que cet excédent lui permet d'acquérir. Or, il est clair que cette nouvelle définition du pouvoir implique un nouveau postulat : à la capacité de chacun à obtenir ce qu'il désire doit s'opposer la capacité de tous. C'est ce nouveau postulat que Hobbes énonce explicitement dans le passage des *Elements* qui correspond à celui du *Léviathan* que nous venons de citer. Hobbes y définit d'abord ainsi le pouvoir d'obtenir ce que l'individu désire :

> Les facultés du corps et de l'esprit [et] tous les autres pouvoirs permettant d'acquérir (notamment) des richesses, des postes élevés, des amitiés ou faveurs, et une bonne fortune.

Mais il ajoute aussitôt après :

> Et comme le pouvoir d'un homme entrave les effets du pouvoir d'un autre et s'oppose à eux, on peut dire très simplement que le pouvoir n'est rien d'autre que l'excédent du pouvoir de l'un sur celui de l'autre. Car, en s'opposant, des pouvoirs égaux s'annulent ; et cette opposition s'appelle lutte[44].

Au pouvoir de chacun s'oppose le pouvoir de tous les autres : c'est là pour Hobbes une vérité universelle qui lui permet de redéfinir « très simplement » le pouvoir comme une quantité relative et non plus absolue. Mais en parlant de pouvoirs individuels qui s'opposent, il a introduit un nouveau postulat que ne contenaient pas les propositions par lesquelles il

définissait l'homme comme un mécanisme automoteur cherchant à perpétuer ou à accroître le mouvement qui l'anime[45].

On lèvera tous les doutes que l'on pourrait avoir
sur le caractère universel, pour Hobbes, de cette opposition de pouvoirs en se reportant aux passages
du *Léviathan* et des *Elements* où, après avoir donné
les définitions citées plus haut, Hobbes en vient à
parler des diverses sortes de pouvoirs dans la société
et à analyser en quoi consiste le fait d'évaluer et
d'honorer. Dans le *Léviathan,* ce qui confère pouvoir à des choses comme la richesse et la réputation,
c'est qu'elles fournissent une puissance offensive et
défensive contre les autres. Ainsi, précise Hobbes :

> Toute richesse accompagnée de générosité est
> puissance, parce qu'elle procure amis et serviteurs ;
> sans générosité il n'y en a pas car, dans ce cas, au
> lieu de protéger de l'envie elle la suscite comme une
> proie. La réputation de puissance est puissance,
> parce que cela entraîne l'adhésion de ceux qui ont
> besoin de protection. […]
> De même aussi, quelle que soit la qualité d'une
> personne par laquelle elle est aimée ou crainte de
> plusieurs, ou la réputation qui lui est faite de possé-
> der une telle qualité, il s'agit de puissance parce que
> c'est un moyen d'avoir l'assistance et le service de
> plusieurs[46].

Le pouvoir acquis, dont Hobbes passe en revue les
modalités diverses, se réduit à une force offensive
ou défensive contre autrui. De plus, il consiste à

disposer de certains pouvoirs appartenant à d'autres hommes ; sous toutes ses formes, il est le résultat d'un transfert de puissance de la part de certains au profit de certains autres. De fait, Hobbes a défini le pouvoir acquis comme le fait d'être maître des services d'autrui. La maîtrise de la nature par l'homme, sa capacité à la transformer par sa force, son intelligence et son savoir, ne font apparemment pas partie pour lui des pouvoirs acquis : elles relèvent des pouvoirs que l'homme possède naturellement à l'origine. C'est dire que Hobbes néglige le pouvoir des hommes s'associant pour transformer la nature.

Les analyses portant sur le fait d'évaluer et d'honorer, dont Hobbes fait suivre la description des diverses formes de pouvoir, étoffent le tableau qu'il trace des rapports que les hommes entretiennent dans la société. Pour lui, les transferts de pouvoirs sont si courants qu'il existe un véritable marché du pouvoir. Le pouvoir de l'homme y est traité comme une marchandise dont le prix est déterminé par des tractations régulières :

> La *valeur* d'un humain, ou son MÉRITE, est comme celle de toutes les autres choses, à savoir son prix, autrement dit autant qu'on serait prêt à payer pour utiliser sa puissance. Elle n'est donc pas absolue, mais dépend du besoin et du jugement d'autrui. [...] Et il en est des humains comme des autres choses, ce n'est pas le vendeur, mais l'acheteur qui en fixe le prix. En effet, un humain (comme le font la plupart d'entre eux) est libre de s'attribuer la valeur la plus élevée qu'il peut, il reste que sa véritable valeur ne

se situe pas plus haut que celle à laquelle les autres l'estiment[47].

La valeur que les hommes s'accordent mutuellement, comparée à celle que chacun se reconnaît à soi-même, se mesure à la quantité d'honneur ou de déshonneur que chacun reçoit des autres, c'est-à-dire à la quantité négative ou positive de déférence qu'on lui accorde de diverses manières :

> La manifestation de la valeur que nous nous fixons les uns les autres est ce qu'on appelle communément honorer et déshonorer. Évaluer quelqu'un à un prix élevé, c'est l'*honorer* ; à bas prix, c'est le *déshonorer*. Mais, dans ce cas, le haut et le bas doivent s'entendre relativement au prix auquel chacun s'évalue soi-même[48].

L'honneur accordé à un homme est donc la mesure de sa valeur réelle par opposition à celle qu'il s'accorde lui-même. Mais cette valeur réelle est déterminée par ce que les autres accepteraient de donner pour pouvoir utiliser sa puissance. D'un point de vue subjectif, l'honneur, pour qui le reçoit, est la différence entre l'estimation personnelle de sa valeur et celle qu'établit le marché. Mais d'un point de vue objectif, il correspond à l'estimation du marché qui, tout à la fois, établit son pouvoir réel et est établie par son pouvoir apparent ou réel. Celui-ci est constitué par le pouvoir qu'il a de se rendre maître des services d'autrui, et ce pouvoir de se rendre maître de ces services est fondé sur ce que les autres pensent de son pouvoir actuel :

> Est *honorable* toute possession, action ou qualité constituant une preuve et une marque de puissance. Et, par conséquent, être honoré, aimé ou craint de beaucoup est honorable, en tant que preuve de puissance. Être honoré de quelques-uns ou de personne n'est *pas honorable*. Commandement et victoire sont honorables car acquis par la puissance ; la servitude procédant du besoin et de la crainte n'est pas honorable. La bonne fortune (si elle est durable) est honorable en ce qu'elle est un signe de la faveur divine. [...] Les richesses sont honorables pour la puissance qu'elles confèrent. Grandeur, générosité, espoir, courage, résolution sont honorables en ce qu'ils procèdent de la conscience de la puissance. [...]
>
> L'honneur n'est pas non plus affecté par le fait qu'une action soit juste ou injuste (pourvu qu'elle soit élevée et difficile et, par conséquent, marque d'une grande puissance), en effet, l'honneur consiste uniquement dans ce qu'on se représente être la puissance[49].

Ce que Hobbes nous dépeint ici, ce sont tous les traits caractéristiques de la concurrence en économie de marché. La valeur d'un homme, qui se traduit par l'honneur que les autres lui accordent, détermine l'opinion que ceux-ci se font de son pouvoir tout en étant déterminée par elle ; cette opinion se manifeste par ce qu'ils sont disposés à donner en échange de la jouissance de son pouvoir. Le rapport qu'établit le fait d'évaluer ou d'honorer n'est pas simple : il ne s'agit pas d'une relation entre un donneur et un receveur, mais d'un rapport complexe entre celui qui reçoit les marques d'honneur et tous les autres hommes qui les lui accordent, c'est-à-dire tous ceux que concerne, même fortuitement, même de loin, la manière dont il utilise son pouvoir. Tous ces hommes se livrent à des évaluations indépendantes les unes des autres ; ils comparent son pouvoir à celui d'autres hommes, car l'utilité qu'il peut avoir pour eux n'est pas une quantité absolue, mais dépend du pouvoir dont disposent d'autres hommes. Du coup, il ne suffit pas de dire que chacun *est évalué* par tous ceux qui sont concernés par l'emploi qu'il fait de son pouvoir ; il faut ajouter que chacun *évalue* à son tour tous ces hommes. Pourtant, de ce nombre infini de jugements de valeur indépendants se dégage la valeur objective du pouvoir de chaque homme. Ce n'est qu'ainsi qu'elle peut se dégager : car, pour Hobbes, le pouvoir de chaque individu est une marchandise, une chose qui s'offre normalement à être échangée au sein de la concurrence du marché. Chaque homme lutte sur le marché contre tous les autres pour obtenir du pouvoir, que ce soit du côté de l'offre ou du côté de la demande : car tout individu, ou bien a quelque pouvoir à offrir à d'autres hommes, ou bien se propose d'acquérir leur pouvoir.

Ces postulats implicites se retrouvent dans les passages des *Elements* consacrés au fait d'évaluer et d'honorer. Honorer un homme, « c'est concevoir ou reconnaître que cet homme a un avantage ou un excédent de pouvoir sur celui qui s'oppose à lui ou le compare à lui-même. Et Honorables sont ces signes qui font qu'un homme reconnaît à un autre le pouvoir, ou une supériorité sur son concurrent ». Sont donc honorables la force, la victoire, l'esprit aventureux, la noblesse et tout le reste ; « les richesses sont honorables : marques du pouvoir qui les a acquises ». Et « telles sont les marques d'honneur et de déshonneur, telle est aussi notre estimation d'un homme et la valeur d'échange ou d'usage que nous lui accordons. Car la valeur d'une chose n'est rien d'autre que ce qu'un homme est prêt à donner en échange de tout ce qu'elle peut offrir[50] ». Ici, tout comme dans le *Léviathan,* la valeur objective d'un homme est établie par l'estimation de tous les autres qui se fondent sur l'utilité qu'a pour eux son pouvoir apparent. La valeur de chaque individu se dégage de la même manière que s'établissent les prix sur le marché. Or, un marché détermine le prix des seules choses qui y sont normalement offertes à l'achat ou à la vente. C'est dire qu'on ne peut parler de la valeur ou du prix d'un homme sans présupposer que tout homme est vendeur de son pouvoir, acheteur de celui d'autrui, ou l'un et l'autre à la fois.

Cette analyse de l'estimation et de l'honneur, qui élargit la définition du pouvoir et la description de ses différentes formes, permet à Hobbes de compléter son raisonnement : grâce à elle, il passe à la conclusion que le comportement nécessaire de tous les hommes vivant en société est une lutte incessante de

chacun contre tous pour le pouvoir. Il est passé
d'une définition du pouvoir conçu comme les
moyens dont l'individu dispose effectivement pour
obtenir un bien futur, au pouvoir redéfini comme
l'excédent de pouvoir ou l'éminente supériorité des
moyens dont dispose un homme par rapport à un
autre. La deuxième définition se fonde sur le postulat que les moyens de chacun pour obtenir ce bien
futur s'opposent mutuellement et réciproquement.
De fait, Hobbes définit et décrit le pouvoir acquis
comme celui de se rendre maître des services d'autrui.
Il postule que ce pouvoir est si généralement demandé, qu'il est l'objet d'un transfert si général,
qu'il en vient à exister un marché du pouvoir où
s'établit la valeur de chaque individu. Mais, chemin
faisant, Hobbes s'appuie sur un certain nombre de
postulats qui n'apparaissent pas dans l'analyse psychologique par laquelle il a commencé. Le plus important d'entre eux, c'est l'hypothèse de l'opposition
mutuelle et réciproque du pouvoir de tous les hommes : il s'agit là d'un postulat d'ordre social, nullement d'un présupposé d'ordre physiologique.

C'est donc immédiatement après sa définition
neutre du pouvoir que Hobbes ajoute à ses postulats
d'ordre physiologique un présupposé d'ordre social.
Tout ce qui suit — ses analyses du pouvoir, de l'estimation, de l'honneur — ne fait qu'expliciter davantage la théorie du mouvement des hommes vivant
en société qu'implique déjà le postulat de l'opposition réciproque du pouvoir des hommes. Si l'on associe à ce postulat celui, d'ordre physiologique,

selon lequel tout homme cherche à perpétuer le mouvement qui l'anime, on aboutit à la recherche universelle de la domination d'autrui.

Ce postulat d'ordre social, Hobbes ne le présente toutefois pas comme une évidence qui va de soi, mais le fonde sur d'autres postulats qui ont sur celui-ci une antériorité logique. Quels sont ces postulats ? Il y a deux manières de répondre à cette question : tout dépend de l'interprétation que l'on donne de certaines déclarations de Hobbes. L'interprétation qui nous semble la mieux fondée est celle qui souligne la cohérence de Hobbes : celui-ci déduit très logiquement le conflit de pouvoir d'une part d'un postulat physiologique (certains hommes, mais non pas tous, ont un désir inné d'accroître sans cesse leur pouvoir et leurs plaisirs, tandis que les autres n'ont d'autre désir que de se maintenir à leur niveau actuel) et, d'autre part, d'un postulat implicite qui fait de la société un ensemble si fluide, si fragmenté que le comportement des seuls hommes aux désirs démesurés oblige tous les autres à prendre part à la lutte pour dominer autrui. L'autre interprétation insiste, au contraire, sur l'incohérence de Hobbes. Car, souligne-t-elle, il déduit le conflit de pouvoir tantôt du postulat selon lequel certains hommes, mais non pas tous, ont un désir inné d'accroître sans cesse leur pouvoir, tantôt du seul postulat physiologique qui attribue à tous les hommes sans exception ce désir inné. Les tenants de cette deuxième interprétation ne nient pas que Hobbes ait déclaré que seuls certains hommes éprou-

vent ce désir démesuré ; ils se bornent à faire remarquer que, ce faisant, il tombe dans l'illogisme.

Il ne saurait faire de doute que pour Hobbes
seuls certains hommes ont le désir inné d'accroître
leur pouvoir. Qu'on se souvienne de la déclaration
qu'il a faite un peu plus haut[51] : il existe, affirme-t-il,
des hommes qui ne désirent aucun accroissement
de leur pouvoir, de leurs richesses, de leur savoir ou
de leurs honneurs ni pour ces biens eux-mêmes, ni
pour les satisfactions qu'ils pourraient en retirer.
Cette affirmation se retrouve au chapitre XI du *Léviathan* dans le contexte même où Hobbes, évoquant la lutte pour le pouvoir qui se livre au sein de
la société, précise : « Et la cause de cela n'est pas
toujours que l'on espère une jouissance plus grande
que celle qu'on vient déjà d'atteindre, ou qu'on ne
peut se contenter d'une faible puissance, mais
qu'on ne peut garantir la puissance et les moyens de
vivre bien dont on dispose dans le présent, sans en
acquérir plus[52]. » Les désirs de l'homme sont certes
incessants, mais tous les hommes ne désirent pas accroître le niveau de leurs satisfactions ou de leur
pouvoir. Dans la vie sociale (de même que dans l'hypothétique état de nature), tous cherchent à accroître sans cesse leur pouvoir, mais nullement parce
qu'ils en éprouvent tous le désir inné. Les hommes
qui sont, par nature, modérés sont contraints de le
faire simplement pour protéger ce qu'ils possèdent
déjà. Et si Hobbes peut conclure que c'est là le comportement nécessaire de *tous* les hommes, c'est
parce qu'il présuppose que la société est organisée

de telle façon qu'elle permet à chacun d'empiéter sur le pouvoir naturel de tous : si le droit coutumier protégeait les moyens d'existence des individus de tout rang, ou limitait la concurrence à laquelle ils se livrent, certains ne seraient pas obligés de participer à la lutte pour le pouvoir, tandis que d'autres n'en auraient pas les moyens.

Dès lors qu'on accepte cette interprétation, dès lors qu'on considère qu'elle reflète fidèlement la pensée de Hobbes, il est clair que l'opposition des pouvoirs qu'il postule dans la société présuppose qu'il a en vue un modèle de société qui, tout à la fois, permet et exige cette violation continuelle des droits d'autrui par tous. Pour la même raison, il ne peut conclure que tous les hommes vivant en société cherchent sans arrêt à accroître le pouvoir qu'ils possèdent sur autrui, que parce qu'il s'appuie sur ce même présupposé[53].

L'autre interprétation, défendue éloquemment par Strauss[54], veut que Hobbes ait conçu (au mépris de la logique) cette recherche d'un pouvoir illimité comme un désir naturel et inné de l'homme en tant qu'homme. À en croire Strauss, « l'homme selon Hobbes désire toujours plus de pouvoir, spontanément et de façon continue, d'un seul et même jet de son appétit[55] ». Des passages qu'il cite à l'appui de son interprétation, un seul nous semble sans ambiguïté. Hobbes affirme, en effet, que « les hommes ne sont pas plus tôt nés que naturellement ils se battent pour obtenir l'objet de leurs convoitises et voudraient, s'ils le pouvaient, que le monde entier les craignent et leur obéissent[56] ». Notons toutefois qu'il s'agit là d'une simple remarque que Hobbes fait en passant, et plutôt à la légère, dans l'une de ses toutes dernières œuvres, le *Decameron Physiologicum* qui date de 1677, pour expliquer le charlatanisme et la fourberie de ses vieux ennemis, les tenants de la philosophie naturelle. Mais Hobbes n'insiste pas sur ce point et il ne semble pas très légitime de fonder toute une interprétation sur cette simple remarque. Quant aux autres passages que cite Strauss, ils ne nous semblent pas impliquer autre chose qu'un appétit de pouvoir illimité, inné chez certains, acquis en société chez les autres. Le passage le plus probant est celui dans lequel Hobbes, après avoir remarqué que, « au fur et à mesure que les hommes parviennent à accroître leurs richesses, leurs honneurs, ou tout autre pouvoir, leur appétit s'accroît », conclut en affirmant que la félicité ne consiste pas « à avoir prospéré, mais à prospérer[57] ». À coup sûr, ce passage corrobore l'interprétation de Strauss, mais, étant donné les déclarations explicites de Hobbes limitant à certains hommes le désir naturel d'accroître leur pouvoir et leurs plaisirs, n'est-on pas, à tout le moins, aussi fondé à y voir une déclaration s'appliquant à ceux qui accroissent leur pouvoir parce qu'ils possèdent d'emblée le désir inné de le faire ?

Strauss l'admet : Hobbes a explicitement déclaré que tous les hommes ne désirent pas accroître leurs plaisirs et leur pouvoir. Il réconcilie cette déclaration et la position inverse qu'il attribue à Hobbes,

en distinguant chez cet auteur deux sortes d'appétits du pouvoir : un appétit irrationnel, désir naturel
de l'homme en tant qu'homme, et l'appétit rationnel de ceux qui se contenteraient bien d'un pouvoir
modeste, mais qui découvrent que, pour protéger
les biens dont ils jouissent, il leur faut s'efforcer
d'accroître leur pouvoir. Il est bien vrai que Hobbes
distingue ce qu'on peut appeler appétit rationnel et
appétit irrationnel : mais il ne s'ensuit nullement
qu'il attribue à tous les hommes un appétit inné ou
irrationnel.

Strauss attire également l'attention[58] sur le fait
que, pour Hobbes, le désir de l'honneur ou de la supériorité, et de la reconnaissance de cette supériorité, est un caractère universel de l'homme. C'est
exact, mais Hobbes ne dit pas qu'il s'agit là d'un caractère inné chez tous les hommes. Comme l'appétit du pouvoir, on peut expliquer de manière
satisfaisante le désir universel des honneurs en soulignant qu'il est inné chez certains et (par conséquent) imité par les autres. Bien des passages de
Hobbes sur la préséance s'accordent avec l'interprétation de Strauss. Mais ses déclarations les plus explicites la contredisent :

> [...] quand on considère la grande différence que
> la diversité de leurs passions introduit entre les hom-
> mes, combien *certains* sont en proie à la vaine gloire
> et espèrent acquérir préséance et supériorité sur
> leurs semblables, non seulement lorsqu'ils leur sont
> égaux en pouvoir, mais même lorsqu'ils leur sont in-
> férieurs ; on est forcé de reconnaître qu'il s'ensuit

nécessairement que *ceux qui sont modérés* et qui se
contentent de l'égalité de nature, seront odieux aux
autres qui essaieront de les réduire par la force. De
là ne peut manquer de procéder chez les hommes
une défiance absolue, une crainte mutuelle
d'autrui[59].

[...] Dans l'état de nature tous les hommes ont le
désir et la volonté de faire du mal, mais ils ne procèdent pas des mêmes causes [...]. Car *tel homme,* se fondant sur l'égalité naturelle qui règne parmi nous,
accorde à autrui autant qu'à lui-même (ce qui est raisonnement d'homme modéré qui a juste opinion de
son pouvoir). *Tel autre,* au contraire, s'imaginant au-
dessus d'autrui, s'accorde licence de faire tout ce
qu'il veut et exige respect et honneurs comme lui
étant dus en priorité (ce qui est raisonnement d'esprit fougueux). Son désir de faire du mal vient de la
vaine gloire et de la fausse opinion qu'il a de sa
force ; celui du premier procède de la nécessité de
défendre sa personne, sa liberté et ses biens contre la
violence du second[60].

On le voit : tous les hommes désirent préséance,
honneurs et gloire tout comme ils désirent accroître
leur pouvoir. Mais, dans les deux cas, certains naissent avec ce désir, d'autres se le voient imposer.

De fait, appétit d'honneurs et appétit de pouvoir,
c'est tout un : « Les passions qui, plus que tout, cau-
sent les différences d'intelligence, consistent princi-
palement en un plus ou moins grand désir de
puissance, de richesses, de connaissances et d'honneurs. Toutes ces passions peuvent être réduites à la
première, c'est-à-dire au désir de puissance. En ef-

fet, richesses, connaissances et honneurs ne sont que des espèces différentes de puissance[61]. » L'appétit de gloire n'est pas une passion indépendante de l'appétit de pouvoir ; il en est le résultat et se définit en termes de puissance : « La Gloire, c'est-à-dire la glorification intérieure ou triomphe de l'esprit, est cette passion qui procède de l'imagination ou de l'idée de son propre pouvoir comme supérieur au pouvoir de celui qui lutte contre soi[62]. » Ce désir de gloire n'existe pas universellement en soi ; il n'est qu'un des facteurs qui produisent la lutte de tous contre tous pour le pouvoir. La gloire se nourrit de comparaison et de querelles pour la même raison que le pouvoir, parce que « le pouvoir d'un homme résiste au pouvoir d'un autre et entrave ses effets[63] ». Au vu de toutes les déclarations de Hobbes sur ce point, il nous semble qu'on risque moins de trahir ses intentions si l'on considère le désir d'accroître son pouvoir et d'assurer sa préséance, qui lui paraît caractériser tous les hommes vivant en société (et dans l'état de nature également), comme un désir inné chez certains, comme un comportement acquis chez d'autres.

Néanmoins, il convient de noter ce qu'entraîne l'adoption du point de vue exprimé par Strauss. Si l'on pense que Hobbes a bel et bien voulu dire parfois que tous les hommes ont une tendance innée à s'assurer la préséance et un pouvoir illimité sur autrui, et que ce postulat s'applique pour lui à tous les hommes, il s'ensuit qu'il n'a besoin d'aucun autre présupposé pour démontrer que, *dans l'état de nature*, tous les hommes s'opposent constamment et de toute nécessité les uns aux autres. C'est dire que le postulat physiologique suffit à fonder cette conclusion. Mais, même dans ce cas, nous serions en droit de considérer que Hobbes a introduit un présupposé d'ordre social parmi ses postulats physiologiques : car le désir d'accroître indéfiniment son pouvoir sur autrui n'est pas un postulat physiologique évident par lui-même, comme l'est le désir que l'homme éprouve de perpétuer le mouvement qui l'anime. Pour qu'il ait à tout le moins l'apparence de l'évidence, ce postulat doit viser des hommes qui vivent déjà dans une société où règne une concurrence universelle.

Mais nous pouvons nous en tenir là sur ce point ; car il y a beaucoup plus important : même si nous admettons que ce présupposé relève uniquement de la physiologie, tout ce qu'il permet d'affirmer, en lui-même, c'est que *dans l'état de nature* règne une lutte permanente de tous contre tous. Pour démontrer, comme Hobbes essaie de le faire dans son analyse de l'estimation et de l'honneur, que la même chose se produit *dans la société*, il faut s'appuyer sur un autre présupposé, d'ordre social celui-là. Il faut postuler, au minimum, un modèle de société qui permette à chacun de violer les pouvoirs naturels de tous, et dans laquelle chacun puisse constamment chercher à s'approprier une partie des pouvoirs d'autrui.

Aucune société ne saurait tolérer que cela se fasse par la violence individuelle, car si une telle

violence régnait constamment entre tous les individus qui la composent, il n'y aurait pas de société,
en tout cas pas de société civilisée. Or Hobbes découvre que l'effort constant pour accroître son
pouvoir sur autrui constitue le comportement réel
des hommes qui vivent dans des sociétés civilisées.
Sa description du marché du pouvoir, son analyse
de l'estimation et de l'honneur, qu'il rattache au
pouvoir, s'appliquent aux sociétés de son temps.
Les multiples façons de priser ou de mépriser qui
permettent à l'homme de manifester, de confirmer
ou d'acquérir valeur et pouvoir, Hobbes les analyse
dans le contexte de la société civile, même s'il en
attribue aussi certaines à l'état de nature : les unes
sont, dit-il, « naturelles ; et elles le sont aussi bien
dans le cadre de l'État qu'en l'absence d'État », les
autres ne se rencontrent (et ne sont concevables)
que dans les États constitués[64]. Puisque ce comportement nécessaire est, pour Hobbes, le comportement d'hommes vivant en société, il faut de toute
évidence qu'il présuppose un type de société of-
frant aux hommes des moyens pacifiques, non violents, d'accroître constamment, et sans détruire la
société, leur pouvoir sur autrui.

Ainsi, quelque interprétation qu'on adopte, on
doit reconnaître que, pour passer du mouvement
physiologique de l'homme à son mouvement social,
Hobbes a besoin d'un présupposé d'ordre social. Il
nous faut donc nous demander quel type de société
s'accorde avec ce présupposé.

3. MODÈLES DE SOCIÉTÉ

I. *De l'usage des modèles.*

Construire des modèles de société est une manière inhabituelle de procéder lorsqu'on étudie une théorie politique. On peut même penser qu'elle est vaine. Il appartiendra au lecteur, en fonction des résultats qu'elle permet d'obtenir, de juger de son mérite. Si nous y avons eu recours, c'est que la méthode de Hobbes lui-même nous a semblé un gage de son utilité. Comment procède-t-il en effet ? Il construit un modèle de l'homme qu'il élabore avec soin en assemblant logiquement les divers éléments de la nature humaine qu'il a postulés. Il met également sur pied un remarquable modèle de rapports interindividuels — son « état de nature » — qu'il érige délibérément en cas limite. Ce modèle de non-société, comme on serait tenté de le nommer, est si impressionnant qu'on a tendance à oublier le modèle de société qu'impliquent les développements de Hobbes sur le pouvoir, l'honneur et la valeur. De fait, on oublie fréquemment que l'état de nature n'est pas le seul modèle qu'il utilise. Certes, son modèle de société n'est pas aussi explicitement élaboré que son modèle de non-société, mais il joue dans son système un rôle tout aussi important. Nous pouvons donc espérer approfondir et préciser l'analyse de ce système en comparant son modèle de société à des modèles explicitement construits. Cette méthode devrait nous permettre d'apprécier tout à la fois la cohérence logique de son modèle et le rapport que celui-ci entretient avec les sociétés de son temps.

Ces deux objets ont déterminé la nature et le nombre des modèles que nous présentons ici. Nous avons voulu en réduire le nombre le plus possible, de manière à ne dégager que les traits communs à toutes les sociétés connues et à permettre ainsi une comparaison avec le modèle élaboré par Hobbes. Nous nous sommes contenté de trois modèles, mais il va de soi que les analyses générales, d'ordre sociologique ou historique, ne sauraient s'en satisfaire. Le premier modèle, que nous nommons « société fondée sur la coutume ou le statut » *(customary or status society)*, est construit assez lâchement de façon à englober des sociétés aussi différentes entre elles que celles des empires de l'Antiquité, les sociétés féodales et les sociétés tribales. Le deuxième modèle, la « société de marché simple » *(simple market society)*, est en revanche très étroitement circonscrit : il s'agit là moins d'un modèle de société historiquement déterminée que d'une facilité que se donne l'analyse pour isoler et identifier certains aspects de la société de marché plus développée de l'époque moderne. Le troisième modèle correspond aux sociétés de marché contemporaines : nous le désignons par le terme « société de marché généralisé » *(possessive market society)*. Nous tenons dès maintenant, et avant d'y revenir, à souligner ce qui le sépare des deux autres modèles, ne serait-ce que pour justifier le terme que nous avons choisi.

Par « société de marché généralisé », nous entendons une société où, contrairement à ce qui se passe dans celles qui se fondent sur la coutume ou le statut, il n'existe pas de répartition autoritaire du travail et des récompenses, et où, à l'opposé de ce qui se produit dans une société de producteurs indépendants n'échangeant sur le marché que leurs produits, il existe, à côté du marché des produits, un marché du travail. S'il fallait donner un critère unique de la société de marché généralisé, nous dirions que le travail y est une marchandise : l'énergie d'un individu et ses aptitudes lui appartiennent en propre, mais au lieu d'être considérées comme parties intégrantes de sa personne, elles sont tenues pour des biens qu'il possède et dont, par conséquent, il est libre de disposer à sa guise, notamment en les cédant à autrui contre paiement. C'est pour souligner ce trait distinctif que nous avons employé, pour désigner ce modèle, l'expression « société de marché *généralisé* ». D'autre part, nous parlons de *société* de marché généralisé, au lieu de nous borner à la notion classique d'économie de marché : nous tenons, en effet, à souligner que là où le travail est devenu une marchandise faisant l'objet de tractations sur le marché, les rapports que le marché institue façonnent et affectent l'ensemble des relations sociales, si bien que l'on n'a pas seulement affaire à une économie de marché, mais à une *société* de marché.

La notion de société de marché généralisé n'est ni nouvelle ni arbitraire. Elle est, de toute évidence, analogue aux concepts de société bourgeoise ou de société capitaliste, qu'à la suite de Marx, de Weber, de Sombart et de bien d'autres, ont utilisés tous ceux qui ont vu dans l'existence d'un marché du travail le critère essentiel du capitalisme. Tout comme ces concepts, celui que nous proposons veut être un modèle, un idéal, qu'ont approché les sociétés européennes modernes, c'est-à-dire postféodales. Mais il en diffère en ce qu'il n'implique aucune théorie sur l'origine ou le développement de telle ou telle société. Il ne postule pas la primauté d'un facteur ou l'importance relative de facteurs divers comme c'est le cas du concept d'accumulation primitive chez Marx, de celui de comptabilité rationnelle du capital chez Weber, ou, chez Sombart, de la notion d'esprit d'entreprise. L'accepter n'implique nullement qu'on souscrive entièrement à l'une ou à l'autre de ces théories controversées. Il a toutefois le mérite d'attirer l'attention sur deux traits essentiels de ce type de société : la primauté des rapports de marché, la transformation du travail en propriété aliénable.

II. *La société fondée sur la coutume ou le statut.*

Une société fondée sur la coutume ou le statut peut se caractériser par les quatre propriétés essentielles suivantes :

a) Le travail productif et régulateur de la société est réparti d'autorité entre les groupes, les rangs, les classes ou les personnes. La loi, ou la coutume, assure le respect de cette répartition et l'exécution des tâches.

b) Chaque groupe, rang, classe ou personne doit s'en tenir à un type déterminé de travail et ne se voit attribuer, ou autoriser à posséder, qu'un éventail de rétributions appropriées à l'exécution de ses fonctions. C'est l'accord de la communauté, ou une décision de la classe dirigeante, qui fixe ces rétributions.

c) La terre n'y est pas l'objet d'un droit de propriété individuelle ou inconditionnelle. Lorsqu'elle existe, la jouissance individuelle de la terre est subordonnée à l'exécution de fonctions assignées par la communauté ou l'État, ou à la prestation de services à un supérieur. Il n'existe donc pas de marché de la terre.

d) L'ensemble de la main-d'œuvre y est attachée au travail de la terre, à l'exécution des fonctions qui lui ont été assignées, ou, dans le cas des esclaves, au service des maîtres. Les individus qui constituent la main-d'œuvre ne sont donc pas libres d'offrir leur force de travail sur le marché : c'est dire qu'il n'existe pas de marché du travail. (Un marché d'esclaves peut exister, mais les rapports d'échange s'y établissent toujours entre les maîtres, jamais entre les maîtres et les esclaves : il n'instaure donc pas des rapports de marché entre tous les individus concernés.)

Ces propriétés confèrent à une société de ce genre certaines caractéristiques particulières. Faute de marché de la terre et du travail, les individus (à l'exception des membres des classes supérieures) n'ont absolument pas les moyens de chercher sans cesse à changer l'ordre qu'ils occupent dans la hiérarchie du pouvoir, c'est-à-dire de modifier la quantité de pouvoir naturel qu'on tire d'eux ou qu'ils tirent d'autrui. Dans ce modèle, les hommes placés au sommet de la hiérarchie sociale et désireux d'accroître leurs jouissances ont la possibilité de porter atteinte par la force aux droits de ceux qui sont placés à ce même niveau, et ainsi d'obliger ces gens (y compris ceux qui, autrement, se satisferaient de leur sort) à se lancer dans la course au pouvoir. Autrement dit, il y a place dans ce modèle pour des luttes dynastiques, des révolutions de palais et des guerres de barons. Mais il ne saurait s'agir là que d'une concurrence entre rivaux qui cherchent à accaparer à leur profit les bénéfices dont ont déjà été spoliées les couches inférieures de la population. Cette concurrence ne saurait devenir générale et affecter tous les éléments de la société, car l'existence même de celle-ci, et la poursuite de la spoliation qui constitue l'enjeu de la lutte, exigent le maintien de la répartition traditionnelle du travail entre membres productifs et membres dirigeants de la société. La masse de la population doit s'y voir interdire de changer le type de travail et le mode de vie qui lui ont été assignés : c'est dire que ses fonctions, imposées par la société, ne lui donnent en général pas l'occasion de porter atteinte aux droits des autres membres et de les assujettir. Puisqu'il n'existe pas de marché du travail ouvert à l'individu sur lequel il pourrait vendre sa force naturelle, la concurrence à laquelle certains individus se livrent pour s'approprier une partie des pouvoirs naturels d'autrui ne peut pas se généraliser et affecter l'ensemble de la société. Ce modèle de société prévoit également la possibilité d'une résistance par la force de ceux qui se trouvent au bas de l'échelle sociale, contre tout accroissement des exactions dont ils sont l'objet de la part de leurs supérieurs. Mais cette résistance sera rare, pour peu qu'on admette que les exactions qui s'incarnent dans les coutumes ne dépassent normalement pas le niveau au-delà duquel elles cesseraient d'être d'un profit assuré pour la classe dirigeante. De toute manière, une résistance organisée de la part de la classe inférieure ne saurait constituer en elle-même et produire une structure générale d'usurpation dans les rapports inter-individuels.

Bref, si ce modèle de société permet une usurpation violente et permanente entre les rivaux qui sont situés au sommet de l'échelle sociale, et une usurpation violente et occasionnelle entre classes sociales ou entre éléments de ces classes, il exclut l'usurpation permanente, violente ou pas et à tous les niveaux, entre individus particuliers. Le désir de tous les individus d'accroître sans cesse leur pouvoir sur autrui, au point d'obliger tout le monde à participer à la course au pouvoir pour protéger les biens acquis, ne constitue ni une condition nécessaire, ni une condition suffisante de ce modèle. Il est donc clair qu'il ne saurait correspondre aux données fournies par Hobbes. Pour pouvoir s'appliquer à la société que décrit le *Léviathan*, il lui manque essentiellement de permettre le libre transfert du pouvoir naturel, ou force de travail, de tous les individus. Ce n'est que dans une société où la force de travail de chaque individu devient une valeur d'échange, que ce transfert peut acquérir le caractère universel qu'impliquent les présupposés de Hobbes.

III. *La société de marché simple.*

Ce modèle de société laisse également à désirer, car s'il définit bien une société dans laquelle la production et la répartition des biens et des services sont réglées par le marché, le travail lui-même n'y est pas traité comme une marchandise. Il est peu probable qu'une société, en tous points conforme à ce modèle, ait jamais existé ; en tout cas, elle n'a pu durer bien longtemps. Mais nous présentons quand même ce modèle pour bien distinguer les traits qui sont communs à toutes les sociétés de marché de ceux qui ne se rencontrent que dans une société de marché généralisé. Cette distinction offre l'intérêt de bien mettre en valeur les caractères de cette dernière que les modèles courants des économistes ne soulignent pas assez. Il est possible que, pour l'analyse économique, l'essentiel soit le dénominateur commun à toutes les sociétés de marché ; mais, pour l'analyse politique, l'essentiel c'est ce qui distingue la société de marché généralisé de toutes les autres sociétés.

La société de marché simple possède les propriétés suivantes :

a) Le travail n'y est pas réparti d'autorité : les individus y sont libres d'employer leur énergie, leurs aptitudes et leurs biens comme ils l'entendent.

b) Les rétributions n'y sont pas fixées d'autorité : ni la communauté ni l'État n'accorde ni ne garantit aux individus des rétributions appropriées à leurs fonctions sociales.

c) L'autorité y définit les contrats et en assure le respect.

d) Tous les individus y cherchent à maximiser leur fonction d'utilité, c'est-à-dire à obtenir la plus grande satisfaction possible pour une dépense donnée d'énergie ou de biens, ou encore à obtenir une satisfaction donnée pour la plus petite dépense possible d'énergie ou de biens.

e) Tout indivïdu y possède de la terre ou d'autres ressources, grâce auxquelles son travail lui permet de vivre.

Un certain nombre de conséquences découlent de ces propriétés. Pour obtenir les moyens de vivre, les individus déploient leur énergie, leurs aptitudes et leurs ressources matérielles dans des activités rentables, productrices de services ou de biens que la société (c'est-à-dire ces mêmes individus considérés en tant que consommateurs) est disposée à acquérir contre paiement. Toutes les fonctions de la société (y compris les fonctions productives) sont donc remplies par des individus à la recherche d'une rétribution que seul l'emploi de leur énergie ou de leurs ressources leur permet d'obtenir. Les individus cherchent à porter au maximum le bénéfice qu'ils tirent de leur travail ; or, la division du travail est plus efficace que le fait pour chacun de tout produire lui-même ; les individus échangent donc les produits de leur travail et de leurs ressources contre les marchandises produites par d'autres individus. Il existe ainsi un marché des produits. Les prix en sont fixés par la concurrence entre vendeurs et acheteurs ; ils déterminent en retour la manière dont les individus répartissent leur travail et leurs ressources entre divers types de productions. Le marché est un système autorégulateur : les prix y évoluent de façon à permettre à ce qui est offert de se vendre, et à ce qui est demandé d'être produit et offert à la vente.

Il n'y a, dans ce modèle, aucune raison pour que le jeu du marché s'étende au travail. Mais pour exclure catégoriquement cette possibilité, il faudrait ajouter, à la liste que nous venons de dresser, le postulat suivant :

f) La satisfaction que vaut à l'individu le fait de conserver la propriété et le contrôle de sa force de travail est plus grande que la différence existant entre les rémunérations prévisibles du salarié éventuel et les gains prévisibles du producteur indépendant actuel.

La société de marché simple implique que l'individu reste maître de son énergie et de ses aptitudes,

et que l'échange ne porte que sur des produits : les
échanges du marché ne peuvent donc constituer un
moyen permettant à certains individus, par détour-
nement à leur profit d'une partie de la force de travail d'autrui, d'obtenir un gain tel qu'il oblige tous
les autres à changer leur mode de vie. Dans ce modèle, il est vrai, chacun échange des produits sur le
marché ; en ce sens, on peut dire que chacun détourne indirectement à son profit une partie de la
puissance ou de la force de travail d'autrui. Chacun
participe au marché dans l'espoir d'en tirer profit,
et en fait tire profit de sa participation au marché.
Mais ce profit réside pour chacun dans l'accroissement d'utilités que lui permettent la division du travail et l'échange des produits qui en découle. Nul
ne gagne aux dépens d'autrui ; aucun individu ne
peut détourner à son profit une quantité du travail
d'autrui plus grande que celle qu'autrui obtient de
lui et détourne à son profit. Certains désirent-ils accroître ce qu'ils possèdent ? il leur suffit de déployer
davantage d'énergie ou d'habileté, de produire
davantage et donc d'accroître ce que leur vaut
l'échange de leurs produits. Ce faisant, ils ne détruisent pas l'équivalence de l'échange global : la quantité de pouvoir qu'ils reçoivent d'autrui reste égale à
la quantité de leur pouvoir qu'ils lui donnent. Dès
lors, leur action n'a pas à être immédiatement neu-
tralisée par ceux qui se satisfont de leur niveau de
vie. La société de marché simple ne répond donc
pas aux exigences fondamentales de la société que
Hobbes a en vue : les individus modérés qui se satis-

font de leur sort n'y sont pas contraints de se lancer dans la course au pouvoir pour protéger leur niveau de vie.

Ce modèle est très loin de correspondre aux sociétés de marché modernes. Pour obtenir une correspondance satisfaisante, nous pourrions supprimer les postulats *e)* et *f)* : il nous suffirait alors de postuler l'existence d'un marché concurrentiel du travail pour obtenir un modèle acceptable de société de marché généralisé. Mais il nous a paru plus utile d'examiner en détail les postulats qu'implique l'existence d'un marché du travail, et donc de construire ce nouveau modèle en ajoutant aux précédents les postulats nécessaires et suffisants pour passer de la société de marché simple à la société de marché généralisé.

IV. *La société de marché généralisé.*

Pour opérer ce passage, il suffit d'ajouter quatre nouveaux postulats aux quatre premiers qui définissaient le modèle précédent. On obtient ainsi la série suivante :

a) Pas de répartition autoritaire du travail.

b) Pas de rétribution autoritaire du travail.

c) L'autorité définit les contrats et en assure le respect.

d) Tous les individus cherchent à maximiser leur fonction d'utilité.

e) La force de travail de chaque individu est sa propriété aliénable.

f) La terre et les autres ressources constituent des propriétés individuelles aliénables.

g) Certains individus aspirent à un niveau d'utilités et de pouvoir plus élevé que celui qu'ils ont déjà atteint[65].

h) Certains individus ont plus d'énergie, plus d'aptitudes ou de biens que d'autres.

L'addition des quatre derniers postulats permet de passer au modèle d'une société de marché généralisé. Ceux qui veulent élever le niveau de leurs utilités ou de leur pouvoir et qui, possédant davantage de biens que les autres (et l'aptitude à les utiliser avec profit), peuvent les employer comme capital, ou qui sont doués d'une énergie et d'aptitudes supérieures leur permettant d'accumuler du capital, chercheront à s'attacher, en échange d'une rémunération, le travail d'autrui dans l'espoir d'en tirer davantage qu'il ne coûte. Les individus qui possèdent moins de terre et de ressources, ou moins d'aptitudes, qu'il ne leur en faut pour s'assurer les moyens de subsister par un travail indépendant accepteront des salaires qui leur assurent ces moyens de subsistance.

L'efficacité accrue du travail social dirigé par des hommes supérieurs par leurs aptitudes, leur énergie ou leurs ressources entraîne, grâce à la concurrence du marché, la baisse du prix des produits, si bien qu'il devient impossible, ou moins rentable, pour un nombre croissant de producteurs isolés de

continuer dans la voie du travail indépendant : ils fi-
nissent donc par offrir leur force de travail sur le
marché. Ainsi, là où le travail est aliénable et où
existent des différences appréciables dans les désirs,
les aptitudes et les biens que possèdent les hommes,
la concurrence qui se manifeste d'abord sur le marché des produits finit par déboucher sur une concurrence généralisée. Le travail, la terre et le capital,
tout autant que les produits, sont désormais soumis
à la détermination du marché : leurs prix sont tous
fixés par le jeu de l'offre et de la demande qui a tendance à égaliser ces deux termes.

Tels sont les caractères essentiels d'une société
moderne fondée sur la concurrence du marché. En
l'absence de toute répartition et de toute détermination autoritaires du travail et des rétributions, le
marché, répondant à un nombre infini de décisions
individuelles, fixe le prix de toute chose et condi-
tionne par là même les décisions individuelles. Le
marché constitue donc le mécanisme grâce auquel
les prix sont déterminés par les décisions que prennent les individus concernant l'utilisation des éner-
gies et le choix des utilités, décisions qui sont à leur
tour déterminées par ces prix.

L'échange des marchandises, par le truchement
d'un marché qui fixe les prix, affecte l'ensemble des
rapports inter-individuels, car dans un tel marché
tout, y compris l'énergie de l'individu, est réduit à
l'état de marchandise. Du point de vue fondamental
de l'acquisition des moyens de subsister, les individus, en tant que propriétaires de biens — ne serait-

ce que de leur simple force de travail — susceptibles d'être offerts sur le marché, dépendent tous les uns des autres. Ils sont tous obligés d'offrir continuellement des marchandises (au sens le plus large du terme) sur le marché, et d'y affronter la concurrence de tous les autres.

Contrairement à ce qui se passait dans la société de marché simple, la concurrence y est bien le moyen permettant à ceux qui veulent accroître leurs ressources de s'approprier une partie plus considérable du pouvoir d'autrui que la partie de leur pouvoir qu'ils lui concèdent. C'est que dans ce type de marché la concurrence a pour effet d'obliger les entrepreneurs (qui ont dû de toute manière commencer par posséder un capital leur permettant d'embaucher de la main-d'œuvre) à utiliser des quantités croissantes de capital pour accroître la productivité de leurs entreprises. Plus le capital nécessaire pour faire face à la concurrence est grand, moins il est possible aux gens qui possèdent peu de se maintenir comme producteurs indépendants, à plus forte raison de le devenir. D'autre part, l'efficacité accrue de la production de type capitaliste favorise l'accroissement de la population : du même coup, ce mode de production devient indispensable à des couches de la société qui dépassent largement celles qui y sont impliquées directement. Au fur et à mesure que les ressources foncières diminuent (et elles diminuent d'autant plus vite que la terre est elle-même devenue une sorte de capital), une proportion sans cesse croissante de la population dépend de sa seule force de travail qu'elle doit vendre. Ainsi intervient, si elle n'existait déjà, une division de classe entre ceux qui possèdent terre et capitaux et ceux qui n'en possèdent pas. Une fois que la terre et les capitaux sont passés entre les mains d'un petit groupe de personnes, un changement irréversible apparaît dans la répartition du produit global de la société entre les personnes : cette répartition se fait dorénavant aux dépens de ceux qui ne possèdent rien. Comme ces derniers ne peuvent se livrer à la production indépendante, ils sont dans l'impossibilité d'exiger des salaires équivalant au produit de ce que leur aurait rapporté leur travail sur des terres, ou avec du capital, leur appartenant en propre. Les possesseurs de terres et de capitaux peuvent donc, en utilisant le travail d'autrui, s'approprier le bénéfice net que leur vaut le transfert à leur profit d'une partie du pouvoir d'autrui (ou d'une partie du produit de ce pouvoir).

En parlant ici de bénéfice net et de transfert, nous suivons la définition que Hobbes donne des pouvoirs de l'homme. Il s'agit pour lui, nous l'avons vu, de l'ensemble des moyens dont l'homme dispose effectivement pour obtenir un bien apparent futur. Ce qui signifie que les pouvoirs de l'homme comprennent non seulement son énergie, et ses aptitudes, c'est-à-dire sa force de travail, mais aussi l'accès aux moyens (terres, matières premières ou autres formes de capital) sans lesquels sa force de travail ne peut trouver à s'employer et reste donc stérile. Il n'est pas de définition plus étroite des

pouvoirs de l'homme qui puisse s'accorder avec un
modèle de société *humaine*, à tout le moins avec le
modèle d'une société dans laquelle les hommes doivent produire pour se nourrir. Car si l'homme pour
rester homme (c'est-à-dire pour continuer d'exister)
doit produire, il lui faut, par là même, posséder tout
à la fois une force de travail et l'accès aux moyens
de production. Les pouvoirs de l'homme impliquent donc nécessairement l'accès aux moyens de
production[66]. Ces pouvoirs sont donc limités chaque
fois qu'un homme n'a pas pleinement et librement
accès à ces moyens. Si cet accès lui est totalement re-
fusé, ses pouvoirs sont réduits à zéro et, dans une société fondée sur la concurrence, il cesse purement
et simplement d'exister. Si cet accès, tout en lui
étant accordé, n'est pas libre, et qu'il doive payer
quelque chose pour l'obtenir, ses pouvoirs sont réduits d'autant, et le prix qu'il paie mesure la quantité de ses pouvoirs dont il fait bénéficier autrui.

En passant de la société de marché simple (où
chacun possède des moyens de production, qu'il
s'agisse de la terre ou de matières premières) à celle
de marché généralisé, ce que certains perdent, c'est
le libre accès aux moyens permettant de transformer leur force de travail en travail productif. Cette
perte les contraint à vendre sans cesse ce qui leur
reste de pouvoir à ceux qui possèdent terres et capitaux, et à accepter en retour un salaire qui permet
aux propriétaires de la terre et du capital de s'approprier une partie du produit de leur travail. C'est
cela qui constitue le transfert ou bénéfice net que

les autres retirent d'une partie de leurs pouvoirs. Ce transfert sans compensation est perpétuel, car il va de pair avec la production. Son montant n'est pas fixé une fois pour toutes : il est soumis, sur le marché, aux fluctuations qui affectent l'offre de main-d'œuvre et de capitaux[67].

Ce transfert net n'est pas, cela va de soi, la caractéristique exclusive d'une société de marché généralisé. Car, s'il ne peut exister dans une société de petite production marchande, on le rencontre dans toutes les sociétés traditionnelles où la classe dirigeante ne subsiste que grâce à des tributs, à des rentes ou à l'esclavage. Ce qui distingue le transfert qui s'opère dans une société de marché généralisé des autres formes de transfert, c'est qu'il est produit par une concurrence continuelle qui met aux prises les individus à tous les niveaux de la société. Il n'est personne qui ne possède quelque chose, ne serait-ce que sa force de travail ; tout le monde est pris dans la concurrence du marché qui détermine ce que chacun obtient en échange de ce qu'il offre. On peut donc dire que le revenu net de chacun mesure soit la quantité nette de ses pouvoirs qu'il a transférée à d'autres (ou dont le bénéfice ou le produit a été transféré à d'autres), soit la quantité nette des pouvoirs d'autrui qu'il a transférée à son profit. Comme ce transfert est déterminé par les opérations impersonnelles du marché, où les prix varient en fonction des besoins, des changements survenant dans la dépense d'énergie et de qualification, des innovations dans la production, des variations affec-

tant la proportion entre la main-d'œuvre et le
capital, ainsi que de bien d'autres facteurs, chacun
ne cesse virtuellement de monter ou de descendre
dans la hiérarchie du pouvoir et des satisfactions.

Le modèle d'un marché généralisé exige en outre
un ensemble de lois coercitives. Il faut qu'à tout le
moins elles assurent la sécurité de la vie et de la propriété, qu'elles définissent les contrats et en assurent le respect. Mais l'action de l'État peut aller
bien au-delà de ce minimum. Le modèle autorise
l'État à contrôler l'exploitation de la terre et du travail, à intervenir dans la libre circulation des biens
en établissant des embargos ou des droits de
douane, à encourager telle branche d'industrie et à
décourager telle autre, à fournir des services gratuits
ou subventionnés, à venir en aide aux indigents, à
imposer des normes minimales de qualité et de formation professionnelle : ces mesures, et bien d'autres
possibles, constituent pour l'État autant de moyens
d'empêcher les prix (et, parmi eux, les salaires) d'atteindre le niveau qu'un marché totalement laissé à
lui-même ou moins réglementé ne manquerait pas
d'entraîner, en modifiant certains des termes de
l'équation que tout individu établit lorsqu'il cherche à calculer la ligne de conduite la plus rentable
pour lui. Mais tout cela n'affecte pas nécessairement
l'élément moteur du système, qui consiste en ce que
chaque individu calcule la ligne de conduite la plus
rentable pour lui et mobilise toutes ses ressources,
toute sa force de travail et toutes ses aptitudes pour
s'y tenir. Certains éléments de calcul sont modifiés

par l'intervention de l'État, mais les prix continuent d'être fixés par la concurrence que se livrent les calculateurs. Ils sont différents de ce qu'ils seraient dans un système plus libre, mais tant qu'ils évoluent en fonction des décisions des concurrents individuels, et tant qu'ils déterminent la production de biens et leur affectation, nous avons toujours affaire à un système de marché. L'État peut déplacer les obstacles au profit de certains candidats, ou modifier les handicaps, sans pour autant décourager qui que ce soit de prendre part à la course. Bien entendu, l'État peut aussi, par ses interventions, supprimer, de propos délibéré ou involontairement, la course elle-même. Mais cela n'a rien de nécessaire : lorsque l'État intervient, on ne peut affirmer qu'il a l'intention d'affaiblir le système ou qu'il l'affaiblisse nécessairement. C'est dire que le modèle d'une société de marché généralisé n'exige nullement que l'État pratique une politique de laisser-faire ; il s'accorde parfaitement avec le mercantilisme, qui peut même se révéler indispensable à certaines étapes du développement de cette société[68].

Quel que soit le degré d'intervention de l'État, le modèle d'une société de marché généralisé permet aux individus qui veulent acquérir plus de jouissances qu'ils n'en ont de tenter de détourner à leur profit les pouvoirs naturels des autres hommes. Ce transfert s'opère par l'intermédiaire du marché, dans lequel tout le monde est nécessairement impliqué. Comme ce marché se caractérise par une concurrence incessante, tout effort fourni par les uns

pour accroître leurs satisfactions oblige ceux qui se
satisferaient des leurs à redoubler d'effort. Ils ne
peuvent conserver ce qu'ils possèdent sans accroître
leur pouvoir, c'est-à-dire sans chercher à transférer à
leur profit une partie plus grande des pouvoirs
d'autrui, et à compenser ainsi les pertes que leur fait
subir la concurrence des autres.

Ce modèle satisfait donc aux exigences de la société que Hobbes a posée en principe. Il s'agit en
effet d'une société dans laquelle un transfert de
pouvoir des uns aux autres, obligeant tous les individus à accroître leurs pouvoirs, s'opère constamment
par des méthodes légales et pacifiques qui ne détruisent jamais la société par une guerre ouverte. Des
trois modèles que nous avons proposés, celui-ci est
le seul qui rende compte de la société telle que
Hobbes la voit; il est difficile d'en imaginer un
autre qui le fasse aussi bien. Seule une société qui
postule que la force de travail d'un individu lui appartient en propre, et qu'il peut l'aliéner et l'offrir
sur le marché comme une marchandise, engendre
entre tous les individus des rapports de concurrence
permanente.

Mais, nous fera-t-on peut-être observer, si ce modèle correspond si bien, s'il est même le seul à correspondre à la société telle que Hobbes l'envisage,
n'est-ce pas que vous y avez inclus (et que vous avez
exclu des autres modèles) certains des postulats que
Hobbes a explicitement énoncés ? Les postulats
énoncés en *g)* et en *h)* — certains individus désirent
plus de satisfactions que celles dont ils jouissent ;

certains individus disposent de plus de moyens que d'autres — sont certes explicitement posés par Hobbes : mais sont-ils absolument indispensables à l'élaboration de votre modèle ? On peut en douter. C'est pourquoi il importe de montrer que sans eux, et en fait sans les quatre postulats supplémentaires qui permettent de passer du modèle de société de marché simple à celui de société de marché généralisé, on ne saurait obtenir un modèle conforme pour l'essentiel aux sociétés réelles où règne la concurrence de marché.

Le postulat *e)* est très évidemment indispensable : si la force de travail de chaque individu n'est pas sa propriété aliénable, un des traits essentiels de ces sociétés disparaît. La même remarque s'applique au postulat *f)*, qui stipule la propriété individuelle et aliénable de la terre et des biens : il est vrai qu'il pourrait s'appliquer aussi à une société de marché simple ; mais il ne lui est pas indispensable, car le simple marché de produits peut fonctionner même si les droits de propriété foncière sont fixes et inaliénables. En revanche, il est absolument nécessaire à une société de marché généralisé. Car, à moins que la terre et les autres ressources puissent faire l'objet d'un transfert par l'intermédiaire du marché et se combiner ainsi avec le travail de la manière la plus rentable, on ne saurait tirer tout le parti possible de la main-d'œuvre disponible. Si l'on supprime le postulat *g)*, on supprime du même coup le stimulant qui pousse à accumuler des capitaux et à embaucher de la main-d'œuvre : dès lors plus de marché généralisé du travail. Comme le postulat *f)*, ce postulat peut s'accorder avec une société de marché simple, mais il ne lui est pas indispensable. En revanche, il constitue l'une des conditions nécessaires à l'existence d'un marché généralisé. Cela est vrai également du dernier postulat : car si l'on ne commence pas par postuler une inégalité dans la répartition des biens, on ne peut concevoir l'accumulation du capital et donc la généralisation du travail salarié.

Les quatre postulats que nous avons énumérés sont donc tous indispensables, si l'on veut arriver à construire un modèle qui corresponde pour l'essentiel aux sociétés réelles où règne la concurrence du marché. Ce sont bien eux qui, en généralisant à tout travail, considéré comme marchandise, les rapports que le marché institue, fournissent la caractéristique essentielle de la société selon Hobbes, à savoir ce mécanisme grâce auquel ceux qui ne se satisfont pas de ce qu'ils possèdent se livrent à une concurrence permanente mais non violente pour s'approprier le pouvoir des autres, les obligeant du même coup à entrer en lice.

V. *Hobbes et le modèle de société de marché généralisé.*

De tout ce qui précède, on ne saurait conclure que Hobbes a eu clairement à l'esprit le modèle dont nous avons étudié les traits caractéristiques. Qu'il ait utilisé des modèles ne fait aucun doute : son œuvre contient à tout le moins un modèle d'homme-machine, un modèle des rapports sociaux qui s'instaurent en l'absence de toute loi contraignante, et, occupant une place intermédiaire entre les deux, un modèle de société civilisée. Mais ceux que nous avons passés en revue sont des instruments d'analyse postérieurs à Hobbes : par là même, on ne saurait les lui attribuer sans autre forme de procès. De plus, pour pouvoir soutenir que Hobbes a bel et bien eu recours à un modèle de société de marché, il ne suffit pas de souligner l'existence, dans la société de son temps, d'une économie de marché, il faut encore montrer que cet observateur pénétrant de la réalité sociale n'y a pas été aveugle.

En ce qui concerne la société anglaise du XVIIᵉ siècle, il n'est pas difficile de montrer qu'elle présente, avec une société de marché généralisé, de très grandes ressemblances. La moitié des hommes, ou peu s'en faut, y sont salariés à plein temps ; si l'on considère les *cottagers* comme des salariés à temps partiel, on aboutit même à une proportion supérieure aux deux tiers[69]. Même si les rapports fondés sur le salaire n'y sont pas encore aussi impersonnels qu'ils vont le devenir au siècle suivant, ils constituent déjà — et Hobbes en a conscience[70] — des rapports identiques, pour l'essentiel, à ceux qu'institue le marché. La tendance à exploiter la terre comme un capital est déjà bien entrée dans les mœurs au détriment de ce qui restait, depuis les bouleversements du XVIᵉ siècle, des rapports paternalistes entre fermiers et propriétaires fonciers[71].

Il va sans dire que l'attitude de l'État à l'égard du fonctionnement de l'économie de marché est très éloignée de ce qu'on entendra plus tard par « politique du *laisser-faire* ». Le gouvernement ne cesse de réglementer, de contrôler, d'intervenir à coups de statuts ou de décrets dans le libre jeu des forces du marché : sa présence se fait sentir partout. Jamais il ne laisse fonctionner librement les mécanismes autorégulateurs du marché, qu'il s'agisse des capitaux, de la terre, des produits du travail ou du travail lui-même. Même si l'on fait la part de l'inefficacité de ces interventions administratives ou législatives, qu'atteste la fréquence de mesures identiques, l'étendue du contrôle et de l'intervention étatiques est impressionnante. Mais c'est précisément parce que les rapports qu'institue une économie de marché généralisé triomphent dans toutes les sphères de la société qu'une réglementation de l'État s'impose si généralement. Certaines des mesures qu'il prend, à tort ou à raison, visent à promouvoir l'industrie et le commerce ; mais la plupart d'entre elles ont pour objet de supprimer, ou tout au moins de réduire, les fluctuations du marché et de protéger l'ordre social de l'effet de ces fluctuations. Si les gouvernements de l'époque sont inévitablement amenés à intervenir avec tant de vigueur et sous des formes si diverses, c'est en très grande partie parce que la vie d'un nombre grandissant de personnes dépend de l'obtention d'un emploi, et que les emplois dépendent eux-mêmes des fluctuations capricieuses des produits sur le marché : or, c'est un fait

que ces dernières produisent, à l'époque, un chômage périodique dont l'ampleur met en danger
l'ordre public[72]. C'est dire qu'au XVIIᵉ siècle la réglementation de l'État implique l'existence d'une société de marché généralisé.

Tous les faits attestés tendent donc à démontrer
que la société anglaise de ce temps est fondée, pour
l'essentiel, sur une économie de marché. Reste à savoir dans quelle mesure Hobbes en est conscient. Il
existe heureusement dans son œuvre des éléments
qui permettent de le déterminer. Et tout d'abord
cette déclaration où Hobbes affirme péremptoire-
ment que « le travail humain [est] aussi un bien
échangeable en vue d'un profit, comme toute autre
chose[73] » : cette remarque a beau être faite en passant dans un développement consacré au commerce
extérieur, elle n'en constitue pas moins une présomption qu'il tient pour normaux les rapports sociaux fondés sur le salaire. Mais ce que Hobbes dit
de la justice distributive et de la justice commutative
est beaucoup plus important : la manière dont il en
parle donne à penser qu'il rejette délibérément le
modèle d'une société fondée sur la coutume ou le
statut, en sachant fort bien que ce modèle est encore généralement accepté et qu'il concurrence
celui qu'il propose d'admettre à sa place.

Telles que Hobbes les définit, les notions de justice distributive et de justice commutative, dont ses
contemporains se réclament encore couramment,
constituent l'accompagnement obligé d'une société
traditionnelle. Elles supposent, en effet, la validité et

le respect de critères de rétribution différents de ceux que détermine le marché : « Les auteurs distinguent, dans la justice des actions, la justice *commutative* et la justice *distributive*. Selon eux, la première consiste en une proportion arithmétique, la dernière en une proportion géométrique. Par commutative, ils entendent donc l'égalité en valeur des choses contractées, et, par distributive, ils entendent la distribution d'un égal bénéfice à ceux d'égal mérite[74]. » Il ne cache pas son mépris pour ces notions et, faisant d'une pierre deux coups, il ajoute cette phrase dédaigneuse qui les ruine l'une et l'autre : « Comme si c'était de l'injustice de vendre plus cher que ce qu'on achète, ou de donner plus à quelqu'un que ce qu'il mérite[75]. » Or, son mépris se fonde précisément sur l'un des attributs essentiels de la société de marché, qui veut que la valeur de toute chose se réduise purement et simplement au prix qu'établit le jeu de l'offre et de la demande : « La valeur de toutes les choses faisant l'objet d'un contrat est mesurée par l'envie des contractants, et donc la valeur juste est celle qu'ils sont satisfaits de payer[76]. » Comme le seul critère de la valeur d'une chose est son prix sur le marché, toutes les personnes qui contractent librement échangent, par définition, des valeurs égales. Dès lors, la vieille notion de justice commutative n'a plus aucun sens : « À proprement parler, la justice commutative est la justice d'un contractant, c'est-à-dire l'exécution d'une convention, acheter, vendre, louer, donner à bail, prêter et emprunter, échanger, troquer et tous autres actes de contrat[77]. »

Il en va de même de la justice distributive : en tant que principe fondamental permettant d'apprécier la justice de toute rétribution réelle, la règle qui consiste à distribuer, à égalité de mérites, des bénéfices égaux est totalement dépourvue de sens. Dans le modèle de Hobbes, rien ne permet de mesurer le mérite d'un individu, rien sinon l'évaluation qu'en fournit le marché. C'est dire que, contrairement à ce qui se passe dans les sociétés traditionnelles, il est ici impossible d'évaluer le mérite d'hommes différents en tenant compte soit de leur apport individuel à la société, prise dans son ensemble, et de leur participation aux tâches qu'elle s'assigne, soit de leurs besoins en tant qu'éléments actifs d'un organisme social. Dès lors, la justice distributive n'est rien d'autre que « la justice d'un arbitre, autrement dit l'acte de définir ce qui est juste. Ainsi (la charge lui ayant été confiée par ceux qui l'ont fait arbitre), si l'arbitre remplit sa charge, on dit qu'il distribue à chacun ce qui lui revient en propre[78] ». Et pour déterminer ce qui revient initialement à chacun, Hobbes se garde bien de prendre en considération les fins que la société pourrait se fixer ; il a recours à un critère qui est aux antipodes de considérations de ce genre, et auquel il ôte délibérément toute valeur sociale : ce critère, c'est le tirage au sort. « En effet, une distribution égale relève de la loi de nature, et d'autres moyens de distribution égale ne peuvent être imaginés[79]. » En traitant ainsi ces notions traditionnelles de justice, Hobbes ne fait que tirer les conclusions logiques de son modèle : dès lors que toutes les valeurs sont réduites aux valeurs qu'établit le marché, la justice elle-même finit par relever du marché. En exigeant que la justice du marché remplace les notions traditionnelles de justice, il semble tout à la fois affirmer qu'un marché généralisé s'est installé à demeure en Angleterre, et reconnaître qu'il vient de le faire.

Les rapports de concurrence qu'institue le marché constituent pour Hobbes une violation des droits définis antérieurement par la société anglaise. C'est ce que donnent à penser certaines indications contenues dans le livre qu'il a consacré au Long Parlement et à la Guerre civile. Parmi toutes les raisons qu'il avance, dans *Behemoth*, pour expliquer l'abandon du roi et le début de la Guerre civile, on trouve celle-ci : le « peuple en général » (par quoi il entend les gens qui possèdent au moins quelque chose, car « parmi les gens du commun, bien peu se souciaient des parties en présence : l'appât du gain ou de la rapine eût suffi à les faire presque tous passer dans n'importe quel camp[80] ») s'est mis à croire que tout individu « était tellement maître de ce qu'il pouvait posséder, qu'on n'avait pas le droit de l'en déposséder sans son consentement, même sous prétexte de sécurité publique[81] ». Hobbes saisit très bien que cette croyance est totalement étrangère à la conception féodale de la propriété qui prévalait naguère ; s'il la rend responsable de la Guerre civile, c'est qu'elle s'est tellement répandue qu'on peut légitimement lui attribuer une influence décisive dans les troubles de l'époque. Il fait aussi remarquer que, pour ces hommes attachés à cette nouveauté que constitue la notion d'un droit inconditionnel de propriété individuelle, les ordres anciens ne sont que des moyens qu'ils utilisent pour favoriser leurs nouveaux desseins : « Le titre de Roi, pensaient-ils, n'était que l'honneur le plus élevé, et ceux de gentilhomme, chevalier, baron, comte et duc, qu'autant de degrés permettant de s'y élever avec l'aide de la richesse[82]. »

Hobbes attribue la Guerre civile à la force nouvelle que manifestent la morale du marché et la richesse née du marché. Cette guerre lui paraît être une tentative pour détruire l'ancienne constitution et la remplacer par une nouvelle qui soit plus favorable aux nouveaux intérêts qui s'affrontent sur le marché. Les ennemis du roi, dit-il, « qui prétendaient réclamer l'allègement des impôts pour le peuple, et tant d'autres mesures spécieuses, tenaient les cordons de la bourse de la cité de Londres, de la plupart des autres cités et municipalités d'Angleterre, et, en outre, celle de maints particuliers[83] ». Le peuple, quant à lui, est entraîné dans le mouvement sous l'effet conjugué des nouvelles doctrines religieuses (dont l'une des plus importantes, la presbytérienne, fut bien accueillie pour la raison, entre autres, qu'elle « ne fulminait pas contre les vices lucratifs des commerçants et des artisans [...] au grand soulagement de l'ensemble des citoyens et des habitants des bourgs[84] ») et de sa croyance nouvelle au droit inconditionnel de propriété[85]. Que le peuple ait été séduit de la sorte, que les marchands aient disposé de l'argent nécessaire à l'entretien d'une armée, ce sont là, pour Hobbes, deux considérations qui suffisent à expliquer la Guerre civile. À ce point de son dialogue, Hobbes place dans la bouche d'un des interlocuteurs une remarque que Harrington n'aurait pas désavouée : « Lorsque le peuple est dans de telles dispositions, ce me semble, le Roi est déjà évincé du pouvoir ; le peuple n'avait donc pas besoin de prendre les armes pour le chasser car je n'imagine pas où le Roi aurait trouvé les moyens de lui résister[86]. »

Plus loin, Hobbes revient au rôle essentiel joué par les nouveaux riches que le jeu du marché a engendrés. Les forces des parlementaires, précise-t-il, se recrutent dans « la cité de Londres et dans d'autres municipalités[87] » ; leurs doléances ont pour objets les impôts « dont les citoyens, je veux dire les marchands qui ont pour profession leur gain privé, sont naturellement les ennemis mortels, leur seule gloire étant de devenir extrêmement riches par la sagesse qu'ils manifestent dans l'achat et dans la vente[88] ». Hobbes a d'autre part conscience que leur richesse provient de ce qu'ils achètent le travail d'autrui. Il rejette le lieu commun servant à justifier leur activité : « On dit que de toutes les professions, la leur fait d'eux les êtres les plus bénéfiques pour la nation, en ce qu'ils fournissent du travail aux pauvres » ; dites plutôt, précise Hobbes sèchement, « en obligeant les pauvres à leur vendre leur travail au prix qu'ils leur fixent, si bien que ces pauvres gagneraient mieux leur vie à travailler à Bridewell qu'à s'adonner au filage, au tissage ou à toute autre occupation de cette sorte qui leur est accessible, n'était qu'ils ont ainsi, à la grande honte de nos manufactures, la possibilité d'y soulager un peu leur misère en se relâchant dans leur travail[89] ». Hobbes perce à jour la justification paternaliste du rapport social fondé sur le salaire. Il voit très clairement l'anachronisme que commettent ceux qui justifient le travail salarié en se référant à un modèle de société paternaliste que contredisent fondamentalement les rapports sociaux tels que les institue une économie de marché.

L'Angleterre que décrit Hobbes dans *Behemoth* est, à peu de chose près, une société de marché généralisé. Le travail y est une marchandise, et elle est si répandue que les acheteurs en font constamment baisser le prix jusqu'à ce qu'il se confonde avec le minimum vital[90]. La richesse qu'ont engendrée les opérations du marché s'y est tellement accumulée, que ceux qui la détiennent sont capables de défier un État dont ils considèrent le pouvoir fiscal comme une violation de leurs droits. Leur défi est couronné de succès, parce qu'ils possèdent l'argent nécessaire à l'entretien d'une armée ; ce défi n'est rendu possible que parce que le peuple en est venu à estimer à plus haut prix l'enrichissement capitaliste que les obligations traditionnelles ou les ordres établis. Tels sont les bouleversements sociaux qui ont permis à la Guerre civile de se produire.

Hobbes reconnaît donc, dans une certaine mesure, que la société de marché représente une viola-

tion récente des droits établis dans l'ancienne
société. Dans une certaine mesure seulement, car
s'il l'avait pleinement admis, il n'aurait pas pu décrire la société en soi comme une série de rapports
sociaux essentiellement fondés sur le marché, ce
qu'il fait pourtant dans le *Léviathan* et dans ses
autres traités théoriques. Pourtant, même dans
ceux-ci, à propos par exemple de ce qu'il dit de la
justice distributive et commutative, on le sent plus
ou moins conscient de la différence qui existe entre
morale du marché et morale traditionnelle. L'aisance
avec laquelle il attribue à toutes les sociétés ce qui
fait l'originalité des rapports sociaux de son temps
peut s'expliquer, nous semble-t-il, par la croyance,
qu'il partage avec les hommes de la Renaissance,
que la civilisation se limite à la Grèce et à la Rome
classiques, ainsi qu'à l'Europe occidentale depuis la
Renaissance. Or ces sociétés classiques ont toutes
été, dans une certaine mesure, des sociétés de marché : elles peuvent donc aisément passer pour correspondre à un modèle qui a été élaboré à partir
d'une société de marché généralisé, ou presque,
celle du XVIIᵉ siècle. Une fois son modèle construit,
Hobbes n'éprouve en effet aucune difficulté à l'appliquer aux catégories les plus civilisées des autres
sociétés, c'est-à-dire aux classes supérieures actives
de ces sociétés, car les rapports qu'entretiennent les
hommes situés au sommet de la hiérarchie sociale
des sociétés traditionnelles ressemblent beaucoup
aux rapports de concurrence qu'institue le marché.
On ne peut certes pas affirmer que Hobbes ait réel-

lement raisonné ainsi, ou qu'il ait délibérément et consciemment fondé son modèle sur sa vision de la société de son temps. Mais une chose est certaine : son modèle offre, avec celui d'une société de marché généralisé, des ressemblances extraordinaires.

Il convient de nous arrêter ici un instant pour faire le point. Nous avons montré que, pour passer de la physiologie de l'homme à l'affirmation que tous les hommes vivant en société ne peuvent s'empêcher d'accroître leur pouvoir sur autrui, Hobbes doit nécessairement postuler que le pouvoir de tout homme s'oppose à celui de tous les autres ; même en admettant que ce postulat puisse se déduire d'un présupposé d'ordre physiologique attribuant à tout individu un appétit illimité de domination, il exige à tout le moins que Hobbes postule en outre un modèle de société qui donne libre cours à cet appétit et lui permette de se développer dans la paix. Si l'on déduit ce postulat du présupposé d'ordre physiologique selon lequel certains individus possèdent seuls cet appétit illimité, il faut postuler un modèle de société qui, outre les propriétés précédentes, ait celle d'obliger les hommes modérés à violer les droits d'autrui. Or, le seul modèle qui satisfasse à ces exigences logiques, c'est celui de la société de marché généralisé, qui correspond en substance à nos sociétés modernes fondées sur la libre concurrence du marché. De plus, les postulats explicites de Hobbes (notamment ces propositions : le travail est une marchandise, certains hommes désirent accroître leurs satisfactions, certains ont naturellement plus de pouvoir que d'autres) constituent les présupposés essentiels qui définissent ce modèle. Pareillement, le modèle de société que Hobbes construit lorsqu'il analyse le pouvoir, l'estimation et le fait d'honorer, et que corrobore ce qu'il dit des justices distributive et commutative, correspond trait pour trait au modèle d'une société de marché généralisé. Que Hobbes n'ait pas eu clairement conscience de cette correspondance n'interdit nullement de penser qu'il a aperçu la remarquable adéquation de ses analyses et de la société du XVIIᵉ siècle.

VI. *Insuffisance de l'état de nature.*

De ses postulats physiologiques initiaux, Hobbes ne passe donc à l'affirmation d'un appétit universel de domination que grâce à des présupposés qui ne s'appliquent qu'aux sociétés de marché généralisé. L'hypothèse de l'état de nature n'intervient dans son raisonnement qu'après qu'il a conclu à l'appétit de domination de tous les hommes vivant en société. Nous avons avancé plus haut[91] que ses présupposés d'ordre social sont indispensables à Hobbes pour déduire non seulement le comportement nécessairement dominateur des hommes en société, mais aussi le comportement des hommes dans l'état de nature. Or on peut estimer que cette affirmation reste à prouver. Car nous n'avons pas encore vraiment établi que ses déductions portant sur le comportement de l'homme naturel exigent qu'ait été

auparavant démontré l'appétit universel de domination, ou encore qu'elles présupposent l'analyse sociale qui mène à cette conclusion. Hobbes n'a-t-il
pas pu déduire le comportement de l'homme naturel directement, c'est-à-dire à partir de ses seuls postulats physiologiques et sans passer par l'analyse de
l'homme vivant en société ? La question est peut-
être moins importante qu'on pourrait le croire : car
c'est seulement après avoir mis un soin infini à
prouver que tous les hommes vivant en société sont
nécessairement en proie à un appétit de domination insatiable, que Hobbes place ces hommes, par
hypothèse, dans l'état de nature pour y étudier leur
comportement. Il convient toutefois de ne pas élu-
der cette question, d'autant qu'il suffit de la poser
pour s'apercevoir qu'elle n'admet qu'une réponse
négative.

Hobbes, il est vrai, aurait pu déduire le comportement de l'homme naturel du postulat physiologique
selon lequel tout homme cherche à perpétuer le
mouvement qui l'anime, mais seulement à condition de poser aussi que *certains* hommes cherchent
continuellement à accroître leur pouvoir sur autrui[92].
À eux deux, et dès lors qu'on supprime par hypothèse l'existence de toute loi, ces postulats engendrent la nécessité pour *tous* les hommes de chercher
à dominer autrui, c'est-à-dire le comportement
même de l'homme dans l'état de nature. Mais il faut
remarquer que, loin d'être un produit de l'observation ou de l'analyse de la physiologie humaine, le
second de ces postulats se fonde en fait sur l'obser-

vation et sur l'analyse des rapports sociaux. Si l'on veut à tout prix y voir un présupposé d'ordre physiologique, il faudra définir les postulats physiologiques de Hobbes comme des postulats qui ont trait à la physiologie de l'homme *socialisé*. Mais ne chicanons pas sur les définitions. Admettons que ce postulat est bien un présupposé d'ordre physiologique : or, même dans ce cas, il y a une excellente raison pour que Hobbes n'ait pas pu déduire le comportement de l'homme naturel des seuls postulats d'ordre physiologique : cette déduction aurait été à l'encontre tout à la fois de sa méthode et de son dessein.

Son dessein ? persuader les hommes qu'ils ont besoin de reconnaître un souverain. Sa méthode ? se borner « à rappeler aux hommes ce qu'ils savent déjà, ou ce que leur propre expérience peut leur enseigner[93] ». De cela dépend tout le succès de son entreprise. Or, il ne peut appliquer sa méthode qu'en montrant aux hommes ce qu'ils sont tels qu'ils vivent en société. Il aurait peut-être pu prouver la nécessité d'un souverain sans avoir recours à l'artifice que constitue l'hypothèse de l'état de nature : il se serait alors borné à tirer toutes les conséquences de l'appétit de domination qu'il venait de postuler. Mais il n'aurait certainement pas pu espérer convaincre ses lecteurs de la nécessité d'un souverain en partant du seul état de nature et sans avoir au préalable montré le comportement nécessaire des hommes vivant en société. Ce n'est que dans la mesure où le comportement des hommes dans l'état de nature hypothétique correspond à leur comportement nécessaire en société que les conséquences découlant de l'état de nature peuvent avoir quelque valeur pour les contemporains de Hobbes qui, toute imparfaite qu'est la société dans laquelle ils vivent, ne se trouvent plus dans l'état de nature.

Il s'ensuit que ses postulats d'ordre social sont indispensables à Hobbes pour passer de son analyse physiologique de l'homme à une définition du comportement nécessaire des hommes dans l'état de nature dont il puisse valablement déduire la nécessité du souverain.

4. L'OBLIGATION POLITIQUE

I. *De la motivation à l'obligation.*

Une fois qu'il a établi la tendance générale des hommes à accroître leur pouvoir sur autrui, Hobbes se fait un jeu de montrer que, s'il n'existait pas un pouvoir capable de s'imposer à eux, leur vie serait affreusement misérable et constamment exposée aux pires dangers. Comme il a déjà postulé qu'ils cherchent nécessairement à vivre, et à vivre confortablement, il s'ensuit que, doués d'une raison qui leur permet de calculer pleinement les conséquences de cette situation misérable, ils sont inévitablement amenés à la fuir en reconnaissant un pouvoir capable de se faire craindre de tous. La reconnaissance

de ce pouvoir implique que les hommes fassent si-
multanément entre eux une série de pactes mutuels
— ou agissent comme s'ils les avaient conclus — aux
termes desquels ils renoncent, au bénéfice d'un seul
homme ou d'une seule assemblée, au droit qu'ils
auraient de se protéger si n'existait pas ce pouvoir
commun. C'est ce désistement de droit qui crée
l'obligation envers le souverain. Or ces pactes sont
autant de freins mis à l'appétit des contractants :
sans pouvoir capable de les faire respecter, ils ne
sauraient donc avoir de valeur contraignante. C'est
pourquoi, en même temps que leurs droits naturels,
les hommes doivent transférer au souverain leurs
pouvoirs naturels, lui conférant ainsi une autorité
absolue et un pouvoir suffisant pour l'exercer effectivement. Seule la reconnaissance de cette autorité
absolue peut donner aux hommes l'espoir d'échapper au danger perpétuel de mort violente, et à tous
les maux qu'entraînerait, s'ils s'y refusaient, leur
destructif appétit de domination, et celui de créer
les conditions du bien-être qu'ils ne peuvent s'empêcher de désirer. Il s'ensuit que tout homme, dès
lors qu'il a saisi les exigences de la nature humaine
et les conséquences qu'elle entraîne inévitablement,
est obligé de se soumettre à un souverain.

Cette déduction, Hobbes en est convaincu, établit
irréfutablement la nécessité pour tout homme de se
soumettre à un souverain. Qui plus est, elle ne se
fonde à ses yeux que sur les données les plus évidentes de la nature humaine et sur les conséquences
qui en découlent nécessairement. Enfin, Hobbes est

persuadé que l'obligation ainsi déduite est essentiellement morale : à partir du moment où un homme
s'est désisté de ses droits au profit d'un tiers, « on
dit qu'on est OBLIGÉ ou CONTRAINT de ne pas empêcher ceux à qui un tel droit a été donné ou aban-
donné d'en tirer un bénéfice. On dit qu'il *doit*, et
que c'est son DEVOIR de ne pas invalider son acte
volontaire[94] ». Pour tout dire, Hobbes est convaincu
qu'il a fondé l'obligation morale sur le fait, le devoir-
être sur l'être.

Nous n'avons pas encore abordé cette prétention
de Hobbes. Nous nous sommes borné à montrer
que, parmi les données sur lesquelles il s'appuie
pour déduire l'obligation politique, certaines sont,
en fait, des traits de caractère que l'homme a acquis
historiquement en vivant en société, tandis que
d'autres ne peuvent être légitimement postulées
que si l'on parle de l'homme vivant dans une société
de marché généralisé. Il nous faut donc examiner
maintenant deux séries de problèmes : l'obligation
politique selon Hobbes est-elle, à proprement parler, une obligation morale ? Si oui, pouvons-nous
tenir pour valable la manière dont il la déduit à partir de données de fait ?

II. *Obligation morale ou prudentielle ?*

Il semblerait à première vue que, chez Hobbes,
l'obligation ne soit qu'un autre nom de la prudence. Qu'a-t-il démontré par le raisonnement que

nous venons de résumer, sinon que leur intérêt à
long terme oblige les hommes à se soumettre à un
souverain ? Or, fait-on souvent remarquer, l'obligation qui n'est fondée que sur l'intérêt personnel ne
peut être légitimement appelée obligation morale[95].
Il est bien vrai qu'à partir du moment où l'on admet
que chez Hobbes l'obligation politique n'est fondée
que sur l'intérêt personnel, et que l'obligation, pour
être morale, doit se fonder sur autre chose que l'intérêt, la cause est entendue : l'obligation dont parle
Hobbes n'a rien de moral. Mais c'est là une réponse
un peu facile et qui ne fait que reposer le problème : est-on plus fondé à accepter qu'à rejeter
cette définition de l'obligation morale, et, avec elle,
la distinction marquée qu'elle établit entre morale
et prudence ainsi que la supériorité de l'obligation
morale qu'elle affirme implicitement ? Hobbes, quant
à lui, récuse cette définition. Pour certains de ses
critiques, elle va de soi. Y a-t-il un moyen de décider
entre eux ?

Si la philosophie morale tient tellement à la distinction entre morale et prudence, c'est apparemment parce qu'elle estime que l'obligation, selon
qu'elle se fonde sur l'une ou sur l'autre, possède
une efficacité très variable. Est-elle fondée sur le
seul intérêt personnel bien compris ? elle risque de
perdre son caractère contraignant dès l'instant qu'elle
entre en conflit avec l'intérêt immédiat. En revanche, dit-on, l'obligation morale proprement dite,
fondée sur un principe qui transcende l'intérêt personnel, ne court point ce risque. Soit. Mais cette dis-

tinction entre morale et prudence, de même que la supériorité de l'obligation morale, n'est-elle pas purement verbale ? Car pour qu'elle puisse avoir une importance pratique réelle, il faudrait prouver qu'un principe moral a plus de chance d'obliger et de contraindre qu'une simple considération de prudence. Les faiblesses de l'obligation fondée sur la prudence sautent aux yeux ; mais l'obligation morale n'en aurait-elle pas autant et même davantage ? Tant qu'on n'a pas prouvé le contraire, la distinction disparaît. En fait, ce n'est que la pratique qui peut définir la valeur contraignante réelle de ces deux types d'obligation : ce qui oblige, c'est ce à quoi on accepte de se soumettre.

Or, Hobbes ne voit pas pourquoi, à condition de juger l'obligation sur ses seuls mérites rationnels et de se refuser à faire intervenir tous les « esprits invisibles » susceptibles d'être mobilisés en sa faveur, un principe d'obligation transcendant l'intérêt personnel serait plus solide, et plus largement accepté, que celui qui se fonde sur lui. Il est fort possible qu'une obligation qu'on déclare sanctionnée par Dieu soit plus contraignante qu'un principe qui n'a pour lui que ses mérites intrinsèques. Mais si, comme Hobbes, on rejette les sanctions d'en haut[96], on se trouve totalement dépourvu de critères permettant de distinguer entre une obligation fondée sur la prudence et n'importe quel autre type d'obligation rationnelle. L'efficacité des philosophies morales du passé n'impressionne nullement Hobbes : le nouveau type d'obligation qu'il propose a, pense-t-il, plus de chance d'être efficace, parce qu'il est mieux adapté aux capacités et aux besoins de l'homme.

Cette obligation s'appuie certes sur l'intérêt personnel, plus vulgairement encore sur la crainte ; elle
n'en est pas moins fondée sur la raison humaine.
Hobbes estime qu'elle représente l'idéal de ce à
quoi l'homme peut prétendre, dès lors qu'il se refuse à faire intervenir de frauduleuses sanctions religieuses. À ses yeux, il est plus moral pour l'homme
de prendre appui sur sa raison que d'invoquer des
divinités imaginaires ou des essences inconnaissables. Pour être fondée sur l'intérêt personnel, son
obligation rationnelle ne lui paraît pas moins morale qu'une autre. Bref, Hobbes a d'aussi bonnes
raisons de considérer que son obligation est une
obligation morale que d'autres philosophies de son
temps et du nôtre de lui contester ce titre. Affirmer
cela, ce n'est pas revendiquer pour elle une efficacité plus grande, ni même aussi grande, que celle
que possèdent d'autres types d'obligations. Cela signifie simplement qu'il incombe à ses contradicteurs
autant qu'à Hobbes de prouver ce qu'ils avancent.
En fait, Hobbes renvoie la balle aux tenants de la
philosophie morale : il sait bien qu'ils ne pourront
pas fournir de preuves à l'appui de leurs critiques.
Or, tant que cette preuve manque, l'obligation telle
que Hobbes la conçoit peut légitimement passer
pour une obligation morale.

Mais Hobbes ne se contente pas de gagner par
forfait. Sa thèse est beaucoup plus hardie, et son assurance se fonde en partie sur un postulat que nous

n'avons fait qu'entrevoir, mais qu'il nous faut maintenant étudier plus longuement. Ce postulat, c'est celui de l'égalité des hommes. Jusqu'ici nous ne l'avons mentionné qu'à propos du rôle indispensable qu'il joue dans la thèse de Hobbes selon laquelle la lutte pour le pouvoir dans l'état de nature ne saurait jamais prendre fin. Toutefois, son rôle dans l'ensemble de la théorie est autrement important : c'est grâce à lui que Hobbes peut fonder le droit et l'obligation sur des données de fait.

III. *Le postulat de l'égalité.*

Hobbes postule une double égalité entre les hommes : l'égalité des capacités et un espoir égal pour tous de satisfaire leurs besoins. D'où une égalité des droits redoublée. La première égalité, Hobbes considère que l'expérience et l'observation suffisent à la prouver. Certes, les aptitudes respectives des hommes ne sont pas tout à fait égales, mais elles le sont en ce sens que l'homme le plus faible peut aisément tuer l'homme le plus fort, ce qui implique l'égalité morale de tous les hommes. Hobbes le souligne dans chacune des trois versions qu'il donne de sa théorie :

> Et tout d'abord, si l'on considère combien sont insignifiantes les inégalités de force ou de savoir qui existent entre hommes d'âge mûr, et combien il est facile au plus faible du point de vue de la force phy-

sique, de l'intelligence, ou des deux à la fois, d'anni-
hiler le pouvoir du plus fort, puisque ôter la vie à un
homme n'exige que peu de force, nous pouvons conclure que les hommes, considérés dans leur état naturel, doivent admettre qu'ils sont égaux les uns aux
autres[97].

Car si nous considérons des hommes faits, et combien est fragile la charpente de notre corps humain
[...] et combien il est facile, même pour l'homme le
plus faible, de tuer l'homme le plus fort, il n'y a
aucune raison qu'un homme, se fiant à ses seules forces, s'imagine supérieur aux autres par nature : ils
sont tous égaux ceux qui peuvent se faire un mal
égal ; et ceux qui peuvent accomplir les choses les
plus grandes (et notamment tuer) peuvent accomplir
des choses égales. Par nature, tous les hommes sont
donc égaux[98].

La nature a fait les humains si égaux quant aux facultés du corps et de l'esprit que, bien qu'il soit parfois possible d'en trouver un dont il est manifeste
qu'il a plus de force dans le corps ou de rapidité
d'esprit qu'un autre, il n'en reste pas moins que,
tout bien pesé, la différence entre les deux n'est pas
à ce point considérable que l'un d'eux puisse s'en
prévaloir et obtenir un profit quelconque pour lui-
même auquel l'autre ne pourrait prétendre aussi
bien que lui. En effet, en ce qui concerne la force du
corps, le plus faible a assez de force pour tuer le plus
fort, soit par une manœuvre secrète, soit en s'alliant
à d'autres qui sont avec lui confrontés au même
danger[99].

Dans chacun de ces trois textes, Hobbes fonde un
principe de droit ou d'obligation sur une constatation de fait. De l'égalité qu'il proclame découle,

pour lui, que les hommes *doivent* admettre qu'ils sont égaux entre eux *(Elements)*, qu'il n'*y a aucune raison* qu'un homme s'*imagine* supérieur aux autres *(Rudiments)* et qu'il ne *peut légitimement prétendre* à un avantage par rapport à autrui *(Léviathan)*. Pour Hobbes, une égalité de fait entraîne donc une égalité de droit, sans qu'un jugement de valeur ou des prémisses morales étrangers aux faits aient à intervenir. Il ne prouve pas que le fait crée le droit ; il se borne à supposer qu'il le crée, parce qu'il ne voit pas pourquoi il ne le ferait pas. *Il n'y a aucune raison* pour qu'un homme s'imagine supérieur aux autres : du même coup, il est évident qu'il ne *doit* pas le faire.

La seconde égalité postulée par Hobbes porte sur l'espoir qu'a l'homme de satisfaire ses besoins. Dans le *Léviathan*, cette égalité découle de la première : « Cette égalité des aptitudes engendre l'égalité dans l'espérance que nous avons de parvenir à nos fins[100]. » Dans les *Elements* et dans les *Rudiments*, Hobbes met plutôt l'accent sur le désir qu'éprouvent également tous les hommes de protéger leur vie, mais dans ces deux œuvres l'égalité de fait passe pour impliquer nécessairement une égalité de droit :

> Attendu que la nécessité de nature fait que les hommes veulent et désirent *bonum sibi*, c'est-à-dire ce qui est bon pour eux, et évitent ce qui leur est préjudiciable, et par-dessus tout ce terrible ennemi de la nature qu'est la Mort, qui signifie pour nous tout à la fois perte absolue de notre pouvoir et la manière physiquement la plus douloureuse de le perdre ; il

ne contrevient nullement à la raison qu'un homme
fasse tout ce qui est en son pouvoir pour préserver
de la mort et de la douleur ses membres et son
corps. Or ce qui ne contrevient pas à la raison, c'est
ce que les hommes appellent DROIT ou *jus*[101].

Car tout homme désire ce qui est bon pour lui et
fuit ce qui est mauvais, mais au premier chef ce mal
naturel capital qu'est la Mort ; et ceci, il le fait sous
une impulsion de la nature en tout point semblable
à celle qui entraîne la pierre dans sa chute. Il n'est
donc pour l'homme ni absurde, ni répréhensible, ni
contraire aux prescriptions de la droite raison, de
consacrer tous ses efforts à conserver son corps et ses
membres et à les protéger de la mort et de la souf-
france. Or, ce qui n'est pas contraire à la droite raison, tous les hommes estiment qu'on le fait en toute
justice et à bon droit [...] [102].

On objectera peut-être que, dans les citations que
nous venons de faire, Hobbes confère subreptice-
ment un sens moral aux mots « raison » et « droite
raison ». C'est possible, mais on peut tout aussi bien
affirmer qu'il ne fait ici que ce qu'il faisait déjà
lorsqu'il déduisait l'égalité des droits de l'égalité des
aptitudes, autrement dit qu'il considère que les besoins naturels de l'homme entraînent des conséquences qui, pour peu qu'elles ne soient pas évidemment
absurdes ou répréhensibles, doivent être tenues pour
des droits. Une fois de plus, il renvoie la balle à ses
adversaires. Les droits de l'homme, Hobbes les déduit bien du fait que tout homme a des désirs qu'il
satisfait et ne peut s'empêcher de chercher à satisfaire.

Mais, dira-t-on encore, Hobbes n'a pas fondé le droit sur le fait : il a introduit, à côté des faits qu'il postule, un droit axiomatique, à savoir l'égalité du droit à la vie. Incontestablement ; mais l'important c'est de bien voir que, pour Hobbes, ce droit est inhérent au fait qu'il postule. S'il est fondé à le considérer de cette façon, c'est parce qu'il a commencé par poser en principe un matérialisme mécaniste. Comme les hommes sont des systèmes automoteurs de matière en mouvement qui cherchent également à perpétuer le mouvement qui les anime, et comme ils sont tous également fragiles, Hobbes ne voit absolument pas pourquoi ils n'auraient pas les mêmes droits. Ce sont ces droits qui, par désistement au profit du souverain, créent l'obligation politique. D'ailleurs, si Hobbes est fondé à considérer son obligation politique comme une obligation morale, c'est parce qu'il la fait découler d'un désistement de droits qu'il considère comme des droits moraux. Ce n'est pas au dernier stade d'élaboration du contrat social que la morale intervient chez Hobbes, mais tout au début de la déduction qui le fait passer de l'affirmation de l'égalité des aptitudes et des besoins, à celle de l'égalité des droits.

En fondant ainsi le droit et l'obligation sur le fait, Hobbes ouvre à la philosophie une voie radicalement nouvelle. Le droit n'a plus à être importé : il n'est pas transcendant au fait, il lui est immanent. Et tant que le contraire n'aura pas été prouvé, Hobbes estime légitime de déduire l'égalité des droits de l'égalité du besoin qu'éprouvent les hommes de perpétuer le mouvement qui les anime.

Dans la théorie politique, cette démarche représente un saut aussi radical que, dans les sciences de la nature, la formulation par Galilée de la loi du mouvement uniforme. Les deux démarches sont d'ailleurs liées. Dans les deux cas, un simple changement dans les présupposés entraîne une véritable révolution dans la pensée. Avant Galilée, on croit qu'un objet au repos demeure éternellement immobile à moins qu'un autre objet ne vienne le déplacer, mais alors son mouvement ne dure qu'aussi longtemps que cette force extérieure s'y applique. Galilée, lui, postule qu'un objet en mouvement ne s'arrêtera jamais à moins qu'un autre objet ne l'arrête, et que ce mouvement n'exige absolument pas l'application continue d'une force extérieure à lui.

Chez Hobbes, on assiste à un renversement d'hypothèses analogue. Depuis Platon, on avait toujours induit les droits et les obligations de l'homme de ses aptitudes et de ses besoins. Mais il s'agissait là d'une inférence médiate : des aptitudes et des besoins de l'homme, on passait à quelque dessein supposé de la Nature ou à la volonté de Dieu, et de là aux obligations et aux droits de l'homme. C'est dire qu'on se représentait les besoins et les aptitudes de l'homme comme autant d'effets des desseins de la Nature ou de la volonté de Dieu ; la Nature ou Dieu, causes des besoins et des aptitudes de l'homme, étaient également supposés être la source de toute obligation morale et de tout droit naturel. On introduisait de l'extérieur dans l'univers des faits observables un Dessein ou une Volonté qui s'hypostasiaient en une force étrangère s'imposant constamment aux hommes du dehors, par l'intermédiaire de la raison, de la révélation, ou des deux à la fois. Dans cette perspective, sans force extérieure qui les imposât, pas d'obligations ni de droits. Mais lorsqu'il s'agissait de définir ces derniers, tout dépendait du dessein ou de la volonté que tel ou tel philosophe attribuait à cette force extérieure. Et le fait est que les philosophes concluaient en général à l'inégalité des droits et des obligations[103].

Hobbes opère un renversement total. Au lieu de ne découvrir droits et obligations que dans une force extérieure à l'homme, il postule qu'ils ne sont que l'expression du besoin qu'éprouve tout système mécanique humain de perpétuer le mouvement dont il est animé. Pour y parvenir, chaque système doit évaluer ses propres besoins : il n'est donc pas question de lui imposer, de l'extérieur ou d'en haut, une échelle de valeurs. Du coup, il n'est pas question non plus de découvrir une hiérarchie des besoins, des droits ou des obligations. En revanche, on est amené ainsi à postuler l'égalité des besoins, des droits et des obligations de tous les hommes.

Hobbes refuse donc de faire arbitrairement subir aux besoins humains des discriminations morales ; il considère que l'égalité du besoin ressenti par tous de perpétuer leur propre mouvement constitue la source suffisante du droit : c'est en cela que réside la révolution qu'il opère dans le domaine de la philosophie morale et de la philosophie politique. Hobbes est le premier théoricien qui ait fondé le droit et l'obligation sur le fait brut que n'altère aucun caprice de son imagination.

IV. *La morale, la science et le marché.*

Cette perspective permet de saisir le rapport fondamental évident qu'entretiennent, dans la pensée de Hobbes, théorie politique et matérialisme scientifique. En réduisant les êtres humains à des systèmes de matière en mouvement, à des automates, il se donne le moyen (et s'impose l'obligation) de postuler que la perpétuation du mouvement de chacun de ces systèmes est également nécessaire. En acceptant l'hypothèse de la science nouvelle qui postule que le mouvement continu n'implique pas l'application permanente d'une force extérieure, il se dispense d'avoir recours à un dessein moral qui s'imposerait à l'homme de l'extérieur, et s'autorise à postuler que les valeurs, les droits et les obligations d'ordre moral sont impliqués nécessairement dans les besoins de mécanismes automatiques égaux. Puisque le mouvement est également nécessaire à tous les systèmes mécaniques, et puisque tout se réduit au mouvement, la seule morale possible est celle qui se déduit de ce mouvement. La morale est donc ce qui favorise le mieux la perpétuation du mouvement. D'où, à un niveau élémentaire, le droit de chacun de perpétuer le mouvement qui l'anime.

Et puisque chaque mécanisme est doué de raison, capable par lui-même de calculer sa trajectoire et de la corriger, il s'ensuit qu'il est aussi capable de se soumettre aux règles qui lui paraîtront nécessaires pour assurer au mieux la perpétuation de ce mouvement. Enfin, puisque le mouvement respectif de tous ces mécanismes, s'il ne se corrigeait de lui-même, entraînerait des collisions continuelles, et du même coup une perte de mouvement, il va de soi que cette correction (c'est-à-dire un système moral d'obligation) est non seulement possible, mais encore nécessaire.

On le voit : c'est le matérialisme de Hobbes, inspiré des découvertes de la science au XVIIe siècle, qui lui permet de fonder le droit et l'obligation sur le fait. Ce matérialisme n'est ni simple façade, ni enjolivement dont il aurait paré sa théorie politique après coup : il en est un aspect essentiel. Il constitue la condition nécessaire de sa théorie de l'obligation politique.

Mais nullement sa condition suffisante. Car, outre son postulat matérialiste qui lui fait concevoir l'homme comme un système de matière en mouvement, Hobbes doit postuler que le mouvement de chacun s'oppose nécessairement au mouvement de tous les autres. Ce second postulat n'est pas contenu dans son matérialisme mécaniste, mais, nous l'avons vu, provient des hypothèses qu'il formule sur la société de marché de son temps. Or, c'est ce postulat qui lui permet de considérer que tous les individus sont soumis à une insécurité égale et qu'ils ont donc tous également besoin d'un système d'obligation politique.

Ces deux postulats lui sont indispensables pour déduire l'obligation politique. Le présupposé matérialiste l'autorise à affirmer que tous les individus ont également besoin de perpétuer leur mouvement, et qu'en l'absence de raisons contraires, ce besoin, égal pour tous, peut passer pour établir l'égalité morale des droits, qui ouvre elle-même la voie à la possibilité de l'obligation morale. Les présupposés d'ordre social l'autorisent à affirmer que les hommes connaissent un degré égal d'insécurité et à inférer la nécessité de l'obligation morale. En d'autres termes, Hobbes a besoin de ces deux types de présupposés pour dégager les faits qu'il allègue — la double égalité — et à partir desquels il lui est possible de déduire l'obligation.

Dans ces conditions, il est assez vain de spéculer pour savoir lequel de ces deux types de présupposés est le plus important, lequel se manifeste le premier dans la pensée de Hobbes. Mais on peut souligner que les présupposés d'ordre social, ceux qui portent sur la nature de la société de son temps, jouent un rôle essentiel : seule une société aussi fragmentée que l'est une société de marché peut se concevoir avec quelque vraisemblance comme un mécanisme composé d'automates. Est-ce sa vision de la société comme système de rapports de marché qui a conduit Hobbes à cette hypothèse matérialiste pleine de hardiesse, ou est-ce le ravissement dans lequel le plonge la découverte de la science nouvelle, qui lui fait rechercher un modèle de société susceptible d'être conçue en termes de mécanique, et l'amène à découvrir le modèle de société de marché ? Il est impossible de répondre à cette question. Mais on peut affirmer que, sans ses présupposés d'ordre social, les efforts de Hobbes pour appliquer à l'analyse de la société les postulats mécanistes de la science nouvelle auraient été voués à l'échec.

Une autre raison peut expliquer que ses présupposés d'ordre social aient amené Hobbes à penser qu'il pouvait fonder l'obligation sur le fait. La société de marché généralisé possède cette propriété remarquable que la valeur d'usage ou d'échange de chaque homme y est déterminée par le jeu du marché. La valeur de chacun, ce à quoi chaque individu a droit et, par conséquent, les droits effectifs de tous les hommes, y sont en fait établis par une force qui n'est ni surnaturelle ni purement subjective. Hobbes en tire argument pour affirmer qu'on peut désormais se passer de tout autre critère de la valeur ou du droit : du coup, il estime avoir détrôné définitivement les vieilles notions de justice commutative et de justice distributive qui planaient au-dessus et en dehors du monde des faits. Le marché et ses diverses opérations lui fournissent un nouveau critère de la valeur, qui peut en même temps passer pour un critère de justice, en ce qu'il satisfait à l'une des exigences essentielles de tout principe moral : il transcende les désirs subjectifs de chaque homme. Il rend donc superflu le recours à des principes étrangers aux faits et importés de l'extérieur.

Ainsi, ses présupposés d'ordre social fournissent à Hobbes deux raisons distinctes de penser qu'il peut fonder l'obligation morale sur le fait. Tout d'abord, les données de la vie sociale de l'homme, telles qu'il les voit, comportent un besoin également partagé par tous de perpétuer le mouvement qui les anime, un conflit universel de ces mouvements, et donc une égalité dans l'insécurité. L'égalité de l'insécurité et des besoins, qui est d'après lui plus fondamentale que toutes les inégalités réelles, lui permet de postuler l'égalité morale des droits et donc la possibilité de l'obligation morale, sans avoir à poser en principe un dessein extérieur aux individus et une volonté qui leur soit transcendante. Ensuite, telles qu'il les analyse, ces données recèlent un critère objectif, mais nullement surnaturel, du droit.

Chacune de ces raisons, prises séparément, constitue une présomption suffisante en faveur de la possibilité de déduire l'obligation comme il l'a fait, sans incohérence et sans faute de logique. Mais prises ensemble, se renforçant l'une l'autre, elles expliquent de manière tout à fait satisfaisante que Hobbes ait pu y voir une présomption en faveur de sa démarche. On peut combattre cette présomption, on peut contester la démarche de Hobbes, sans pour autant mettre en doute sa bonne foi : il a cru que l'une et l'autre étaient justifiées. Rien ne nous autorise, dès lors, à tenter de rendre sa théorie plus cohérente en lui assignant un but différent de celui que Hobbes lui a lui-même fixé. Si l'on veut comprendre Hobbes, si l'on veut être en mesure de le critiquer, plutôt que de rejeter le bien-fondé de sa démarche sous prétexte qu'aucun penseur cohérent n'aurait eu la folie de l'envisager, il convient de s'attacher au rapport étroit qu'il a découvert entre le fait et l'obligation.

V. *Du fait à l'obligation : présomption ou certitude ?*

En découvrant les attributs essentiels de la société de marché, Hobbes est amené à penser qu'on peut, à partir de ces seules données, déduire une obligation politique qui soit moralement contraignante pour tous les hommes doués de raison. Avant d'examiner les mérites de cette déduction, il n'est pas sans intérêt de se demander s'il est logiquement possible en théorie de passer directement de l'être au devoir-être.

On admet aujourd'hui qu'il est logiquement impossible de fonder un seul principe moral sur une constatation de fait : ces dernières années, on a même promu cette proposition au rang d'axiome ; à tel point qu'il suffit, pense-t-on, d'y renvoyer pour trancher la question. Cette façon cavalière de résoudre le problème présente toutefois un inconvénient de taille : elle ne tient aucun compte de l'une des découvertes les plus importantes de Hobbes. Quant à nous, nous pensons pouvoir montrer que, les cas de déduction strictement logique exceptés, il est possible de fonder le devoir-être sur l'être ; ces cas strictement logiques sont très limités ; les autres sont, en revanche, si nombreux et si importants que les hommes sont nécessairement amenés à tenter de déduire ce qui doit être de ce qui est. Ces déductions ne sont d'ailleurs possibles que lorsque les faits sociaux sur lesquels elles s'appuient impliquent une égalité significative de tous les hommes. Hobbes a fort bien saisi toutes les conditions de possibilité de telles déductions. En théorie, sa démarche est donc valable.

L'idée qu'on ne peut fonder l'obligation morale sur une donnée de fait est d'origine relativement récente. On a coutume de l'attribuer à Hume, mais il est douteux qu'elle remonte si loin[104]. Avant Hume, les spécialistes de la philosophie politique, y compris les prédécesseurs de Hobbes et quelques-uns de ses successeurs, fondaient en général l'obligation et les droits moraux et politiques des hommes sur leurs besoins et leurs aptitudes observables. Mais ils n'y parvenaient qu'à l'aide de postulats portant sur les desseins ou la volonté de la Nature ou de Dieu. Il leur fallait postuler, à tout le moins, que la Nature ne fait rien en vain. Ce n'est qu'en s'appuyant sur ces postulats qu'ils pouvaient entreprendre de passer des aptitudes et des besoins des hommes à un système d'obligations et de droits. Bien qu'il n'en fût rien, leur démarche semblait être une déduction du droit à partir du fait, et on admit généralement la légitimité de cette démarche.

Depuis Hume, on s'est aperçu que les anciens philosophes n'avaient pas fait ce qu'ils prétendaient faire ou ce qu'on pensait qu'ils avaient fait. On a découvert que, loin de passer du fait à l'obligation par simple déduction logique, ils n'aboutissaient à l'obligation que parce qu'ils faisaient intervenir dans cette déduction des postulats étrangers aux faits. Les commentateurs modernes, et singulièrement les partisans de l'analyse linguistique, n'ont pas manqué de souligner ce point. Mais, de ce qu'on s'était mépris sur le caractère réel des déductions opérées par ces philosophes, ils ont conclu que ces derniers s'étaient eux-mêmes mépris en croyant pouvoir fonder l'obligation sur le fait. Du même coup, ils ont érigé en principe logique fondamental l'illégitimité d'une telle démarche.

Or, c'est là, pensons-nous, un paralogisme. On admettra sans peine qu'à partir du moment où l'on prend pour critère de la pensée logique le modèle de l'analyse mathématique, il soit impossible de fonder des jugements de valeur sur des jugements de réalité[105]. Mais pourquoi faudrait-il réduire toute pensée à ce modèle ? N'existe-t-il pas de très bonnes raisons, fondées sur la nature des besoins humains, de s'interdire de le faire ? Nul ne nie que l'existence de l'homme présuppose l'existence d'un ordre social, quel qu'il soit, donc l'existence de droits et d'obligations. Il est certes possible de contester toute valeur ou tout sens à l'existence de l'homme et de rejeter ainsi ce qui fait son humanité. Mais dès lors qu'on se refuse à aller jusque-là, on est contraint de faire comme s'il était possible de fonder sur quelque chose un système de droits et d'obligations.

Tout en concédant ce point, on peut persister à contester qu'il soit possible de fonder ce système sur les seuls besoins et les seules aptitudes de l'homme, sans faire intervenir une volonté qui lui soit transcendante. C'est là un point de vue parfaitement légitime. Mais ce qui ne l'est pas, c'est de transformer ce point de vue en impératif logique. Car il est tout aussi légitime de soutenir que les faits, c'est-à-dire les besoins et les aptitudes de l'homme, qui rendent nécessaire un système d'obligations et de droits, le rendent également possible, ou, en d'autres termes, que les besoins et les aptitudes de l'homme contiennent toutes les données indispensables à la déduction de ce système.

Or, pour qu'un système d'obligation s'impose moralement à tous les membres d'une société donnée, il faut qu'ils soient tous capables d'en reconnaître le caractère obligatoire. Au nombre des faits servant de fondement à la déduction du système doit donc figurer cette donnée fondamentale (immédiate : provenant de l'observation, ou médiate : résultant de l'analyse) : l'égale capacité de tous les individus à reconnaître cette obligation. Pour que cette condition soit remplie, il faut que la société dans laquelle vivent ces individus soit telle que le domaine où ils peuvent se considérer comme égaux dépasse en importance tous ceux dans lesquels ils sont inégaux. C'est seulement dans une société de ce genre qu'on peut dire, et admettre, qu'il n'existe aucune raison pour qu'un homme revendique des droits supérieurs à ceux des autres. Car si les hommes ne reconnaissaient pas cette égalité, ils seraient en droit de revendiquer une supériorité illimitée ; et dès lors qu'ils la revendiqueraient, ils ne pourraient se sentir moralement obligés par un système d'obligation dépourvu de fondements et de sanctions surnaturels[106]. Pour être en mesure de déduire des seules données de fait une obligation qui lie moralement tous les hommes, il doit donc au préalable exister entre eux une égalité de fait qu'ils puissent considérer comme l'emportant infiniment sur les inégalités de fait qui les opposent.

Hobbes aperçoit très clairement cette condition de possibilité de sa démarche. C'est même sur le postulat de l'égalité qu'il se fonde, nous l'avons vu, pour affirmer qu'il n'y a aucune raison pour qu'un homme ait plus de droits qu'un autre, et pour passer à la démonstration de la possibilité et de la nécessité de l'obligation. Cette égalité de fait dont découle directement la nécessité de l'obligation politique, c'est l'aptitude égale des hommes à s'entretuer qui, dans l'hypothèse de l'état de nature, entraîne une égale insécurité de la vie et des biens. Elle ne saurait toutefois constituer le fondement suffisant de l'obligation politique pour des hommes vivant *en société*. Car si la fragilité de la constitution humaine est un fait qui caractérise les hommes en société tout autant que les hommes vivant dans l'état de nature, ce n'est que dans cette dernière hypothèse qu'il entraîne une insécurité totale, et par conséquent égale, des biens et des personnes. Or, l'état de nature selon Hobbes est, par définition, le contraire même d'une société politique, et cette dernière, quelle que soit sa forme, protège dans une certaine mesure la vie de chaque individu des attaques d'autrui : l'insécurité n'y étant pas totale, elle n'y est pas non plus nécessairement égale. Pour prouver que les individus vivant en société peuvent et doivent reconnaître une obligation qui les lie, il lui faut donc montrer que, *dans la société*, ces individus sont égaux, et sont capables de s'en rendre compte, dans un domaine qui l'emporte en importance sur tous ceux dans lesquels leurs inégalités sont patentes : l'égalité que présuppose l'artifice logique de l'état de nature ne suffit pas[107]. Nous sommes ainsi renvoyés une fois de plus au modèle de société que Hobbes postule : comporte-t-il une égalité de ce genre ? Si oui, la manière dont il déduit l'obligation est parfaitement valable ; l'égalité qu'il comporte s'accorde-t-elle avec tous les autres caractères de ce modèle ? Si oui, sa déduction s'applique à la société de marché généralisé, car tous les autres attributs de son modèle sont ceux qui définissent cette société.

Le modèle de société qu'on peut élaborer à partir des analyses du pouvoir, de l'homme, de la valeur et de la justice que l'on trouve chez Hobbes comporte, semble-t-il, deux sortes d'égalités : l'égalité dans l'insécurité, l'égalité dans la subordination de tous au marché. Tous les hommes sont nécessairement entraînés dans la lutte pour la domination d'autrui. Tous essaient d'accroître le pouvoir qu'ils possèdent naturellement et ils ne peuvent y parvenir qu'en utilisant à leur profit une partie du pouvoir d'autrui. Il s'ensuit que tous les hommes sont constamment exposés à des empiétements de pouvoir. Ce fait, pour Hobbes, établit entre les hommes une égalité dans l'insécurité : elle affleure tellement à la surface de leur vie quotidienne que tous les hommes doués de raison ne peuvent manquer de la constater et d'admettre les conséquences qu'elle entraîne, pour peu qu'on les leur signale. Or, la seule société qui permet ce perpétuel empiétement des droits c'est, nous l'avons vu, la société de marché généralisé. Il nous faut donc nous demander si l'insécurité qui y règne est, à proprement parler, égale pour tous.

Il apparaît d'emblée que si chaque individu y connaît l'insécurité, cette insécurité est loin d'être égale pour tous. Car ce type de société présuppose une inégalité substantielle dans la répartition et la possession de ses ressources. Elle implique l'existence de deux classes : l'une, qui possède des moyens lui permettant d'utiliser le travail d'autrui, et l'autre, qui en est à ce point démunie qu'elle est obligée d'offrir ses services à la première. L'une et l'autre connaissent l'insécurité en ce sens qu'à travers le jeu du marché elles peuvent se livrer à des empiétements réciproques, mais cette insécurité n'est pas la même pour ces deux classes. On ne peut donc s'attendre à ce qu'elles se reconnaissent égales au point d'admettre, de ce fait, l'obligation morale de se soumettre à une autorité commune. Hobbes n'a donc pas tenu compte de l'inégalité dans l'insécurité que les autres propriétés de son modèle impliquent nécessairement. S'il en était resté là, nous pourrions dire que sa tentative pour prouver que tous les hommes vivant en société doivent reconnaître une obligation politique commune se solde par un échec.

Toutefois, son modèle possède une autre propriété qui peut passer pour un équivalent de l'égalité, à savoir que tous les individus y sont également soumis à la loi du marché. Sur ce point, ce modèle correspond très exactement à celui de la société de marché généralisé : tous les hommes y sont en effet soumis aux déterminations qu'entraîne la lutte pour le pouvoir au sein du marché. Dans une société de ce type, le jeu du marché établit toutes les valeurs et tous les droits, et la morale tend à se réduire tout entière à la morale du marché : Hobbes le voit clairement et à juste titre. Car il est incontestable que, dans cette société, les droits se fondent sur les faits : les droits auxquels chaque individu peut prétendre sont déterminés par les rapports réels que la concurrence établit entre le pouvoir de tous les individus. Et dès lors que tous les membres de la société acceptent comme l'expression de la justice les valeurs et les droits ainsi établis, cette acceptation suffit à fonder l'obligation rationnelle, contraignante pour tous, de se soumettre à une autorité qui puisse maintenir et faire respecter le système du marché. Hobbes estime que cette condition est remplie : il pense que le marché, en réduisant tous les individus à n'être que de simples pièces dans son jeu, impose à tous les êtres doués de raison, pour peu qu'ils aient une claire conscience de leur situation réelle, son critère de justice à l'exclusion de tout autre[108]. Sur ce point, il s'est trompé, en tout cas partiellement : car il est également possible à ces êtres de raison de s'opposer au système de marché et de le rejeter en bloc.

Il faut pourtant reconnaître que Hobbes a les faits pour lui lorsqu'il postule la prépondérance inévitable des valeurs élaborées sur le marché. Il est peut-être légèrement en avance sur son temps : nombreux en effet sont ceux qui, au sein de la société anglaise, rejettent encore la prétention de la morale du marché à l'hégémonie. À en croire la version qu'il en donne lui-même, la Guerre civile a essentiellement opposé ceux qui défendaient les valeurs traditionnelles et ceux qui s'étaient ralliés à la morale du marché. Or, de quelque manière qu'on interprète la restauration et la révolution whig, on ne saurait prétendre que l'audience qu'obtiennent, à la fin du siècle ou même plus tard, les valeurs traditionnelles soit devenue totalement négligeable. Par la suite, Locke tentera de concilier l'ancienne et la nouvelle morale. C'est à cette même entreprise, mais avec plus de profondeur et l'outrance du désespoir, que Burke se consacrera un siècle plus tard. Mais alors la morale du marché sera solidement établie et il faudra attendre la deuxième moitié du XIXe siècle pour que se produise une sérieuse remise en question de l'idéologie dominante. En tout état de cause et si l'on tient compte des prévisions qu'il pouvait faire, et qui se révéleront justes encore deux siècles plus tard, Hobbes est loin d'avoir tort quand il postule que le système du marché, une fois établi, est si puissant qu'aucun individu ne peut échapper à son emprise, et que tous les hommes doués de raison sont obligés d'admettre son critère de justice comme le seul possible et sont forcés de l'accepter.

Il apparaît donc que Hobbes a bel et bien découvert un fondement légitime à une obligation rationnelle qui s'impose à tous les membres d'une société de marché généralisé. Car si cette société constitue la seule possibilité qui s'offre aux hommes, ou plutôt s'ils n'ont d'autre alternative que le marché ou l'anarchie, alors et pour peu qu'ils aient clairement conscience de la place réelle qu'ils occupent dans la société, ils n'ont qu'un parti à prendre : soutenir une autorité politique capable de préserver cette société de toutes les irrégularités et de tous les désordres. En d'autres termes, il est de l'intérêt de tous les hommes qui y vivent de reconnaître l'obligation qui leur est faite de se soumettre à une autorité assez puissante pour imposer à tous le respect des règles qui régissent une société fondée sur la concurrence : ils le peuvent, ils le doivent. Dans cette perspective, morale et prudence, c'est tout un : l'obligation ainsi définie est l'expression de la morale la plus haute dont soient capables des hommes vivant au sein d'une société de marché. À partir du moment où l'on considère la théorie de Hobbes comme l'affirmation de la nécessité et de la possibilité d'un certain type d'obligation politique qui s'applique à une société de marché généralisé, on ne

peut qu'admettre la validité de la déduction sur laquelle il fonde cette obligation.

5. CLAIRVOYANCE DE HOBBES, LIMITES
DE SA THÉORIE POLITIQUE

I. *Conditions historiques préalables à sa déduction.*

Ainsi donc, refuser de s'appuyer sur une volonté
transcendante, c'est faire disparaître toute distinction entre obligation morale et obligation pruden-
tielle. Dès lors, la seule question qui ait un sens est
de savoir si une obligation susceptible de contraindre tous les individus raisonnables est possible. Elle
n'est possible que si les hommes ont ou sont capables d'avoir conscience d'une égalité fondamentale
reléguant au second plan toutes leurs inégalités.
Hobbes l'a bien compris. À tel point que c'est précisément sur l'assujettissement aux lois du marché,
égal pour tous dans le modèle de société de marché généralisé dont il se sert, qu'il fonde son obligation rationnelle, contraignante pour tous les
hommes raisonnables au sein de cette société tant
qu'y prévaudront des rapports fondés sur une économie de marché généralisé et qu'on les tiendra
pour inévitables.

Cette interprétation de Hobbes revient à accorder
à sa théorie plus de force qu'on ne lui en reconnaît

d'habitude. Elle ne l'aurait pas pour autant satisfait : ne croit-il pas avoir fondé sur les données éternelles de la nature humaine le seul type d'obligation susceptible d'être toujours nécessaire et toujours possible ? La prétention qu'il affiche est certes excessive ; mais il n'en est pas moins l'auteur d'un double exploit : il a ouvert de nouvelles voies à la théorie politique ; il a saisi, plus clairement que tous ses contemporains et qu'un grand nombre de ses successeurs, la nature de la société moderne. À ces deux titres, son œuvre mérite notre attention.

La prétention la mieux fondée de Hobbes est peut-être aussi la plus cavalière : « La Philosophie civile, déclare-t-il, [date] seulement [...] de mon ouvrage *De Cive*[109]. » Hobbes est en effet le premier penseur politique à avoir saisi la possibilité de fonder directement l'obligation politique sur des données profanes, sur les rapports réels que les hommes entretiennent, y compris l'égalité qui sous-tend ces rapports ; du même coup, il est le premier penseur qui ait été capable de se passer de postulats théologiques ou téléologiques. Certes, la tradition stoïcienne et la tradition chrétienne affirmaient l'égalité de tous les hommes. Mais il s'agissait moins là de la constatation d'un fait que de l'expression d'un vœu : celui de voir tous les hommes se considérer comme égaux à force de méditer sur leurs origines communes et sur leur raison également partagée. Mais cette raison est une qualité imprécise et impalpable : Hobbes lui préfère l'insécurité et l'assujettissement tangibles aux lois du marché qu'il découvre sous le

vernis de la vie quotidienne. Dailleurs, cette impré-
cision de la raison explique peut-être que la tradition de la loi naturelle ait dû faire appel très tôt à
une volonté et à un plan divins pour renforcer son
postulat d'une rationalité commune, et résoudre
ainsi, en le supprimant, le problème de savoir comment fonder l'obligation sur le fait.

Au demeurant, il n'y a rien d'étonnant à ce que
Hobbes ait été le premier penseur politique à s'éman-
ciper de la tutelle de cette tradition, qui posait en
principe l'existence d'une volonté et d'une finalité
diffuse dans tout l'univers, et à s'appuyer sur l'hypothèse d'une égalité de fait ici-bas[110]. Avant Hobbes,
les penseurs ont recours à des critères de valeur et
de droit étrangers à l'univers des faits observables.
Tout les y pousse. Le marché n'a nulle part affecté
l'ensemble des rapports sociaux au point de faire
naître l'idée que, loin d'être l'expression de puissances surnaturelles, la valeur puisse provenir d'un
jeu de forces objectives. Par ailleurs, la plupart des
prédécesseurs de Hobbes vivent dans des sociétés ri-
gidement divisées en classes qui semblent n'offrir
d'autre alternative qu'un ordre hiérarchique ou
l'anarchie morale et politique. Dans des sociétés de
ce type, les révoltes d'esclaves et de paysans, ou les
mouvements égalitaires, sont toujours possibles ; ils
représentent une menace permanente. Or tant qu'ils
considèrent ces mouvements comme des manifes-
tations de folle anarchie, les penseurs qui font la
théorie de l'obligation politique sont nécessairement
amenés à postuler une inégalité morale ou, à tout le

moins, fonctionnelle entre les diverses classes sociales, car qui dit société hiérarchisée dit inégalité des droits et des obligations. D'autre part, il serait fou d'espérer qu'une hiérarchie et un code moral fondés sur l'inégalité puissent jamais s'imposer avec la clarté de l'évidence rationnelle à une classe susceptible de se considérer comme opprimée : raison de plus pour faire appel, dans l'élaboration de ce code d'obligations, à une transcendance divine ou naturelle plutôt qu'aux besoins et aux aptitudes des hommes.

Tout comme ces penseurs, Hobbes vit dans une société divisée en classes. Mais il ne lui paraît pas nécessaire d'attribuer aux hommes des besoins et des aptitudes foncièrement différents selon qu'ils appartiennent à telle ou telle classe. Car des données de la société du XVIIᵉ siècle se dégage pour lui cette idée fondamentale que l'ordre social ne dépend plus désormais du maintien d'une hiérarchie. Hobbes estime que l'existence d'un marché objectif a remplacé, ou peut le faire, les inégalités de rang, et qu'elle a du même coup établi l'égalité dans l'insécurité. Certes, il ne se fie pas au seul marché pour maintenir l'ordre : un souverain politique est nécessaire à son maintien en ce qu'il impose des règles qui empêchent la violence ouverte de se substituer à la concurrence pacifique du marché ou d'en devenir l'accompagnement obligé. Mais il est désormais habilité à fonder l'autorité du souverain sur un transfert rationnel de droits, accepté de plein gré par des hommes égaux à un double titre : leur valeur et leurs droits sont également déterminés par le marché, et face à ce marché ils apparaissent soumis à une insécurité égale pour tous. Contrairement à ses prédécesseurs, Hobbes n'éprouve aucun besoin de classer les données sur lesquelles il s'appuie selon une hiérarchie de valeurs inégales, car il ne lui semble nullement nécessaire d'aboutir à des valeurs inégales, s'exprimant sous la forme d'une inégalité des droits et des obligations, au niveau des règles morales et politiques qu'il veut établir. Pour la même raison et contrairement à ses prédécesseurs, il peut se passer de tout postulat théologique ou téléologique : n'ayant pas à imputer aux hommes une inégalité quelconque, il n'a pas non plus à postuler une volonté divine ou une finalité naturelle, défiant le sens commun, dans lesquelles s'insérerait cette inégalité de valeurs et de droits.

Bref, le développement de la société de marché à l'époque de Hobbes fournit les deux conditions nécessaires à une déduction de l'obligation politique à partir des faits de la vie réelle qui faisaient défaut jusque-là. D'abord il crée, ou est manifestement en train de créer, une égalité devant la loi du marché qui est suffisamment contraignante pour pouvoir servir de fondement à une obligation politique s'imposant à tous. L'existence de cette égalité rend logiquement impeccable, nous l'avons vu, la démarche déductive de Hobbes. D'autre part, le développement du marché a substitué, ou est manifestement en train de le faire, à l'ordre hiérarchique antérieur l'ordre objectif du marché, qui n'exige ni inégalité des droits, ni diversité des rangs. Ce déclin de l'ordre hiérarchique remplit donc, pour la première fois dans l'histoire, l'une au moins des conditions qui rendent politiquement inattaquable la déduction de l'obligation à partir de données de fait. Dire que les conditions sociales, qui justifient logiquement et politiquement la déduction opérée par Hobbes, ne sont pas remplies avant son époque, bien loin de diminuer son mérite, le souligne : car c'est dire la pénétration de ce penseur qui va droit aux rapports fondamentaux de la société de son temps, et l'habileté avec laquelle il édifie sur eux toute sa théorie.

II. *Souverain perpétuel et souverain se perpétuant lui-même.*

Ce jugement porté sur Hobbes semble en contradiction flagrante avec l'accueil que ses contemporains ont réservé à sa théorie. S'il a aussi bien saisi que nous le prétendons les rapports essentiels qui caractérisent la société de son temps, et s'il en a tiré toutes les conséquences logiques, comment se fait-il que ses conclusions n'aient pas même été acceptées par les hommes de la classe ascendante au milieu du XVIIe siècle et, plus tard, par tous ceux qui se sont réjouis de la généralisation, dans la société anglaise, des rapports fondés sur le marché ? Le fait est qu'au XVIIe siècle ni les royalistes, ni les parlementaires, ni les tenants de la tradition, ni les républicains radicaux, ni les Whigs ni les Tories n'ont réussi à digérer ses théories. Parmi ses critiques les plus acharnés, nombreux sont ceux qui rejettent tout à la fois ses prémisses et ses conclusions[111]. Mais même ceux qui, à peu de chose près, souscrivent à son analyse de la nature humaine et tiennent, comme lui, la société pour un marché — au nombre desquels il faut ranger Harrington[112] et même Locke[113] — repoussent ses conclusions en ce qu'elles ont d'extrême. Étudier les conclusions que ses contemporains admettent et celles qu'ils repoussent, c'est voir plus clairement quelle partie de sa théorie est en principe acceptable, et quelle partie ne l'est pas, dans une société de marché.

Ni Harrington ni Locke n'élèvent la moindre objection contre un pouvoir souverain. L'un et l'autre considèrent que, dans toute société civile, il doit exister un pouvoir politique auquel il est entendu que chaque individu a remis tous ses droits et tous ses pouvoirs ; il n'existe pas de puissance humaine, associée ou supérieure, qui puisse limiter ce pouvoir. Harrington est, sur ce point, parfaitement explicite : « Là où le pouvoir souverain n'est pas aussi entier et absolu que dans la monarchie elle-même, il ne saurait exister de gouvernement[114]. » Quant à Locke, il place le pouvoir souverain dans la société civile, c'est-à-dire dans la majorité : puisque celle-ci est réputée ne vouloir rien d'autre que le bien public, on peut en toute sécurité lui remettre le pouvoir souverain, d'autant plus qu'il faut bien que

quelqu'un le détienne[115]. L'homme ou l'Assemblée,
auxquels la société délègue à son tour le pouvoir législatif et le pouvoir exécutif, ne sont certes pas souverains ; mais là où ces pouvoirs sont conférés à une
Assemblée élue, et non pas à une Assemblée qui, se
renouvelant par cooptation, se perpétue elle-même
ou à un monarque, Locke ne voit aucun inconvénient à lui permettre d'exercer un pouvoir quasi
souverain[116]. Mais ce qu'il s'accorde avec Harrington
pour trouver tout à la fois superflu et en contradiction avec les seuls buts pour lesquels on puisse raisonnablement imaginer que des individus aient
institué un tel pouvoir, c'est que le pouvoir souverain soit placé irrévocablement entre les mains
d'une personne ou d'une Assemblée possédant le
droit de nommer leurs successeurs. Ils ne s'opposent pas à un pouvoir souverain perpétuel, mais au
pouvoir souverain d'une personne ou d'une Assemblée qui se perpétuent elles-mêmes.

Pourtant Hobbes ne se lasse pas de le souligner :
la personne (ou les personnes) qui détient le pouvoir souverain à un moment donné doit avoir le
droit de coopter son successeur. Bien entendu, cette
mesure soustrait au contrôle du peuple, ou d'une
fraction du peuple, celui qui détient ce pouvoir :
c'est, pour Hobbes, très regrettable, mais tout à fait
inévitable. Car le pouvoir souverain, tel qu'il le conçoit, a pour attribut essentiel de se perpétuer lui-
même : « Il n'y a pas de forme parfaite de gouvernement, là où le dispositif de succession ne relève pas
du souverain actuel[117]. » Une assemblée souveraine

doit posséder le droit de combler elle-même les vides qui se produisent dans ses rangs, tout comme un monarque doit avoir celui de nommer son successeur. Après Hobbes, personne, même parmi ceux qui souscrivent entièrement à sa conception de la nature humaine et qui acceptent sans réserve les valeurs de la société de marché, ne peut admettre qu'il découle de cette conception et de ces valeurs que les hommes doivent reconnaître l'autorité souveraine d'un corps politique qui se perpétue lui-même. De plus, la pratique politique anglaise devait contredire la conclusion de Hobbes. L'Angleterre a été gouvernée avec succès, tout au moins à partir de 1689, par un corps politique — le roi et le Parlement — possédant tous les attributs de la souveraineté, sauf le droit de désigner son successeur.

À lui seul, ce fait prouve que pour maintenir la stabilité de la société Hobbes est allé trop loin. Il montre aussi que, dans la mesure où à l'époque la société anglaise constitue une société de marché généralisé, les prescriptions de Hobbes ne sauraient s'y appliquer. Pourtant il les a bien déduites du comportement nécessaire des hommes dans son modèle de société qui correspond en substance, nous l'avons vu, au modèle d'une société de marché généralisé. D'où vient donc son erreur ?

La source de cette erreur se trouve dans le point faible du modèle de Hobbes que nous avons déjà eu l'occasion de signaler. Si ce modèle ne correspond pas tout à fait à celui d'une société de marché généralisé, c'est qu'il ne tient pas compte du rôle politi-

que important qu'y joue l'inégalité des classes
sociales. Concevant la société comme une série
d'atomes séparés par la lutte de chacun pour la domination d'autrui, Hobbes en conclut que tous les
individus y connaissent une égale insécurité. Il ne
voit pas que le même caractère qui en fait une société où règne une lutte incessante de chacun contre tous en fait également une société de classes
fondée sur l'inégalité. La lutte de chacun contre
tous ne peut se produire que là où les capacités de
tous les hommes sont réduites à l'état de marchandise qui s'échangent sur le marché ; mais aussi, dès
que cette réduction s'est produite, la société se divise nécessairement en classes inégales[118].

Pour n'avoir pas saisi ce point capital, Hobbes est
amené à exagérer le degré de fragmentation de la
société. C'est aussi ce qui le conduit à déduire la
nécessité d'un souverain (individu ou Assemblée,
peu lui importe) qui se perpétue lui-même. Il lui
apparaît[119] en effet que si la personne (ou les personnes) qui détient le pouvoir n'avait pas le droit
reconnu de nommer son successeur, chaque fois
qu'il faudrait en choisir un, le pouvoir réel serait
replacé en les mains des individus séparés et opposés qui constituent la société, ce qui reviendrait à
remettre totalement en cause le dessein que pour-
suivaient ces mêmes individus en instituant un pouvoir souverain.

Ce que Hobbes ne perçoit pas, c'est donc la possibilité, dans une société de marché, d'une solidarité
de classe compensant les forces qui ont tendance à

fragmenter les groupes sociaux. Si, comme lui, on nie en principe toute cohésion de classe, le seul moyen de trouver le pouvoir politique indispensable à la société est de contraindre tous les individus à tout remettre entre les mains d'un souverain ayant le droit de se perpétuer lui-même. Mais si cette cohésion existe, l'intérêt commun à une classe peut être assez fort pour permettre à ses membres de soutenir un gouvernement souverain et de l'obliger à être responsable en dernière instance devant eux en se réservant le droit de nommer ou d'élire le corps souverain. Hobbes n'est pas aveugle au point de ne pas apercevoir les divisions sociales qui caractérisent l'Angleterre de son temps : les remarques qu'il fait à ce sujet dans *Behemoth* le prouvent abondamment[120]. Il aperçoit aussi que le développement des rapports fondés sur le marché a sapé les anciennes valeurs, et que les hommes nouveaux, dont la fortune se fonde sur le commerce, ont assez de cohésion pour fomenter une guerre civile. Mais il semble avoir été plus impressionné par les scissions qu'entraîne la perte de ces valeurs et par la lutte pour le pouvoir qui oppose, dès le renversement du roi, les divers groupes au sein des forces parlementaires, que par la cohésion qui avait permis à ces forces de s'opposer à l'ancien régime et de le renverser. Quoi qu'il en soit, son modèle ne comporte pas de division en classes sociales : Hobbes pose en principe que l'universalité de la lutte concurrentielle entre individus y a aboli toutes les inégalités de classes et toute cohésion de classe.

Parce qu'il se trompe sur ce point, qui est aussi celui sur lequel son modèle ne correspond ni au modèle d'une société de marché généralisé ni à la réalité sociale de son temps, il est amené à la conclusion qu'un souverain qui se perpétue lui-même est une nécessité. Du même coup, ses conclusions cessent de s'appliquer à la société de marché généralisé, et d'être admises par les avocats les plus convaincus de cette société dans l'Angleterre du XVIIe siècle. Négligeant la division en classes et la cohésion de classe, Hobbes ne fait pas sa place à un souverain lié à une classe. Or c'est là le type de gouvernement qui s'accorde le mieux avec le modèle qu'il élabore. Ceux qui possèdent des biens substantiels ont besoin d'un État souverain pour sanctionner le droit de propriété[121]. Ils doivent donc autoriser un corps souverain à faire tout ce qui est nécessaire au maintien de ce droit, et ce corps souverain doit avoir le droit de décider des mesures qui s'imposent. Mais il n'est nullement indispensable qu'ils renoncent à leur droit, ou à leur pouvoir, de choisir les personnes qui seront membres de ce corps souverain. Et puisqu'il n'est nullement indispensable qu'ils le fassent, en tant qu'êtres doués de raison ils *ne peuvent pas* le faire. Ils n'ont pas besoin de le faire parce que, propriétaires de biens substantiels, ils sont capables d'assez de cohésion pour qu'on puisse leur laisser le choix périodique des membres du souverain sans que cela implique à chaque fois que toute l'autorité politique se fragmente en un nombre incalculable de volontés antagonistes. Le raisonnement sur lequel Hobbes fonde la nécessité d'un souverain se perpétuant lui-même est donc sans fondement dans une société divisée en classes et dont la classe possédante est susceptible de cohésion ; d'ailleurs, le simple fait qu'une société soit divisée de la sorte tend à conférer à la classe possédante un degré de cohésion suffisant.

III. *Harmonie entre la souveraineté et la société de marché.*

Hobbes a tort de conclure que les hommes de son temps ont besoin d'un corps souverain se perpétuant lui-même, ou qu'ils peuvent le supporter ; mais il a raison de penser qu'ils peuvent supporter un pouvoir irrésistible et qu'ils en ont besoin. L'argument sur lequel se fonde sa démonstration de la possibilité et de la nécessité d'un pouvoir souverain demeure valable pour une société de marché généralisé, même si l'on tient compte des divisions en classes. Car même si elle possède un haut degré de cohésion, une classe possédante exige un pouvoir souverain. Celui-ci est indispensable pour maintenir les activités de tous dans les limites de la concurrence pacifique. Plus une société se rapproche d'une société de marché généralisé, soumise aux forces centrifuges de la concurrence à laquelle se livrent les intérêts antagonistes, plus se fait sentir la nécessité d'un pouvoir souverain unique et centralisé. Dans une société fondée sur la coutume, il est possible de maintenir, sans pouvoir central unique, un système de droits de propriété conditionnels. Mais à partir du moment où la propriété devient un droit inconditionnel d'utiliser — ou d'empêcher totalement les autres d'utiliser[122] — la terre et les autres biens, de les transférer ou de les aliéner[123], le souverain se révèle indispensable, d'abord pour établir le droit de propriété individuelle, ensuite pour le garantir. Sans pouvoir souverain, pas de propriété[124] : c'est ce qu'affirme Hobbes, et il a parfaitement raison de le dire du type de propriété qui caractérise une société de marché généralisé.

Mais Hobbes assigne d'autres fonctions au souverain : « Il appartient donc à l'État (c'est-à-dire au souverain) de déterminer de quelle manière toutes les sortes de contrats entre les sujets (comme acheter, vendre, échanger, emprunter, prêter, louer et prendre à bail) doivent être faits, et en quels mots et par quels signes ils doivent être tenus pour valides[125]. » Il présente cela comme un besoin qui se ferait sentir dans toutes les sociétés possibles. Il a tort de généraliser, mais son affirmation s'applique tout à fait à une société de marché, surtout lorsque celle-ci est en train de remplacer une société fondée sur la coutume : c'est en effet le moment où le droit coutumier doit disparaître au profit du droit contractuel, et cela ne peut se faire sans pouvoir souverain puissant. Ce pouvoir est également nécessaire lorsqu'une société de marché n'est pas encore solidement établie : il sert alors à faire passer dans les mœurs les motivations et les comportements favorables à la formation de cette société. C'est à lui qu'il appartient de décourager la consommation d'objets de luxe et d'encourager l'épargne et l'industrie. Les hommes valides, « il faut les forcer à travailler et, afin d'écarter l'excuse de ne pas trouver d'emploi, il doit y avoir des lois qui encouragent toutes sortes d'activités, comme la navigation, l'agriculture, la pêche et toutes les sortes de manufactures où il y a du travail[126] ».

Dans une société de marché généralisé, et singulièrement à ses débuts, un pouvoir souverain est donc une évidente nécessité. C'est ce que Hobbes comprend fort bien, qui estime d'ailleurs qu'il n'est pas d'autre pouvoir qui soit capable d'accomplir ces tâches quel que soit le type de société. Il n'arrive à cette conclusion que parce qu'il a commencé par placer au nombre des attributs de son modèle de société les rapports fondamentaux qu'institue une société de marché généralisé. Mais s'il pèche par excès de généralisation, il n'en dépasse pas moins tous ses contemporains par la profondeur de son analyse politique.

Toutefois, il ne sert à rien d'établir la nécessité d'un pouvoir souverain, si l'on ne peut établir en même temps, et à partir des mêmes postulats, sa *possibilité*. La société à qui il est le plus nécessaire, peut-elle s'accommoder d'un tel pouvoir ? Dans une société de cet ordre, où règnent la fragmentation sociale et la concurrence, les individus sont-ils capables de soutenir un pouvoir politique avec assez de force et de constance pour qu'il devienne un véritable pouvoir souverain ? C'est ici qu'intervient la distinction entre les individus selon qu'ils appartiennent ou non à la classe possédante.

Dans une société de marché, l'individu rationnel qui possède des biens substantiels, ou espère en acquérir et les conserver, est capable d'admettre l'obligation envers un tel souverain. Habitué aux contrats à long terme, il voit le bien-fondé de la règle qui exige le respect des termes du contrat. Dans la gestion de ses affaires, il suppute constamment et rationnellement les avantages à long terme qu'il pourra retirer de ses transactions, et agit conformément à ses calculs. Bref, il est le type même de l'homme susceptible de percevoir l'avantage global que lui procurera le type d'ordre contractuel établi par un pouvoir souverain. À coup sûr, il est loin de ne jamais se tromper dans ses calculs. Si ses concitoyens et lui-même ne commettaient jamais d'erreur, c'est-à-dire s'ils percevaient toujours l'avantage global qu'on retire d'une fidélité constante aux règles de la société contractuelle, ils pourraient se passer d'un pouvoir souverain pour régler les rapports qui s'établissent entre eux (mais ils pourraient encore en avoir besoin pour régler ceux qui s'établissent entre eux et les non-possédants). En fait, tout entrepreneur est assez bon calculateur pour voir l'avantage que tout le monde retire d'un respect des règles, mais on ne peut être sûr que tous le garderont suffisamment à l'esprit pour ne pas être parfois tentés par le profit à court terme qu'une entorse à ces règles peut leur valoir de temps en temps. Il n'en demeure pas moins que chacun d'entre eux est capable de voir l'avantage qu'il peut retirer de l'existence d'un pouvoir souverain assurant le respect des règles par tous. Il est en effet plus aisé de se conformer à des règles établies une fois pour toutes que d'avoir à les définir constamment : les règles institutionnalisées laissent à l'individu une plus grande aisance pour trancher les affaires courantes en fonction de son intérêt personnel, car il n'a pas alors à supputer constamment l'effet probable qu'aurait sur ceux qui se conforment aux règles l'entorse qu'il pourrait leur faire subir, ou, pis encore, la probabilité que d'autres violent les règles de leur côté et agissent de manière imprévisible. Sans souverain, le nombre des variables qui interviennent dans les calculs de chaque individu dépasserait vite les capacités de ce dernier.

Pour toutes ces raisons, on peut admettre que, dans une société de marché, les membres de la classe possédante sont en mesure de reconnaître l'obligation de se soumettre à un souverain capable d'assurer le fonctionnement des rouages de cette société. Ici encore, il nous faut rendre hommage à la perspicacité de Hobbes. Il a bien vu l'essentiel, il est allé droit au cœur du problème, même s'il a eu tort de généraliser et d'attribuer à l'homme vivant dans n'importe quel type de société cette aptitude à se soumettre à un souverain. Les capacités rationnelles, sur lesquelles il fonde la nécessité et la possibilité de l'obligation envers le souverain, ne sont autres que les aptitudes au calcul que l'on peut s'attendre à trouver chez l'homme rationnel qui fait carrière dans une société de marché généralisé.

Mais qu'en est-il de l'homme privé de bien et de tout espoir d'en acquérir ? Le salarié à perpétuité, qui doit se contenter du minimum vital, n'est-il pas incapable de se soumettre à une autorité souveraine, dont la fonction essentielle est d'élaborer et de faire respecter les règles du contrat et les droits de propriété ? Ne risque-t-il pas de considérer ces règles et ces droits comme la cause première de la précarité de la situation dans laquelle il se trouve et dans laquelle on le maintient ? Non, répond Hobbes, et nous ajouterons : tant que la société de marché généralisé est le seul choix qui s'offre à lui. S'il n'a pas d'alternative, la seule attitude rationnelle consiste pour lui à reconnaître l'obligation envers une autorité souveraine qui possède, à tout le moins, le pouvoir de protéger sa vie. C'est peut-être la raison pour laquelle Hobbes ne s'embarrasse nullement de l'objection de ceux qui s'opposeront à sa théorie — il le prévoit — en alléguant que les gens du commun n'ont pas les moyens intellectuels de comprendre les principes sur lesquels se fonde l'obligation[127]. Il pense au contraire qu'ils sont tout à fait capables de les comprendre, et même mieux que les sujets riches et puissants du Royaume ou ceux qui passent pour les plus instruits. Le souverain, déclare-t-il, porte ombrage aux puissants et aux hommes instruits dont il entrave sans cesse l'action, mais nullement au peuple. Celui-ci n'a donc aucun intérêt qui s'oppose à ce qu'il reconnaisse un pouvoir souverain. « Au contraire, les gens du peuple, à moins que leur esprit n'ait été imprégné par la dépendance vis-à-vis d'un puissant, ou gribouillé par les opinions de leurs docteurs, ont l'esprit comme une page blanche prête à recevoir tout ce que l'autorité publique y imprimera. » Puisqu'on a réussi à lui faire admettre une doctrine religieuse, qui est contraire à la raison et au-dessus d'elle, pourquoi serait-il incapable d'accepter une théorie de l'obligation « si conforme à la raison[128] » ? Il suffit pour cela d'instruire le peuple, et Hobbes de suggérer que cette instruction se fasse en prévoyant « une part de temps du travail courant, à des moments précis, pendant lesquels le peuple pourra se rendre auprès de ceux qui sont désignés pour l'éduquer[129] ».

La manière dont il en parle montre que Hobbes a conscience des caractères qui font du peuple une classe à part. Il ne prétend pas que si le peuple est capable de se soumettre, c'est parce qu'il perçoit le caractère inéluctable de sa condition, mais il postule que dans la mesure où on lui montrera sa condition réelle, il verra qu'elle est inéluctable. Sur ce point, Hobbes n'est pas très loin de la vérité. Le peuple — c'est-à-dire les gens dépourvus de biens — n'a pas le choix : il lui faut accepter la société de marché généralisé.

Ainsi, nous avons montré que la société dont Hobbes a parlé avec une telle prescience a besoin d'un pouvoir souverain et qu'elle est en mesure de le soutenir. Nous n'avons découvert que deux erreurs dans sa théorie. La première consiste en ce qu'il attribue à tort à toutes les sociétés les caractères propres à la société de marché : c'est ce qui l'amène à élargir indûment le champ d'application de ses conclusions. Toutefois, cette erreur n'a aucune incidence sur les conclusions auxquelles il aboutit en ce qui concerne les sociétés de marché généralisé. La deuxième tient à ce qu'il n'a pas vu la division en classes, qu'une société de marché généralisé produit nécessairement, ou qu'il ne lui a pas accordé assez d'attention : cela l'a conduit à conclure, à tort, que le pouvoir souverain devait, et pouvait, résider en une personne ou en une Assemblée se perpétuant elles-mêmes. Quand on étudie sa théorie dans une perspective historique, quand on la considère comme la théorie de la société de marché généralisé, seule cette deuxième erreur peut être invoquée contre elle. Elle est à coup sûr très sérieuse, elle suffit, en tout cas, à rendre l'ensemble de sa théorie inacceptable pour les sociétés de ce type.

Mais il importe de le répéter : elle ne suffit pas à rendre caduques toutes les analyses de Hobbes et toutes les conclusions qu'il en tire. Cette seule erreur mise à part, ces dernières continuent en substance à s'appliquer aux sociétés de marché généralisé : à partir du moment où l'on admet, comme nous le soutenons, que sa théorie ne s'applique qu'à elles, on doit aussi admettre que sa thèse est irréfutable : dans ces sociétés, il est en effet nécessaire et possible que tous les individus se soumettent perpétuellement à un corps souverain tout-puissant (mais non pas à un souverain qui se perpétue lui-même). C'est là le seul honneur que l'on doit revendiquer pour sa théorie. Dès lors qu'on s'en contente, certaines des objections que l'on formule contre elle perdent considérablement de leur force.

IV. *Réexamen de quelques objections.*

Si on le considère comme une théorie universelle de l'homme et de la société en tant que tels, le système de Hobbes présente une difficulté sérieuse, qui semble même irréductible. Car dès lors que les hommes sont mûs, comme le veut Hobbes, par un appétit de concurrence illimité, on ne voit pas comment ils pourraient admettre une obligation contraignante qui limite leurs mouvements. S'ils sont mûs de telle sorte qu'ils sont nécessairement engagés dans une compétition, une lutte incessante pour le pouvoir, comment pourraient-ils tolérer une obligation qui annule cette lutte ? S'ils sont nécessairement amenés à empiéter réciproquement sur leurs droits, au point d'avoir besoin de recourir à un souverain, comment peuvent-ils tolérer ce souverain et le soutenir ? Quand on les pose en termes aussi généraux, il n'est pas facile de trouver réponse à ces questions. Mais si on les replace dans le cadre d'une société de marché généralisé, la réponse est aisée. Car il est clair que les individus vivant dans ce type de société ont tout à la fois besoin d'un souverain et la possibilité de le soutenir, pour la simple raison qu'ils peuvent constamment empiéter sur les droits d'autrui sans se détruire les uns les autres. Ils ont besoin d'un souverain pour empêcher ces empiétements de devenir destructeurs, et ils peuvent le soutenir, car ils ont tout loisir de poursuivre leurs empiétements à l'abri des règles qu'il édicte. En fait, s'ils soutiennent le souverain, c'est précisément pour pouvoir poursuivre ces empiétements. Ce n'est que dans une société de marché généralisé que tous les hommes sont forcés d'empiéter sur les droits d'autrui ; ce n'est que dans une société de ce genre, qu'ils peuvent aussi le faire sans violer les règles qui régissent cette société. Ils sont donc parfaitement capables de défendre ces règles et le pouvoir nécessaire pour les faire respecter, sans la moindre contradiction. Ainsi disparaît une des difficultés centrales que recélait la théorie de l'obligation chez Hobbes.

L'interprétation que nous avançons permet également de rendre compte d'une autre difficulté d'ordre logique. Hobbes prétend avoir démontré, grâce à une analyse scientifique de la nature humaine, que les hommes doivent se soumettre au souverain plus complètement et plus fidèlement qu'ils ne l'ont fait jusque-là. Ce qui revient à dire que les hommes doivent agir autrement qu'ils ne le font aujourd'hui s'ils veulent se conformer à leur nature. On ne saurait imaginer contradiction plus flagrante. Pourtant c'est le résultat auquel Hobbes aboutit en suivant la méthode analytico-synthétique de Galilée. Il est vrai que, comme Watkins l'a fort bien montré, cette méthode opère différemment selon qu'on l'applique à

la science politique ou à la mécanique et à la géométrie :

> Lorsqu'on l'applique à un effet physique ou à une
> figure géométrique, le tout recomposé, que désormais
> on comprend grâce à elle, est en tout point semblable
> au tout dont on n'avait auparavant qu'une connais-
> sance imparfaite. Mais lorsqu'il s'agit de la société, le
> tout recomposé peut très bien différer du tout initial.
> Ainsi, il se peut qu'une société existante soit inco-
> hérente, en guerre avec elle-même. Mais lorsqu'on
> reconstruit rationnellement un système d'autorité
> politique en le déduisant de la nature de ses éléments,
> il sera de toute évidence conforme à ses éléments. Ap-
> pliquer la méthode analytico-synthétique à la société,
> c'est découvrir ce que les hommes *sont* et ce que l'État
> *devrait être* pour se conformer à leur nature[130].

C'est là une remarque très judicieuse ; mais, nous
semble-t-il, elle énonce la difficulté beaucoup plus
qu'elle ne la résout. Si la nature humaine, telle que
la découvre l'analyse scientifique, pousse les hommes à se faire la guerre (ou la société à être en guerre
avec elle-même), il est évident que les hommes se
conforment à leur nature en se faisant la guerre. Or
la synthèse des éléments de la nature humaine que
Hobbes opère diffère de la disposition effective de
ces mêmes éléments dans la réalité. De quel droit
peut-il donc affirmer que la synthèse qu'il en fait est
plus conforme à la nature de l'homme que la disposition qu'en offre la nature composite de l'homme
réel ?

Pour Hobbes, aucun mystère. Il estime que les hommes de son temps ne sont pas aussi heureux, aussi efficaces qu'ils pourraient l'être dans leurs calculs, dans leur évaluation des moyens et des fins. S'il se propose de les instruire, c'est qu'il pense que, sous sa tutelle, ils pourront faire des progrès et apprendre à édifier des institutions plus judicieuses que celles dont ils se servent[131]. L'éducabilité constitue l'une des données de la nature humaine qu'il postule. Mais même si l'on admet cette notion de perfectibilité par l'éducation, il ne s'ensuit pas nécessairement que les hommes soient capables, aujourd'hui, de faire ce qu'ils n'ont pas encore fait. Quelle raison Hobbes peut-il donc avoir de le penser, abstraction faite du heureux hasard que constitue la théorie qu'il livre précisément au public ? Il se fonde pour cela sur la tendance qu'ont généralement les hommes, et que l'observation historique corrobore, à faire usage des connaissances nouvelles dès qu'ils s'aperçoivent qu'elles peuvent leur être avantageuses :

> Le temps et l'ingéniosité produisent chaque jour de nouvelles connaissances. Et, de même que l'art de bien bâtir est dérivé de principes de raison, observés par des esprits ingénieux, qui ont longuement étudié la nature des matériaux ainsi que la diversité des figures et des proportions, bien après que le genre humain eut commencé (bien que modestement) à construire ; de même, bien après que les humains eurent commencé de constituer des États imparfaits et voués à retomber dans le désordre, il y a des principes qu'on peut trouver par une réflexion ingé-

nieuse, afin de rendre leur constitution (sauf violence extérieure) perpétuelle[132].

Si l'on érige en loi de la nature humaine que les hommes font toujours usage des connaissances nouvelles qui leur paraissent avantageuses, l'une ou l'autre des deux raisons suivantes peut expliquer qu'ils n'aient pas encore reconnu l'obligation de se soumettre pleinement à un souverain : ou bien ils n'ont pas encore découvert qu'ils ont avantage à le faire, ou bien cette soumission n'offrait pas auparavant autant d'intérêt qu'elle en présente aujourd'hui. Hobbes, quant à lui, se contente d'avancer la première de ces raisons. Objecte-t-on que les principes qu'il établit auraient été depuis longtemps découverts s'ils étaient vraiment aussi profitables aux hommes qu'il le prétend ? Hobbes répond par l'histoire des sciences physiques : il n'a aucun mal à montrer que son époque est en train de découvrir de nouveaux principes qu'on aurait tout aussi bien fait de trouver plus tôt, mais qu'on n'a pourtant pas découverts avant le XVIIe siècle. L'analogie est intéressante, mais inexacte. Car Hobbes a lui-même montré, en analysant les éléments de la nature humaine, que la science politique constitue pour l'homme, et a toujours constitué, une nécessité beaucoup plus pressante que les sciences de la nature. La philosophie naturelle procure le bien-être ; son absence ne supprime que d'agréables commodités ; en revanche, l'absence de philosophie politique entraîne de véritables catastrophes :

L'utilité de la philosophie morale et politique doit se mesurer non pas tant aux commodités que nous acquerrons par la connaissance de ces sciences, qu'aux calamités qui fondent sur nous quand nous les ignorons. Or, toutes les calamités, que l'industrie humaine est en mesure d'éviter, proviennent de la guerre, et surtout de la guerre civile ; car elle entraîne les massacres, la solitude et le dénuement le plus complet[133].

D'où il ressort que la guerre civile est due à ce que les hommes n'ont pas suffisamment étudié les règles de la vie en société, dont la connaissance constitue la philosophie morale. S'il en est bien ainsi, et si l'homme a (et a toujours eu) pour souci premier d'éviter une mort violente, on ne voit pas comment le lent développement de la philosophie naturelle pourrait expliquer une lenteur parallèle dans le domaine de la philosophie morale et politique. Si l'homme a toujours éprouvé un si grand besoin de philosophie morale et politique, on s'attendrait en toute logique à ce qu'il ait fait les découvertes de Hobbes avant lui.

Il ne suffit pas de répondre que si les hommes n'ont pas encore embrassé les vrais principes de la philosophie politique, c'est parce que ceux-ci vont à l'encontre de leurs intérêts personnels. Hobbes avance une réponse de ce genre, notamment lorsqu'il compare les mathématiques et les sciences sociales :

Les premières sont pures de toute controverse et de toute dispute, parce qu'elles consistent uniquement en la comparaison de chiffres et de mouvements, ce en quoi la vérité et l'intérêt des hommes ne se trouvent pas en opposition. Mais dans les secondes, il n'est rien qui ne puisse faire l'objet de disputes, car elles comparent les hommes entre eux et se mêlent de leurs droits et de leurs intérêts ; or, chaque fois que la raison est contraire à l'homme, l'homme est aussi contraire à la raison[134].

Mais si les vrais principes de la philosophie politique ont jadis contrecarré les intérêts des hommes, comme ces intérêts n'ont pas varié, il faut donc bien que cette opposition entre principes et intérêts soit aussi forte aujourd'hui qu'elle l'était auparavant. On pourrait être tenté d'en conclure, comme l'ont fait un certain nombre de critiques, que l'analyse de la nature humaine qu'on trouve chez Hobbes est tout simplement fausse : si les hommes n'ont pas appliqué sa théorie plus tôt, c'est que la nature de l'homme ne comporte pas l'équilibre des intérêts et des motivations qu'il a voulu y voir. Celui-ci s'est tout simplement trompé. Dès lors plus de problème : si les hommes n'agissent pas comme il prétend qu'ils le devraient, c'est que leur nature n'est pas celle qu'il a dite. Du même coup, l'homme pleinement rationnel n'a pas nécessairement à agir comme Hobbes le voudrait. Bref, le système de Hobbes s'effondre.

Mais il n'est pas nécessaire d'aller si loin pour résoudre cette difficulté logique. On peut certes l'ex-

pliquer par les erreurs manifestes qui affecteraient
toute sa conception de la nature humaine, ou encore par le manque d'attention et de logique de ses
prédécesseurs (dont Hobbes excipe expressément).
Mais ne se pourrait-il pas que les hommes n'aient
pas fait plus tôt cette découverte profitable tout simplement parce qu'elle ne présentait pas pour eux,
dans les sociétés précédentes, l'intérêt qu'elle peut
avoir pour des individus vivant dans une société de
marché généralisé ? Autrement dit, ne peut-on légitimement concevoir que le principe d'obligation
établi par Hobbes, qui allait à l'encontre de leurs intérêts (et de leurs aptitudes) avant l'apparition de la
société de marché généralisé, a cessé de le faire depuis qu'elle existe ? Or, ce qui frappe lorsqu'on
compare les sociétés de marché et l'ensemble des
autres sociétés, c'est que la paix et l'ordre sont beaucoup plus indispensables aux premières qu'aux secondes. Avant l'établissement d'un marché, la
guerre, le pillage, la rapine sont activités courantes,
et même honorables, dans de nombreuses sociétés.
Mais ces activités sont en contradiction formelle
avec l'existence d'un marché. Les sociétés de marché généralisé ne peuvent les tolérer entre citoyens
d'une même communauté nationale (rappelons que
Hobbes ne traite que des rapports sociaux qui favo-
risent ou détruisent la paix *intérieure* des sociétés[135]) ;
et d'ailleurs, ces activités ne sont nullement indispensables pour satisfaire l'appétit d'hommes insa-
tiables, car ceux-ci trouvent dans le marché bien
d'autres débouchés pour leurs ambitions, et autre-

ment intéressants. À cette exigence de paix intérieure qui caractérise une société de marché,
s'ajoute un autre trait tout aussi important : c'est
que les hommes qui acceptent cette société, et participent de plein gré à son développement, sont capables, contrairement aux individus qui vivent dans
d'autres systèmes sociaux, de discerner les avantages
de la paix civile et, par conséquent, tout l'intérêt de
la découverte de Hobbes. Pour que ces hommes, qui
se sont trouvés placés depuis peu dans une société
de marché, soient capables de faire ce que leurs prédécesseurs n'ont pu accomplir, il suffit de leur montrer la logique de leur (nouvelle) situation. Il est
vrai que seuls les possédants, qui sont en même
temps des entrepreneurs, sont en mesure de comprendre et d'appliquer la théorie de Hobbes. Mais
cela suffit : le peuple n'a pas à comprendre Hobbes,
il n'a qu'à l'apprendre d'autorité.

Il apparaît donc bien que les entrepreneurs capitalistes sont tout particulièrement aptes à se mettre
à l'école de Hobbes. Dès lors, si l'on considère son
système comme une théorie de la société de marché
généralisé et, qui plus est, faite pour elle, Hobbes se
voit épargner le reproche d'avoir énoncé des propositions contradictoires sur les capacités de l'homme ;
plus précisément, ce reproche tombe si l'on considère que l'objet de sa théorie est relativement nouveau. Car ainsi comprise, cette théorie n'est rien
d'autre que la tentative de Hobbes pour persuader
ses contemporains, en leur dévoilant leur nature véritable, d'agir autrement qu'ils ne l'ont fait jusqu'ici,

autrement même qu'ils continuent de le faire faute
d'avoir pris conscience des exigences qu'une société
de marché généralisé impose aux hommes et des
possibilités nouvelles qu'elle leur offre. Il s'adresse
à des hommes qui n'ont pas encore pleinement
adopté la mentalité et le comportement de l'entrepreneur capitaliste, à des hommes dont la conception de l'obligation politique s'appuie sur une
évaluation encore imparfaite de ce qui est le plus
conforme à leur intérêt personnel et à leur nature
véritable de compétiteurs dans le jeu concurrentiel
du marché. Il leur demande d'accorder leurs opinions avec leurs besoins et leurs aptitudes réels
d'entrepreneurs capitalistes. Emporté par son désir
de les convaincre, il va même jusqu'à présenter
comme universels ces besoins et ces aptitudes qui
sont, en fait, tout nouveaux et bien localisés. Du
même coup, il est pris dans une série de contradictions, et il en vient à dire que la nature de l'homme
exige de lui qu'il fasse ce qu'il ne fait pas. Mais ses
inconséquences sont beaucoup moins graves que ne
le prétendent ses accusateurs : pour se disculper de
toutes les accusations portées contre lui, il eût suffi
qu'il rabatte de ses prétentions à l'universalité.

Enfin, il convient de noter que, dans cette perspective, la plupart des objections morales émises
contre ses thèses s'en prennent en fait beaucoup
moins à celles-ci qu'elles ne mettent en cause l'im-
moralité de la société dont il fait la théorie. Si,
comme nous avons essayé de le montrer, la conscience rationnelle que, dans une société de marché

généralisé, les hommes prennent de leur assujettissement irrémédiable aux déterminations du marché constitue pour Hobbes le fondement véritable de l'obligation politique, alors le relent d'inhumanité qui parfois s'exhale de cette obligation est tout à la fois expliqué et justifié. Car, ce sont les impératifs du marché qui, chez Hobbes, avilissent quelque peu l'être de raison et l'agent libre que l'on a coutume de placer au centre des théories morales. L'humanisme ne saurait souscrire entièrement à la morale du marché : on comprend donc qu'une théorie de l'obligation, fondée sur la reconnaissance et l'acceptation des exigences et de la morale du marché, passe nécessairement pour une perversion de la morale aux yeux de ceux qui, au nom de l'humanisme, n'admettent pas que les valeurs de la société puissent constituer une morale suffisante, ni, à plus forte raison, qu'elles puissent constituer le plus haut degré de la morale.

C'est pourtant en s'appuyant sur les données de la société de son temps que Hobbes est allé au cœur du problème que pose l'obligation politique dans les sociétés de marché modernes. Son individualisme, qui, paradoxalement, part d'individus égaux et rationnels pour démontrer qu'ils doivent se soumettre totalement à un pouvoir placé en dehors d'eux, n'est pas le fruit d'une pensée paradoxale, mais l'expression du paradoxe que constitue la société de marché elle-même. Le marché libère les hommes, son fonctionnement efficace présuppose que tous les hommes soient libres et rationnels ; toutefois, les décisions que chaque individu y prend en toute indépendance produisent à tout moment un champ de forces qui impose ses contraintes à chaque individu. Les choix de tous les individus déterminent le marché, mais le choix de chaque individu est déterminé par lui. C'est cette dialectique de la liberté et de la contrainte, à l'œuvre dans les sociétés de marché généralisé, que Hobbes a parfaitement saisie.

En Angleterre, la classe possédante a rejeté les remèdes proposés par Hobbes. Elle a même très mal pris le portrait peu flatteur qu'il a fait d'elle : à juste titre d'ailleurs, car, à moins de céder à un engouement désinvolte et frivole, les lecteurs de Hobbes ne pouvaient pas apprécier une dénonciation qui les touchait au vif, eux et leurs semblables, dès lors surtout qu'elle prétendait à la dignité du discours scientifique. Mais l'irritation n'a guère duré ; avant la fin du siècle, les possédants se ralliaient à une théorie plus ambiguë et, partant, plus acceptable : celle de Locke.

CHAPITRE II

Les Niveleurs : Suffrage et liberté

1. LE PROBLÈME DU SUFFRAGE

Depuis que Firth l'a affirmé, dans une note ma-
lencontreuse dont il a cru bon d'accompagner son
édition des débats de l'armée à Putney[1], on s'est en
général contenté de répéter, sans nuance ou presque, que les Niveleurs étaient partisans du suffrage
universel. Il existe, certes, de nombreuses déclarations des Niveleurs qui paraissent étayer cette thèse[2].
En outre, il est exact que la manière dont s'est engagé à Putney le fameux débat sur le droit de vote a
aisément pu faire croire — et Gardiner l'a cru[3] —
que son enjeu était bien le suffrage universel. Pourtant les faits sont très sensiblement différents : pendant toute la période qui va des premières précisions
données, au cours des débats de Putney, sur la portée du suffrage envisagé, au dernier manifeste du
mouvement animé par les Niveleurs, ceux-ci n'ont
cessé d'exclure systématiquement de leurs propositions de suffrage deux catégories importantes de ci-

toyens : les serviteurs[4] et les indigents. On s'est donc
généralement mépris sur la position adoptée par les
Niveleurs à l'égard du droit de vote. Ce malentendu
a eu pour effet d'obscurcir quelque peu l'idée qu'ils
se faisaient de la liberté et de voiler certains aspects
fondamentaux de leur pensée politique, dont, en
conséquence, on n'a guère tenu compte. Nous nous
trouvons donc en face d'un double problème : exposer d'abord aussi complètement que possible la
conception que les Niveleurs se font du droit de
vote ; examiner ensuite quelles corrections celle-ci
permet d'apporter à l'interprétation de leur théorie
politique qui prévaut aujourd'hui. Le long développement que nous consacrons au premier point
pourra sembler disproportionné par rapport à celui
que nous accordons au second : toutefois, en découvrant l'extrême confusion qui règne dans ce domaine, on s'apercevra qu'il n'était pas de trop pour
la dissiper.

On a présenté les faits de manière si souvent incomplète ou inexacte, qu'il convient de commencer
par passer en revue toutes les déclarations des Niveleurs qui restreignent explicitement le suffrage.
Dans le fameux débat de Putney du 29 octobre
1647, portant sur la clause de la première version de
l'*Accord du Peuple* qui a trait au droit de vote, l'un
des porte-parole des Niveleurs, Petty, en réponse à
une question de Cromwell, explique « la raison
pour laquelle nous exclurions apprentis, serviteurs
et indigents[5] » ; nous y reviendrons, mais d'ores et
déjà notons qu'il ne fait aucun doute, pour les deux

parties en présence, que les Niveleurs *excluraient* du suffrage ces deux catégories sociales, si leurs propositions étaient acceptées. Deux déclarations, postérieures à celle de Petty, nous éclairent sur la position défendue par les Niveleurs au cours des débats de Putney. La première se trouve dans la *Lettre envoyée par plusieurs agitateurs de l'armée à leurs régiments respectifs (A Letter sent from several Agitators of the Army to their respective Regiments)* qui est datée du 11 novembre 1647. Les auteurs y rapportent qu'après le long débat de Putney consacré au droit de vote, « la majorité a voté la résolution suivante : "*Tous les soldats et autres citoyens, à l'exception des serviteurs et des indigents, doivent avoir le droit d'élire leurs représentants au Parlement, même s'ils ne possèdent pas une propriété foncière perpétuelle et libre* (freehold land) *d'un revenu annuel de quarante shillings.*" Il n'y eut que trois voix pour se prononcer contre cette liberté qui vous est traditionnelle et coutumière[6] ». Soulignons-le : ce texte présente un suffrage écartant du scrutin serviteurs et indigents comme une victoire de la « liberté traditionnelle et coutumière ». La seconde déclaration, c'est John Harris qui nous la fournit : dans *Le Grand Dessein (The Grand Designe)* du 8 octobre 1647, il précise que la clause de l'*Accord* concernant le droit de vote exigeait le suffrage pour « tous les hommes qui ne sont ni serviteurs ni indigents[7] ».

Les manifestes des deux années suivantes sont encore plus explicites. La *Pétition* de janvier 1648 réclame le suffrage pour tous les Anglais « sauf ceux qui sont, ou seront, légalement privés de leur droit de vote pour délits de droit commun, ceux qui ont moins de vingt et un ans, ainsi que les serviteurs et les indigents[8] ». La deuxième version de l'*Accord*, en date du 15 décembre 1648, va encore un peu plus loin dans les restrictions apportées au suffrage : outre les serviteurs et les indigents, elle en écarte tous ceux qui ne sont pas « normalement assujettis à l'impôt destiné à secourir les indigents[9] ». Quant à la troisième version de l'*Accord*, elle revient purement et simplement aux modalités proposées par la *Pétition* de janvier 1648[10].

Ainsi, dans les débats de Putney consacrés à la première version de l'*Accord du Peuple*, dans la *Pétition* de janvier 1648, de même que dans les deuxième et troisième versions de l'*Accord* — qui, à notre connaissance, constituent pour toute cette période l'ensemble des documents authentiques fournissant des précisions sur la portée du suffrage que les Niveleurs revendiquent[11] — leur refus d'accorder le droit de vote aux serviteurs et aux indigents est parfaitement explicite.

Depuis Firth, la plupart des commentateurs ont négligé cette restriction apportée par les Niveleurs au suffrage universel. Il arrive que certains la signalent au passage, mais ils continuent, sans sourciller, à affirmer que les Niveleurs sont partisans du suffrage universel masculin. C'est dire qu'ils ne voient pas le problème qu'elle pose[12]. Paradoxalement, c'est peut-être leur connaissance approfondie du langage et des présupposés des Niveleurs qui explique qu'ils n'aient pas eu conscience de se contredire. Leur longue familiarité avec le sujet a pu les amener à conclure tout à la fois que, pour les Niveleurs, le suffrage universel masculin se confond avec un suffrage dont sont exclus serviteurs et indigents, et que les postulats qui justifient cette exclusion sont si évidents qu'ils se passent de commentaires. Quoi qu'il en soit, ils ne se sont jamais expliqués sur ce point, et leur silence a eu de fâcheuses conséquences.

Car, ne pas signaler ces restrictions, c'est donner à penser que les Niveleurs réclamaient le suffrage universel masculin. Or cela est faux. Mentionner quelques cas où ils excluent du suffrage serviteurs et indigents, sans poser le problème de la cohérence de leurs revendications, c'est laisser entendre à ceux de nos contemporains qu'une telle restriction ne saurait laisser indifférents, que les classes exclues étaient numériquement insignifiantes. Or, ici encore, la réalité est bien différente. Enfin, admettre, comme on le fait parfois, que le problème de la cohérence de ces revendications se pose pour nous, sinon pour leurs auteurs, est une chose ; mais nous donner les moyens de saisir les fondements théoriques qui ont permis aux Niveleurs de se contredire sans avoir eu conscience de le faire, en est une autre.

Or, les explications que certains spécialistes, au demeurant fort rares, ont avancées pour rendre compte de cette contradiction sont loin d'être entièrement satisfaisantes[13]. Quant aux analyses consacrées au changement qui affecte provisoirement, en 1648, l'attitude des Niveleurs à l'égard du problème du suffrage (et qu'illustre la deuxième version de l'*Accord*), elles n'ont guère fait progresser notre connaissance : ceux qui les ont élaborées ont bien vu que les Niveleurs aboutissaient au suffrage des contribuables, mais ils se sont lourdement trompés en affirmant qu'ils s'étaient initialement prononcés en faveur du suffrage universel masculin[14].

Pour peu que l'on consulte la littérature du sujet, on comprendra que nous ayons pu penser qu'un effort de clarification s'imposait. Nous nous sommes d'abord attaché à bien préciser la position des Niveleurs sur le droit de vote. Chemin faisant, nous nous sommes aperçu qu'en voulant dissiper les malentendus qu'elle provoque, on ne fait qu'aggraver le problème de cohérence qu'elle pose. Fort heureusement, le simple fait de rectifier les erreurs d'interprétation permet de faire apparaître des postulats et des notions dont la présence dans la pensée des Niveleurs assure à celle-ci, en profondeur, une cohérence indéniable. Une fois mis au jour, ils conduisent à réinterpréter l'individualisme dont font preuve les Niveleurs et, du même coup, à leur assigner une place nouvelle dans l'histoire de la pensée politique anglaise : loin d'être les précurseurs du radicalisme démocratique, ils apparaissent comme des pionniers du libéralisme. Bref, il nous a semblé que la solution du problème que pose leur incohérence apparente à propos du suffrage permet de mieux comprendre l'ensemble de la philosophie politique des Niveleurs et d'éclairer d'un jour nouveau les sources de la démocratie libérale.

Quelques mots sur l'ordre que nous avons adopté dans l'étude qui suit. Dans la section 3, nous examinons les pièces du dossier, de manière à bien préciser la portée des contradictions manifestes des Niveleurs en matière de suffrage. Nous sommes ainsi amené à contester qu'ils soient passés de la revendication du suffrage universel masculin à la défense d'un suffrage excluant serviteurs et indigents. Ce qu'ils proposent, dès le début, ce n'est nullement le suffrage universel au sens où nous l'entendons aujourd'hui, mais un suffrage limité à ceux qui ne font pas partie de ces deux catégories sociales. Cette restriction, nous le verrons, s'accompagne chez eux de l'affirmation que tout homme possède le droit naturel d'élire ses représentants ; entre la revendication de ce suffrage restreint et la proclamation générale de ce droit naturel, ils ne voient toutefois aucune incompatibilité. S'ils n'en ont pas conscience, c'est, nous a-t-il semblé, parce que leur conception de la liberté repose sur certains présupposés, à l'étude desquels nous consacrerons notre section 4.

Au préalable, nous avons jugé utile de recenser les divers types de suffrages (suffrage des propriétaires, suffrage des contribuables, suffrage des non-salariés, suffrage universel masculin), qui ont été au cœur des débats entre les Niveleurs et les chefs de l'armée. Car, tant qu'on ne saisit pas clairement à quelles classes sociales chacun de ces quatre types de suffrages accorde ou refuse le droit de vote, tant qu'on ne s'est pas fait une idée précise de l'importance numérique de ces classes, on s'interdit tout à la fois de comprendre l'âpreté des discussions qui ont opposé tenants du suffrage des propriétaires et partisans du suffrage des non-salariés, et d'apprécier le compromis qu'a représenté le ralliement des uns et des autres au suffrage des contribuables.

Les calculs qui permettent d'évaluer l'importance numérique des diverses classes censitaires ne sont pas indispensables à l'exposé de notre thèse. Mais ils ne sont pas sans intérêt pour comprendre la pensée du XVIIᵉ siècle, et ils demandent quelques explications : nous les avons donc présentés dans un appendice en fin de volume.

2. TYPES DE SUFFRAGES

Les discussions qui ont eu lieu entre les Niveleurs et leurs adversaires du Parlement ou de l'armée ont porté, apparemment ou en fait, sur quatre types de suffrages, qui peuvent se caractériser de la manière suivante :

A. Le suffrage limité aux francs-tenanciers jouissant d'un revenu annuel d'au moins 40 shillings et aux bourgeois des corporations urbaines. C'est le suffrage dont Cromwell et Ireton se sont constamment faits les avocats[15], et que les Niveleurs n'ont cessé d'attaquer. Nous le nommons *suffrage des propriétaires (freeholder franchise).* À l'époque, il écarte du droit de vote les fermiers censiers *(copyholders)* et les affermataires *(leaseholders)*, tous les artisans, commerçants et négociants qui ne sont ni propriétaires fonciers ni bourgeois d'une corporation, et, enfin, tous les domestiques et tous les indigents.

C'est le suffrage qu'a établi Henri VI en 1430 (par le statut 8 Henri VI, c. 7) et qui est encore en vigueur au XVIIe siècle. Nous avons affirmé qu'il exclut les fermiers censiers et les affermataires : on peut contester ces deux points ; il convient donc de nous y arrêter un instant. En ce qui concerne les fermiers censiers, il est indiscutable que ceux d'entre eux qui ne bénéficient que de baux brefs, résiliables au gré du propriétaire, n'ont jamais été tenus pour des francs-tenanciers. Mais il n'est pas inconcevable que cette qualité ait été reconnue, par la loi et la pratique électorales du XVIIe siècle, à une autre catégorie de fermiers censiers, ceux qui, ayant fait établir par écrit la coutume du manoir, jouissent de leur terre en vertu d'une tenure censitaire qu'on qualifie indifféremment à l'époque de « coutumière » *(customary freehold)*, « libre » *(free copyhold)*, ou « franche » *(copyhold of frank tenure)*. Coke laisse planer des doutes sur leur cas[16]. Quant à Blackstone[17], lorsque la question fut posée en 1754 à propos des élections du comté d'Oxford, il maintint qu'ils ne l'étaient pas et que le législateur n'avait jamais eu l'intention de leur accorder le droit de vote. Quoi qu'il en soit, il est fort probable que Cromwell ait considéré que les fermiers censiers n'avaient pas le droit de vote aux termes de la loi de l'époque. En effet, lorsqu'il envisage la possibilité d'accorder le suffrage à certains fermiers censiers « par droit d'héritage », il reconnaît que cette disposition s'écarte des usages établis[18]. De plus, comme il ne se déclare disposé à le leur accorder que parce que leur tenure offre une sécurité comparable à celle des francs-tenanciers, il est vraisemblable que la concession n'est censée s'appliquer qu'aux tenanciers jouissant de leurs terres en vertu d'une coutume du manoir, à l'exclusion de tous ceux qui sont soumis au régime des baux résiliables au gré des propriétaires. Il s'ensuit que, dans son esprit, même les premiers sont exclus du droit de vote existant. Nous pouvons donc en conclure que, lors des débats de Putney, le suffrage des propriétaires écarte d'office tous les fermiers censiers.

Quant aux affermataires, ou fermiers qui tiennent leur terre en vertu d'un bail bref ou d'un bail emphytéotique *(leasehold farmers)*, il faut noter que la loi n'établit pas de distinction bien nette entre eux et les francs-tenanciers. Les uns et les autres sont tenanciers ; seule la durée de la tenure permet de les distinguer. En gros, les tenanciers viagers ou héréditaires, c'est-à-dire ceux dont le bail est établi pour une durée indéterminée (une « vie » ou « plusieurs générations »), sont francs-tenanciers ; ceux dont la tenure est fixée à un certain nombre d'années, ou à un certain nombre d'années ou de générations, ne le sont pas. Plus précisément, les baux dont la durée est déterminée à l'avance (par exemple, les baux de cinq ans, de quatre-vingt-dix-neuf ans, ou même de mille ans), ou encore ceux qui précisent une durée

maximale mais ne mentionnent pas de durée mini-
male (comme les baux établis pour « quatre-vingt-
dix-neuf années ou trois vies », si le total de celles-ci
est inférieur à quatre-vingt-dix-neuf ans), ne confèrent
pas à leurs détenteurs le titre légal de francs-tenanciers, quelle que soit leur durée. En revanche, les
fermiers dont la tenure est indéterminée et qui
jouissent d'une terre libre (par opposition aux terres roturières ou serviles) sont considérés comme
francs-tenanciers, que la tenure soit concédée à un
individu et à ses héritiers à perpétuité, ou qu'elle lui
soit accordée pour la durée de sa vie ou de la vie
d'un tiers[19]. Telle est la loi en vigueur depuis Brac-
ton. Il nous semble légitime de supposer que les distinctions qu'elle établit sont encore en usage au
XVIIe siècle. Les rares allusions à cette catégorie de
fermiers, dans le texte des débats de Putney, se bornent à indiquer que les tenanciers, dont le bail est
d'une durée limitée, sont écartés du suffrage[20]. En
l'absence de données plus précises dans le texte en
question, nous pouvons considérer que les deux
parties aux débats adoptent la distinction bien établie entre tenures libres et non libres. Dès lors la catégorie des affermataires, dans laquelle nous rangeons
les détenteurs de tenures pour un certain nombre
d'années, ou pour un certain nombre d'années et
de générations, nous paraît avoir été écartée du suffrage des propriétaires dont il est question à Putney.

Dans les années 1640, ce suffrage concerne environ 212 000 citoyens[21].

B. Le suffrage limité à tous les propriétaires ou locataires immobiliers du sexe masculin normalement assujettis à la taxe des pauvres. Il exclut du droit de vote indigents et serviteurs. Bien qu'il soit établi sur d'autres bases que le précédent, il semble légitime de considérer qu'il englobe l'ensemble des francs-tenanciers et des bourgeois des corporations : car rares devaient être ceux qui échappaient à cette taxe. Pour la même raison, il s'applique à la grande masse des fermiers censiers et des affermataires. Enfin, il touche un certain nombre de négociants, de commerçants, de boutiquiers et d'artisans qui ne sont ni francs-tenanciers, ni bourgeois des corporations urbaines : en fait, il touche probablement la plupart d'entre eux, n'excluant que les membres de cette catégorie dont le revenu est trop bas pour qu'ils soient assujettis à la taxe des pauvres. C'est le suffrage que propose la deuxième version de l'*Accord du Peuple*. Il se retrouve tel quel dans l'Accord des Officiers du 20 janvier 1649[22]. Nous l'appellerons *suffrage des contribuables (ratepayer franchise)*. Il concerne environ 375 000 citoyens[23].

C. Le suffrage pour tous les hommes, à l'exception des serviteurs et des indigents. C'est le suffrage que les Niveleurs réclament à Putney et qu'ils reprennent, avec de légères modifications[24], dans toutes leurs propositions suivantes (le deuxième *Accord* excepté). C'est celui que nous nommons *suffrage des non-salariés (non-servant franchise)*. Il concerne environ 417 000 citoyens[25].

Il faut noter ici qu'entre ce suffrage et le précédent, la différence, aussi bien quantitative que qualitative, n'est pas très considérable. L'un et l'autre excluent du droit de vote les salariés et les indigents : l'un et l'autre englobent les francs-tenanciers, les bourgeois des corporations, les fermiers censitaires et autres, du moins tous ceux dont le revenu est soumis à la taxe des pauvres. La seule différence vient de deux catégories d'hommes auxquels le premier accorde, et le second refuse, le droit de vote. La première catégorie comprend les négociants, les commerçants, les boutiquiers et les artisans qui ne sont ni francs-tenanciers, ni bourgeois des corporations, et qui ne sont pas possesseurs d'un bien immeuble assujetti à la taxe des pauvres. Nous estimons leur nombre à 19 000, en partant de l'hypothèse que la moitié seulement des membres de cette catégorie ne paient pas cette taxe. Mais même si notre estimation pèche par défaut, la différence entre le suffrage des contribuables et le suffrage des non-salariés n'est quand même pas aussi grande que celle qui existe entre le suffrage des propriétaires et le suffrage des contribuables[26]. La seconde catégorie comprend les soldats de l'armée parlementaire qui, dans le civil, étaient salariés ou indigents. Les Niveleurs maintiennent qu'en participant à la Guerre civile ces hommes ont bien gagné le droit de voter[27]. Nous estimons leur nombre à 22 000[28]. Si bien que, tous comptes faits, la différence numérique entre les deux suffrages ne s'élève qu'à 41 000 hommes environ.

D. Le suffrage pour tous les hommes, ou plutôt pour tous ceux qui ne sont coupables ni de délits ni de crimes. C'est celui qu'on peut, à proprement parler, qualifier de *suffrage universel masculin (manhood franchise)*. Il arrive aux Niveleurs de le réclamer, en apparence tout au moins, avant et pendant les débats de Putney. Ce suffrage concerne environ 1 170 000 citoyens[29], avant déduction des criminels et des délinquants dont le nombre est difficile à calculer.

Ces quatre types de suffrages permettent de situer clairement les Niveleurs dans le débat concernant le droit de vote. Ils s'opposent catégoriquement au suffrage des propriétaires. Avant et pendant les débats de Putney, il leur arrive de se prononcer apparemment en faveur du suffrage universel masculin. À Putney et dans toutes leurs propositions ultérieures, ils stipulent le suffrage des non-salariés, sauf dans la deuxième version de l'*Accord*, qui propose le suffrage, légèrement plus restreint, des contribuables.

Réglons d'emblée le cas de cet *Accord* et débarrassons-nous des complications qu'il introduit. Il s'agit là d'un compromis élaboré par un comité composé de représentants des Niveleurs, des chefs de l'armée, des Indépendants et d'un groupe de parlementaires. Toutefois, on a généralement tendance à le considérer comme un texte niveleur, car au moment où ce comité le rédige, la position des Niveleurs est très forte : ils constituent en effet un groupe charnière en mesure d'arbitrer les conflits qui opposent les chefs de l'armée et le Parlement ;

en conséquence, ils font passer la plupart des points de leur programme. Le suffrage des contribuables proposé dans cet *Accord* est, nous venons de le voir, à peine plus restreint que le suffrage des non-salariés, que les Niveleurs défendent obstinément depuis plus d'un an. Au pis aller, il n'écarte du droit de vote que deux groupes sociaux : les petits producteurs indépendants dispensés de la taxe des pauvres, et les anciens salariés engagés dans l'armée ; au total quelque 41 000 personnes, c'est-à-dire moins du dixième des citoyens auxquels s'appliquerait le suffrage des non-salariés. Si nous disons « au pis aller », c'est qu'il n'est pas impossible que, dans l'esprit des Niveleurs, le nombre des exclus se limite aux 19 000 petits producteurs indépendants. En proposant, ou en acceptant, les dispositions électorales du deuxième *Accord*, les Niveleurs ont en effet très bien pu penser que les chefs de l'armée accordaient ainsi implicitement le droit de vote à tous ceux, quelle que fût leur origine, qui s'étaient battus du côté des forces parlementaires pendant la Guerre civile : le Comité du Conseil de l'armée siégeant à Putney le 30 octobre 1647 n'a-t-il pas arrêté que le droit de vote sera accordé à tous ceux qui auront pris fait et cause pour le Parlement, même si « par ailleurs ils ne satisfont pas aux conditions requises » et qui, au demeurant, restent à fixer[30] ? Dans cette hypothèse, le suffrage proposé dans le deuxième *Accord* diffère très peu du suffrage des non-salariés cher aux Niveleurs : on ne saurait dire qu'il implique un abandon des principes défendus par eux depuis toujours.

Mais même si l'on récuse cette hypothèse, on doit bien admettre que le compromis du deuxième *Accord du Peuple* implique des concessions, d'ordre quantitatif à tout le moins, beaucoup plus importantes de la part de l'armée que de la part des Niveleurs. L'armée accepte en effet d'étendre très largement le droit de vote à tous les tenanciers qui ne jouissent pas d'une tenure libre et à la plupart des commerçants, boutiquiers et artisans qui ne sont pas bourgeois d'une corporation. Cette concession fait passer le corps électoral de 212 000 à 375 000 personnes. Mais il ne s'agit pour l'armée que d'un compromis destiné à lui faire gagner du temps : il est peu probable en effet qu'elle ait jamais eu l'intention de le respecter ; en tout état de cause, elle ne tarde pas à l'enterrer en en renvoyant l'examen à un Parlement qu'elle a au préalable épuré. On ne saurait donc dire que ce sont les Niveleurs qui font preuve à son sujet d'un opportunisme prudent, comme l'affirment à tort certaines études récentes. Leur compromis, si tant est que le mot convienne, n'a qu'une portée très limitée. C'est pourquoi nous ne tiendrons aucun compte dans ce qui suit de la légère différence qui existe entre le suffrage des contribuables, qui n'apparaît que dans le deuxième *Accord*, et le suffrage des non-salariés qui revient le plus souvent dans les documents niveleurs.

En revanche, une différence considérable sépare le suffrage des non-salariés et le suffrage des propriétaires. Il n'est donc pas étonnant que le débat qui oppose, à partir de Putney, les Niveleurs, parti-

sans du premier, et les chefs de l'armée et les Indépendants, qui sont favorables au second, ait pris le
caractère d'une lutte acharnée. Il ressort en effet de
nos calculs que les Niveleurs veulent créer un corps
électoral deux fois plus important que celui auquel
songent leurs adversaires.

Il n'est donc pas nécessaire, pour comprendre
l'âpreté des débats sur le droit de vote, de transformer les Niveleurs en partisans du suffrage universel.
Mais un problème demeure, celui que posent leurs
déclarations contradictoires au sujet du suffrage :
tantôt, en effet, ils semblent revendiquer le suffrage
universel masculin, tantôt ils se bornent à réclamer
le suffrage des non-salariés.

3. LE DOSSIER

I. *La chronologie.*

Comment expliquer l'incohérence de leurs déclarations successives ? On peut être tenté de résoudre
le problème qu'elles posent en faisant valoir que les
Niveleurs ont pu passer d'une revendication du
suffrage universel masculin à la revendication du
suffrage des non-salariés. S'ils l'ont fait, leurs contradictions s'expliquent aisément. Notons toutefois
qu'un tel changement d'orientation serait sans commune mesure avec celui qu'impliquait leur aban-

don, momentané et sans portée politique réelle, nous l'avons vu, du suffrage des non-salariés au profit du suffrage des contribuables. Que vaut donc cette explication ?

L'étude des déclarations des Niveleurs du seul point de vue chronologique semblerait la confirmer. De fait, les déclarations qui revendiquent catégoriquement — ou semblent le faire — le droit de vote pour tout homme habitant l'Angleterre, ou pour tout homme né dans ce pays, interviennent toutes[31] avant ou pendant les débats de Putney ; aucune des déclarations antérieures à Putney concernant le droit de vote — elles sont d'ailleurs fort peu nombreuses — ne mentionne explicitement l'exclusion des serviteurs et des indigents. Inversement, toutes celles qui excluent expressément ces derniers interviennent pendant ou après les débats de Putney, et chaque fois que les Niveleurs revendiquent, après Putney, un type de suffrage précis, ils mentionnent leur exclusion[32]. La seule étude chronologique semblerait donc indiquer que les Niveleurs ont bel et bien modifié leur position sur le suffrage au cours des débats de Putney. On peut imaginer que, face à la farouche opposition de Cromwell et d'Ireton, qui étaient partisans du traditionnel suffrage des propriétaires, ils se soient vus dans l'obligation de renoncer à faire prévaloir le suffrage universel masculin. Les arguments de leurs adversaires ne les auraient pas convaincus, mais ils se seraient ralliés à un compromis dans l'espoir de sauver ce qui pouvait l'être.

C'est là une explication séduisante, mais qui va à l'encontre de tous les faits qu'une analyse plus approfondie permet de dégager.

Nous commencerons donc l'examen du dossier par l'étude des débats de Putney, car c'est là que les Niveleurs fournissent les premières précisions sur la portée réelle du suffrage qu'ils proposent. C'est également dans ces documents, ainsi que dans certains autres postérieurs aux débats mais s'y référant, qu'apparaissent des déclarations revendiquant à la fois le suffrage des non-salariés et un suffrage apparemment universel. Comme les déclarations antérieures à Putney sont toutes très imprécises sur ce sujet, la seule démarche possible consiste à analyser les minutes des débats (ainsi que certains documents qui leur sont postérieurs), puis à étudier les déclarations antérieures à la lumière des conclusions que cette analyse nous aura permis de dégager.

Mais disons-le d'emblée : aucun des documents antérieurs à Putney ne prononce, il est vrai, d'exclusive contre quelque catégorie sociale que ce soit, mais on aurait tort d'en faire trop de cas et d'en tirer des conclusions trop hâtives. À cette époque, les Niveleurs sont absorbés par une foule de tâches : ils n'ont guère le temps de se pencher sur le problème du suffrage, à plus forte raison de préciser clairement leur position sur ce point. Avant les débats de Putney, on trouve très peu d'allusions, dans un sens ou dans l'autre, à la portée du suffrage : c'est à peine si l'on en parle ; en tout cas, on ne le définit nulle part clairement jusqu'à la première

version de l'*Accord* inclusivement (20-28 octobre
1647[33]). Ce n'est que pendant les débats de Putney
que ce problème prend le pas sur les autres. Il est
facile de comprendre pourquoi. Avant Putney, le
rapport des forces entre les chefs de l'armée et les
divers groupes du Parlement d'une part, les Niveleurs de l'autre, est très défavorable aux Niveleurs :
ils sont tellement pris par les exigences de leur lutte
quotidienne qu'ils sont incapables de songer à l'avenir et d'élaborer une politique à moyen terme. Mais
au moment de Putney, ils sont devenus assez forts
pour pouvoir penser au problème du suffrage et en
faire une question essentielle. Jusque-là, ils ont été
engagés dans des luttes encore plus importantes. Ils
ont dû se battre contre les procédés arbitraires du
Parlement et de ses comités qui n'ont cessé de violer les libertés civiles établies par la Pétition des
Droits et par la loi coutumière ; ils ont dû lutter en
faveur de la tolérance religieuse contre un Parlement presbytérien ; il leur a fallu intervenir vigoureusement pour faire admettre la responsabilité
devant le peuple des membres du Parlement, au
moyen d'élections annuelles automatiques (sans or-
donnance de dissolution) et de redistribution des
sièges ; ils ont dû exiger des garanties constitutionnelles contre la tyrannie des Communes et réclamer
l'abolition du droit de veto du roi et de la Chambre
des lords ; enfin, ils ont dénoncé sans relâche les
dîmes, les monopoles, les inégalités fiscales, l'empri-
sonnement pour dettes, les délais et le coût exorbi-

tant des procédures judiciaires, qui n'ont cessé d'écraser le peuple.

Depuis le début du mouvement, et pendant la plus grande partie de l'année 1647, telles sont les priorités qui se sont imposées aux Niveleurs. Le problème du suffrage qui s'y ajoute à la fin de 1647 ne les fait d'ailleurs pas disparaître. Car le premier souci et la préoccupation constante des Niveleurs, c'est de faire triompher deux principes qui sont pour eux essentiels : la souveraineté du peuple qui ne fait que déléguer ses pouvoirs au Parlement à titre fiduciaire, et la limitation des pouvoirs du Parlement, qui ne sauraient jamais servir à restreindre les libertés individuelles, qu'elles soient d'ordre civil, économique ou religieux. Ce n'est qu'à l'époque de Putney qu'il leur paraît également important de définir avec précision ce qu'ils entendent par le « peuple ». L'absence de précisions sur la portée du droit de vote, qu'ils revendiquent d'une manière vague et générale avant Putney, ne saurait donc passer pour une définition de ce suffrage.

II. *Pendant et après les débats de Putney.*

Pour porter un jugement sur les débats de Putney, il convient tout d'abord de bien saisir la manière dont le problème du suffrage s'y est posé. On a souvent voulu y voir un affrontement bien tranché entre partisans d'un suffrage censitaire et partisans du suffrage universel. À coup sûr, Cromwell et Ireton défendent un suffrage censitaire : ils n'entendent accorder le droit de vote qu'aux propriétaires de tenures libres et aux bourgeois des corporations urbaines (catégories auxquelles s'applique ce que nous avons appelé le suffrage des propriétaires). Quant aux Niveleurs, ils s'opposent à tout type de suffrage censitaire, et s'y opposent avec acharnement. Mais on ne saurait en conclure qu'ils sont partisans du droit de vote pour tous les non-propriétaires, y compris les serviteurs et les indigents. Tout ce qu'on peut déduire de cet affrontement, c'est que les Niveleurs exigent que le droit de vote soit accordé à une classe sociale importante qui sera exclue du suffrage si les propositions de Cromwell et d'Ireton l'emportent.

Nous avons déjà vu qu'une telle classe existe : elle se compose des fermiers censiers, des affermataires, et de tous les artisans, négociants et commerçants indépendants, qui ne sont ni propriétaires fonciers, ni bourgeois des corporations. Parmi ces entrepreneurs, nombreux sont ceux qui n'opèrent qu'à une échelle très réduite[34]. Personne ne conteste que ce sont leurs doléances, ou plutôt celles qu'ils partagent avec les petits propriétaires paysans *(yeomen)*, que le programme des Niveleurs se donne pour tâche de satisfaire. Contributions indirectes, droits de douane, dîmes, conscription, insolence de l'administration, privilèges et délais de l'appareil judiciaire, bref, tout ce contre quoi s'élèvent violemment les manifestes niveleurs pèse d'un poids très lourd sur ces hommes. *A priori*, on peut donc s'attendre à ce que, sur le problème du suffrage, les Niveleurs se fassent leurs porte-parole[35].

Mais sans préjuger de la position des Niveleurs sur les salariés et les indigents, notons qu'à leurs yeux les petits entrepreneurs indépendants forment une classe à part, totalement différente de celle des serviteurs et des indigents. Revendiquer les droits des premiers n'implique donc pas nécessairement qu'on revendique les mêmes droits pour les seconds. En revanche, Cromwell et Ireton ne font guère de différence entre ces deux classes ; pendant la plus grande partie des débats de Putney, ils les englobent l'une et l'autre dans un même mépris : c'est que le clivage social capital à leurs yeux, c'est celui qui sépare les francs-tenanciers (y compris les bourgeois des corporations) de tous ceux qui ne le sont pas. Faute d'avoir tenu compte de cette différence de points de vue, de très nombreux commentateurs se sont mépris sur la position respective des deux parties au débat[36].

C'est Ireton qui ouvre le débat sur le suffrage après avoir lu le premier article du premier *Accord* des Niveleurs[37]. Cet article manque de précision : il stipule qu'en vue de l'élection de ses députés au Parlement, le peuple d'Angleterre « doit être représenté en proportions plus équitables [c'est-à-dire en supprimant les inégalités entre comtés, cités et bourgs] établies en fonction du nombre des habitants[38] ». D'emblée, Ireton demande des précisions : faut-il entendre par là qu'il faille accorder le droit de vote aux seuls citoyens qui en jouissent déjà, c'est-à-dire à ceux qui, possédant des terres, satisfont aux conditions requises pour être électeurs, ou bien que tout habitant doit être considéré sur un pied d'égalité et disposer d'un vote égal dans l'élection de ses représentants ? Il penche plutôt pour le deuxième sens, mais déclare que, dans ce cas, il aura certainement quelque chose à dire là-contre. Tel que le pose Ireton, le problème du suffrage se réduit à un choix bien net : suffrage des propriétaires ou (apparemment) suffrage universel.

Mais les Niveleurs ne l'entendent pas tout à fait de cette oreille. C'est Petty qui répond sur-le-champ à Ireton : « Nous estimons que tous les habitants qui n'ont pas perdu leur privilège de naissance sont sur un pied d'égalité pour le vote aux élections[39]. » Ainsi d'entrée de jeu, les Niveleurs, par l'intermédiaire de Petty, écartent du droit de vote une certaine catégorie d'habitants. Le problème est de savoir ce qu'il faut entendre par ceux qui « ont perdu leur privilège de naissance ». Si cette expression ne visait que les criminels et les délinquants[40], le sens courant du terme nous autoriserait peut-être à dire que Petty définit ici le suffrage universel. Mais si l'on se place dans la logique du débat, considéré comme un tout, on est nécessairement amené à penser que cette expression ne fait qu'énoncer un postulat implicite commun aux Niveleurs et à leurs adversaires : pour les uns comme pour les autres, il est entendu que les serviteurs et les indigents, tout autant que les criminels et les délinquants, ont perdu leur privilège de naissance.

Car lorsque les interlocuteurs en viennent à envisager les modalités précises du suffrage — après une longue discussion consacrée au problème fondamental, mais très général, du choix entre le suffrage des propriétaires et tout autre suffrage moins restreint — il apparaît clairement que les Niveleurs n'ont cessé de poser implicitement en principe l'exclusion des « serviteurs », et que leurs adversaires ne s'y sont pas trompés. Le passage vaut la peine d'être cité :

CROMWELL : Si nous entreprenons de modifier ces choses, je ne pense pas que nous soyons obligés de nous battre pour chaque proposition particulière. En tant que tels, les serviteurs n'appartiennent pas au corps électoral. Vous êtes donc bien d'accord pour penser que les indigents doivent être écartés du droit de vote ?

LIEUTENANT-COLONEL (THOMAS) READE : Nous admettons tous, je pense, que l'élection des représentants est un privilège : or je ne vois aucune raison d'exclure de ce privilège quiconque est né dans le pays, à moins qu'il ne s'en soit lui-même exclu par servitude volontaire.

PETTY : Je conçois la raison pour laquelle nous exclurions les apprentis, les serviteurs et les indigents — c'est parce que, dépendant de la volonté d'autres hommes, ils craindraient de (leur) déplaire. En ce qui concerne les serviteurs et les apprentis, ils appartiennent à leurs maîtres *(they are included in their masters)* ; il en est de même de ceux qui vont quêtant les aumônes de porte en porte [...] [41].

Notons que Cromwell prend ici pour point de départ ce qu'il tient pour un principe sur lequel tout le monde s'accorde : l'exclusion des serviteurs du droit de vote, tel que le proposent les Niveleurs. Ce n'est qu'ensuite qu'il demande à ceux-ci de préciser leur proposition à l'égard des indigents. Reade, qui n'est pas un Niveleur[42], mais qui se situe ici légèrement à la gauche de Cromwell, admet que la servitude volontaire est un motif suffisant d'exclusion. Quant à Petty, bien loin de rejeter l'exclusion des serviteurs ou de contester la raison avancée par Reade pour la justifier, il se borne à faire état des raisons pour lesquelles les Niveleurs refusent le droit de vote aussi bien aux indigents qu'aux serviteurs. Les uns et les autres sont exclus parce qu'ils dépendent de la volonté d'autres hommes et « appartiennent à leurs maîtres ».

Pouvons-nous en conclure que les serviteurs et les indigents dont Petty prononce maintenant l'exclusion, en alléguant leur état de servitude, ne font qu'un avec ceux dont il disait lui-même plus haut qu'ils avaient « perdu leur privilège de naissance » ? Pour être habilité à le faire, il nous faut d'abord montrer que, pour les Niveleurs, le droit de vote, conçu comme privilège de naissance, est un droit prescriptible, que l'on peut perdre, notamment, en devenant serviteur ou indigent. Or, cela ne fait pour eux aucun doute.

Même en laissant de côté la déclaration de Petty que nous venons de citer, il est évident que dans l'esprit des Niveleurs des hommes libres peuvent perdre leur privilège de naissance, leur liberté traditionnelle et coutumière. Les déclarations fréquentes, par lesquelles ils stigmatisent l'incivisme et le présentent comme un crime qui entraîne la perte de ce privilège, en sont autant de preuves[43]. Plus précisément encore, la *Pétition* de janvier 1648, en sa section 11 qui concerne le suffrage, apporte la preuve manifeste que, pour les Niveleurs, serviteurs et indigents ont perdu ce privilège de naissance que constitue le droit de vote :

> Attendu que l'ancienne liberté de cette Nation a toujours voulu que tous les gens libres de naissance élisent librement leurs représentants au Parlement, tout comme leurs shérifs et leurs Juges de Paix, etc. ; attendu qu'ils ont été dépouillés de cette liberté qui leur est traditionnelle et coutumière par un statut de Henri VI (8 H. VI. 7) ; demandons en conséquence que ce privilège de naissance soit rendu incontinent à tous les Anglais, sauf à ceux qui sont, ou seront, légalement privés du droit de vote pour délit de droit commun, à ceux qui ont moins de vingt et un ans, ainsi qu'aux serviteurs et aux indigents[44].

Ainsi donc, au moment même où les Niveleurs assimilent le droit de « tous les hommes libres de naissance » au « privilège de naissance de tous les Anglais », ils ne voient aucune inconséquence à en refuser le bénéfice aux serviteurs et aux indigents, qu'ils placent sur le même plan que les mineurs et les criminels. C'est laisser entendre que des actes d'hostilité contre la société entraînent, certes, la privation de ce privilège de naissance, mais surtout que sont déchus de ce privilège, si tant est qu'ils en aient

jamais joui, tous ceux dont l'âge ou le statut de serviteur ou d'indigent sont réputés incompatibles avec
le libre exercice de la volonté et de la raison. En
tout cas, ce texte implique clairement que, pour les
Niveleurs, tous ceux qui sont devenus serviteurs ou
indigents ont perdu, de ce seul fait, leur droit de
vote. On ne saurait en souhaiter indication plus probante.

Rien ne nous interdit donc de penser qu'en écartant d'emblée du droit de vote ceux qui ont « perdu
leur privilège de naissance », les Niveleurs excluent
en fait les serviteurs et les indigents. D'ailleurs il est
fort probable que c'est là le sens que Cromwell
donne à leur propos, lorsqu'il place la discussion
sur le terrain des modalités pratiques, dans le passage que nous avons cité plus haut[45]. En tout cas,
c'est ainsi que le Niveleur John Harris interprète la
clause électorale du premier *Accord*. Dans son pamphlet, *Le Grand Dessein (The Grand Designe)* qui date
de décembre 1647, il explique, après l'avoir citée,
qu'elle a pour but d'exiger que

> dorénavant les personnes choisies pour représenter
> chaque Comté, le soient proportionnellement au
> nombre des habitants de chaque Comté, et qu'elles
> le soient non seulement par les francs-tenanciers,
> mais par le consentement volontaire de tous ceux
> qui ne sont ni serviteurs, ni indigents ; l'équité la
> plus élémentaire voulant en effet que, puisque toutes
> les personnes sont obligées de se soumettre aux dé-
> crets de l'assemblée représentative ou Parlement,

elles aient le droit d'élire leurs représentants, c'est-à-dire les membres du Parlement[46].

On peut contester que Harris interprète fidèlement en décembre 1647 le point de vue défendu par les Niveleurs au mois d'octobre précédent. Mais on ne saurait refuser toute valeur d'indice à son témoignage. Celui-ci permet de penser que, dans le contexte du débat sur le suffrage, les expressions « toutes les personnes » et « tous les hommes qui ne sont ni serviteurs ni indigents » sont, pour les Niveleurs, des tournures interchangeables.

Ajoutons d'ailleurs que dans la clause électorale du troisième *Accord*, c'est sur le « droit naturel » qu'ils s'appuient pour revendiquer un suffrage excluant serviteurs et indigents : « Pour le choix des [Représentants] (conformément au droit naturel), tous les hommes de l'âge de vingt et un ans et plus (qui ne sont pas serviteurs, ne vivent pas d'aumônes, et n'ont pas servi feu le Roi par les Armes ou au moyen de Contributions volontaires) auront le droit de vote[47]. »

Soit, dira-t-on : admettons que les Niveleurs posent d'emblée, comme une cause entendue, l'exclusion des serviteurs et des indigents. Mais alors, comment expliquez-vous qu'une bonne douzaine de fois au cours des débats, et avant que cette exclusion n'ait été prononcée formellement[48], les Niveleurs aient apparemment réclamé le suffrage universel masculin et que leurs adversaires leur aient attribué cette revendication sans recevoir de démenti ?

Pour lever cette difficulté, il suffit de noter le sens des termes utilisés au cours des débats. Les Niveleurs emploient des expressions très générales, n'impliquant apparemment aucune exclusive, comme « tout habitant » ou « toute personne vivant en Angleterre[49] » ; pourtant, il ne fait aucun doute que ces expressions ne comprennent pas les femmes[50] : il est donc tout à fait possible qu'elles ne comprennent pas non plus les serviteurs. Les autres expressions générales, utilisées par les Niveleurs à Putney, sont les suivantes : « l'homme le plus pauvre d'Angleterre » et « tout homme né en Angleterre » (Rainborough), « les hommes libres de naissance » (Audley et Rainborough), et « tout homme » (Clarke)[51]. Replacés dans leurs contextes, ces termes peuvent fort bien vouloir dire : « tous les hommes libres de naissance qui n'ont pas perdu leur privilège de naissance ». De fait, c'est le seul sens qui s'accorde avec l'exclusion — clairement prononcée avant et après les passages où ces expressions se rencontrent — de tous ceux qui ont perdu leur privilège de naissance ou qui dépendent de la volonté d'autrui. On peut donc tenir pour autant de confirmations implicites de cette exclusion toutes les déclarations par lesquelles les Niveleurs semblent revendiquer le suffrage universel.

Mais que penser des déclarations de leurs adversaires ? À vrai dire, elles s'expliquent encore plus aisément que celles des Niveleurs. Ireton ne se lasse pas de répéter que le problème est de savoir si l'on doit accorder le droit de vote aux seuls francs-tenanciers (ceux qui ont matériellement intérêt au maintien du droit de propriété), ou à « toutes les personnes », « à tout homme ayant simple existence physique », ou encore à « tous les Habitants d'Angleterre »[52]. Quant à Cromwell, évoquant les projets de suffrage des Niveleurs qui « conduiraient tout droit à l'anarchie », il parle dédaigneusement de ces prétendus électeurs « qui ne possèdent d'autre bien que leur simple existence physique[53] ». C'est dire que leurs adversaires semblent ici attribuer aux Niveleurs la revendication du suffrage universel. Mais on aurait tort de l'affirmer trop vite. Ne pourrait-il pas tout aussi bien s'agir d'expressions hyperboliques destinées, dans l'esprit de leurs auteurs, à radicaliser le débat ? Le fait est que, plus tard, Cromwell admettra explicitement que les revendications des Niveleurs ne s'appliquent pas aux serviteurs ni aux indigents ; ce qui ne l'empêchera nullement de reprocher à leurs propositions de mener tout droit à l'anarchie, sous prétexte qu'elles aboutiraient à accorder le droit de vote « à tous ceux qui se trouvent dans le Royaume[54] ». Il se peut que Cromwell déforme ici consciemment les intentions de ses adversaires. Mais il est encore plus probable qu'il se laisse une fois de plus emporter par son désir impérieux de faire échec, à tout prix, à un droit de vote qui, pense-t-il, entraînerait la ruine du pays.

Il est impossible de savoir avec certitude si les expressions que Cromwell et Ireton ont employées auparavant ont valeur d'hyperboles, notamment aux

yeux des Niveleurs qui prennent la parole après
eux. Toujours est-il que, même s'ils les ont prises au
pied de la lettre et ont compris que leurs adversaires
les accusaient ainsi de vouloir le suffrage universel,
ils ne se sont pas donné la peine de leur opposer un
démenti. Notons toutefois qu'ils n'ont aucune raison de le faire. Car l'accusation, que Cromwell et
Ireton ne cessent de porter contre eux, dans les passages en question, a trait à un point beaucoup plus
important : si vous touchez le moins du monde au
monopole électoral des propriétaires fonciers et des
bourgeois des corporations, vous anéantissez nécessairement le droit de propriété. C'est cette accusation, autrement dangereuse pour eux, que les
Niveleurs s'attachent à repousser.

Ils s'y prennent de diverses manières (sans succès
d'ailleurs). Mais il est évident qu'ils ne sauraient se
disculper en faisant remarquer, à ce point des débats (comme ils le feront un peu plus tard), qu'ils
ne revendiquent nullement le droit de vote pour les
serviteurs et les indigents. Dans l'immédiat, il leur
faut réfuter l'argument d'Ireton[55]. Celui-ci leur fait
remarquer, à plusieurs reprises, que le principe du
droit naturel, qui justifie à leurs yeux un droit de
vote plus large que le suffrage des propriétaires, entraîne nécessairement la ruine de toute propriété.
Les Niveleurs lui font une double réponse. Ils déclarent tout d'abord que le droit de propriété se fonde
sur la loi divine (Rainborough) ou sur la loi naturelle (Clarke) ; ensuite, ils affirment que, contrairement à ce que prétend Ireton, donner le droit de

vote à « tout Anglais » constitue « l'unique moyen
de préserver toute propriété », car — c'est Petty qui
le souligne — « l'homme [étant] naturellement libre », s'il a « consenti à se soumettre à un gouvernement, c'est pour préserver la propriété »[56]. On est
en droit de présumer ici que ce que vient de dire
Petty, tout comme ses déclarations antérieures et
celles qui suivront, ne s'applique pas à ceux qui ont
« perdu leur privilège de naissance[57] » ou qui « dépendent de la volonté d'autres hommes[58] » : puisqu'ils
ne sont plus libres, comment pourraient-ils nécessairement avoir intérêt à préserver la propriété ? Si
Petty n'est pas plus explicite, c'est qu'il n'a aucun
intérêt à l'être.

Une seule fois, au cours des débats, un de leurs
adversaires accuse formellement les Niveleurs de
vouloir accorder le droit de vote aux serviteurs : il se
voit immédiatement opposer un démenti. Le colo-
nel Rich expose les funestes conséquences auxquelles il faut s'attendre « si maîtres et serviteurs sont
des électeurs égaux[59] » : les « pauvres » ne vont-ils
pas, comme jadis à Rome, s'enticher d'un dicta-
teur ? Rainborough refuse d'avaler « cette belle pi-
lule dorée » ; il déclare qu'il préférerait garder le
suffrage des propriétaires tel qu'il est, plutôt que de
faire courir au « peuple » le risque d'être mis en minorité par les « pauvres » ; il essaie ensuite de revenir
au problème de savoir pourquoi il faudrait établir des
distinctions entre les hommes libres d'Angleterre[60].
C'est dire qu'il rejette assez clairement[61] le procès
d'intention que Rich vient d'intenter aux Niveleurs

et qu'il veut limiter le débat à l'alternative suivante :
suffrage censitaire ou suffrage des hommes libres
(par quoi il faut entendre, comme le suggère le contexte, suffrage des non-salariés).

L'analyse que nous venons de faire conduit donc
à penser que, pendant toute la partie des débats qui
précède la déclaration par laquelle les Niveleurs excluent formellement du droit de vote des serviteurs et
indigents, leurs proclamations générales ou les procès d'intention que leur intentent en termes tout
aussi généraux leurs adversaires ne mettent pas en
cause, et n'ont jamais visé à mettre en cause, ces
deux catégories sociales. Il apparaît au contraire
que pour les Niveleurs il n'a jamais été question
d'autre chose que d'un suffrage des hommes libres,
c'est-à-dire de tous ceux qui ne dépendent pas de la
volonté d'autrui. Sur ce point, ils sont exactement
du même avis que Cromwell et Ireton. Les Niveleurs
ne contestent pas le principe sur lequel ce dernier
s'appuie : « S'il est quelque chose qui soit le fondement de la liberté, c'est bien que ceux-là qui choisis-
sent les législateurs soient eux-mêmes libérés de
toute dépendance à l'égard d'autrui[62]. » Ils ne se sé-
parent d'eux que lorsqu'il s'agit de définir les conditions minimales de cette indépendance. Cromwell
et Ireton expriment on ne peut plus clairement leur
point de vue. Les francs-tenanciers et les bourgeois
des corporations urbaines possèdent des biens et
des intérêts matériels stables « qui leur permettent
de vivre une vie d'hommes libres et indépendants[63] ».
Il est donc tout à fait normal qu'ils possèdent aussi

le droit de vote. En revanche, le fermier qui est assujetti à un loyer exorbitant pendant un an, deux ans, ou même vingt ans, ne possède ni biens ni intérêts permanents capables de lui permettre de vivre en homme libre[64], pas plus d'ailleurs que le fermier censier, encore qu'à un moment des débats Cromwell admette qu'« il y a peut-être un nombre considérable de fermiers censiers par droit d'héritage, qui devraient avoir le droit de vote[65] ». Mais Cromwell et Ireton se refusent à aller plus loin. Même lorsqu'il se montre prêt à toutes les concessions, Ireton ne peut s'empêcher de proclamer sa détermination de sauvegarder « cet aspect équitable de la Constitution », qui réside pour lui dans le fait qu'elle n'accorde le droit de vote qu'à ceux « qui sont en mesure d'être des hommes libres, des hommes qui ne soient pas livrés à la volonté d'autrui[66] ».

Bref, Cromwell et Ireton estiment que seuls les francs-tenanciers, les bourgeois des corporations et, à l'extrême limite, ceux qui, sans l'être, ont des titres de propriété analogues possèdent des biens susceptibles de leur assurer une vie libre et indépendante. Pour les Niveleurs, au contraire, tous les hommes, sauf les serviteurs et les indigents, sont libres. Niveleurs et chefs de l'armée s'accordent sur ce point : il est parfaitement normal que le droit de vote soit fonction de la liberté dont jouit l'individu, c'est-à-dire de son indépendance économique. Mais ces deux groupes ont des origines sociales différentes : dès lors, rien d'étonnant s'ils ne définissent pas de la même manière les conditions de cette indépendance.

Nous pouvons donc considérer que, pendant et après les débats de Putney, les Niveleurs revendiquent le suffrage pour tous les hommes libres qui n'ont pas perdu leur privilège de naissance, c'est-à-dire pour tous les hommes, moins ceux qui sont devenus serviteurs ou indigents. Cette revendication ne contredit pas leur proclamation de l'égalité naturelle des droits, car, en acceptant des rapports de dépendance, l'homme renonce du même coup à cette égalité naturelle.

III. *Avant Putney.*

Si l'on se penche sur les rares documents antérieurs aux débats de Putney, dans lesquels les Niveleurs mentionnent le droit de vote, on ne trouve rien qui contredise la position que nous les avons vus prendre à Putney. Nous l'avons déjà dit : avant Putney, les Niveleurs sont en général moins précis sur le problème du suffrage qu'ils ne le seront pendant ou après. La plupart des spécialistes s'accordent d'ailleurs à admettre qu'on ne peut déterminer le sens de leurs propos que par inférence. Mais nous estimons pouvoir montrer que tous les écrits de cette période, où certains commentateurs ont voulu voir une revendication du suffrage universel, se bornent très probablement à demander le suffrage des non-salariés.

Commençons par *La Position de l'Armée authentiquement formulée (The Case of the Army Truly Stated)* qui
date du 15 octobre 1647[67]. Ce texte contient une
clause électorale sur laquelle on s'est souvent mépris. La voici : « Tous les hommes libres de vingt et
un ans et plus seront électeurs, sauf ceux qui se sont
privés, ou se priveront de cette liberté soit pour
quelques années, soit définitivement du fait de leur
incivisme[68]. » Si l'on tient compte du présupposé implicite que l'on a vu à l'œuvre chez les Niveleurs lors
des débats de Putney, il n'est pas impossible que
l'exclusion temporaire à laquelle il est fait ici allusion s'applique aux serviteurs et aux indigents. Certes, elle s'appliquerait encore mieux aux apprentis.
Mais ils ont en général moins de vingt et un ans, et
sont donc déjà visés par la clause concernant la majorité électorale. Dans cette perspective, les Niveleurs réserveraient l'exclusion permanente à ceux
qui se sont rendus coupables d'incivisme. Or, la
grande sévérité dont le texte fait preuve à leur
égard renforce cette hypothèse, dont le degré de
probabilité s'accroît encore si l'on se rappelle que
ce document est de ceux qui ont fait l'objet de discussions lors des débats de Putney, au cours desquels, nous l'avons signalé, serviteurs et indigents se
sont vu refuser le droit de vote pour les mêmes
raisons[69]. Il ne s'agit là que d'une hypothèse, mais
elle est suffisamment sérieuse pour révoquer en
doute l'interprétation courante de ce passage.

Des autres écrits niveleurs de cette époque, fort
peu, nous l'avons vu, se préoccupent du suffrage.

Dans la *Justification du Droit imprescriptible de l'Angle-terre (England's Birthright Justified)* que Lilburne adresse en octobre 1645 « à tous les hommes libres d'Angleterre », il se soucie davantage de la fréquence des élections que de l'étendue du suffrage. Toute-fois, on en cite souvent le passage suivant pour prouver que les Niveleurs revendiquent le suffrage universel : « Les hommes libres d'*Angleterre*, qui vien-nent, en ces temps de ruine, de lutter pour la pré-servation tout à la fois du Parlement et de leurs propres libertés et privilèges innés et naturels, ne devraient-ils pas, non seulement se choisir de nou-veaux députés, lorsque des vacances se produisent, une fois l'an, mais encore renouveler entièrement le Parlement chaque année et contrôler à cette oc-casion la conduite et le comportement de leurs élus[70] ? » Mais Lilburne parle ici au nom des « hom-mes libres d'Angleterre », au nombre desquels il est difficile de compter ceux qui, comme les serviteurs, ont renoncé à « leurs libertés et privilèges natu-rels ».

On a voulu voir dans la *Remontrance de plusieurs milliers de Citoyens et autres personnes libres d'Angleterre (Remonstrance of Many Thousand Citizens, and other Free-born People of England)*, du 7 juillet 1646, une prise de position en faveur du droit de vote de tous les Anglais[71]. En fait, si prise de position il y a, c'est bien plutôt l'inverse. Ce texte demande que, pour l'élection des parlementaires, les Communes convo-quent une réunion « qui devra se tenir expressé-ment chaque année à cet effet, un certain jour du mois de novembre fixé par vous, par tout le pays et aux lieux accoutumés, et qu'il soit entendu expressément qu'on s'y réunira pour faire choix, selon la Loi, de qui on estime, et que tous les hommes qui ont le droit d'être là, ne manquent pas de s'y rendre sous peine de sanctions graves, mais ne s'attendent pas à y être convoqués[72] ». Or, ce qui est proposé ici, c'est le vote obligatoire de « tous ceux qui ont le droit » de voter, mais nullement le droit de vote pour tous.

Lilburne porte un intérêt plus direct au suffrage dans son pamphlet intitulé *Révélation de la Liberté de Londres dans les chaînes* qui date du mois d'octobre 1646. Parlant de l'administration de la cité de Londres, il affirme que les autorités administratives de toutes les villes libres devraient, en vertu du droit naturel et de leur constitution originelle, être élues « par les hommes libres de chacune de ces villes » ou encore, ajoute-t-il, par chaque « citoyen et baron »[73]. En l'occurrence, Lilburne se borne à revendiquer la restitution de leur droit de vote aux bourgeois des corporations urbaines, qui en avaient été privés lors de certaines élections récentes de lords-maires. Nous sommes donc bien loin ici du suffrage universel. Un peu plus loin, Lilburne revient à l'abolition de fait du droit de vote, dont ont été victimes, à Londres, les hommes libres de condition modeste, et affirme qu'ils devraient se refuser à payer les impôts et laisser l'ensemble de ceux-ci à la charge des échevins et des corporations, « tant que vous ne serez pas remis en possession des lois, des libertés et des coutumes de votre ville, et que vous ne jouirez pas d'un droit égal de participation à celles-ci ; car la loi de la nature, la raison, Dieu, votre pays, et jusqu'à vos anciennes Chartes originelles, veulent que le plus humble d'entre vous ait autant de droits en toutes choses que le plus grand[74] ». Notons-le . Lilburne dit « le plus humble » et « le plus grand », non pas des hommes en général, mais « d'entre vous », hommes libres. Une fois de plus, il ne s'agit que d'une revendication du suffrage pour les seuls hommes libres de la cité.

Lilburne poursuit en attaquant le suffrage en vigueur dans les comtés et dans les villes. Il dénonce les bourgs pourris et se plaint de ce qu'ont été écartés du droit de vote des « milliers de personnes, qui ont pourtant le titre d'hommes libres d'Angleterre, et dont plusieurs possèdent de grandes fortunes en espèces et en biens meubles, ce qui ne les a pas empêchés d'avoir été privés de leur droit de vote et de leur *droit de cité* par l'*inique Statut* susmentionné [8 H VI, c. 7] sous prétexte qu'ils ne possèdent pas un foncier d'un revenu annuel de 40 shillings » ; enfin, il déplore les inégalités qui existent entre les comtés dans la répartition des sièges. Pour remédier à cet état de choses déplorable, il propose que le nombre des sièges au Parlement soit fixé à 500 ou 600, qu'ils soient répartis proportionnellement à l'assiette de l'impôt, auquel chaque comté est assujetti « en vue de pourvoir aux Charges publiques du Royaume », et qu'alors, ajoute-t-il, chaque comté, d'un commun accord, se divise en circonscriptions, Hundreds ou Wapentakes égaux, proportionnellement au nombre des habitants, et que chacune de ces circonscriptions *choisisse un ou plusieurs délégués,* conformément à la proportion qui leur revient, *pour siéger au Parlement* ; ce qui mettrait un point final à tous ces inconvénients, qui se produisent rarement, mais qu'allègue le statut susmentionné, et restituerait à tout homme libre d'*Angleterre* ses droits légaux et ses libertés *imprescriptibles*[75].

Il faut beaucoup de bonne volonté pour voir dans ce texte une revendication du suffrage universel. Il ne s'agit que d'une proposition visant à abolir la règle des 40 shillings que comporte le suffrage des propriétaires, de manière à accorder le droit de vote aux « milliers de gens qui ont le titre d'hommes libres d'Angleterre ». Il n'y a aucune raison de penser que cette expression s'applique à ceux qui ont perdu leur liberté en devenant serviteurs. Elle s'applique bien évidemment aux fermiers, aux marchands et aux artisans qui ne sont pas bourgeois des corporations urbaines, dont Lilburne plaide la cause. Par ailleurs, le fait qu'il propose de répartir les sièges entre les comtés proportionnellement aux impôts et non pas au nombre des habitants ne donne aucune indication sur l'étendue du suffrage qu'il revendique[76].

Deux mois plus tard, le 18 décembre 1646, Lilburne publie *Les Chartes de Londres, ou Deuxième Partie de la Révélation de la Liberté de Londres dans les chaînes (The Charters of London ; or, The Second Part of*

Londons Liberty in Chaines Discovered). S'adressant
aux citoyens de Londres, il veut leur prouver que
« le lord-maire de Londres ne l'est pas légalement ».
La « troisième raison » qu'il avance à l'appui de
cette thèse, « c'est que le seul et unique Pouvoir législatif est celui *qui appartient originellement au peuple
et seulement par délégation aux Commissions choisies par
lui d'un commun accord*, à l'exclusion de tout autre. Si
bien que le plus pauvre ici-bas a autant le droit de
voter que le plus riche et le plus grand[77] ». Pour
déterminer la portée du suffrage que Lilburne justifie ainsi, nous nous abstiendrons de procéder aux
déductions que justifierait le contexte. Certes, l'argument avancé par Lilburne s'adresse aux citoyens
de Londres et entend leur montrer que seuls les
conseillers élus par les citoyens jouissent d'une autorité législative légitime. Mais il n'en reste pas moins
vrai qu'il pose en principe universel que tous les
hommes possèdent le droit de vote, quelle que soit
leur richesse ou leur pauvreté.

Rien d'étonnant, dès lors, à ce que ce passage ait
été interprété comme une revendication du suffrage
universel. Pourtant, cette interprétation fait difficulté, dans la mesure où elle contredit la position
adoptée par les Niveleurs à Putney. D'ailleurs, n'en
avons-nous pas entendu de ces proclamations uni-
verselles, celles de Rainborough, par exemple, dé-
fendant les droits « du plus pauvre hère », de
« l'homme le plus pauvre d'Angleterre », qui impli-
quaient la restriction concernant les serviteurs et les
indigents, écartés du suffrage pour manque de li-

berté ? L'hypothèse la plus satisfaisante n'est-elle donc pas qu'ici encore « le plus pauvre ici-bas » désigne le plus pauvre des hommes libres ?

Car — il faut le souligner — pauvreté et absence de liberté ne sont pas du tout synonymes. Les Niveleurs s'opposent incontestablement à toute suppression du droit de vote fondée sur la pauvreté. À l'époque, l'Angleterre compte de très nombreux agriculteurs misérables (certains même, si l'on en croit l'expression fameuse de Baxter[78], sont plus misérables que leurs propres serviteurs) et un grand nombre d'artisans et de commerçants indépendants qui vivent dans la pauvreté. Ils ne sont ni francs-tenanciers, ni bourgeois des corporations, mais, au sens que les Niveleurs donnent à ce mot, ce sont des hommes libres : ils ne dépendent pas de la volonté d'un employeur ou d'un fonctionnaire chargé de distribuer les aumônes. La ligne de démarcation, que les Niveleurs tracent entre les hommes libres et ceux qui ne le sont pas, n'est pas celle qui sépare la richesse de la pauvreté, mais celle qui permet de distinguer entre dépendance et indépendance. Or, à l'époque, ces deux lignes ne sont pas superposables.

Dans la brochure du 31 mai 1647, *Serments irréfléchis, serments non avenus (Rash Oaths Unwarrantable)*, Lilburne développe une fois de plus sa thèse sur le droit de vote. Il répète presque mot pour mot la proposition qu'il a faite dans *Révélation de la Liberté de Londres dans les chaînes* (à quoi, d'ailleurs, il renvoit le lecteur). Mais au point essentiel, cité plus haut, il apporte des modifications qui ne sont pas sans intérêt. Dans sa nouvelle rédaction, cette clause électorale se présente ainsi :

> *et qu'alors chaque comté, d'un commun accord, se divise* en circonscriptions, Hundreds ou Weapontacks [sic] *égaux, proportionnellement au nombre des habitants,* de manière à ce que le peuple tout entier puisse se réunir (sans confusion ni tumulte) dans les diverses circonscriptions, et que tout homme libre d'*Angleterre*, le pauvre tout autant que le riche, que la loi est susceptible de dépouiller de sa vie, de ses biens, etc., ait le droit de voter et de choisir ceux à qui il appartiendra de faire les lois, car c'est une maxime fondée sur la raison naturelle, qu'aucun homme ne peut être légitimement lié sans son propre consentement [...][79].

Il est impossible de faire passer ce texte pour une adhésion au principe du suffrage universel masculin. D'ailleurs, il est encore plus explicite que la version parallèle qu'en donne la *Révélation de la Liberté de Londres dans les chaînes* : seuls les « hommes libres d'Angleterre » ont le droit de vote ; pauvres ou riches, peu importe, mais à une condition : qu'ils soient libres. Quant à la « maxime naturelle » sur laquelle Lilburne se fonde pour affirmer que personne ne saurait être légitimement lié sans son propre consentement, elle ne s'applique certainement pas à ceux qui ont accepté une servitude volontaire, puisque les Niveleurs estiment qu'ils ont par là même consenti à « appartenir à leurs maîtres[80] ».

Enfin, dans son *Cri de Jonas sortant du ventre de la Baleine (Ionah's Cry out of the Whales Belly)* qui date du 16 juillet 1647, Lilburne avance un argument qui pourrait passer pour une revendication du suffrage universel. Négligeant la voie hiérarchique, il s'adresse directement aux soldats : il leur déclare que, depuis qu'elle a défié l'autorité du Parlement, l'armée a cessé d'être un corps constitué ; elle n'est plus qu'un « corps dissous, dont les membres se trouvent placés sous l'originelle loi de nature ». En conséquence, les soldats, dit-il, ont désormais le droit d'agir.

> conformément aux principes de sécurité découlant de la Nature, de la Raison et de la Justice, qu'ils auront adoptés par consentement général et accord mutuel ; pour ce faire, tout soldat, qu'il soit cavalier ou fantassin, doit avoir librement le droit de voter pour choisir ceux qui négocieront ses affaires, faute de quoi, aux yeux de Dieu et de tous les hommes raisonnables, il est dispensé d'obéir, de se plier ou de se soumettre à leurs décisions[81].

Le droit de vote qui est ici revendiqué n'équivaut pas au suffrage universel, puisque les Niveleurs estiment que les soldats qui se sont battus pour la liberté de l'Angleterre sont du même coup devenus des hommes libres[82]. Il est donc clair que le principe posé dans le texte ci-dessus ne saurait s'appliquer aux civils qui sont dans un état de dépendance.

IV. *Bilan.*

Notre examen du dossier, c'est-à-dire l'analyse de
toutes les déclarations des Niveleurs sur le suffrage,
des premiers pamphlets de Lilburne au dernier manifeste du mouvement niveleur, permet donc
d'établir un certain nombre de faits et d'aboutir à
certaines conclusions. C'est un fait que, depuis le
moment où, dans les débats de Putney, ils mentionnent expressément l'étendue du suffrage qu'ils revendiquent, jusqu'à leur dernier manifeste, les
Niveleurs écartent explicitement du droit de vote les
serviteurs et les indigents. C'est aussi un fait que,
pendant la même période, ils fondent ce suffrage
restreint sur le privilège de naissance ou l'égalité naturelle des droits de tous les Anglais. Enfin, c'est un
fait qu'à partir de la fin des débats de Putney, à tout
le moins, les Niveleurs posent en principe que serviteurs et indigents n'ont jamais joui du privilège de
naissance que constitue le droit de vote, ou bien
qu'ils y ont renoncé.

Les conclusions qui se dégagent indirectement
de cet examen ont trait aux présupposés qui sous-
tendent ces faits. C'est parce que les Niveleurs présupposent que serviteurs et mendiants ont perdu
leur privilège de naissance, qu'ils sont incapables de
percevoir la contradiction qui existe entre l'exclusion dont ils frappent ces catégories sociales et la
proclamation de l'égalité naturelle des droits. Cette
exclusion est, d'ailleurs, très probablement pronon-

cée dès avant les débats de Putney et tout au long de
ceux-ci, si bien que, pendant toute cette période,
elle affecte tout ce qui semble être, chez eux, revendication du suffrage universel. C'est elle enfin, implicite avant et pendant Putney, explicite après, qui
explique que les Niveleurs n'aient jamais eu conscience de se contredire.

4. LES PRÉSUPPOSÉS THÉORIQUES

I. *L'homme, propriétaire de lui-même.*

Il nous reste à examiner ce qui fait l'originalité
fondamentale de l'individualisme tel que le conçoi-
vent les Niveleurs. Le postulat de l'égalité naturelle
des droits et la notion de liberté, que nous avons
déjà rencontrés lorsque nous avons étudié les posi-
tions qu'ils défendent à propos du suffrage, se fondent chez eux sur une vision d'ensemble de la
nature de l'homme et de la société. C'est cette vision qu'il nous faut maintenant tenter de préciser.
Nous ne saurions mieux le faire qu'en nous attachant d'abord à l'idée qu'ils se font de la propriété.

Nous avons déjà eu l'occasion de le souligner,
mais il nous faut y revenir : au moment même où les
Niveleurs rejettent systématiquement tout suffrage
censitaire, ils proclament fermement le droit de propriété individuelle. Leur opposition au suffrage cen-

sitaire n'est pas pour nous surprendre : affirmer que, propriétaire ou pas, tout homme libre a également droit de mener sa vie comme il l'entend, c'est bien évidemment refuser un Parlement élu par les seuls propriétaires fonciers et immobiliers. Car comment espérer qu'un tel Parlement puisse tenir la balance égale entre ceux qui l'ont élu et tous ceux qui ne possèdent aucun bien immobilier ?

Pourtant, les Niveleurs ne sont pas ennemis de la propriété privée. Ils le déclarent avec insistance en 1648, et nous pouvons les croire : « ils ont été les plus fidèles et les plus constants défenseurs de la liberté et de la propriété (ce qui est tout le contraire du communisme et du nivellement) que le pays ait jamais connus[83] ». Les documents ne manquent pas qui corroborent cette affirmation. C'est Lilburne qui, dès 1645, manifeste son souci de voir préserver la propriété : « Eh oui ! supprimez cette loi promulguée et toujours en vigueur, et dites-moi ce que deviennent alors "le mien" et "le tien", la liberté et la propriété ! » L'année suivante, il se montre encore plus précis ; énumérant les droits fondamentaux de l'homme, il place au nombre de ceux-ci « la liberté de conscience pour tout ce qui regarde la foi et le culte ; la liberté de la personne et la liberté de la propriété : qui consiste, à proprement parler, à avoir pleine propriété de ses biens et le pouvoir d'en disposer à son gré[84] ». Même point de vue chez Overton, pour qui la propriété n'est rien d'autre que « le droit [...] que les gens possèdent de faire ce qu'ils veulent de leurs biens[85] ». Quant aux manifes-

tes niveleurs postérieurs à 1648, ils réclament explicitement que le Parlement s'interdise, mieux encore,
que la constitution lui interdise de « niveler les biens
des hommes, détruire la propriété, ou mettre toutes
choses en commun[86] ».

L'affrontement avec les chefs de l'armée à Putney
oblige les Niveleurs, nous l'avons vu, à préciser ce
qu'ils entendent par propriété. À maintes reprises,
Cromwell et Ireton les accusent de vouloir détruire
la propriété. Dès lors, leur disent-ils, que vous reven-
diquez, au nom du droit naturel qu'a tout homme
de vivre, autre chose que la liberté pour lui de respi-
rer et de se déplacer, vous ne vous bornez plus à affirmer le droit de tout homme aux nécessités de
l'existence : vous proclamez l'égalité économique
des hommes. Du principe : « à chacun ce qui lui est
indispensable pour subsister », vous passez au principe qui sonne le glas de la propriété : « à chacun
selon ses besoins »[87].

Pour repousser cette attaque, les Niveleurs font
remarquer que la propriété constitue à leurs yeux
un droit naturel. Comment, s'étonnent-ils, vous
nous accusez de vouloir détruire la propriété sous
prétexte que nous revendiquons l'égalité du droit à
la vie ! Mais, pour nous, la propriété constitue un
droit individuel établi par la loi de Dieu (« Tu ne
déroberas point ») et par la loi naturelle (qui autorise, par principe, tout homme à « avoir la propriété
de ce qu'il a — ou est susceptible d'acquérir — qui
n'appartient pas à autrui, cette propriété étant le
fondement du « mien » et du « tien »[88]). Les Nive-

leurs tiennent donc la propriété pour un droit naturel et sacré : il prévient l'anarchie, que ne manquerait pas d'entraîner l'égalité du droit à la vie, conçue comme le droit indifférencié de tous à tous les biens de la communauté. (Les deux parties en présence présupposent que tout homme a naturellement droit au minimum vital[89] : toutefois, cette exigence n'affecte en rien le droit de propriété, car elle est déjà satisfaite, dans la société anglaise, sous forme de charité privée ou d'aide officielle aux indigents.)

L'attitude que les Niveleurs adoptent à l'égard de la propriété des biens apparaît encore plus nettement lorsque Petty explique que « l'unique moyen de préserver la propriété[90] », c'est d'accorder le droit de vote à tout le monde. Son argument se ramène à ceci : l'homme étant naturellement libre, s'il se place sous l'autorité d'un gouvernement, ce ne peut être que pour préserver la propriété. On ne saurait mieux dire que, pour Petty, le droit de propriété fait partie des droits qui définissent la liberté naturelle de l'homme. D'ailleurs, à force de répéter que la propriété est antérieure à l'existence des gouvernements — « il est vrai que ce sont les droits de propriété qui fondent les constitutions[91] » — les Niveleurs amènent Ireton et Cromwell à nier que la propriété constitue un droit naturel. Et l'on assiste à un bien curieux renversement de rôles : Ireton, qui s'est clairement présenté en défenseur inconditionnel de la propriété (« Tout ce que j'en dis, c'est pour l'intérêt que je porte à la propriété[92] »), en vient à désacraliser le droit de propriété : « La loi de Dieu ne fonde pas mes titres de propriété, non plus que la loi naturelle ; la propriété est d'institution humaine [...]. C'est la Constitution qui fonde la propriété[93]. »

En affirmant que le droit de propriété individuelle constitue un droit naturel, antérieur à l'établissement d'un gouvernement, les Niveleurs n'ont pas recours à un argument de circonstance, improvisé pour faire pièce aux coups de boutoir d'Ireton. Leur conception de la propriété ne date pas du débat sur le suffrage. Ils l'ont élaborée indépendamment de ce problème, et bien avant qu'il ne vienne à l'ordre du jour des débats de Putney. À Putney, ils ne font qu'appliquer cette conception au problème bien circonscrit du suffrage. Mais, en fait, elle a pour eux une tout autre portée : elle ne leur sert pas seulement à ériger en droit naturel la propriété des biens (et, par là même à réclamer que soit reconnu un vaste éventail de droits réels), mais encore à revendiquer les libertés civiles et religieuses, et à exiger que l'exercice du pouvoir soit fondé sur le consentement des gouvernés. Leur postulat fondamental est le suivant : tout homme est naturellement propriétaire de sa propre personne.

C'est dans certains tracts d'Overton que ce postulat se trouve énoncé de la manière la plus frappante. Dans son pamphlet du 12 octobre 1646, *Une flèche visant tous les tyrans (An Arrow against all Tyrants)*, où il développe une thèse énoncée par Lilburne quelques mois auparavant[94], et à nouveau dans son *Appel*

234 L'individualisme possessif

de juillet 1647, Overton expose une théorie du droit
naturel qui aura, plus tard, un prodigieux retentisse-
ment. Il considère que les droits civils et politiques
découlent du droit naturel, qui découle lui-même
de ce que tout homme est naturellement propriétaire de sa propre personne, cette propriété de soi-
même découlant de la nature instinctive de l'homme
telle que Dieu l'a créée.

Il vaut la peine de citer en entier les deux paragraphes liminaires de la *Flèche* :

> À tout individu vivant ici-bas est naturellement
> donnée une propriété individuelle que personne n'a
> le droit de violer ou d'usurper : car ce qui fait que je
> suis moi, c'est que je suis propriétaire de ce moi,
> autrement, n'ayant pas de moi, je ne serais pas moi.
> Cette propriété que possède tout homme, personne
> ne saurait l'en dépouiller sans violer et profaner
> ouvertement les principes mêmes de la Nature, et les
> règles de la justice et de l'équité qui doivent com-
> mander les rapports entre les hommes ; sinon, « le
> mien » et « le tien » ne sauraient exister. Personne
> n'a pouvoir sur mes droits et sur mes libertés, je n'ai
> pouvoir sur les droits et les libertés de personne. Je
> n'ai d'autre droit que d'être l'individu que je suis, et
> de jouir de ma vie qui est ma propriété, mais je n'ai
> pas le droit de me proclamer plus grand que je ne
> suis ou de prétendre à autre chose ; sinon j'empiète
> sur les droits d'autrui et je les viole, ce dont je n'ai
> aucun droit. Car, par naissance, tous les hommes
> sont égaux et identiquement nés pour jouir de la
> même propriété, de la même liberté et des mêmes
> franchises ; en nous faisant venir au monde, par l'in-
> termédiaire de la nature, Dieu accorde en effet à

chacun d'entre nous une liberté, une propriété naturelles et innées (et, pour ainsi dire, gravées de manière indélébile sur les tables de notre cœur) ; c'est
donc ainsi qu'il nous faut vivre, chacun jouissant également de son droit et privilège de naissance, y compris tous ceux dont Dieu, par nature, nous a rendus
indépendants.

C'est là ce que, par nature, tout homme désire, vise
et exige : personne n'accepte naturellement de se
laisser escamoter sa liberté par les ruses de son voisin,
ou de se laisser réduire en esclavage par sa force, car
l'instinct naturel nous pousse à nous protéger de tout
ce qui nous est nuisible et désagréable, et cet instinct
passe, aux yeux de tous, pour éminemment raisonnable, équitable et juste : rien ne saurait l'arracher de
l'espèce, il dure même autant que la créature ; il est
la source ou la racine de tous les pouvoirs légitimes
de l'homme. Ces pouvoirs ne lui viennent pas immédiatement de Dieu (comme le prétendent les Rois
pour justifier leurs prérogatives), mais médiatement,
par l'intermédiaire de la nature, comme ceux que les
représentants tiennent de ceux qu'ils représentent ; à
l'origine, Dieu les a implantés dans le cœur de la
créature ; c'est de la créature, et de personne d'autre,
qu'ils procèdent : elle ne saurait donc en transmettre
que ce qui peut accroître son bien-être, sa richesse et
sa sécurité, mais pas plus ; car c'est là tout à la fois la
prérogative de l'homme et sa limite : il a le droit d'en
céder ou d'en recevoir cela seulement qui contribue
à accroître son bien-être, sa sécurité et sa liberté, mais
pas plus. Qui cède davantage commet un péché contre lui-même ; qui prend davantage est un brigand
qui vole les siens. Car chaque homme est, par nature,
Roi, Prêtre et Prophète dans les limites de son cercle
et horizon naturels, que personne n'a le droit de par-

tager avec lui sans sa députation, délégation et libre consentement : c'est là son droit et sa liberté naturels[95].

Dans son *Appel*, Overton reprend le premier de ces deux paragraphes et le fait suivre d'un argument qu'il emprunte à Lilburne : personne, déclare-t-il, ne peut conférer à autrui plus de pouvoir qu'il n'en possède lui-même, et il est contraire à la nature que l'homme « s'injurie, se batte, se tourmente, ou s'afflige lui-même[96] ». Ce même *Appel* contient une proclamation encore plus nette de la nécessité du droit naturel :

> c'est dans la nature Loi invariable et principe radical, gravé sur les tables du cœur par le doigt de Dieu à la création, que toute créature, animée de vie, se défende, se protège, se préserve et se libère, jusqu'à son dernier souffle et de toutes ses forces, de tout ce qui est susceptible de lui faire du mal, de lui être préjudiciable ou de la détruire : c'est donc de là que provient cet incontestable principe de raison, transmis à tous les hommes en général, et à tout homme en particulier, qui lui enjoint de recourir à tous voies et moyens rationnels et justes pour se préserver, défendre et libérer de toute oppression, violence et cruauté ; et (par devoir envers son propre être et sa propre sécurité) de ne s'abstenir d'aucun expédient légitime qui assure sa libération. C'est là principe rationnel et juste ; le nier, c'est subvertir la loi naturelle, et jusqu'à la Religion ; car son contraire ne saurait ouvrir la voie qu'au suicide, à la violence et à la cruauté[97].

On croirait entendre ici Hobbes et Locke tout à la fois. De Hobbes, voici en effet le « droit de nature », déduit du besoin instinctif de se défendre de tout ce qui est mauvais et destructeur ; chez Overton, ce droit devient « incontestable principe de raison », partie intégrante de la loi naturelle, qui entraîne un « devoir envers son propre être et sa propre sécurité ». De Locke, voici la thèse centrale : la seule autorité politique légitime est celle qui provient d'une délégation de pouvoir consenti par les individus ; personne n'ayant le droit de se faire du mal, personne ne peut non plus transmettre ce droit à autrui. Tout ce qu'il peut lui transmettre c'est, pour reprendre les termes mêmes d'Overton, « cela seulement qui contribue à accroître son bien-être, sa sécurité et sa liberté, mais pas plus. Qui cède davantage, commet un péché contre lui-même ».

Mais la ressemblance avec Locke ne s'arrête pas là. Il en est une autre, fondamentale, qui tient au rôle essentiel que joue la notion de propriété dans la conception qu'ils se font tous de l'individualisme. À première vue, celui des Niveleurs est encore plus extrême que celui de Locke[98]. Car, pour eux, l'individu n'est pas seulement propriétaire de sa personne et de ses capacités, au sens où il en a l'usage et la jouissance exclusifs ; c'est cette propriété, et le fait que l'individu en refuse à autrui l'usage et la jouissance, qui fait sa qualité d'homme : « car ce qui fait que je suis moi, c'est que je suis propriétaire de ce moi, autrement, n'ayant pas de moi, je ne serais pas moi ». C'est dire que l'homme n'est homme que dans la mesure où il est indépendant d'autrui. L'essence de l'homme, c'est la liberté. Être libre, c'est être propriétaire de sa propre personne et de ses propres capacités.

Notons toutefois que, dans l'esprit des Niveleurs, cette propriété n'est pas une fin en soi, l'objet d'une jouissance passive. S'ils la revendiquent, c'est qu'ils considèrent qu'elle est, pour l'homme, la condition préalable à l'usage et à la jouissance de ses aptitudes. Ils tiennent que les hommes ont été créés pour cultiver leurs aptitudes et jouir de leur perfectionnement. Cette propriété de chaque homme est donc bien exclusive au sens où autrui n'a aucun droit sur elle ; mais elle n'exclut nullement les devoirs de l'homme envers son Créateur et envers lui-même.

II. *Déduction des droits et fondements de l'exclusion.*

Toutes les revendications explicites des Niveleurs, qu'il s'agisse des droits civils, religieux, économiques ou politiques, se fondent sur ce double postulat : l'homme est, par essence, un être libre, la liberté consiste à être le maître exclusif de sa propre personne et de ses propres aptitudes. Elles n'en sont, pour eux, que des déductions évidentes.

Pourquoi revendiquer les libertés civiles et religieuses ? Tout simplement parce que l'homme ne saurait être propriétaire de lui-même sans liberté, c'est-à-dire sans une série de garanties qui le protè-

gent de l'arrestation, des procès et de l'emprison-
nement arbitraires, et assurent son droit à un
jugement impartial. De même, il ne saurait être maître exclusif de ses facultés mentales et spirituelles,
sans liberté d'expression, sans liberté de publication
et sans liberté religieuse. Les Niveleurs revendiquent
ces droits universellement, sans distinction de sexe
ou de profession. Les femmes ont été créées par
Dieu : elles sont donc des êtres humains. Quant aux
salariés, ils ont beau avoir aliéné leur force de travail, ils n'ont pas entièrement renoncé à leur qualité
d'homme : ce ne sont pas des esclaves.

Voilà pour les principes. Mais les Niveleurs ont également une excellente raison pratique de revendiquer pour tous les libertés civiles et religieuses. C'est
Lilburne qui l'exprime le mieux, lorsqu'il s'élève superbement contre l'arbitraire des arrestations, des
emprisonnements et des procédures judiciaires :

> Cela concerne tous les hommes [...] car ce qui est
> fait à n'importe qui peut être fait à chacun. En
> outre, nous sommes tous membres d'un même
> Corps, la République d'Angleterre : un homme ne
> devrait donc pas souffrir d'une injustice que tous,
> l'éprouvant à leur tour, ne s'efforcent de l'en proté-
> ger : sinon ils livrent une voie aux lames du pouvoir
> et du vouloir qui vont submerger toutes leurs lois et
> toutes leurs libertés, leurs remparts contre la tyran-
> nie et l'oppression[99].

Il faut que les libertés civiles valent pour tout le
monde, sinon personne n'est assuré d'en jouir.

Les droits économiques que les Niveleurs réclament se déduisent des mêmes postulats. Dans ce domaine, l'essentiel c'est, bien entendu, le droit pour tout individu de posséder des biens et des terres, par quoi il faut entendre aussi le droit, pour lui, de les acquérir par le libre exercice de ses forces et de ses facultés. La liberté d'acheter, de vendre, de produire, de commercer, sans licence, sans monopole et sans règlements ou fiscalité arbitraires, qu'exigent les Niveleurs n'est que le corollaire évident de ce principe. Cette liberté économique, il leur arrive d'en parler comme d'un droit naturel, d'un privilège de naissance, d'une liberté traditionnelle et coutumière[100]. Mais même lorsqu'ils n'ont pas recours à ces expressions, il est évident qu'ils tiennent le droit de commercer pour une propriété très importante[101]. Pour le petit entrepreneur, il est presque l'équivalent du droit de gérer lui-même ses affaires et de disposer librement de sa puissance productive : car, en l'absence de ce droit, il cesse d'être pleinement propriétaire de sa personne et de ses facultés, et donc d'être un homme libre. Comme les précédents, les Niveleurs réclament ces droits pour tous. En pratique, il va de soi que seuls ceux qui disposent librement de leur force de travail sont en mesure de jouir effectivement de ces droits. Les serviteurs, de par leur situation même, ne sauraient en user. Toutefois, pour garantir la liberté économique à ceux qui sont capables d'en jouir, il faut en faire un droit universel. Tolérez une réglementation ou une fiscalité arbitraires favorisant un monopole dans une seule branche de l'industrie ou du commerce, et le mal est fait : le champ d'activité de l'ensemble des entrepreneurs est réduit d'autant. Les droits économiques sont comme les droits civils : les exiger pour tous est le seul moyen de les garantir à chacun.

Mais il n'en va pas de même du droit politique qui consiste à élire ses représentants. Il se fonde sur les mêmes postulats que les autres droits, mais il n'a pas à être revendiqué pour tous. Lorsqu'ils évoquent le contrat social qui institue le gouvernement, il arrive aux Niveleurs de déclarer que tous les hommes sont également électeurs[102]. En revanche, ils ne revendiquent le droit d'élire les membres du corps législatif que pour ceux qui ne dépendent pas de la volonté d'autrui. En acceptant un contrat de salaire, les serviteurs ont aliéné leur liberté d'user et de disposer de leurs capacités (en l'occurrence, leur force de travail). Il en est de même des indigents, qui dépendent de la charité privée ou de l'assistance publique. Ces deux catégories sociales ont donc perdu une partie essentielle de leur « propriété », celle qui consistait pour elles à disposer librement de leurs capacités ou force de travail. Or, le gouvernement a pour fonction première de garantir cette « propriété », c'est-à-dire de fixer et de faire respecter le cadre juridique à l'intérieur duquel les hommes pourront tirer le plus grand parti possible de leurs forces et de leurs facultés. Protéger les biens, domaines ou fortunes n'est, pour le gouvernement, qu'une fonction dérivée, secondaire : sans « mien » et « tien », l'homme ne saurait jouir de la liberté de tirer le plus grand parti possible de ses facultés.

Puisque serviteurs et indigents ont perdu la propriété exclusive de leur force de travail, on peut estimer qu'ils ne possèdent pas de terres et de capitaux. Par conséquent, ni la fonction première du gouvernement ni sa fonction dérivée — toutes deux également indispensables — ne sauraient les concerner.

Ils sont certes encore en droit de jouir des libertés civiles et religieuses, peut-être même des libertés économiques, car ils n'ont renoncé qu'en partie au droit exclusif qu'ils avaient sur eux-mêmes. Mais pour protéger ces droits, les Niveleurs estiment que le droit de vote ne leur est nullement indispensable. Les droits civils, les droits religieux et certains droits économiques doivent, dans leur esprit, être garantis par les limites que la Constitution va assigner aux pouvoirs du Parlement ; les trois versions de l'*Accord* ne proposent-elles pas de soustraire ces droits à l'arbitraire du Parlement en déclarant qu'ils ne relèvent pas de sa compétence ? Dès lors qu'ils vont être constitutionnellement garantis pour tous, il n'est pas nécessaire que chaque individu ait le droit de vote pour les sauvegarder. Quant aux autres droits économiques que la Constitution ne garantit pas expressément, mais qui sont laissés au bon sens des Parlements à venir, les Niveleurs pensent qu'en tout état de cause on ne saurait mieux les garantir qu'en s'en remettant à ceux qu'ils concernent au premier chef, c'est-à-dire à ceux qui n'ont pas renoncé à l'usage et à la libre disposition de leurs forces ou de leurs facultés en devenant serviteurs ou indigents.

Ainsi, dès lors qu'on tient compte du rôle que joue la notion de propriété dans leur conception de la liberté, on s'aperçoit que, pour les Niveleurs, il n'y a aucune contradiction à restreindre le droit de vote à ceux qui jouissent de l'indépendance économique et à revendiquer pour tous les droits civils, religieux et économiques. Ceux-ci sont en effet inhérents à la personne humaine ; ils sont inaliénables, car l'homme ne peut aliéner totalement sa liberté sans s'aliéner lui-même[103]. Mais il n'en est pas de même du droit de vote : il n'est pas inhérent à la personne humaine en général, mais à la personne humaine de ceux qui sont pleinement libres, au sens où ils sont maîtres de leur propre travail. Le droit de vote n'est indispensable qu'à ceux qui ont conservé la libre disposition d'eux-mêmes et dont la vie économique est celle d'entrepreneurs actifs : il est donc légitime qu'ils le possèdent. En revanche, les droits civils et religieux sont indispensables à ceux dont la vie physique, intellectuelle et spirituelle est celle d'agents actifs, c'est-à-dire, en droit sinon toujours en fait, à tout le monde.

Pour les Niveleurs, la liberté de l'individu est fonction directe des droits qu'il a sur lui-même ; seul celui qui conserve la propriété exclusive de sa force de travail connaît la plénitude de la liberté. Ce postulat nous permet de résoudre le problème que pose l'étrange opportunisme politique dont ils semblent faire preuve à Putney. On se souvient que

Petty allègue deux raisons pour écarter du droit de vote les serviteurs et les indigents. D'abord, dit-il, ils dépendent de la volonté d'autres hommes : ils peuvent donc redouter de leur déplaire. Ensuite, ils « appartiennent » à leurs maîtres. On pourrait être tenté de voir dans la première des deux raisons qu'il avance un trait de réalisme politique. Il s'agirait pour les Niveleurs d'empêcher les manœuvres d'intimidation auxquelles, ils le savent, se prête admirablement le système du vote public. Ils auraient suffisamment conscience des réalités sociales de leur temps pour en déduire que, si on leur accordait le droit de vote, serviteurs et indigents risqueraient fort de voter comme leurs maîtres de peur de leur déplaire. Mais écarter du suffrage par réalisme politique la moitié des Anglais, alors qu'on proclame l'égalité naturelle des droits de tous les hommes, est-ce vraisemblable ? On peut en douter, d'autant plus que, dans cette hypothèse, ils ont dû nécessairement avoir conscience d'un conflit aigu entre leurs principes affichés et leur réalisme politique. Mais pour nous la question ne se pose pas, car les Niveleurs ne sont nullement déchirés entre une tactique et des principes. Les serviteurs et les indigents ont renoncé à leur privilège de naissance bien avant que le problème du suffrage ne se pose aux Niveleurs : du même coup, les rapports injustes fondés sur la crainte se sont transformés en rapports légitimes de dépendance. C'est cette légitimité qu'exprime la phrase de Petty : « ils appartiennent à leurs maîtres ». Considérons d'abord le cas des serviteurs :

dire qu'ils ont perdu leur privilège de naissance et déclarer qu'ils appartiennent à leurs maîtres, c'est tout un. La perte de ce privilège va de pair pour eux avec l'aliénation de leur force de travail. Mais loin d'être une renonciation pure et simple à leur droit exclusif, cette aliénation n'est que le transfert de celui-ci au profit de leurs maîtres. Grâce à ce transfert, le travail du serviteur appartient au maître et, par voie de conséquence, son droit de vote également.

Le cas des indigents n'est pas aussi évident : comment pourraient-ils avoir remis à leurs maîtres leur privilège de naissance puisque, à proprement parler, ils n'ont pas de maîtres ? Toutefois, il n'est pas nécessaire d'avoir recours à des sophismes pour leur appliquer la déclaration de Petty. Il suffit pour cela de se rappeler qu'on distingue à l'époque trois catégories de pauvres : les invalides, ceux qui vivent dans un état de dépendance partielle, et les vagabonds ou « mendiants effrontés ». Le cas des premiers ne pose aucun problème. Qu'ils mendient de porte en porte, qu'ils subsistent grâce à l'aide de la paroisse ou vivent dans un hospice d'indigents, ils sont par définition incapables de tout travail utile. Ne possédant aucune force de travail, il ne saurait être question pour eux de la conserver ou de l'aliéner. Ils dépendent donc entièrement de la communauté, qui joue auprès d'eux le rôle de maître ou de tuteur.

Les pauvres qui vivent dans un état de dépendance partielle sont capables de travailler ; mais leur travail indépendant ou salarié ne leur permet pas d'assurer leur existence ou celle de leur famille. Ils dépendent donc aussi de la paroisse qui joue à leur égard le même rôle qu'auprès des invalides. Cette catégorie comprend-elle les honnêtes gens que la Guerre civile et — c'est l'avis des Niveleurs — la politique du Parlement ont réduits à la mendicité ? C'est peu probable. Les pétitions des Niveleurs s'apitoient souvent sur leur sort ; de plus, en temps normal, ces gens se suffiraient à eux-mêmes. Il y a donc fort à parier qu'aux yeux des Niveleurs ce ne sont là que des personnes provisoirement déclassées, qui redeviendront des entrepreneurs actifs et utiles, pour peu que le Parlement change de politique et adopte les mesures qui s'imposent.

Quant aux vagabonds, aux « mendiants effrontés », il est peu probable que les Niveleurs en tiennent le moindre compte. À l'époque, on considère généralement qu'ils se sont placés en dehors de la société en refusant de travailler utilement. Il est vrai qu'ils n'ont pas perdu leur force de travail, et qu'ils ne l'ont pas transférée au profit d'un tiers. Mais c'est précisément ce qu'on leur reproche, c'est pour cela qu'ils sont placés en dehors de la société. Hommes sans maîtres, il n'y a pas place pour eux dans une société puritaine.

Bref, le cas des mendiants et des indigents n'est pas différent de celui des serviteurs. Parce qu'ils ont tous perdu leur privilège de naissance, il est légitime de considérer qu'ils appartiennent à leurs maîtres, sauf si cette perte est la conséquence d'un refus de

tout travail utile et donc d'une révolte contre la société. En renonçant à la libre propriété de leur
force de travail, serviteurs et indigents ont tous renoncé à leur droit de vote au profit de leurs maîtres.

III. *Individualisme des Niveleurs et individualisme
des Indépendants.*

L'individualisme des Niveleurs apparaît encore
plus clairement si on le compare à celui des Indépendants. Pour les uns comme pour les autres, être
libre c'est être propriétaire, et ne pas être libre c'est
dépendre de la volonté d'autrui. Mais c'est lorsqu'il
s'agit de définir le type de propriété qui permet de
distinguer liberté et dépendance, que les Niveleurs
s'opposent aux Indépendants. Pour Cromwell et Ireton, un homme n'est libre que s'il est propriétaire
de terres libres ou de lettres patentes lui conférant
le droit de commercer. Pour les Niveleurs, dès lors
qu'un homme est maître de sa force de travail, il est
réputé libre.

Au premier abord, on pourrait penser que ce qui
les sépare est plus fondamental que ce qui les rapproche : le travail n'est-il pas, pour les Niveleurs, un
attribut, une propriété essentielle de l'homme, qui
diffère radicalement de ces autres propriétés que
sont la terre ou le capital ? Pourtant, ce n'est pas
uniquement par goût de la métaphore que les Niveleurs emploient le mot « propriété » pour désigner

indifféremment la force de travail ou les biens matériels que l'homme possède. S'ils en font un usage
ambigu, c'est qu'à leurs yeux ces deux formes de
propriété sont fondamentalement identiques. Deux
séries de considérations permettent de s'en persuader. Tout d'abord, le travail a beau être un attribut
essentiel de l'homme, il est aussi, pour les Niveleurs,
une marchandise. En tant que marchandise, il peut
être aliéné par son propriétaire naturel. Dès lors, le
travail est soumis à la même loi que toutes les autres
marchandises : c'est le marché qui fixe son prix. Les
Niveleurs n'y voient pas d'objection. Lorsqu'il leur
arrive de protester contre le niveau scandaleuse-
ment bas des salaires, ils ne s'en prennent pas au jeu
du marché, mais aux monopoles commerciaux et
aux impôts indirects, qu'ils tiennent pour responsables de cette oppression. Pour y remédier, ils
proposent d'accroître la liberté des échanges commerciaux. Au demeurant, c'est le droit exclusif de
l'utiliser, d'en jouir ou de jouir de ce qu'il produit
qui fait d'un objet une propriété : le vendre, c'est
céder ce droit de jouissance exclusive. Pour les Niveleurs, cela est vrai de la force de travail tout autant
que de la terre ou de n'importe quelle marchandise.
Dans l'exacte mesure où le travail est pour eux une
marchandise, les Niveleurs le mettent donc sur le
même plan que toutes les autres possessions matérielles.

En second lieu, c'est un fait que la jouissance de
l'indépendance économique présuppose la possession d'un fonds de roulement minimal. Les Nive-

leurs le savent d'expérience : un homme ne peut devenir producteur indépendant, que ce soit dans l'agriculture ou dans une branche quelconque de l'industrie, et ne peut le demeurer, c'est-à-dire conserver le pouvoir d'utiliser à son gré sa force de travail, que s'il possède un certain capital.

Personne ne contestera que cela soit vrai des fermiers d'alors. Sans même tenir compte de la rente foncière qu'ils peuvent avoir à payer, il leur faut des outils, du bétail et un fonds de roulement suffisant pour leur permettre de subsister jusqu'à la récolte. Plus bas dans l'échelle sociale, le tisserand à domicile, qu'il soit ou non possesseur d'un métier à tisser, ne peut être indépendant que s'il a les moyens d'acheter les matières premières dont il se sert ; sinon, il ne cesse de s'endetter auprès du marchand de drap, dont il devient en fait le salarié. La même remarque s'applique aux métiers ouverts à ceux qui ne sont pas bourgeois des corporations urbaines. Le cordonnier ou le ramoneur n'ont certes besoin que d'un outillage modeste ; mais s'ils ne disposent pas d'une certaine avance, ils se voient eux aussi contraints, au moindre ralentissement des affaires, de faire appel au fonds d'aide aux indigents ou de se placer comme serviteurs.

En fait, il n'est pas un seul domaine de l'activité économique du XVIIe siècle où l'on puisse être indépendant, conserver la propriété effective de son travail, si l'on ne possède pas un fonds de roulement minimal. Ce qui ne signifie pas que pauvreté et dépendance soient synonymes. On peut être pauvre

mais libre. Le fermier indépendant à qui son propriétaire extorque un loyer exorbitant peut fort
bien avoir un niveau de vie inférieur à celui de ses
serviteurs, malgré un capital de départ substantiel.
De même, il n'est pas rare qu'un cordonnier vive
moins bien qu'un journalier. La pauvreté, que mesure le niveau de vie, n'est pas nécessairement
l'équivalent de la dépendance économique.

En revanche, une chose est certaine : sans fonds
de roulement, pas d'indépendance, pas de liberté.
Les Niveleurs le savent fort bien, puisqu'ils en font
l'expérience quotidienne. Pourtant, ils ne le disent
jamais explicitement. Pourquoi ? Parce qu'ils ont
beaucoup plus à cœur de proclamer les droits de
l'homme que le droit de propriété, plus précisément encore, parce qu'ils s'efforcent de fonder les
droits de l'homme moins sur le droit que les hommes peuvent avoir sur les choses, que sur celui qu'ils
possèdent sur eux-mêmes. Tout à la tâche de revendiquer la plénitude des droits pour tous ceux qui
n'ont pas aliéné leur force de travail, comment
pourraient-ils admettre publiquement, sans donner
des armes à leurs adversaires, que la propriété exclusive de leur force de travail n'assure l'indépendance
qu'à ceux qui possèdent, en outre, des biens matériels ? Rares sont les textes où les Niveleurs admettent clairement que propriété du travail et propriété
des choses sont liées dans leur esprit. C'est le cas de
ce passage des débats de Putney où, après avoir reconnu le bien-fondé d'une partie des arguments par
lesquels Ireton justifie le suffrage censitaire, Rainbo-

rough pose le problème en ces termes : « est-ce
donc une légitime propriété que cette propriété qui
veut que seuls quarante shillings donnent à un
homme le droit d'élire[104] ? ». Mais qu'ils le reconnaissent explicitement ou pas, le fait demeure : le
critère de liberté que les Niveleurs utilisent implique nécessairement que l'homme libre est celui qui,
outre sa force de travail, possède quelques biens matériels.

Loin de nous la pensée de réduire ce critère de
liberté à la possession des seuls biens matériels, loin
de nous l'intention de ramener le débat, qui oppose
les Niveleurs aux Indépendants, à de vulgaires chica-
nes portant sur la quantité de biens qu'un homme
doit posséder pour jouir des droits politiques. Il ne
fait aucun doute que si, pour les Niveleurs, le travail
est une marchandise comme les autres, il est aussi
bien autre chose : un attribut essentiel de l'homme.
Et il n'est absolument pas question pour nous de
mettre en cause la sincérité dont ils font preuve,
lorsqu'ils s'attachent à montrer la différence qui
existe entre propriété de soi-même et propriété des
choses. Tout ce que nous voulons dire, c'est que
leur idée de la liberté est le produit de la généralisation qu'ils opèrent à partir des données de leur propre expérience, c'est-à-dire à partir du phénomène
complexe qu'est la liberté telle qu'ils la connaissent,
celle du petit producteur indépendant qui ne l'est
que dans la mesure où il dispose librement de ses facultés personnelles et d'un fonds de roulement.
Qu'ils aient mis l'accent sur le premier de ces deux

termes n'a rien de surprenant. Qu'ils aient appelé
« propriété » cette liberté de disposer de ses propres
facultés n'est pas un hasard.

Ainsi donc, ce n'est pas parce que, pour eux, la liberté est fonction de la propriété que les Niveleurs
s'opposent aux Indépendants, mais parce qu'ils font
dépendre la liberté d'un type de propriété (la propriété du travail) dont la définition est nécessairement ambiguë. Être propriétaire de son travail, c'est
posséder tout à la fois un attribut essentiel de
l'homme — qui fait partie intégrante de sa personnalité — et une marchandise aliénable. Mais cet attribut ne peut demeurer partie intégrante de la
personnalité de l'homme que s'il s'accompagne de
la possession de biens matériels ; sinon, il se réduit à
n'être qu'une marchandise qu'on est forcé d'aliéner.
La propriété du travail signifie donc deux choses :
ou bien une propriété aliénable au plein sens du
terme, ou bien une propriété dont la jouissance effective présuppose la possession de biens matériels.

On le voit : la différence entre les Niveleurs et
leurs adversaires n'est pas aussi grande qu'une vue
superficielle pourrait le faire croire, et probablement beaucoup moins grande que les Niveleurs eux-
mêmes ne l'ont cru.

C'est d'ailleurs là, peut-être, que réside l'explication de l'étrange impuissance dont les Niveleurs
font preuve au cours des débats de Putney. On l'a
souvent noté : ils n'arrivent pas à réfuter de manière
convaincante (et qui les convainque eux-mêmes) les
arguments avancés par Cromwell et Ireton pour jus-

tifier leur proposition de suffrage censitaire limité aux seuls propriétaires de biens immeubles. Leur échec ne tiendrait-il pas à ce que, comme ceux des Indépendants, leurs arguments s'appuient sur une certaine conception de la propriété ? Plus précisément, ne serait-il pas dû à ce que cette conception ne diffère pas beaucoup, qualitativement du moins, de celle que s'en font leurs adversaires ?

Car, la différence qualitative qui sépare les critères dont les uns et les autres se servent pour définir la liberté est négligeable : seule compte en fait leur différence quantitative. Il est vrai que pour les Indépendants ce qui définit l'homme libre, ce n'est pas la quantité de biens matériels qu'il possède mais leur nature : il faut qu'ils soient immeubles. L'importance qu'Ireton attache à la possession de biens immeubles ou, comme il le répète, d'intérêts localisés et permanents, relève de l'obsession. Il va même jusqu'à assimiler l'Anglais qui ne possède ni propriété foncière ni lettres patentes à un étranger vivant sous la protection des lois anglaises. C'est légitimement que celui-ci est obligé de se soumettre à ces lois, bien qu'il ne leur ait pas donné son consentement, car s'il n'en est pas satisfait, « il lui est toujours loisible d'aller dans un autre royaume » ; et Ireton d'ajouter : « Et le même raisonnement s'étend, selon moi, à celui qui n'a pas, dans le royaume, d'intérêt permanent. S'il a de l'argent, son argent a autant de valeur ailleurs qu'ici ; il ne possède rien qui le fixe localement dans ce royaume[105]. » Bref, les arguments avancés par les Indépendants reposent tous sur l'idéologie tradition-

nelle de la *gentry* : la propriété du sol constitue un
titre évident au pouvoir ; la propriété de l'argent est
suspecte.

Mais s'il est vrai que les Indépendants mettent
l'accent sur la nature des richesses plutôt que sur
leur quantité, les Niveleurs pensent que, dans la pratique, les deux critères se confondent. Rainborough,
qui assimile francs-tenanciers et gens riches, les voit
déjà transformant en bûcherons et en tireurs d'eau
les cinq sixièmes de la population[106]. Pour lui, le suffrage des propriétaires, qui a toujours force de loi, a
eu pour seul effet de donner le pouvoir aux « riches, aux propriétaires de vastes domaines » et de
transformer l'homme qui n'est pas franc-tenancier
en « un éternel esclave[107] ». Pour Petty, le seul problème qui se pose est de savoir si « les riches doivent
diriger les pauvres[108] ». Et quelques mois à peine
après les débats de Putney, les Niveleurs lanceront
une théorie de l'État qui fait preuve d'une remarquable conscience de classe : les chefs des Indépendants y apparaîtront comme les complices d'une
conspiration des riches et des puissants pour asservir
le peuple pauvre mais industrieux[109].

Que les Niveleurs aient raison ou tort de penser
que le suffrage des propriétaires a pour but essentiel
de permettre aux riches de conserver le pouvoir,
qu'ils soient trop influencés par leur milieu urbain,
où l'aspect qualitatif et l'aspect quantitatif de la propriété sont incontestablement liés (les membres des
corporations sont extrêmement riches), il n'en reste

pas moins que, pour eux, le critère des Indépendants est beaucoup plus quantitatif que qualitatif.

On peut donc dire que, dans leur débat avec les Indépendants, les Niveleurs opposent l'un à l'autre deux critères de liberté, et donc deux conceptions du droit de vote : mais l'un manque d'exactitude, l'autre de clarté. Ce qui manque d'exactitude, c'est la façon dont ils interprètent le critère auquel leurs adversaires font appel : ils y voient un critère essentiellement quantitatif, alors que, dans l'esprit des Indépendants, il s'agit d'un critère qualitatif. Ce qui manque de clarté, c'est leur propre critère de la liberté : lorsqu'il s'agit pour eux de préciser ce qu'ils entendent par « être propriétaire de son propre travail », ils partent, nous l'avons vu, de leur expérience personnelle, et définissent le travail tantôt comme une marchandise aliénable (et par conséquent assimilable à un bien matériel), tantôt comme un bien dont la jouissance dépend de la possession effective de biens matériels. Dès lors, il n'est pas étonnant que les Niveleurs se montrent incapables de saisir clairement ce qui sépare leur position de celle de leurs adversaires.

Ce qui nous semble caractériser l'individualisme des Niveleurs, c'est l'idée qu'ils se font de la liberté. Elle est pour eux fonction de la propriété. Ils estiment que l'homme n'est pleinement homme que dans la mesure où, ne dépendant pas de la volonté d'autrui, il possède la liberté de jouir de lui-même et de développer ses facultés. « Ma personne m'appartient » : cet aphorisme n'a pas pour eux valeur de métaphore, elle définit l'essence de l'homme. Mais m'appartenir, c'est me réserver l'usage exclusif de moi-même, c'est empêcher les autres de se servir de moi. Plus encore que la personne humaine, le travail constitue une propriété au sens matériel du terme, car c'est une marchandise qui peut être aliénée. Enfin, la plénitude de la liberté consiste à rester maître de sa force de travail ; et rester maître de sa force de travail n'est possible qu'à celui qui possède des biens matériels.

On reprochera peut-être à notre interprétation sa complexité et la rigueur anachronique des notions qu'elle utilise. Il est vrai que les notions dont se servent les Niveleurs manquent de précision, et leurs raisonnements de rigueur. Aussi bien, nous ne prétendons pas leur attribuer nos concepts et notre logique : ce serait là une grossière erreur. Tout ce que nous affirmons, c'est que les notions que nous avons dégagées sont implicitement contenues dans leur théorie. Et qu'ils n'aient pas eu conscience de tous les présupposés que charrie leur théorie explique dans une large mesure ses insuffisances. D'ailleurs, à une époque où le travail peut être tenu tout à la fois pour une marchandise et pour une propriété essentielle de l'homme, à une époque où l'on a tendance — et singulièrement le petit producteur indépendant qui a une conscience aiguë de la précarité de son indépendance — à le considérer sous ces deux aspects, il n'est pas surprenant que les Niveleurs soient partis de ces notions, mais se soient révélés incapables d'en tirer toutes les conséquences.

IV. *Limites et sens de l'individualisme chez les Niveleurs.*

Il nous faut toutefois prendre garde de ne pas sur-estimer le rôle que joue la propriété dans l'indiv-idualisme des Niveleurs. Certes, la ressemblance qu'il offre avec celui des Indépendants est plus grande qu'on ne le pense généralement ; mais dès qu'on le compare à l'individualisme sur lequel Locke fonde, avec un luxe de raffinements, sa théorie de la pro-priété, on aperçoit une différence très sensible. Nous le faisions remarquer plus haut : en postulant que l'essence de la liberté, et par conséquent l'essence de l'homme, réside dans les multiples droits naturels que l'individu possède sur sa propre personne, les Niveleurs élaborent une théorie qui semble très pro-che de celle de Locke. Pour eux aussi, l'individu est le propriétaire exclusif de ses facultés physiques et intellectuelles, dont il n'est nullement redevable à la société. Autant dire qu'ils voient, dans la vie et la li-berté, des possessions plutôt qu'un ensemble de droits sociaux et de devoirs correspondants. Pour-tant, si leur individualisme est bien l'affirmation d'une propriété, il s'en faut que les Niveleurs aillent jusqu'au bout de cette affirmation.

Prenez, d'abord, le droit à l'appropriation : il n'est pas chez eux, comme il le sera chez Locke[110], un droit de l'individu à l'appropriation illimitée. Il est vrai que les Niveleurs ne s'en sont jamais pris explicitement à l'appropriation illimitée, mais ils se sont toujours clairement prononcés contre la concentration de la richesse et contre l'inégalité des droits à l'appropriation, qui en sont, dans la pratique, les conséquences inévitables. Ils s'inscrivent en faux contre Hobbes. De ses maximes : « Convoiter de grandes richesses et avoir l'ambition de grands honneurs est honorable, car c'est le signe qu'on a la puissance de les obtenir », ou encore : « Les richesses sont honorables pour la puissance qu'elles confèrent[111] », ils n'acceptent que la corrélation, incontestable pour eux, qu'elles établissent entre richesse et pouvoir ; pour le reste, ils dénoncent l'une et l'autre d'un seul et même mouvement. Les riches, disent-ils, ne se servent du pouvoir de l'État que pour accroître leurs richesses aux dépens des petits : ils se livrent à l'escroquerie en gros (voyez les contributions indirectes : elles « ne pèsent lourdement que sur les gens les plus pauvres, les plus industrieux et les plus ingénieux, pour qui elles constituent un intolérable fardeau ; [en revanche] il n'est pas un propriétaire qui en supporte une part le moins du monde proportionnée à ses gros revenus fonciers et à ses vastes domaines acquis par des pratiques usuraires[112] »), ils se livrent aussi à l'escroquerie au détail (voyez comme ils se garnissent la panse grâce au trafic des postes administratifs et politiques). Deux méthodes, un seul résultat : « notre chair est ce sur quoi vous, les riches, vous vivez ; ce dont vous vous ornez, ce dont vous vous parez[113] ». Les Niveleurs vont même jusqu'à accuser les riches de fomenter des factions et des « désordres civils » pour assouvir leur intérêt personnel :

> N'est-ce point votre ambition et vos factions qui perpétuent les désordres et l'oppression dont nous souffrons ? La controverse ne se limite-t-elle pas à savoir de qui les pauvres seront les esclaves ? seront-ils les vassaux du Roi, des Presbytériens ou des cabales dirigées par les Indépendants ? Et le conflit n'est-il pas entretenu afin que vous, dont les demeures sont pleines des dépouilles de votre patrie, n'ayez à rendre aucun compte aussi longtemps que tout n'est que trouble, et afin que l'agitation du peuple, soumis à une monstrueuse oppression, vous fournisse de beaux prétextes pour entretenir une armée et des garnisons — en sorte que sous couvert de nécessité vous puissiez continuer à exercer arbitrairement le pouvoir par comités, etc., interposés[114] ?

Walwyn dénonce la même conspiration de classe, mais en termes encore plus violents :

> ces grands personnages que sont le Roi, les Lords, les Parlementaires, les citoyens cossus, etc., ne connaissent pas les misères [de la Guerre civile] : ils n'y sont donc pas sensibles ; mais vous et vos humbles amis, qui vivez de votre ferme, de votre métier ou d'un modeste salaire, vous êtes nombreux à éprouver les mêmes sentiments lorsque vous voyez ces grands personnages se vautrer dans les plaisirs et les délices : ils se vouent à ces choses maudites — l'argent et les honneurs, qui proviennent des misères et des commotions sanglantes de la République ; et ils redoutent la fin des troubles, car elle risquerait de mettre

fin à leur gloire, à leur grandeur [...]. Le Roi, les Parlements, les grands personnages de la Cité et de l'armée vous ont réduits à n'être que les marchepieds grâce auxquels ils ont gravi les degrés des honneurs, de la richesse et du pouvoir. La querelle n'a jamais porté dans le passé que sur le point de savoir de qui le peuple sera l'esclave : aujourd'hui encore, s'agit-il d'autre chose[115] ?

Les richesses, les honneurs, sont « choses maudites ». La grosse propriété se nourrit de la petite. Mais, chez les Niveleurs, conscience de classe et attachement à la propriété vont de pair. Le pouvoir d'appropriation illimitée que confèrent les privilèges — les monopoles suffiraient à les éclairer sur ce point — détruit « non seulement la liberté, mais la propriété[116] ». Ils exigent que l'une et l'autre soient restaurées, que le citoyen modeste puisse jouir à nouveau de la liberté de devenir propriétaire. Pour rétablir cette liberté, ils proposent donc l'abolition immédiate de tous les privilèges — dîmes, contributions indirectes, exclusifs, etc. — qui privent les citoyens de la jouissance effective de leurs droits. Résolus à accorder à tous les hommes les droits dont les riches sont encore seuls à jouir, ils sont pris dans une contradiction insoluble : ils postulent que la liberté est l'essence de l'homme, et que liberté et propriété c'est tout un ; mais ils rejettent les conséquences ultimes de leur postulat. Bref, ils partent du postulat même dont Locke se servira, mais ils s'arrêtent en chemin.

Si, de leur conception du droit à l'appropriation, on passe à leur vision globale de la société, on découvre encore mieux tout ce qui les sépare des individualistes conséquents. La théorie du droit naturel que développe Overton n'est pas sans rappeler celle de Hobbes : nous avons vu, en effet, que les droits et les devoirs de l'individu s'y déduisent de l'instinct de conservation. Et pourtant, en même temps que cet individualisme radical, on trouve chez Overton une affirmation de l'éminente valeur de la société que l'on chercherait en vain chez Hobbes. Pour lui, l'instinct de conservation, loin de constituer le fondement ultime de la vie, se fonde lui-même sur un postulat encore plus fondamental : le devoir pour chacun de préserver la société des hommes : « par-dessus toutes choses ici-bas, il faut préserver la société humaine, la coexistence ou l'existence des hommes […] ; car c'est, ici-bas, le souverain bien de l'humanité. Libre aux hommes et aux choses de périr et d'être confondus, pourvu que l'humanité vive à l'abri sur cette terre[117] ».

Cette vision de la vie sociale, de la vie en commun, comme souverain bien et valeur suprême de l'humanité, on la retrouve dans de nombreux textes niveleurs. Lilburne développe-t-il l'idée que le pouvoir légitime ne peut procéder que d'un accord ou d'un consentement mutuel ? il considère comme une évidence non seulement que cet accord ne saurait être conclu « en vue de nuire, de faire du mal ou de léser qui que ce soit », mais encore qu'il ne peut être conclu que « pour l'avantage et le profit réciproque[118] », « pour le mieux-être commun de tous ceux qui contractent[119] ». Trois ans plus tard, c'est Walwyn qui, entreprenant de résumer le point de vue théorique des Niveleurs, débute par cette proposition qu'il tient pour évidente : « La fin de tout individu le dépasse ; les Lois de la Nature (qui s'appliquent à tous), les lois du Christianisme (qui nous engagent en tant que Chrétiens), celles de la société et du gouvernement nous enjoignent toutes de consacrer nos forces à promouvoir le Bonheur de la communauté, un Bonheur qui concerne tout autant les autres que nous-mêmes […] [120]. »

On dira peut-être que ce sens aigu de la communauté s'accorde bien mal avec la proclamation du droit de propriété individuelle. C'est possible, mais le fait est que les Niveleurs n'en ont pas conscience. Ce qu'ils veulent, c'est une communauté d'entrepreneurs au sens le plus large du terme : non pas une association limitée aux seuls entrepreneurs économiques, mais un vaste rassemblement de toutes les forces spirituelles, intellectuelles et matérielles de la communauté. Il est bien évident pour nous qu'une communauté d'entrepreneurs économiques au sein de laquelle règne une concurrence ouverte est une contradiction dans les termes. Mais comment les Niveleurs auraient-ils pu s'en rendre compte ? L'abolition des barrières de toutes sortes, qui entravent l'activité des petits entrepreneurs, leur paraît être le seul moyen de permettre à un plus grand nombre d'hommes de se réaliser pleinement. Et ils ont raison : c'est un moyen, à l'époque, d'accéder à une vie plus riche ; ce sera même, peut-être, le seul moyen praticable de le faire tout au long des deux siècles suivants. En tout cas, les Niveleurs ne partagent pas la vision utopique de Winstanley, pour qui la liberté réside dans le libre accès de tous à la terre. Celui-ci voit dans le communisme agraire la seule garantie possible contre l'exploitation de l'homme par l'homme. En fait de droits naturels, il ne reconnaît aux hommes que celui de travailler en commun, de vivre en commun, et de se gouverner conformément à la loi naturelle qui prescrit la conservation de la société[121].

Les Niveleurs sont parfois très proches de Winstanley, notamment lorsqu'il leur arrive de proclamer que la vie en commun est la valeur suprême de l'humanité. Il n'est pas douteux que leur expérience personnelle a fortement contribué à leur donner ce sens de la vie communautaire : ces organisateurs inlassables, qui ont rassemblé des individus jusque-là isolés, et créé de toutes pièces un mouvement politique, n'auraient pu subsister, en prison ou en liberté, sans une entraide de tous les instants. Ils veulent donc créer une communauté véritable. Mais, si cela ne peut se faire que par le nivellement de la propriété, ils préfèrent s'abstenir. Leur objectif est de libérer tous les entrepreneurs de l'exploitation à laquelle ils sont soumis : ils pensent pouvoir l'atteindre sans avoir recours à la mise en commun des biens de la communauté.

Les Niveleurs sont trop profondément prisonniers de l'idéologie de leur classe pour pouvoir jamais renoncer à la liberté conçue comme le droit d'être un individu distinct, indépendant. Il leur arrive parfois de la perdre de vue, mais ils y reviennent très vite. Ils sont incapables de concevoir la liberté comme l'accompagnement obligé de la vie en commun dans une société qui ne connaîtrait pas l'appropriation individuelle. On nous objectera qu'au XVIIᵉ siècle cette conception relève de l'utopie : c'est possible ; mais, pour expliquer que les Niveleurs ne la partagent pas, on ne saurait se borner à affirmer qu'ils sont plus réalistes que les Bêcheurs (Diggers), car, en l'occurence, réalistes et utopistes ont tous mordu la poussière devant l'individualisme de Locke triomphant.

On a souvent dit et on continue d'affirmer que les Niveleurs sont les tenants du radicalisme démocratique, les premiers démocrates de toute l'histoire de la pensée politique anglaise. Au terme de cette étude, il nous paraît plus juste de les considérer comme des partisans du radicalisme libéral, car, pour eux, la liberté prime tout, et ils la font dépendre étroitement du droit de propriété. Leur titre de gloire, s'il faut leur en trouver un, c'est d'avoir proclamé le droit naturel à la propriété. Jadis ce droit s'accompagnait de devoirs envers la société : la tradition voulait que le propriétaire fût comme le gérant des biens de la communauté. En ignorant ces devoirs, les Niveleurs peuvent revendiquer l'honneur d'avoir été les premiers théoriciens politiques à affirmer que l'individu ne doit rien à la société en échange des biens qu'il possède et qu'il les tient en vertu de son seul droit naturel. Du même coup, et sans le vouloir, ils ont ouvert la voie à Locke et à la tradition libérale qu'incarnent les Whigs : car leur théorie du droit naturel à la propriété et des droits naturels conçus comme une propriété de l'individu a tout aussi bien pu servir les fins de Locke que favoriser des entreprises plus radicales.

Dans l'Angleterre du XVIIe siècle, leurs idées ont été reprises et exploitées par Locke. Il est vrai que, plus tard, les radicaux américains et les mouvements démocratiques anglais y puiseront force et réconfort ; mais, même alors, elles continueront d'alimenter le courant libéral. En plaidant la cause du peuple au nom d'un droit naturel à la propriété, d'autant plus vigoureusement proclamé qu'il était mal défini, les Niveleurs ont facilité la tâche de Locke : celui-ci n'aura aucun mal à amener la masse du peuple anglais à confondre égalité du droit de propriété et droit d'appropriation illimitée et à détourner ses sentiments démocratiques au profit du libéralisme bourgeois. La confusion devait durer deux siècles.

CHAPITRE III

Harrington :
L'État et l'égalité des chances

1. LES DEUX AMBIGUÏTÉS
DE HARRINGTON

Il y a seulement quelques années, Harrington semblait occuper une place bien définie dans l'histoire des théories politiques. Il était ce penseur qui avait découvert un rapport, à peine entrevu par ses prédécesseurs, entre la répartition de la propriété et le pouvoir politique, celui qui l'avait érigé en système et utilisé avec succès comme principe d'explication des changements politiques. Il passait pour avoir établi l'existence très générale de ce rapport dans l'histoire, mieux encore, sa nécessité. L'intelligence de cette nécessité devait permettre à toute nation de se doter d'une forme de gouvernement susceptible d'ajustements permanents et qui, par conséquent, ne laissât jamais rien à désirer.

Harrington, quant à lui, se considérait moins comme un philosophe que comme un spécialiste de la science politique : les philosophes l'ont, en géné-

ral, pris au mot et laissé en paix. Ce sont les historiens, et singulièrement les spécialistes de l'histoire
économique, qui ont fait sa réputation. Le professeur Tawney, dans la conférence qu'il lui consacra
en 1941, devait élégamment mettre la dernière
main à la statue que nos contemporains ont élevée à
sa gloire. Qui est Harrington ? — « Le premier penseur anglais qui ait attribué les bouleversements politiques à des changements sociaux antérieurs. » En
quoi réside son originalité ? — « En ceci surtout
qu'il a analysé les effets sur la Constitution anglaise
du développement économique du pays pendant le
siècle et demi qui précède la Guerre civile[1]. » De tels
éloges auraient dû asseoir sa réputation. Il n'en a
rien été. En le citant à l'appui d'une interprétation
des changements économiques de cette période qui
allait susciter de vives controverses, le professeur
Tawney a exposé Harrington aux assauts imprévus
de la critique. Tant et si bien qu'il semble aujour-
d'hui courir le risque de compter au nombre des
victimes de la bataille que les historiens se sont livrés
à propos du problème de l'« ascension de la *gentry*[2] ».
Plus récemment, M. Hill a situé Harrington dans
une perspective historique plus vaste et souligné la
place qu'occupe le peuple dans sa théorie : cette
étude[3], précieuse mais trop brève, a contribué à le
réhabiliter mais elle ne l'a pas lavé de tous les soup-
çons qui pèsent sur lui. Il convient donc de la compléter.

Car, en dépit de toute l'attention dont depuis dix
ans Harrington est l'objet, ses commentateurs ont

omis de relever et d'étudier deux ambiguïtés situées au cœur même de sa doctrine. Tout d'abord, exposant une théorie qui se ramène presque entièrement au problème de savoir comment la propriété se répartit entre le petit nombre et le grand nombre, c'est-à-dire entre la noblesse et le peuple, il laisse planer une ambiguïté sur la catégorie dans laquelle il range la *gentry* : il la rattache tantôt à la noblesse, tantôt au peuple. En second lieu, son concept central d'équilibre ou de déséquilibre dans la répartition de la propriété est lui-même tellement ambigu qu'il finit par sembler contradictoire. Ainsi, quand Harrington définit le principe général de l'équilibre — ou, comme il dit, de la « balance » — tout comme lorsqu'il démontre que l'Angleterre est mûre pour une république, c'est le déséquilibre dans la répartition de la propriété entre le petit et le grand nombre (c'est-à-dire le fait que la noblesse ou le peuple possède plus de la moitié des terres) qui détermine la forme du gouvernement. Il déclare alors très nettement que la république ne peut se concevoir que si ce déséquilibre existe au profit du plus grand nombre. Mais une fois sa république établie, Harrington affirme qu'une loi permettant à un pour cent des citoyens d'acquérir l'ensemble des terres constitue le moyen d'empêcher cette minorité d'écraser le peuple ; c'est même sur cette loi qu'il compte pour fournir à sa république un régime de propriété qui lui assure un fondement adéquat. C'est dire que le principe de l'équilibre, valable lorsqu'il s'agit de fonder la république, semble être abrogé dès lors que celle-ci existe.

Ces deux ambiguïtés ne s'annulent pas l'une l'autre ; en revanche, elles ne se comprennent qu'à condition de tenir compte de certains présupposés de Harrington concernant la nature de la société anglaise de son temps. Étudier ces ambiguïtés, c'est découvrir un Harrington moins systématique, mais peut-être plus réaliste que ne le veut l'image qu'on s'est souvent faite de lui. Il n'est nullement le défenseur inconséquent d'une *gentry* sur son déclin, pas plus d'ailleurs que l'historien dont les aperçus sur la société anglaise, pour originaux qu'ils soient, se seraient limités à décrire les effets de la disparition des tenures de chevaliers. Nous pensons, au contraire, que Harrington se fait de la *gentry* une conception bien plus conforme à la réalité : il considère qu'en 1656 elle possède moins de la moitié des terres du pays et c'est sur cette hypothèse que repose toute sa plaidoirie en faveur d'une république dirigée par cette classe sociale. Nous essaierons de montrer que Harrington a bien saisi la nature bourgeoise de la société de son temps, assez, en tout cas, pour pouvoir postuler que la *gentry* acceptera et soutiendra toujours — comme elle le fait déjà — l'ordre bourgeois existant, qui a, pense-t-il, l'agrément des autres couches sociales. Tels sont à nos yeux les fondements de la pensée politique de Harrington.

Le terme « bourgeois » a perdu toute précision dans ses acceptions politique et historique : il faut donc le définir. Par société bourgeoise, nous enten-

dons essentiellement la société de marché généralisé telle que nous l'avons définie plus haut[4]. Il s'agit
donc d'une société dans laquelle les rapports entre
les hommes sont dominés par le marché, c'est-à-dire
une société où la terre et le travail, tout autant que
les biens meubles et les produits de consommation,
sont traités comme des marchandises destinées à la
vente et à l'achat, ou, d'une manière plus générale,
font l'objet de contrats dont le but est le profit et
l'accumulation ; une société, enfin, où les rapports
des hommes entre eux sont en grande partie déterminés par la possession de ces marchandises et par
le succès avec lequel les propriétaires les exploitent
à leur profit.

2. LE PRINCIPE DE LA BALANCE
ET LA « GENTRY »

Le « principe de la balance », tel que le définit
Harrington, semble aller de soi. Le siège du pouvoir
politique, qu'il s'agisse du pouvoir (ou « empire »)
d'un seul homme, d'un petit nombre d'hommes ou
du plus grand nombre, doit nécessairement correspondre, sauf pendant de courtes périodes de déséquilibre, à la répartition de la propriété (foncière,
dans la plupart des pays) entre l'homme seul, le petit
nombre d'hommes et le plus grand nombre. C'est
ainsi que

telle est la proportion ou la balance du domaine ou de la propriété foncière (excepté dans une cité qui n'a que peu ou point de terres et dont le revenu n'est que dans le commerce), telle est aussi la nature de l'empire.

Si un homme est unique propriétaire d'un territoire, ou si ses propriétés l'emportent sur celles du peuple comme, par exemple, de trois parts sur quatre, [...] son empire est une monarchie absolue.

Si quelques hommes ou une noblesse, ou encore une noblesse et un clergé, possèdent toutes les terres, ou si leurs propriétés l'emportent sur celles du peuple dans la même proportion, c'est la balance *gothique* [...] et l'empire est une monarchie mixte [...].

Et si le peuple tout entier possède l'ensemble des terres, ou s'il les a divisées entre ses membres de façon à ce qu'aucun homme ou groupe d'hommes — qui constitueraient alors « le petit nombre » ou aristocratie — ne puissent l'emporter sur lui, l'empire alors (sans le concours de la force) est une république[5].

Cette corrélation nécessaire entre la forme du gouvernement et la répartition de la propriété, Harrington la présente comme une déduction logique effectuée à partir de propositions évidentes. Qu'il s'agisse d'un seul homme, d'un petit nombre d'hommes ou du plus grand nombre, quiconque a le pouvoir de dominer autrui l'exerce nécessairement. Les hommes ne peuvent se passer de nourriture : ils sont donc le soutien obligé de qui leur en fournit. Plus vastes sont les terres qu'on possède, plus grand le nombre des hommes qu'on peut nourrir et, par conséquent, plus nombreuse l'armée à laquelle on peut commander. Les hommes sont soumis à la richesse « non par choix, [...] mais par nécessité et, pour ainsi dire, à cause de leur estomac ; car celui qui a besoin de nourriture est le serviteur de celui qui le nourrit ; un homme donc qui nourrit tout un peuple le tient sous son empire[6] ». C'est ainsi que la répartition de la propriété détermine la répartition du pouvoir politique. Un déséquilibre peut certes apparaître entre ces deux répartitions, soit qu'un groupe d'individus s'empare du pouvoir politique sans posséder la proportion requise de biens fonciers, soit qu'un changement dans la répartition de la propriété intervienne sans être accompagné du changement politique correspondant. Toutefois, il découle des postulats de l'auteur que, dans l'un et l'autre cas, l'équilibre se rétablira, qu'il s'agisse de l'ancien ou d'un équilibre nouveau. C'est surtout la seconde cause de déséquilibre qui retient l'attention de Harrington ; à son avis, elle ne peut avoir qu'une conséquence : l'ancienne classe dirigeante incapable, faute de ressources, de maintenir son pouvoir ne peut manquer tôt ou tard d'être renversée par ceux qui possèdent la plus grande partie des biens existants.

Dès lors, qui dit gouvernement stable, dit balance du pouvoir correspondant à la balance de la propriété. Mais il existe une autre condition nécessaire à la stabilité du gouvernement : il faut que la balance de la propriété penche de façon décisive en faveur d'un seul homme, d'un petit nombre d'hommes ou du plus grand nombre. Autrement dit, et quel que soit le cas envisagé, il faut pour assurer la stabilité que le ou les propriétaires possèdent considérablement plus de la moitié des biens existants. En effet, que ceux-ci soient à peu près également répartis entre deux groupes distincts, et « le gouvernement devient une véritable boucherie », car chaque groupe essaiera constamment d'asservir l'autre[7]. Enfin, comme la prudence humaine ne saurait prévoir toutes les causes susceptibles d'altérer la répartition de la propriété[8], il convient, pour permettre à un gouvernement stable de se perpétuer, d'imposer une loi interdisant toute modification décisive de cette répartition.

Telle est en substance la fameuse théorie de la balance. Le principe en est formulé dans toute sa généralité (« telle est la proportion ou la balance [...] de la propriété foncière, telle est aussi la nature de l'empire »), mais la seule application qu'en fasse Harrington consiste à étudier ce qui se passe lorsque la répartition se produit au profit d'un seul homme, d'un petit nombre d'hommes, c'est-à-dire d'une noblesse, et du peuple tout entier. C'est alors que la première ambiguïté s'introduit dans sa théorie. Dans l'emploi qu'il fait de l'expression « quelques hommes ou une noblesse », Harrington tour à tour inclut et exclut la *gentry*.

Dans la formulation du principe général que nous avons citée, Harrington ne définit pas ce qu'il entend par « un petit nombre d'hommes ou une noblesse », mais il est probable qu'il vise le petit nombre de nobles qui existaient sous la féodalité : il déclare en effet qu'un déséquilibre en leur faveur correspond à la « balance gothique », expression par laquelle il désigne l'ordre féodal.

Lorsque Harrington évoque les changements historiques qui ont affecté la balance de la propriété du règne de Henri VII à la Guerre civile, il est clair qu'il entend par « noblesse » au début de cette période les pairs de l'époque féodale et, à la fin de celle-ci, les pairs créés par les Stuarts, c'est-à-dire un groupe de « grands » qui n'a jamais compté plus de deux ou trois cents individus. Harrington nous explique que, jusqu'au règne de Henri VII, la propriété était répartie au profit de la noblesse, ou grands seigneurs féodaux qui, disposant du service de leurs tenanciers à des fins militaires, « possédaient la recette [...] leur permettant d'élever ou de déposer les rois selon leurs intérêts divers[9] ». Du coup, Henri VII affaiblit le pouvoir des nobles par trois statuts : le statut de population, le statut concernant la maison des nobles, et le statut des aliénations. Le premier, stipulant le maintien des maisons de ferme, eut pour effet « d'aliéner une grande partie des terres et de les mettre sous le contrôle et en la possession des francs-tenanciers ou gens de condition moyenne », gens « de quelque consistance, qui purent avoir des domestiques et des rustres, et faire aller la charrue » ; ces hommes « furent en grande partie délivrés de la dépendance envers leurs seigneurs » qui, du même coup, perdirent leur infanterie[10]. Le statut concernant la maison des nobles leur enleva leur cavalerie. Quant au statut des aliénations, il les encouragea à vendre leurs terres pour maintenir leur train de vie, et à quitter l'état de princes campagnards pour prendre celui de courtisans. Harrington achève en deux phrases la description du changement qui affecte la société anglaise :

> en détruisant les abbayes, Henri VIII « offrit un champ si vaste à l'industrie du peuple, compte tenu de l'état déclinant de la noblesse, que la balance du gouvernement penchait trop évidemment du côté populaire pour que la reine Parthenia [Élisabeth] ne s'en aperçût pas. Cette reine, qui, par de continuelles cajoleries entre elle et son peuple, fit de son règne une sorte de roman, négligea totalement la noblesse. Ce fut par ces degrés que la Chambre des communes éleva cette tête qui fut depuis si haute et si formidable aux princes qu'ils pâlissaient à la vue de ces assemblées[11].

Dès l'époque d'Élisabeth, la répartition de la propriété se fait aux dépens de la noblesse et au profit du peuple. Harrington ne mentionne qu'une classe ayant profité de ce changement : celle des francs-tenanciers. Mais en soulignant que la Chambre des communes en a été, sur le plan des institutions, la bénéficiaire, il indique clairement qu'il inclut aussi la *gentry* dans la notion de « peuple ».

La même analyse du changement, un peu plus riche en détails, se retrouve dans l'*Art de Légiférer* : la

croissance de la cité de Londres y est liée au « déclin
de la balance vers le populaire » : dès le règne de
Jacques Ier, les Parlements ne sont que « de simples
conseils populaires, qui se ruent vers le gouvernement du peuple avec la rapidité d'une boule déva-
lant une colline » ; ce roi a beau fabriquer de
nouvelles fournées de pairs et s'appuyer sur ceux
qui existent déjà, il ne peut rien pour enrayer ce
mouvement ; « de nos jours [...] les terres possédées
par le peuple l'emportent sur celles que détient la
noblesse dans la proportion d'au moins neuf parts
sur dix[12] ». Aucune des deux versions du changement ne mentionne la *gentry*. Mais il ne peut faire
de doute qu'ici, tout comme dans *Oceana*, la notion
de peuple inclut la *gentry* : c'est ce qu'implique in-
discutablement le qualificatif « populaire » employé
pour caractériser les Parlements de Jacques Ier et le
fait que les possessions de la noblesse, au moment
où Harrington écrit, ne sont évaluées qu'à un dixième
de l'ensemble des terres[13].

Ailleurs, en revanche, Harrington mentionne expressément la *gentry*. Mais chaque fois qu'il en parle,
que ce soit à propos de sa loi de la balance ou de la
manière dont il l'applique au problème que pose
l'établissement d'un gouvernement adapté à l'Angleterre de son temps, il confond toujours noblesse
et *gentry* qu'il oppose au peuple.

Il en est ainsi dans la première partie des Considérations préliminaires d'*Oceana*. Parlant de l'exercice du pouvoir en général et exposant la loi de la
balance, il suit l'exemple de Machiavel en employant

le mot *gentry* comme synonyme de « noblesse » — expression qui désigne ceux qui possèdent terres, châteaux et trésor, leur permettant de s'asservir les autres hommes — tout en le corrigeant sur un point : il fait remarquer qu'une noblesse ou *gentry* n'est fatale à un gouvernement populaire que si elle a l'avantage dans la répartition de la propriété[14]. Un peu plus loin, toujours dans les Considérations préliminaires, il défend la thèse de l'interdépendance de la *gentry* (une fois de plus synonyme de noblesse) et du peuple. Ces deux classes, dit-il, sont aussi indispensables l'une à l'autre que le sont, dans une armée, officiers et soldats : l'établissement, le gouvernement et la direction militaire de la république exigent « le génie d'un gentilhomme », car « là où il n'y a pas de noblesse pour animer le peuple, il est paresseux et insouciant, il ne se préoccupe point de l'intérêt public ni de la liberté ; il est comme le peuple de Rome eût été sans sa *gentry*[15] ». Ainsi, *gentry* et peuple constituent deux classes distinctes, dont la nature et les fonctions diffèrent, mais qui ne peuvent se passer l'une de l'autre.

Enfin, on retrouve la même confusion et la même opposition de termes, quand Harrington en vient à coiffer d'une superstructure politique son infrastructure économique. La république ne peut se passer d'une « noblesse ou *gentry* » : vouloir s'en dispenser serait commettre la double erreur de croire qu'on puisse gouverner sans étude et que le peuple ait le loisir d'étudier ; les hommes de loi et les prêtres, ajoute-t-il, sont aussi peu aptes à jouer ce rôle dirigeant essentiel que « tant d'autres artisans et commerçants » : ils sont tous « irrémédiablement embourbés dans les ornières de leurs préjugés mesquins ». Dès lors, conclut Harrington, « puisque ni le peuple, ni les prêtres, ni les hommes de loi ne peuvent constituer l'aristocratie d'une nation, il ne reste que l'aristocratie de la noblesse ; et, pour éviter toute répétition, je comprends dorénavant, comme les Français, la *gentry* dans le mot noblesse[16] ».

Si la propriété est répartie à son avantage, comme ce fut le cas à l'époque féodale, une noblesse est incompatible avec un gouvernement populaire. Dans le cas inverse, « non seulement elle ne présente aucun danger, mais elle est nécessaire au mélange naturel qu'exige une république bien ordonnée ». Une fois de plus Harrington adopte, tout en l'élargissant, la définition de la noblesse donnée par Machiavel : sont ici considérés comme nobles « *tous ceux qui vivent, sans rien faire, du produit de leurs possessions, et qui ne s'adonnent ni à l'agriculture, ni à aucun autre métier ou profession*[17] ». Or, comme le précise Harrington aussitôt après, l'Angleterre a le bonheur de posséder tous les éléments indispensables à un gouvernement populaire : le peuple y détient l'avantage de la propriété, mais la « noblesse ou *gentry* » y brille par son excellence. Admirablement instruite, possédant à fond l'art du commandement militaire, elle joint une antique vertu à de vénérables richesses ; bref, elle est en tout point digne d'assurer la direction politique du Sénat et des grands ministères d'Oceana[18].

C'est donc bien parce que les membres de « la noblesse ou *gentry* » ne possèdent pas en Angleterre l'avantage de la propriété qu'on peut, sans danger, leur confier le rôle dirigeant dans la république que prône Harrington. De fait, toute son argumentation en faveur de l'établissement, en 1656, d'une république dirigée par la *gentry* repose sur cette constatation de fait. Ce n'est que lorsque les terres sont réparties aux dépens de la noblesse ou de la *gentry* qu'on peut sans danger tolérer celles-ci dans une république ; la noblesse ou la *gentry* en Angleterre ne présentent aujourd'hui aucun danger pour la république et lui sont nécessaires : tels sont les deux points que Harrington ne se lasse pas de souligner.

C'est dire que, pour lui, la noblesse et la *gentry*, à elles deux, possèdent en 1656 moins de la moitié des terres existantes[19]. Elles en possèdent même très sensiblement moins de la moitié, puisque l'inégalité dans la répartition est telle qu'elle permet de fonder une république stable. S'il en était autrement, c'est-à-dire si les terres étaient à peu près également réparties entre la noblesse et le peuple, la stabilité serait inconcevable[20]. Or, il a déjà déclaré que les pairs ne possèdent pas plus de dix pour cent des terres. Par conséquent, en 1656, la propriété se répartit pour lui de la façon suivante : pairs : dix pour cent au plus ; *gentry :* considérablement moins de quarante pour cent ; francs-tenanciers et habitants des villes : considérablement plus de cinquante pour cent.

Il n'empêche qu'un bon nombre de ses contemporains, tout comme certains de ses commentateurs modernes — l'étude du professeur Trevor-Roper, à laquelle nous reviendrons dans un instant, ne laisse aucun doute à ce sujet —, ont interprété à contresens la pensée de Harrington : à les en croire, il aurait soutenu la thèse de l'ascension de la *gentry*, principale bénéficiaire du changement qu'il analyse dans *Oceana*. Comment expliquer cette méprise ? Elle tient au fait que Harrington s'appuie essentiellement sur des considérations politiques pour prouver que la prédominance économique du peuple succède à celle de la noblesse. Il souligne en effet que le pouvoir, aussi bien dans le pays qu'au Parlement, passe des mains de la noblesse à celles des roturiers indépendants. Dès l'époque d'Élisabeth, précise-t-il, le « parti populaire » possède une telle supériorité politique et économique sur les autres ordres que cette reine passe son temps à faire sa cour au peuple et à négliger la noblesse, favorisant ainsi la suprématie de la Chambre des communes. Quant aux Parlements convoqués par Jacques Ier, ils ne sont que « de simples conseils populaires ». Or, pour les contemporains de Harrington, tout autant que pour les historiens d'aujourd'hui, il est évident que sous les règnes d'Élisabeth et de Jacques le personnel de la Chambre des communes se recrute plus souvent parmi les membres de la *gentry* que parmi ceux des ordres inférieurs. Ils en ont donc conclu que, pour Harrington, la terre se répartit alors à l'avantage de la *gentry*. Mais, pour tentante qu'elle soit, cette conclusion n'est absolument pas légitime. Car Harrington prend bien soin de le préciser : le peuple, à moins d'être gravement lésé par eux, se range tout naturellement à l'avis « des gens de meilleure condition[21] » et en élit le plus grand nombre possible[22]. Il est tellement persuadé de cette vérité, qu'il estime nécessaire de prévoir une disposition constitutionnelle spéciale pour assurer la présence, au sein du corps législatif principal qu'il envisage de créer, de quelques représentants des ordres inférieurs[23]. La seule conclusion qu'on puisse légitimement tirer de ce qu'il dit des Parlements du temps d'Élisabeth et de Jacques Ier, c'est que la répartition des terres se fait alors au profit tout à la fois de la *gentry* et du peuple.

Mais arrêtons-nous un instant pour jeter un coup d'œil sur la controverse dont la *gentry* a fait l'objet. La place que Harrington occupe dans ce débat est certes très secondaire. Mais comme certains historiens s'y sont servis de lui, la controverse suscitée par le problème de la *gentry* a fini par affecter de manière décisive et dangereusement tendancieuse l'idée qu'on se fait de Harrington.

Citant Harrington comme témoin de l'ascension de la *gentry*, Tawney décrit très justement le changement dans la répartition de la propriété tel que celui-ci l'a perçu : ce changement se fait au détriment de la noblesse et au profit non pas de la seule *gentry*, mais de la *gentry* et des francs-tenanciers conjointement[24]. Ce témoignage ne constitue une preuve de l'ascension de la *gentry* qu'à partir du mo-

ment où on lui adjoint d'autres témoignages contemporains de celui de Harrington et soulignant le
déclin des francs-tenanciers aux alentours de 1600,
date à laquelle les baux à long terme arrivent à
expiration[25].

Trevor-Roper[26] réfute la thèse de Tawney et, au
passage, étrille Harrington : il commence par mettre
en question la valeur de son témoignage, puis il présente sa théorie comme la doctrine de combat —
dont la fausseté est facile à prouver — d'une *gentry*
sur son déclin luttant désespérément pour rétablir
sa position. Ces deux chefs d'accusation supposent
toutefois qu'on amalgame Harrington et quelques-
uns de ses disciples qui ont fait écho à sa théorie,
l'ont défendue ou utilisée à des fins personnelles : si
l'on s'en tient au seul Harrington, ils sont dépourvus de tout fondement.

La valeur du témoignage de Harrington ? À en
croire Trevor-Roper, il existe au XVIIe siècle une doctrine cohérente énoncée, ou invoquée, par Harrington, Neville, Chaloner, Baynes, Ludlow et bien
d'autres. Entre autres thèses, cette doctrine affirme
qu'un changement est intervenu en Angleterre dans
la répartition de la propriété entre les classes : désormais, « la Couronne et la noblesse ont perdu
leurs biens » et « la *gentry* possède toutes les terres[27] ».
Mais, ajoute Trevor-Roper, cette doctrine ne saurait
prouver l'ascension de la *gentry* entre 1540 et 1640,
et cela pour deux raisons. D'abord, « lorsqu'ils ne se
contredisent pas eux-mêmes, ces commentateurs
restent dans le vague » dès lors qu'il s'agit de préci-

ser l'époque à laquelle se produit ce changement. certains la font remonter au XVe ou au XVIe siècle, d'autres la situent sous Jacques Ier, et même plus tardivement. Il est donc impossible de considérer que ces commentateurs ont décrit un processus historique réel s'étendant de 1540 à 1640 ; ils n'ont fait que « généraliser et diluer dans une période de temps indéterminée un processus dont les changements brutaux de la dernière décennie [1640-1650] constituent leur seule preuve ». Deuxièmement, ces commentateurs ne sont pas des observateurs impartiaux, indépendants les uns des autres : ils forment, au contraire, « un groupe, presque une coterie, d'activistes républicains, prenant leurs mots d'ordre chez Harrington et chez Neville, tandem de penseurs indissociable » ; du même coup, leurs déclarations « ne sont pas le fruit d'observations concordantes, mais la répétition d'un dogme : celui d'*Oceana*[28] ».

Étrange coterie que celle dont parle Trevor-Roper ! Elle ne fait, dit-il, que ressasser un dogme, et pourtant elle reste dans le vague et même se contredit sur la date précise du changement en question, alors que son chef de file reconnu, Harrington, s'est prononcé on ne peut plus clairement à ce sujet. Le bouleversement commence aux alentours de 1489 avec la législation de Henri VII ; la dissolution des monastères en 1536 l'accélère, et un nouvel équilibre apparaît dès le règne d'Élisabeth[29]. Ce n'est pas récemment, mais au temps de leurs arrière-grands-pères, que les représentants de la *gentry* portaient les livrées bleues des valets de l'aristocratie[30]. Quand

Harrington déclare que la noblesse et le clergé possédaient l'avantage des terres « sous l'ancienne monarchie », c'est à l'époque de la guerre des barons
qu'il se réfère[31]. Il est vrai qu'il contracte ou distend
à volonté la période qu'il assigne au changement.
Lorsqu'il veut montrer que celui-ci peut se produire
« tout soudain », il affirme qu'on est passé d'un
équilibre monarchique à un équilibre populaire
« entre les règnes de Henri VII et de la reine Élisabeth, c'est-à-dire en moins de cinquante ans[32] ».
Quand, au contraire, il entend souligner qu'il s'agit
d'un changement graduel, il déclare que d'aristocratique le gouvernement est devenu populaire en
cent quarante ans[33]. Mais l'inconséquence n'est pas
grave : dans les deux cas, le changement commence
au début du XVIe siècle ; vers 1550, l'ordre ancien
cède le pas à l'ordre nouveau, qui ne fait que s'affirmer tout au long du siècle suivant. Rien de plus
clair, par conséquent, que les dates fournies par
Harrington. Et Trevor-Roper est bien mal venu de
lui reprocher de s'être livré à des généralisations
abusives à partir des changements qui secouent bru-
talement l'Angleterre de 1640 à 1650 : les preuves
sur lesquelles il s'appuie sont essentiellement celles
qu'il tire de l'*Histoire* de Bacon, publiée en 1622.

Il faut donc, à tout le moins, exclure Harrington
de la prétendue coterie. Quoi qu'aient pu déclarer
ses disciples ou ceux qui, de temps à autre, se sont
servis de lui, Harrington lui-même n'a jamais dit
que « la *gentry* possède toutes les terres ». Pour lui, le
changement se fait certes aux dépens du roi et de la

noblesse, mais au profit du peuple et non pas de la
gentry. Or nous l'avons vu : si, sous sa plume, le peuple comprend toujours les francs-tenanciers, il exclut parfois la *gentry*.

L'amalgame, auquel Trevor-Roper procède constamment, l'amène à incriminer avec encore moins de
bonheur la fausseté de la thèse soutenue par Harrington. Pour cet historien, Harrington vient à point
nommé satisfaire les besoins de la « petite *gentry* » :
ses membres s'emparent de cette thèse comme d'un
étendard « dans leur dernier combat, sans espoir,
contre la cour. Le fait qu'ils aient perdu ce combat
prouve à l'évidence la fausseté de la doctrine de
Harrington[34] ». Mais ce dernier n'a jamais dit que la
« petite *gentry* » avait obtenu l'avantage de la propriété et qu'en conséquence le pouvoir devait lui être
confié. Ce qu'il a, en revanche, toujours soutenu,
c'est que la *gentry* et le peuple, ayant acquis des biens
aux dépens de la noblesse, le pouvoir devait changer
de mains à l'avenir. Même si on laisse de côté le
peuple, on a tôt fait de s'apercevoir que la *gentry* que
Harrington voudrait voir investir du pouvoir politique ne se réduit pas, comme le prétend Trevor-
Roper, à la « petite *gentry* » sur son déclin. Elle comprend en outre la « grande *gentry* » et la « *gentry* qui
monte ». La « grande *gentry* », celle qui est en pleine
ascension et dont les revenus annuels s'élèvent à
2 000 ou 3 000 livres sterling[35], Harrington la dis-
cerne fort bien puisqu'il déclare qu'elle ne sera nullement gênée par les limites qu'impose sa loi agraire, à
savoir un maximum de 2 000 livres de rente foncière

annuelle pour l'Angleterre (4 500 pour les îles Bri-
tanniques, et peut-être deux fois plus pour les colonies), sans parler des revenus libres du commerce et
des quelques émoluments que lui procure l'exercice
de charges diverses[36]. Quant à la *gentry* qui monte,
Harrington en reconnaît implicitement l'existence
lorsqu'il souscrit au principe des loyers exorbitants
qu'elle extorque de ses fermiers[37]. Si Harrington avait
postulé la suprématie économique de la petite *gentry*,
l'échec de celle-ci à s'emparer du pouvoir prouverait
ou bien que les faits sur lesquels Harrington s'est ap-
puyé sont faux, ou bien que la théorie qu'il a fondée
sur eux est erronée. Trevor-Roper entend tirer l'une
et l'autre conclusion à la fois. Mais puisque les faits
qu'il incrimine ne sont pas ceux qu'a avancés Harrington, aucune des deux conclusions ne tient.

Reste à savoir pourquoi Harrington fait preuve
d'une telle ambiguïté à propos de la *gentry*. Pourquoi la range-t-il tantôt du côté de la noblesse,
tantôt du côté du peuple ? Pourquoi donne-t-il à
l'expression « quelques hommes ou une noblesse »
deux sens opposés, l'un qui exclut la *gentry* et l'autre
qui l'inclut ? Rappelons qu'il utilise cette expression
dans son sens restrictif lorsqu'il décrit le passage de
la balance gothique à la balance moderne, tandis
qu'il l'emploie dans son sens large lorsqu'il parle de
la situation en 1656. Ces deux sens se justifient et
sont compatibles si l'on tient compte de la différence qui sépare les titres de propriété à l'époque
féodale de ceux de la période moderne. Lorsque les
tenures de chevalier assuraient la possession de la

terre, seuls les titres de propriété de la noblesse proprement dite lui conféraient le pouvoir militaire dont dépendait l'équilibre du gouvernement ; les chevaliers et les gentilshommes qui tenaient leurs titres de propriété de la noblesse lui étaient subordonnés. Avec la disparition des tenures de chevalier, la noblesse ne tire, d'une superficie quelconque de terre, pas plus d'avantages militaires que ne le fait n'importe quel autre propriétaire. Les nobles, les membres de la *gentry* et mêmes les francs-tenanciers inférieurs à la *gentry* sont tous à égalité en ce qui concerne le potentiel militaire que procure la propriété foncière : lorsqu'il s'agit de nourrir une armée, tout hectare de terre à la même valeur, quel que soit son propriétaire. Or, en même temps que disparaissent les tenures de chevalier, la *gentry* et les francs-tenanciers acquièrent la propriété de vastes domaines. La puissance de la noblesse en est réduite d'autant, et cette dernière devient une classe insignifiante dans les calculs permettant de déterminer la balance de la propriété et du pouvoir. Mais la noblesse conserve encore les qualités qui en font une classe dirigeante indispensable à l'État, tout comme la *gentry*. Du coup, il est parfaitement légitime de ranger noblesse et *gentry* dans une même classe : l'une et l'autre se composent de rentiers qui ont le loisir de donner une direction politique au pays. Le clivage social, qui, pour Harrington, vient de prendre tout son sens, est celui qui sépare la « noblesse ou *gentry* » des francs-tenanciers d'un rang inférieur : ceux-ci sont obligés de travailler pour vivre, ils sont donc incapables d'assumer la direction politique de l'État. Harrington les range donc dans la classe des ouvriers, c'est-à-dire du « peuple ».

En tout état de cause, ce n'est pas Harrington qui a promu la *gentry* en la faisant arbitrairement passer de la catégorie du « peuple » à celle de la « noblesse » ; elle s'est promue elle-même en se délivrant de son statut féodal et en acquérant en toute propriété une masse substantielle de terres. En ce sens en tout cas, on peut parler d'une ascension de la *gentry*, ascension que reflète bien l'emploi amphibologique que fait Harrington du mot « noblesse ». Ce qui ne veut pas dire qu'il justifie en ces termes son amphibologie. En fait, il n'en donne aucune justification, car tout laisse penser que, pour lui, elle n'en exige aucune. Il peut légitimement tenir pour acquis que les membres de la *gentry* qui le liront, et pour qui il écrit, ne se méprendront pas sur son appréciation des faits et notamment sur son affirmation selon laquelle, depuis un siècle et demi, la *gentry* a gravi un échelon dans la hiérarchie sociale des classes dirigeantes. À y bien réfléchir, il n'est pas étonnant que Harrington ne considère jamais la *gentry* comme une classe distincte, mais qu'il la rattache toujours à une autre. Le fait est qu'en tant que classe, elle n'a jamais été capable d'exercer seule le pouvoir. Ne pouvant aspirer à un monopole, elle doit se contenter de le partager soit avec la noblesse et la cour, soit avec les francs-tenanciers. L'amphibologie de Harrington prend acte de ce fait, tout comme son plan d'une république dans laquelle *gentry* et francs-tenanciers exerceront conjointement le pouvoir.

Une des rares fois où Harrington parle de la *gentry* comme d'une classe distincte, il souligne bien qu'elle n'est pas encore capable d'exercer seule le pouvoir. Dans un pamphlet de juillet 1659, il déclare que la Chambre des communes, « composée surtout de gentilshommes », a tenu, « comme elle a eu coutume de le faire jusqu'ici en Angleterre », une place intermédiaire entre le roi et le peuple « tant qu'elle était sous l'empire de la noblesse ; mais le déclin naturel de cet ordre l'a élevée dans la hiérarchie et l'a rendue impatiente du joug [royal] ». Si la *gentry* monte, c'est donc parce qu'elle remplit le vide politique créé par le déclin de la noblesse. Mais Harrington lui lance cet avertissement : si la Chambre des communes ne se réforme pas de manière à accorder au peuple une partie de son pouvoir, « la crainte du joug populaire la rejettera dans les bras de la monarchie[38] ». Une telle évolution ne saurait engendrer qu'une instabilité chronique. Le seul État capable de fonctionner est celui que dirigeront conjointement la *gentry* et le peuple.

3. LA SOCIÉTÉ BOURGEOISE

Nous l'avons vu : l'emploi amphibologique de l'expression « le petit nombre », la place ambiguë que Harrington assigne à la *gentry*, se comprennent aisément dès lors qu'on veut bien accepter ses présupposés. Tout comme le peuple, la *gentry* était jadis subordonnée à la noblesse. Désormais les propriétaires sont tous placés sur le même pied : la *gentry* est donc dorénavant plus proche de la noblesse que du peuple. Mais si l'analyse devait s'en tenir à ces propositions, elle risquerait fort d'égarer sur la conception que Harrington se fait de la société de son temps. Car, s'il jette sur la *gentry* du XVIIe siècle un regard d'aristocrate, c'est plutôt avec des yeux de bourgeois qu'il observe l'aristocratie de son temps. Avant de passer à l'examen de la seconde ambiguïté qui affecte sa théorie, il convient de préciser ce point.

À la suite de Tawney, l'interprétation orthodoxe a fait gloire à Harrington d'avoir compris, dans une certaine mesure, la nature du changement qui secoue l'Angleterre lorsqu'elle passe du mode de production féodal au mode de production bourgeois. C'est contre cette interprétation que M. Pocock s'inscrit en faux. Harrington, déclare-t-il,

> ne soupçonne pas le moins du monde qu'il existe entre les hommes un réseau complexe de rapports économiques, susceptibles d'être étudiés en eux-mêmes et qui déterminent la répartition réelle du pouvoir. Si on le compare aux auteurs de premier plan de l'époque des Tudor, qui ont voulu par leurs écrits réformer la société, ce qui frappe chez lui n'est pas tant son ignorance des réalités d'une économie agraire que l'indifférence totale qu'il manifeste à

leur égard. Il ne lui vient pas à l'esprit qu'il est possible d'étudier l'échange des biens et des services dans une telle économie pour en découvrir les lois propres, encore moins qu'il faut l'étudier dans ses rapports avec le pouvoir politique [...]. Ce qu'il a à dire sur les rapports économiques existant entre les hommes — et le seul fondement de ses remarques sur la propriété conçue comme l'infrastructure dont le pouvoir est la superstructure — se ramène à cette formule : « une armée est une bête de proie à l'appétit dévorant : elle doit être nourrie » ; autrement dit, qui possède la terre est en mesure de nourrir les soldats[39].

La vigueur de cette attaque est bienvenue. Il fallait bien qu'on corrigeât un jour l'idée un peu trop simple qu'on finissait par se faire de Harrington. De ce que celui-ci avait vu le rôle politique fondamental des changements qui s'étaient produits dans la répartition de la propriété entre le règne de Henri VII et la Guerre civile, il ne s'ensuivait pas nécessairement qu'il avait aussi perçu la nature des changements qui avaient affecté dans le même temps les rapports économiques des hommes et des classes sociales. Comprendre l'effet politique de la disparition des tenures féodales est une chose — en quoi, pour Pocock, réside le seul titre, mais nullement négligeable, de Harrington à l'originalité —, mais saisir le système complexe des rapports de marché qui les remplace en est une autre, toute différente.

Toutefois, le correctif de Pocock va trop loin. La preuve existe que Harrington a bel et bien eu cons-

cience du caractère universel des rapports de marché, même au niveau de l'exploitation du sol. Ses
remarques sur les rapports économiques que nouent
les hommes ne se réduisent nullement à l'aphorisme cité par Pocock. Enfin, et peut-être surtout,
pour justifier son plan de réforme politique, Harrington se fonde essentiellement sur l'hypothèse
que la *gentry* est suffisamment bourgeoise pour être
capable d'administrer une société composée d'entrepreneurs capitalistes de manière à les satisfaire.

À vrai dire, Harrington ne se borne pas à prendre
conscience des motivations et des rapports qui existent dans une économie de marché : il va bien plus
loin, puisqu'il les accepte. Voyez la manière dont il
défend l'usure. Il pose en principe que les entreprises commerciales doivent pouvoir disposer des capitaux que les particuliers ont accumulés ; mais il
ajoute que personne ne hasarde son capital à moins
d'avoir l'espoir d'en tirer profit. Pour lui, et dans un
pays aussi vaste que l'Angleterre où le capital ne saurait l'emporter sur la propriété foncière, l'usure
« bien loin d'être nuisible, est nécessaire » ; elle est
« profitable à la république », « très fructueuse pour
le public », car elle introduit dans les circuits commerciaux de l'argent qui, autrement, stagnerait[40].
De plus, accumuler des capitaux est une entreprise
honorable et respectable. C'est en effet l'industrie
qui permet d'acquérir des propriétés foncières, nullement « l'avarice et l'ambition[41] ». « L'industrie par-
dessus tout aime à accumuler, et l'accumulation hait
par-dessus tout le nivellement : les revenus du peu-

ple étant donc ceux que lui procure son industrie, il n'y a pas d'exemple [au monde d'un peuple] qui ait été niveleur[42]. » Certes, Harrington ne prétend pas que le désir d'accumuler et la possibilité de le faire honnêtement constituent des nouveautés au XVIIᵉ siècle. Mais il suffit de comparer ses déclarations et le point de vue traditionnel que certains de ses contemporains expriment encore, pour voir à quel point il a fait siennes les valeurs morales de la bourgeoisie.

Lorsqu'il en vient à parler spécifiquement de la société anglaise, c'est pour en reconnaître la fluidité. La mobilité sociale ascendante, fondée sur le profit commercial et industriel, y est devenue monnaie courante : il existe « d'innombrables métiers permettant aux hommes qui les exercent non seulement de vivre mieux que ceux qui possèdent de bons morceaux de terre, mais encore d'acheter des domaines plus vastes que les leurs » ; car « le revenu provenant de l'activité industrieuse d'une nation, chez nous tout au moins, est trois ou quatre fois plus grand que celui que fournit la simple rente foncière »[43]. Même postulat de mobilité sociale, lorsque Harrington souligne les avantages qu'offre sa loi agraire : elle a, entre autres mérites, celui d'exclure « que les riches puissent empêcher [le peuple] de parvenir, par son industrie et son mérite, aux mêmes richesses, à la même puissance et aux mêmes honneurs qu'eux ». Et il ajoute, comme s'il s'agissait d'une évidence, que pour le peuple il va de soi que les richesses de la république doivent « être

réparties proportionnellement à l'industrie des individus »[44].

Ces quelques indications montrent bien que Harrington a conscience des critères bourgeois qui ont
cours chez le « peuple ». Mais il faut ajouter qu'il a
aussi quelques notions de ce qu'est une économie
de marché et qu'il n'est nullement hostile à ses conséquences sociales. Il ne voit par exemple aucune
raison de s'affoler à l'idée que les cités marchandes
vont connaître un essor considérable. Cette croissance ne saurait ruiner l'économie existante : bien
au contraire, elle la renforcera, car ville et campagne
ne sont que deux aspects complémentaires d'une
seule et même économie de marché. Il ne fait pas
de doute pour lui que l'essor des villes entraîne celui
des campagnes et réciproquement : c'est là l'effet
naturel de la loi de l'offre et de la demande s'appliquant aux marchandises et au travail. La croissance
se manifeste-t-elle d'abord dans les villes ?

> Plus une cité possède de bouches à nourrir, plus il
> faut, de toute nécessité, que la campagne y déverse
> de nourriture : il s'ensuit qu'on y trouvera davantage
> de grain, davantage de bestiaux, et des marchés
> mieux fournis ; ce qui, en retour, produit un plus
> grand nombre d'ouvriers agricoles et de laboureurs,
> ainsi que des fermiers plus riches, et fait de la campa-
> gne tout autre chose qu'une république de manants.
> À tel point que [...] l'agriculteur [...] jouissant, grâce
> à la sécurité du marché, d'un commerce ininter-
> rompu, voit s'accroître le nombre de ses enfants et
> de ses serviteurs, tout comme la quantité de grain

qu'il produit et de bétail qu'il élève... En devenant plus peuplée, et en élevant davantage de bétail — ce qui accroît également la quantité de fumier disponible — la campagne doit nécessairement accroître sa richesse dans la même proportion.

Réciproquement, une campagne très peuplée entraîne l'accroissement de la population des villes,

car quand le peuple s'accroît au point que la terre n'a plus de mamelle à lui offrir, l'excédent doit aller ailleurs chercher de quoi vivre : soit dans la carrière des armes, comme ce fut le cas des *Goths* et des *Vandales* ; soit dans les manufactures ou la production de marchandises, ce qui exige qu'on mette en commun idées et capitaux : d'où les cités populeuses[45].

Ces remarques ne révèlent certes pas un exceptionnel talent d'économiste, mais elles montrent bien, tout comme le parallèle qu'il fait des avantages respectifs du commerce anglais et du commerce hollandais[46], que Harrington a saisi les aspects essentiels d'une économie de marché.

Pourtant, s'il a conscience des rapports de marché qui prévalent chez le « peuple », il semble à première vue que, pour lui, noblesse et *gentry* soient à l'abri de leurs effets. C'est d'habitude le contraste entre le mode de vie de ces deux classes, et donc entre deux sources de revenus, qu'il souligne. Les revenus du commerce, des manufactures ou de l'agriculture exigent un effort : poussée par le désir d'accumuler, l'intelligence humaine s'applique à

produire des biens pour le marché. En revanche, les
revenus de la propriété foncière affluent tout seuls :
« que les rentes, que valent à un homme la terre
qu'il possède ou tout autre bien, affluent tout naturellement et sans effort, par l'effet du consentement, ou de l'intérêt général, c'est-à-dire en vertu
de la loi fondée sur l'intérêt public et, par conséquent, volontairement instituée par le peuple tout
entier, est une vérité d'évidence[47] ». Ici, nul effort
n'est nécessaire : les rentiers semblent totalement
étrangers à l'économie de marché qui les entoure.
Mais ce n'est qu'apparence : en fait, Harrington
n'ignore pas que les revenus fonciers ne sont pas
dus aux rapports traditionnels entre propriétaires et
locataires ; il sait qu'ils ne sauraient échapper à la
loi du marché. Il sait très bien que, sous la forme de
loyers exorbitants, le rapport capitaliste s'impose
aussi au secteur agricole. Il l'accepte en principe, se
bornant à en déplorer les excès : « extorquer des
loyers exorbitants, c'est pour les riches agir vile-
ment, c'est un manque de charité envers les pauvres, c'est la marque du parfait esclavage, en un
mot, c'est tarir les sources vives de votre république.
D'un autre côté, accorder trop d'aise aux gens de
cette sorte serait encourager leur oisiveté et détruire
leur industrie qui est le nerf de la république[48] ». Il
avoue n'être point assez compétent pour déterminer jusqu'à quel point on doit autoriser l'extorsion
des loyers, mais le principe qu'il défend est clair : les
loyers doivent être suffisamment élevés pour empêcher les fermiers de relâcher leur effort, mais pas

trop pour ne pas les ruiner, car ils constituent la force principale de la république et « la moins turbulente, la moins ambitieuse » de toutes les classes sociales. Les tenants de la tradition considéraient la pratique des loyers exorbitants comme un mal absolu qui ne pouvait que saper les bases de la société ; pour Harrington, elle joue le rôle de stimulant de l'industrie et de la production. Le propriétaire foncier a pour fonction économique d'obliger les fermiers à être industrieux : remplir cette fonction, c'est non pas détruire, mais bien maintenir en vie une république de laboureurs.

La place que, selon Harrington, les propriétaires fonciers occupent dans la société capitaliste apparaît tout aussi clairement lorsqu'il parle des avantages qu'assure l'assujettissement militaire des « provinces ». Sa théorie générale de l'appropriation n'établit aucune distinction entre le travail d'un quelconque entrepreneur et celui de la *gentry* et de la noblesse en armes, conquérant terres et peuples pour leur profit personnel. C'est dire que pour Harrington le travail qui justifie la propriété est indifféremment militaire ou pacifique. Citant les Psaumes et la Genèse, Harrington écrit : « Ce don de la terre à l'homme revient en quelque sorte à l'échanger contre son industrie […]. La justice naturelle de l'empire ou de la propriété découle de cette industrie qui s'applique à des objets variés avec des fortunes diverses, que ce soit dans la carrière des armes ou dans d'autres activités du corps ou de l'esprit[49]. » Oceana est destinée à être

une république vouée à l'expansion : or, les armes
jouent un rôle essentiel dans une telle république et
ce ne sont pas les marchands, mais les nobles et les
gentilshommes qui les portent. Il s'ensuit que,
comme la noblesse détient les armes qui permettent
d'acquérir de nouvelles provinces, toute province
conquise produit de nouveaux domaines ; ainsi, tandis que le marchand reçoit soie ou étoffe pour ré-
compense de son travail, le soldat reçoit des terres
en échange du sien [...]. Supposons que la république ait acquis cinq nouvelles provinces (et les provinces ne manqueront pas à une telle république) : il
est certain que (outre les honneurs, les magistratures
et les émoluments qui leur sont attachés) la noblesse
possédera dans la république d'*Oceana* plus de domaines d'un revenu annuel de quatorze mille livres
qu'elle n'en eut jamais, ou n'en pourra avoir autrement, d'un revenu de quatre mille[50].

Cette acquisition d'immenses domaines par les nobles et les gentilshommes qui possèdent déjà la plus
grande partie des terres d'Angleterre (sans parler
de celles d'Irlande ou d'Écosse[51]) ne saurait mettre
en péril l'équilibre de la propriété et du pouvoir qui
existe au profit du peuple dans la métropole : les
peuples soumis sont en effet destinés à produire des
revenus pour leurs maîtres plutôt qu'à constituer un
potentiel militaire à leur service.

La profession des armes est le monopole de la noblesse et de la *gentry* et c'est le travail des armes qui
leur confère le droit de s'approprier leur part de la
terre dont Dieu a fait don aux hommes. La différence entre noblesse et *gentry* d'une part et peuple

de l'autre, dont Harrington fait tant de cas lorsqu'il songe à leurs aptitudes politiques respectives, se réduit donc à ceci : ces classes ont des métiers différents, qui leur permettent d'accumuler les revenus qu'ils en retirent. Par ailleurs, aucune différence : l'une et l'autre accroissent le capital réel de la nation. Harrington n'assimile donc pas tout à fait noblesse ou *gentry* à l'ordre bourgeois, mais assez pour pouvoir sans incohérence les distinguer de la classe des marchands et des ouvriers tout en les considérant comme parties intégrantes de la société bourgeoise.

Mais on peut aller plus loin. Une politique d'assujettissement colonial n'est certes pas le propre de la société bourgeoise ou capitaliste : les sociétés de l'Antiquité qui n'avaient rien de bourgeois y ont eu normalement recours pour édifier leurs empires. Mais cette politique coloniale, grâce à laquelle les maîtres accaparent le surproduit du travail des peuples conquis, sous forme de rentes ou de bénéfices réalisés par la vente des marchandises produites par ces peuples, constitue aux XVIᵉ et XVIIᵉ siècles l'un des moyens essentiels permettant l'accumulation des richesses, condition préalable à la naissance du capitalisme moderne. Or, Harrington semble l'avoir bien senti, même s'il ne l'a pas très clairement perçu. Voyez ce qu'il dit de l'Irlande. Les Anglais l'ont colonisée ? Très bien. Son seul regret, c'est qu'elle ne fournisse pas à l'Angleterre le revenu que celle-ci pourrait en espérer. Il propose donc un plan de repeuplement de l'Irlande, l'implantation dans ce pays d'un peuple plus industrieux, plus entreprenant que les autochtones. En l'occurrence, les Juifs lui semblent tout à fait propres à en améliorer l'agriculture et le commerce. Son plan doit permettre à l'Irlande de produire chaque année quatre millions de livres sterling de « rentes sèches », c'est-à-dire de bénéfices nets, déductions faites des salaires payés par les entreprises et des profits réalisés par elles. De ces bénéfices (à quoi il ajoute des droits de douane destinés à l'entretien d'une armée locale), il propose généreusement que l'Angleterre touche la moitié comme tribut[52]. L'originalité de son plan réside en ce qu'il implique la concession des terres conquises à un tiers en échange d'un tribut annuel. Harrington justifie cette curieuse mesure par une théorie du climat irlandais : celui-ci produirait une langueur particulière qui rendrait les Irlandais irrémédiablement paresseux, mais amollirait également les Anglais établis en Irlande. À maux exceptionnels, remèdes exceptionnels : c'est la seule mesure qui permette à l'Angleterre d'espérer tirer de l'Irlande des ressources raisonnables. En revanche, il est clair que dans le cas, cité plus haut, des nouveaux domaines que procureront les provinces nouvellement conquises, Harrington estime que l'appropriation du surproduit pourra se faire par ces voies traditionnelles, c'est-à-dire essentiellement sous forme de rentes payées directement aux propriétaires privés d'Angleterre.

Il est donc certain que Harrington n'a pas anticipé sur la théorie marxienne de « l'accumulation primitive » ; mais il est tout aussi certain qu'il a très clairement vu que la fonction des peuples coloniaux consiste à produire un surplus dont l'Angleterre dispose comme d'un capital liquide. C'est bien à l'Antiquité qu'il emprunte son modèle d'une république « vouée à l'expansion ». Mais sa tête a beau être bourrée des préceptes de « l'antique sagesse », ses pieds n'en foulent pas moins le sol du XVIIᵉ siècle. Pour lui, noblesse et *gentry* contribuent tout autant à l'économie qu'à la politique de l'Angleterre de son temps. Qu'elles accroissent leurs richesses, et elles ajoutent du même coup à la richesse nationale ; qu'elles réinvestissent leurs nouveaux revenus dans leurs domaines pour améliorer ceux-ci, ou qu'elles en fassent l'objet de prêts à intérêts, et elles agissent au profit de la république. On comprend dès lors qu'il n'ait aucune peine à leur assigner une fonction utile au sein d'une société composée essentiellement d'agents économiques libres et industrieux — agriculteurs, artisans et marchands —, en faveur de qui la balance penche désormais.

Un mot avant d'en terminer sur ce point. On aura remarqué qu'il existe une classe sociale dont Harrington ne souffle mot : les salariés ou « serviteurs ». Non seulement ils se voient refuser le statut de citoyens, sous prétexte que, n'étant point libres, ils sont incapables de participer au gouvernement de la république[53] ; mais ils sont traités beaucoup moins comme une des classes dont se compose la république, que comme un peuple étranger. Pour

Harrington, nul besoin d'en tenir compte lorsqu'on élabore l'équilibre des classes à l'intérieur de la république. Il écrit laconiquement : « Les causes des commotions qui ébranlent une république sont de deux sortes : les causes internes et les causes externes. Ces dernières ont pour agent soit des ennemis, soit des sujets ou des serviteurs[54]. »

4. RÉPUBLIQUE « HOMOGÈNE » ET LOI AGRAIRE ÉGALE

C'est sur ces bases sociales que Harrington se propose d'édifier une république perpétuelle. La permanence de cette république, qu'il nomme « homogène » ou « égale », repose en dernière analyse sur la mise en œuvre d'une loi agraire qu'il appelle « loi agraire égale ». Mais l'examen de ses propositions fait apparaître de multiples sources de conflits à l'intérieur de la structure politique qu'il préconise. Il suggère la création de deux corps législatifs distincts, possédant, en fait sinon en droit, un pouvoir de veto. Élus par l'ensemble des citoyens, ces deux corps sont cependant composés de classes sociales différentes. Les richesses foncières respectives de ces deux classes sont, ou peuvent être, extrêmement inégales. De plus, il n'est pas indispensable que la répartition de la propriété se fasse au profit de la classe numériquement la plus importante, celle par conséquent qui peut influer de manière décisive sur l'élection des deux corps législatifs. Malgré toutes les contradictions qu'il recèle, Harrington est convaincu de la pérennité de son système. Mais les raisons qu'il en fournit — il condescend rarement à expliquer comment il pourrait se faire qu'il fonctionne seulement quelques mois ou quelques années — sont extraordinairement confuses, même si elles ont pu lui paraître limpides. Pour deviner les causes de son assurance, il nous faut tenter de démêler quelque peu cet écheveau de raisons contradictoires. Disons d'emblée que l'argument essentiel de Harrington est le suivant : sa république ne peut être renversée aussi longtemps que la loi agraire est en vigueur ; or, cette loi agraire sera toujours en vigueur, car aucune classe sociale, assez puissante pour la changer, n'aura jamais intérêt à le faire. Ces deux propositions n'ont de sens, nous le verrons, qu'à condition de postuler le caractère bourgeois de la *gentry* et du peuple. Au cours de sa démonstration, il arrive presque à Harrington d'énoncer ce postulat, mais il ne le fait jamais clairement et ne semble pas voir sa nécessité logique : d'où les contradictions flagrantes dans lesquelles il s'empêtre. Mais commençons par jeter un coup d'œil sur ses propositions constitutionnelles. Nous aborderons ensuite le problème plus complexe que pose la loi agraire.

La structure constitutionnelle qu'il propose comporte trois éléments essentiels. Premièrement, un Sénat de 300 membres et une Chambre des repré-

sentants de 1 050 membres, élus tous deux au suffrage indirect (avec renouvellement annuel par tiers
et limitation à trois ans de la durée du mandat qui
n'est pas renouvelable) et au scrutin secret ; sont
électeurs des deux Chambres tous les hommes âgés
de plus de trente ans, à l'exception des serviteurs et
de ceux qui ont dilapidé le revenu familial ; un cens
élevé est exigé pour l'éligibilité au Sénat et aux trois
septièmes des sièges de la Chambre des représentants. Deuxièmement, une séparation rigoureuse des
pouvoirs entre les deux corps législatifs : le Sénat
possède l'initiative des lois et le droit de les discuter,
la Chambre des représentants les accepte ou les rejette sans débat. Enfin, l'élection de tous les fonctionnaires et magistrats, civils et militaires, pour une
durée de trois ans sans renouvellement de mandat.
Ainsi constitué (et fondé sur une loi agraire qui fixe
l'infrastructure de la propriété), ce système est, affirme Harrington, à l'abri de toute dissolution interne. Il satisfait à la condition essentielle d'un
« gouvernement parfait », par quoi Harrington entend « qu'un ou plusieurs hommes ne puissent avoir
intérêt à le troubler par des séditions, ou que,
l'ayant, il ne leur en soit pas laissé le pouvoir[55] ».

Quelle est donc, dans ce système, la place réservée
respectivement à la noblesse ou à la *gentry* et au peuple ? Noblesse et *gentry* occupent tous les sièges du
Sénat, les trois septièmes de ceux de la Chambre des
représentants, ainsi que les emplois publics les plus
importants. Elles ne les occupent pas de droit, mais
après des élections auxquelles participe le peuple

tout entier. Le cens d'éligibilité requis pour obtenir
ces sièges ou ces places est tel (posséder des terres,
des capitaux ou des biens d'un revenu annuel de
100 livres) qu'il les met à la portée des francs-tenanciers et des bourgeois les plus riches aussi bien que
des membres de la *gentry*. Mais Harrington estime
que ces sièges et ces emplois seront l'apanage de la
gentry : pour cela, il compte davantage sur la déférence traditionnelle du peuple à l'égard de la *gentry*
que sur ce cens. De fait, le but de celui-ci (original,
en ce qu'il exclut aussi bien ceux qui possèdent plus
de 100 livres que ceux qui en possèdent moins)
n'est autre, déclare Harrington, que de s'assurer
que les citoyens possédant un revenu annuel inférieur à 100 livres occupent la majorité des sièges
dans la Chambre des représentants[56]. À ces gens
« de condition inférieure », qui constituent la masse
du peuple, il accorde les quatre septièmes des sièges
de cette assemblée, ainsi que les emplois publics se-
condaires.

Harrington prend donc bien soin de prévoir deux
corps législatifs distincts où prédominent deux classes sociales différentes. De plus, la manière dont il
justifie entre eux la séparation des pouvoirs implique que ces classes ont, dans une certaine mesure,
des intérêts opposés : de même, dit-il, que deux petites filles, ayant à se partager un gâteau que chacune désire s'attribuer en entier, seront également
servies si l'une d'elles le divise tandis que l'autre
choisit sa part, de même le Sénat et le peuple, qui
désirent s'arroger tout le pouvoir, seront également

partagés si l'un des deux propose les lois et si l'autre choisit parmi celles-ci. Or, il est loin d'être évident qu'un système, exigeant le concours de deux corps distincts de ce genre, puisse fonctionner harmonieusement. Les deux corps sont certes élus par l'ensemble des citoyens, mais Harrington exclut tout à la fois les partis et les campagnes électorales, seuls moyens qu'aurait pourtant le peuple de faire prévaloir ses vœux[57] ; quant au cens d'éligibilité requis pour être sénateur, il interdit aux membres de la classe moyenne, et à plus forte raison à ceux de la classe la plus modeste, de se faire représenter dans cette assemblée par l'un des leurs ; enfin, la déférence traditionnelle que le peuple nourrit à l'égard de la noblesse ne saurait à elle seule assurer le fonctionnement harmonieux du système. De l'aveu même de Harrington, cette déférence est moins la cause que l'effet de l'harmonie des intérêts entre les deux classes : le peuple ne l'éprouve que lorsqu'il ne se sent pas lésé ; or, Harrington pose en principe que le peuple sait très bien distinguer tout seul son intérêt[58]. Il se borne à affirmer que lorsque le Sénat n'est pas exclusivement réservé à un ordre héréditaire, mais est élu par le peuple, l'intérêt du Sénat et celui du peuple sont identiques[59].

On le voit : Harrington ne fournit aucune preuve concluante de la viabilité, encore moins de la pérennité, de son système. Étrange lacune, qui s'explique vraisemblablement si l'on se rappelle qu'il estime avoir établi que ce système ne saurait être renversé par une sédition. Cette thèse essentielle démontrée englobe donc toutes ses autres « preuves ». Dès lors, toute la question est de savoir si la loi agraire possède bien la vertu que lui attribue Harrington : celle d'empêcher qu'une classe quelconque ait tout à la fois intérêt à renverser la république et le pouvoir de le faire.

C'est précisément lorsqu'il s'agit de le démontrer que la confusion de Harrington passe l'entendement. Car, de son propre aveu, la loi agraire n'empêche nullement les inégalités flagrantes dans la répartition de la propriété. Elle limite à 2 000 livres le revenu foncier annuel maximal. D'après les calculs de Harrington, elle permet donc à 5 000 citoyens sur 500 000 de posséder toutes les terres d'Angleterre, au détriment de tous les autres qui, dès lors, ne possèdent rien[60]. Certes, il lui semble très improbable que le nombre des propriétaires soit jamais réduit à ce chiffre — « aussi improbable que toute chose ici-bas qui n'est pas absolument impossible » — mais il estime que même dans ce cas l'État serait populaire et la balance égale :

> les terres venant à être possédées par cinq mille personnes ne tombent point dans la possession d'un assez petit nombre pour qu'il puisse constituer un ordre de nobles ou de princes, soit en vertu du nombre lui-même, soit à cause des biens possédés ; ces nouveaux propriétaires sont, au contraire, dans une situation telle qu'ils ne pourront consentir à l'abolition de la loi agraire, parce qu'alors ils consentiraient à se voler les uns les autres. Il ne peut pas non plus se former entre eux, ou contre leur intérêt com-

mun, un parti capable de violer cette loi ou de les
forcer à le faire. Si bien que les cinq mille personnes
ne constituent, et ne peuvent constituer, qu'un État
populaire, et la balance demeure en tout point ce
qu'elle aurait été si les terres étaient tombées dans la
possession du plus grand nombre imaginable[61].

On peut admettre que les 5 000 propriétaires ne
consentiront point à l'abolition de la loi agraire : en
effet, s'ils possèdent l'ensemble des dix millions de
livres de revenu foncier annuel, cela signifie qu'en
vertu de la loi agraire chacun d'entre eux possède
exactement les 2 000 livres qu'elle leur assigne
comme limite. Dans cette hypothèse, abolir la loi
agraire ou en relever le plafond permettrait certes à
un certain nombre de propriétaires de gagner, mais
nécessairement aux dépens des autres. Il n'empêche
que, pris globalement, l'argument de Harrington
ressemble fort à un cercle vicieux. Il nous dit que la
loi agraire assure la conservation de l'égalité de la
balance, parce que les limites extrêmes assignées à
la concentration de la propriété ne sauraient amener les propriétaires à détruire cette loi. Mais cela
n'est vrai qu'à condition de supposer que la balance
demeure égale tant que la loi agraire n'est pas vio-
lée.

De fait, c'est bien là le présupposé de Harrington.
Il l'énonce virtuellement lorsqu'il écrit :

> Quand les riches sont à ce point entravés par des
> lois agraires qu'ils ne peuvent l'emporter sur le peu-
> ple (et, par conséquent, sont incapables de l'oppri-

mer ou d'empêcher son industrie ou son mérite
d'atteindre à une fortune, à une puissance ou à des
honneurs égaux), le peuple tout entier possède toutes les richesses de la nation déjà également divisées
entre ses membres ; car, si les richesses d'une république ne sont pas distribuées proportionnellement à
l'industrie des hommes, mais par tête, elles seront
inégalement réparties[62].

L'égalité des richesses, telle que la conçoit Harrington, n'est donc pas une égalité arithmétique, mais
celle qui assure à chacun des chances égales d'accroître ses richesses. Que les riches ne puissent entraver
la mobilité ascendante de la classe moyenne constitue
donc la condition suffisante d'une « république homogène ». La loi agraire est censée précisément les
en empêcher : tant qu'elle est en vigueur, la répartition de la propriété est donc « égale ».

  Ainsi, le raisonnement de Harrington cesse d'être
circulaire, dès lors que l'on tient compte de son
concept d'égalité. Mais ce raisonnement n'a pas encore révélé tous ses présupposés implicites. Car, en
elle-même la loi agraire ne suffit pas à empêcher les
riches d'entraver la mobilité ascendante du peuple ;
pour qu'elle le puisse vraiment, il faut encore postuler qu'à l'avenir la classe des riches propriétaires
fonciers aura davantage intérêt à maintenir une économie de marché (qui, incidemment, permet aux
membres industrieux du peuple de continuer à accumuler et à s'élever dans la hiérarchie sociale) qu'à
se liguer contre le peuple. Pour prouver que la loi
agraire met bien la « balance égale » à l'abri des

attaques d'un petit nombre de riches, Harrington s'appuie donc tout à la fois sur un concept d'égalité caractéristique de la bourgeoisie (l'égalité des richesses, c'est posséder des chances égales d'accumuler des quantités inégales de biens) et sur une conception de la *gentry* qui en fait une classe suffisamment bourgeoise pour être en mesure de placer au premier rang de ses intérêts le maintien d'une économie de marché.

À ce concept d'égalité, Harrington ajoute quelques notions rudimentaires d'économie capitaliste pour démontrer que la loi agraire est également à l'abri des attaques du grand nombre, c'est-à-dire du peuple. Pourquoi les gens qui ne possèdent que de petites terres (ou qui ne possèdent rien du tout, si l'on retient l'hypothèse des cinq mille propriétaires se partageant toutes les terres) ne chercheraient-ils pas à niveler la richesse, en s'en emparant grâce à une guerre civile, ou en la confisquant par des mesures législatives tendant à réduire les limites fixées à la rente foncière par la loi agraire ? À cette question, Harrington répond d'une manière très générale qu'ils ne le feront pas parce qu'ils possèdent « toutes les richesses de la nation déjà également divisées entre eux », en d'autres termes parce qu'ils possèdent déjà des chances égales d'accumuler. Il appuie cette affirmation de calculs destinés à prouver qu'un nivellement des richesses irait à l'encontre de l'intérêt du peuple. La valeur totale des terres, due à la rente réelle ou potentielle, est de dix millions de livres chaque année. Confisquer les terres et les répartir également entre les chefs de familles, qui se montent à un million, ne rapporterait à chacun que dix livres par an. Or le journalier le plus pauvre, à raison d'un shilling par jour, gagne déjà davantage. De plus, en cas de nivellement, il perdrait le revenu qu'il touche aujourd'hui car « personne ne pourrait lui fournir du travail ». Les commerçants plus aisés perdraient encore davantage puisque les revenus qui proviennent de l'industrie des hommes sont trois ou quatre fois supérieurs à ceux que procurent les rentes. Or, une guerre civile, ou même un nivellement opéré par des moyens constitutionnels, leur ferait perdre ces revenus[63].

Mais l'arithmétique de Harrington n'a rien de convaincant. Trois objections se présentent à l'esprit. Pourquoi le journalier, devenu petit propriétaire, ne jouirait-il pas chaque année, en plus des revenus de son travail, des dix livres constituant la productivité nette que Harrington attribue à la terre qu'il posséderait dans cette hypothèse ? Pourquoi le commerçant, dont l'industrie lui a fourni jusqu'à présent des revenus qu'il a pu accumuler, ne continuerait-il pas à jouir de revenus qui n'ont jamais dépendu de son titre à posséder des biens fonciers ? Enfin, pourquoi le petit propriétaire paysan *(yeoman)*, qui a certes besoin de plus de terres que ne pourrait lui en fournir un nivellement complet, ne tirerait-il pas déjà profit d'une confiscation partielle des grands domaines qu'entraînerait un abaissement du plafond de la rente foncière de 2 000 à 1 000 livres ou encore à moins ? Harrington ne répond pas à ces objections qu'il n'aperçoit pas. Mais il suffit de tenir compte de notions élémentaires d'économie bourgeoise pour le faire à sa place. Pour faire disparaître la première objection, il n'est que de présupposer que la productivité de la petite propriété est très inférieure à celle de la terre qu'on exploite comme un capital en vue du profit, ou encore — et cela revient au même — que le salariat constitue une structure essentielle au maintien de la productivité existante. La deuxième objection disparaît si l'on présuppose que la rentabilité du commerce dépend de l'utilisation rentable de la terre. Or, ces deux présupposés sont ceux-là mêmes qui sous-tendent, nous l'avons vu, les remarques de Harrington concernant l'extorsion de loyers exorbitants et la croissance des cités. Quant à la troisième objection, elle perd toute sa force si l'on postule, comme le fait Harrington, qu'en fait d'égalité tout ce que le peuple souhaite, c'est l'égalité des chances de tirer profit de ses entreprises : dès lors, on voit mal le peuple entamer le caractère sacré de la propriété par des mesures de confiscation.

La conclusion s'impose donc : pour prouver que la loi agraire constitue la garantie suffisante d'une balance égale et la condition suffisante d'une république populaire ou « homogène », Harrington s'appuie essentiellement sur une vue de l'économie qui postule la nécessité, ou tout au moins, la supériorité des rapports capitalistes de production, et sur un concept d'égalité qui est fondamentalement bourgeois.

5. UN PRINCIPE QUI S'ANNULE LUI-MÊME

Ces mêmes postulats permettent de rendre compte des extraordinaires variations de sens qui affectent sa notion de « surbalance » ou de déséquilibre. Lorsqu'il en énonce le principe général, aussi bien que dans les nombreux exemples historiques qu'il fournit des divers types d'équilibre ou de déséquilibre, Harrington définit toujours le déséquilibre comme le fait pour une classe sociale de posséder plus de la moitié des terres. C'est ainsi que la condition préalable à l'établissement d'une république s'énonce par l'une ou l'autre de ces deux propositions : il faut que le peuple possède les trois quarts (ou les deux tiers) des terres ; il ne faut pas qu'un seul homme, ou un petit groupe d'hommes, possèdent sur le peuple l'avantage des terres[64]. Pourtant, il déclare maintenant que si toutes les terres se trouvent entre les mains de cinq mille propriétaires (qui constituent une infime minorité des cinq cent mille citoyens qu'il envisage) l'équilibre demeure « populaire » ; il va même plus loin, puisqu'il affirme que la loi agraire en vigueur dans la république d'Oceana et qui autorise ces cinq mille propriétaires à avoir le monopole de la terre, ne permet pas « au petit nombre des riches » (synonyme ici des cinq mille propriétaires) de l'emporter sur le peuple (qu'il définit comme « le grand nombre des pauvres[65] »).

Il faut avouer que cela manque singulièrement de
cohérence. Les termes que Harrington emploie semblent changer complètement de sens. Il se réfère ici
aux cinq mille propriétaires comme au « petit nombre
de riches » ; or, quelques pages plus loin, il déclare
que ce nombre n'est pas « assez petit pour qu'il puisse
constituer un ordre de nobles ou de princes[66] ». De
plus, il affirme que la répartition du pouvoir se fait au
profit du peuple lorsque toutes les terres sont entre
les mains de cinq mille propriétaires. Il est clair
que le terme « déséquilibre » a changé de sens : car
désormais le petit nombre qui, si l'on s'en tient à
sa première définition, possède incontestablement
l'avantage dans la répartition de la propriété est « incapable » — Harrington l'affirme — « de faire pencher la balance en sa faveur au détriment du peuple »,
au sens où il n'a pas « le pouvoir de troubler la
république[67] ». Et pourquoi n'a-t-il pas ce pouvoir ?
Parce que, même s'il avait intérêt à troubler la république (ce qui ne saurait être, puisque, comme Harrington le souligne, il possède déjà toutes les
richesses, toute la liberté qu'il peut souhaiter, et plus
de pouvoir à la tête d'une république d'un million
d'hommes qu'il n'en pourrait avoir en excluant ce
million d'hommes de la république réduite à cinq
mille citoyens[68], ou encore en se privant de ses
milices[69]), il n'en aurait pas le pouvoir, « le peuple
ayant une part égale au gouvernement et à la force
militaire et étant bien supérieur en nombre[70] ». Pourtant, Harrington avait bien commencé par poser en
principe que la répartition du pouvoir dépend de la

répartition de la propriété. Qu'est donc devenu ce principe ? Ses derniers vestiges semblent avoir disparu : le pouvoir politique dépend encore du pouvoir militaire, mais désormais le divorce est consommé entre propriété et pouvoir militaire.

De quelque manière qu'on explique les contradictions qui vicient la notion de déséquilibre et l'abandon pur et simple du principe de la balance, une chose est claire : Harrington n'emploie la notion de déséquilibre dans ce sens contradictoire que lorsqu'il envisage la situation hypothétique qui pourrait survenir *après* l'établissement d'une république homogène. Cette contradiction n'infirme donc pas les conclusions auxquelles nous avons abouti quant à l'idée que Harrington se fait de la répartition de la terre en 1656[71].

Il n'en demeure pas moins qu'il se contredit grossièrement : il fonde la nécessité d'une république sur le principe de la balance ; après quoi, il justifie la loi agraire, citadelle de cette république, par des considérations qui sont la négation même de ce principe. Comment expliquer qu'il ne perçoive pas la contradiction ? S'il ne la perçoit pas, c'est tout simplement que, lorsqu'il envisage qu'à l'avenir toutes les terres puissent se trouver entre les mains de cinq mille hommes, il postule une différence qualitative aussi bien que quantitative entre ceux-ci et le petit nombre d'hommes qui ont soutenu jadis les oligarchies de l'Antiquité ou de l'époque féodale. Postulez que la *gentry* anglaise a, dans une très large mesure, partie liée avec l'économie de marché, ou

encore qu'elle a du monde une vision bourgeoise,
et les inconséquences disparaissent. Comment ces
cinq mille propriétaires pourraient-ils souhaiter imposer au peuple des institutions tyranniques, surtout
si l'on se rappelle que par « peuple » Harrington
n'entend désigner que les membres de la classe qui
se trouve située au-dessus des salariés ? Quel intérêt
auraient-ils à lui refuser une participation à l'exercice de l'autorité politique et ainsi à prendre l'avantage sur lui ? Même s'il avait intérêt à le faire, il n'en
aurait pas le pouvoir, car le peuple (qui, dans les
premiers temps de la république, possède de toute
manière une plus grande proportion de terres, et
des armes pour maintenir la balance égale ou populaire) est encore armé et n'hésiterait pas à se servir
de ses armes pour repousser toute tentative visant à
le priver de l'autorité politique (tentative qui ne
manquerait pas de lui apparaître comme une atteinte portée à l'« égalité » de la propriété dont il
jouit aussi longtemps qu'il est capable d'accumuler
et de s'élever dans la hiérarchie sociale).

Dès lors qu'on a bien saisi que, pour Harrington,
la *gentry* de son temps et la république qu'il propose sont essentiellement bourgeoises, comme nous
avons tenté de le démontrer plus haut, on comprend qu'il n'ait pas eu conscience de se contredire.
Mais cela ne signifie nullement que l'accusation
d'incohérence débouche sur un non-lieu. Il reste
chez lui une contradiction majeure : le principe de
la balance, qu'il présente comme universel, ne s'applique en fait qu'à l'histoire qui précède l'établisse-

ment d'une république bourgeoise ; l'établissement de celle-ci abroge le principe. Dans le passé, il a fait sentir ses effets dans tous les sens : il a renversé des monarchies et des oligarchies aussi bien que des républiques. Mais dès qu'il a fait naître une république bourgeoise, il cesse de fonctionner : une répartition des terres au profit d'un petit nombre de bourgeois n'entraîne plus une répartition analogue du pouvoir politique. C'est dire que si la république de Harrington était établie, l'histoire s'arrêterait. Il suffit à Harrington d'avoir montré qu'elle doit le faire : son seul objet est de l'arrêter.

6. L'ENVERGURE DE HARRINGTON

Que deviennent dès lors les hautes prétentions de Harrington ? « La doctrine de la balance, s'enorgueillit-il, est ce principe qui rend la politique incontestable jusqu'en ses moindres détails, ce qui n'était point le cas avant qu'il fût inventé [...] c'est aussi, de tous ceux qui ont jamais été avancés, le principe le plus facile à démontrer[72]. » Et il insiste sur ce point : il ne s'agit pas seulement d'une généralisation d'ordre historique, mais d'un principe nécessaire. Il tient à ce qu'on ne réduise pas sa philosophie politique à un vague empirisme. S'il n'éprouve que dédain pour la manière dont Hobbes « vous expédie » un système à coups de théorèmes[73], il ne méprise nullement la méthode déductive. Celle-ci constitue pour lui, même s'il n'est pas évident qu'il l'ait bien comprise, la forme « noble » du raisonnement[74]. Il s'accorde avec les géomètres de la politique pour penser que la loi découle de la volonté et que la volonté elle-même est mue par l'intérêt[75]. Mais il se sépare d'eux, dès lors qu'ils attribuent à tous les hommes des intérêts identiques. Pour lui, la leçon la plus constante de l'histoire, c'est que le petit nombre a toujours eu des intérêts différents de ceux du grand nombre. Les uns et les autres ont toujours tenté de s'assurer le mode de vie qui leur convenait. Les intérêts de classe, autrement dit l'intérêt qu'ont les hommes, considérés comme membres de classes distinctes, à s'assurer le mode de vie qui leur convient, et donc à établir des régimes de propriétés différents, sont plus importants que leur souci commun de sécurité en général. C'est pourquoi il ne suffit pas, pour établir une royauté (ou une république), de dessiner une géométrie de la volonté des hommes : il faut aussi élaborer l'anatomie de leurs propriétés[76]. Partout où il existe deux classes qui veulent des régimes de propriété différents, qui recherchent une sécurité différente, chacune a intérêt à imposer sa loi à l'autre, et s'efforcera donc de le faire. Posséder la grande masse des biens de toutes sortes, c'est pour une classe quelle qu'elle soit avoir la volonté et la capacité de s'imposer à l'autre, ce qu'elle ne manquera pas de faire. Le principe de la balance ne vise probablement qu'à exprimer cette relation nécessaire entre pouvoir économique et pouvoir politique. D'ailleurs, si on le définit ainsi, le principe n'est pas contredit par le divorce qui existe, dans la république de Harrington, entre pouvoir de classe et propriété de classe. Il ne s'y applique tout simplement plus, car dans cette république il n'existe pas deux classes soucieuses d'établir des régimes de propriété différents. Mais ce n'est pas ainsi que Harrington définit son principe de la balance et, en conséquence, il se contredit.

Nous avons montré que si Harrington n'a pas conscience des contradictions qui existent entre le principe de la balance et la justification de sa loi agraire, c'est qu'il ne cesse de postuler que le petit nombre et le grand nombre sont désormais composés tous deux de citoyens essentiellement bourgeois. Nous avons également montré que s'il avait énoncé ce postulat clairement et s'il avait su utiliser l'art de la déduction aussi bien qu'il se vantait de pouvoir le faire, il aurait pu éviter de se contredire, en déclarant que le principe n'est valable que s'il existe deux classes qui veulent des régimes de propriété différents.

Raisonner ainsi, c'est attribuer à Harrington une connaissance un peu plus grande de la société du XVIIᵉ siècle et une capacité logique un peu moins considérable que celles qu'on lui reconnaît d'habitude. Les faiblesses de sa logique, notamment lorsqu'il essaie d'élever au rang de principe nécessaire et universel un rapport historiquement fondé, ne sont certainement plus à démontrer. En revanche, on peut discuter de sa perspicacité sociologique. Ceux qui voient en lui essentiellement un républicain classique objecteront probablement que, charmé comme il l'était par « l'antique sagesse », il lui a été facile de fondre la société de son temps dans les moules des anciennes catégories sans percevoir l'illogisme qu'impliquait pareille opération. S'il en était ainsi, nous n'aurions pas le droit d'imputer, comme nous l'avons fait, son aveuglement logique au seul fait que pour lui la nature bourgeoise de la société de son temps allait de soi. Mais, même si nous devions accorder ce point, il n'en resterait pas moins que nous avons par ailleurs démontré le caractère bourgeois des concepts à l'aide desquels il pense la société de son temps.

N'oublions pas, non plus, que Harrington emprunte son « antique sagesse » à Machiavel, savant disciple des anciens, dont il déclare qu'il est « le seul penseur politique des temps modernes[77] » : or, le maître a déjà vu que l'existence d'une classe bourgeoise ne menace absolument pas une république[78]. Avec Machiavel pour point de départ, Harrington a déjà un pied dans le monde moderne ; dépassant son maître à sa manière, il y mettra le deuxième par son effort personnel pour comprendre le monde de son temps. Parmi les « gentilshommes », Machiavel distinguait les grands propriétaires fonciers et ceux dont la richesse consistait en argent et en biens meubles. Pour lui, seule l'existence de ces derniers était compatible avec une république. Harrington découvre qu'une *gentry* non féodale, faite de propriétaires

fonciers, est également compatible avec une république. Dans l'Italie de Machiavel, les propriétaires de
biens meubles avaient été les hérauts du capitalisme,
rôle que la *gentry* remplissait davantage que les marchands et les financiers dans l'Angleterre de Harrington. Celui-ci a au moins entrevu cette vérité. Les
fonctions que remplit la *gentry* sont pour lui des fonctions capitalistes, qui permettent à l'accumulation
privée d'accroître la richesse nationale sans mettre
en danger la république « homogène ». La prospé-
rité publique n'est rien d'autre que l'ensemble des
gains individuels.

Mais Harrington n'a point la perspicacité de Hobbes. Il ne voit pas aussi clairement que lui la nature
bourgeoise de la société du XVIIe siècle. Pour Harrington, les rapports que les hommes entretiennent ne se
réduisent pas tous aux rapports qu'institue le marché. Toute bourgeoise qu'elle est, sa *gentry* n'en demeure pas moins une noblesse dont le mode de vie
et le code social, différents de ceux de la bourgeoisie,
exigent qu'on lui fasse une place à part. Harrington
découvre cette place, mais au prix d'une certaine
confusion théorique. En tant que penseur, Harrington ne saurait se comparer à Hobbes : il ne possède
ni sa pénétration d'esprit ni sa puissance d'abstraction. Mais quand il s'agit d'observer les aspects com-
plexes d'une société en passe de devenir bourgeoise,
ou d'analyser une période de transition, on peut légitimement penser que Harrington, précisément à
cause de ses infériorités sur le plan de la théorie, fait
preuve d'un réalisme supérieur à celui de Hobbes.

CHAPITRE IV

Locke : Théorie politique de l'appropriation

1. INTERPRÉTATIONS

Autant et même davantage que celle de ses contemporains, la pensée politique de Locke souffre d'un anachronisme commis par ceux de ses interprètes qui n'ont pas su résister à la tentation de le lire à la lumière de certains des postulats modernes de la démocratie libérale. On conçoit aisément que ces commentateurs y aient succombé, car l'œuvre de Locke semble satisfaire en tous points, ou presque, aux exigences d'un démocrate libéral d'aujourd'hui : exercice du pouvoir fondé sur le consentement des gouvernés, règle de la majorité, droits de la minorité, suprématie morale de l'individu, caractère sacré de la propriété individuelle, toutes ces notions s'y trouvent ; qui plus est, elles sont déduites d'un principe premier, à la fois utilitaire et chrétien, celui des droits et de la rationalité naturels de l'individu. Ces interprètes admettent volontiers que, prise dans son ensemble, la doctrine de Locke ne laisse pas d'être confuse et con-

tradictoire, mais ce sont là pour eux des défauts bien
excusables chez un penseur qui se situe presque au
seuil de la tradition libérale : on ne saurait s'attendre
en effet à ce que le libéralisme soit sorti de son cerveau dans l'état de perfection où devaient l'amener
les penseurs des XIXᵉ et XXᵉ siècles.

À considérer Locke de cette manière, on s'expose
toutefois à ne pas saisir toute la portée de sa théorie
politique. Pour en comprendre la force, la faiblesse,
ou tout simplement le sens, il faut cesser de vouloir
y retrouver les postulats d'une époque ultérieure.
Tâche difficile, car pour la mener à bien on doit nécessairement se livrer à des conjectures sur les présupposés implicites que sa pensée charrie et qui sont
imputables à l'intelligence qu'a eue Locke de la société de son temps. Tâche nécessaire pourtant si l'on
veut tenter de résoudre enfin les difficultés que
n'ont pu faire disparaître toutes les analyses auxquelles sa théorie a été soumise, qu'elles soient d'ordre libéral ou constitutionnel ou qu'elles relèvent
de l'abstraction philosophique.

Il s'en faut pourtant que ses interprètes aient tous
négligé le contenu social de la théorie politique de
Locke. De la place centrale qu'il y fait au droit de
propriété, d'éminents spécialistes modernes ont conclu que toute sa théorie du pouvoir limité et conditionnel constitue essentiellement une défense de la
propriété. On admet très généralement aujourd'hui
que l'État tel que Locke le conçoit n'est, en fait,
qu'une société par actions dont les actionnaires sont
les possédants. C'est le point de vue qu'ont adopté

jadis Leslie Stephen, Vaughan, Laski et Tawney[1]. Mais il comporte une difficulté de taille : qui sont les membres de la société civile selon Locke ? Si les possédants seuls en sont membres, comment Locke peut-il affirmer que cette société oblige tout le monde ? comment, dans ces conditions, le contrat social — dont c'est pourtant le but évident — peut-il constituer le fondement d'une obligation politique contraignante pour tous les hommes ? Ces remarquables historiens des idées n'ont pas aperçu la difficulté. La raison en est peut-être que les interprétations de la plupart d'entre eux se situent encore dans le courant de l'analyse constitutionnelle[2] : du même coup, elles insistent sur les limites que, dans l'intérêt même de la propriété, Locke assigne à l'exercice du pouvoir, bien davantage qu'elles ne soulignent le très vaste pouvoir qu'il accorde à la communauté politique (sa « société civile ») par opposition aux individus qui la composent.

L'interprétation de Willmoore Kendall[3] a le mérite de situer Locke en dehors de la tradition constitutionnelle anglaise. Ce commentateur montre de manière très convaincante que Locke confère à la société civile, c'est-à-dire en fait à la majorité du peuple (mais non pas, bien entendu au gouvernement qui n'a qu'un pouvoir fiduciaire), un pouvoir qui ressemble fort à une souveraineté absolue. Face à cette souveraineté de la majorité, l'individu n'a aucun droit. Cette lecture de Locke s'appuie sur des preuves impressionnantes. Elle aboutit à la surprenante conclusion que, bien loin d'être individualiste, Locke est « collectiviste » en ce qu'il subordonne les fins de l'individu aux fins de la société. Il serait ainsi le précurseur de Rousseau et de la Volonté générale[4]. Cette thèse ne manque pas de force. Mais en affirmant qu'il est « un démocrate, partisan de la règle de la majorité », Kendall oublie tout simplement que Locke n'est rien moins qu'un démocrate. Il tombe à son tour dans l'anachronisme lorsqu'il voit à l'œuvre chez Locke le principe démocratique de la règle de la majorité, qui devait être au centre des préoccupations de nombreux penseurs politiques américains à la fin du XVIIIe siècle, au début du XIXe siècle et de nouveau aujourd'hui, mais dont Locke ne se souciait absolument pas. Par ailleurs, il laisse de côté le problème capital de savoir si cette règle de la majorité ne met pas en péril ce droit de propriété individuelle que Locke se donne clairement pour tâche de protéger. Enfin, il s'efforce de résoudre les nombreuses inconséquences de Locke en lui attribuant un postulat (« il existe un peu plus de cinquante chances sur cent pour que l'homme moyen soit juste et rationnel[5] ») qu'il n'a jamais énoncé sans ambiguïté et qu'il lui est arrivé plus d'une fois de contredire explicitement[6].

Plus récemment des critiques, au premier rang desquels J.W. Gough, ont tenté de replacer Locke dans la tradition de l'individualisme libéral[7], mais leurs efforts ne sont pas probants. Ils essaient de sauver Locke des effets de la démarche analytique employée par certains de ses commentateurs et de ne pas séparer la théorie de son contexte historique.

Mais ce souci les amène à mettre l'accent une fois de plus sur le constitutionnalisme de Locke ; du même coup, le contexte économique et social disparaît au profit de l'histoire politique. Tout compte fait, ils ne proposent guère mieux qu'un compromis entre l'individualisme et le « collectivisme » de Locke et passent sous silence les inconséquences majeures de sa pensée.

De fait, aucune des interprétations avancées jusqu'ici n'explique la contradiction radicale que recèlent les postulats de Locke. Pourquoi celui-ci déclare-t-il tout à la fois que les hommes sont dans l'ensemble rationnels et que la plupart d'entre eux ne le sont pas, ou encore que l'état de nature est et n'est pas un état de sociabilité, de paix et de raison[8] ? Que signifient ces affirmations contradictoires ? À ces questions, nulle réponse. Mais peut-on prétendre avoir compris la théorie politique de Locke tant qu'on n'y a pas répondu ?

Toutes ces contradictions, toutes ces ambiguïtés, nous pensons qu'elles s'expliquent par l'anachronisme dont l'auteur lui-même s'est rendu coupable : dans la conception qu'il se fait de la nature humaine et de l'essence de la société, il a transporté des idées préconçues qui ne valent que pour la société de son temps et pour les hommes du XVIIe siècle. Puis il a généralisé ces idées en mettant entre parenthèses toutes les données de l'histoire, et en les combinant, sans grand souci de rigueur, avec les conceptions traditionnelles auxquelles il adhérait, telles certaines opinions de Hooker qu'il invoque à plusieurs reprises[9].

Ces idées préconçues constituent ce qu'on peut appeler les présupposés d'ordre social de la pensée politique de Locke. Certains de ceux-ci sont explicites dans le *Deuxième Traité du Gouvernement civil*, d'autres sont implicites dans cette œuvre mais explicites, bien que d'une manière fortuite, dans d'autres écrits. Le plus important des présupposés du premier type se trouve dans le célèbre chapitre IV du *Deuxième Traité* intitulé « De la Propriété ». Comme dans ce même chapitre apparaissent les présupposés implicites à peine moins importants qui ont à l'évidence façonné sa théorie politique, il nous faut commencer par examiner de près sa théorie de la propriété avant d'élucider son système de gouvernement civil.

2. THÉORIE DU DROIT DE PROPRIÉTÉ

I. *Le dessein de Locke.*

Il est un point sur lequel tout le monde s'accorde : au cœur de la théorie de la société et du gouvernement civil élaborée par Locke se trouvent l'affirmation et la justification d'un droit naturel à la propriété individuelle : « La *fin capitale* et principale, en vue de laquelle les hommes s'associent dans des républiques et se soumettent à des gouvernements, c'est *la conservation de leur propriété*[10]. » Cette proposition, sur laquelle il brode de nombreuses variations, Locke la répète tout au long du *Deuxième Traité*[11]. Elle constitue le fondement de la plupart de ses conclusions sur les pouvoirs et les limites de la société et du gouvernement civils. Et cette proposition se fonde elle-même nécessairement sur le postulat selon lequel les hommes possèdent un droit naturel de propriété, c'est-à-dire un droit qui est antérieur à l'existence de la société et du gouvernement civils et qui ne dépend nullement d'eux.

Il est vrai que Locke a quelque peu embrouillé les choses. Cette notion de propriété, dont la conservation est le but que recherchent les hommes lorsqu'ils s'associent pour former une société civile, il arrive parfois à Locke de lui donner un sens inhabituellement large. C'est ainsi qu'il peut écrire : « L'homme [...] tient donc de la Nature le pouvoir [...] de préserver ce qui lui appartient, c'est-à-dire sa vie, sa liberté et ses biens[12] » ; « La vie, les libertés et les biens [des hommes] je les désigne sous le nom général de *propriété*[13] » ; ou encore : « Il faut savoir, qu'ici comme ailleurs, par propriété, j'entends celle que l'homme a sur sa personne et non seulement sur ses biens[14]. »

Parfois, au contraire, il restreint le sens du mot « propriété ». Dans son argumentation cruciale sur les limites assignées aux prérogatives de l'exécutif[15], il emploie manifestement le mot dans le sens le plus courant de biens mobiliers ou immobiliers (ou de droit à ces biens) comme il le fait tout au long du chapitre intitulé « De la Propriété ». Nous reviendrons plus loin sur ce qu'implique cette ambiguïté[16]. Bornons-nous pour le moment à noter que les biens mobiliers et immobiliers constituent le facteur commun aux deux définitions du mot propriété qu'on rencontre chez Locke. On ne saurait mieux marquer que son objet le plus constant est d'affirmer que l'homme possède un droit naturel de propriété, que l'institution d'un gouvernement a pour but de protéger.

Mais cette constatation ne nous fait guère avancer et ne nous permet pas de bien saisir la fonction du chapitre v du *Deuxième Traité*. Car, au début de celui-ci, Locke a déjà posé comme allant de soi que l'homme a le droit naturel de posséder des biens. La condition naturelle de tous les hommes est « un état où ils sont *parfaitement libres* d'ordonner leurs actions, de disposer de leurs biens et de leur personne, comme ils l'entendent, dans les limites de la loi naturelle, sans demander l'autorisation d'aucun autre homme ni dépendre de sa volonté[17] ».

Les limites assignées par la loi naturelle à l'action des hommes impliquent que « tous étant égaux et indépendants, nul ne doit léser autrui dans sa vie, sa santé, sa liberté ni ses biens[18] ». Pour Locke, ces propositions, qui sous-entendent un droit naturel à la vie, à la santé et à la liberté tout autant qu'un droit de propriété, se passent à peu près de démonstration. Elles découlent de l'axiome qui fait tous les hommes égaux au sens où personne ne possède de

juridiction sur autrui : « à l'évidence, des êtres créés
de même espèce et de même rang qui, dès leur naissance, profitent ensemble de tous les avantages communs de la nature et de l'usage des mêmes facultés,
doivent encore être égaux entre eux, sans subordination ni sujétion[19] ».

Dès lors, pourquoi ce long chapitre sur la propriété, dans lequel Locke montre comment déduire
le droit naturel de propriété du droit naturel de
l'individu à la vie et à son travail ? On a coutume de
n'y voir qu'un développement apporté par l'auteur
à l'appui de l'affirmation lapidaire sur laquelle
s'ouvre le *Deuxième Traité* : tout homme a un droit
naturel de propriété « dans les limites de la loi naturelle ». En fait, ce chapitre remplit une fonction
autrement importante : il affranchit le droit naturel
de propriété individuelle des « limites de la loi naturelle ». L'extraordinaire exploit de Locke consiste
en ce qu'il fonde le droit de propriété sur le droit
naturel tout en libérant ce droit de propriété des limites que le droit naturel lui assignait traditionnellement. Comment Locke s'y prend-il ? C'est ce qu'il
nous faut maintenant examiner.

II. *Les restrictions du droit initial.*

D'entrée de jeu, Locke admet, comme un ensei-
gnement de la raison naturelle tout autant que
comme un précepte de l'Écriture, que la terre et
tous ses fruits ont, à l'origine, été donnés en com-

mun à l'humanité. Bien entendu, il ne fait ici que reprendre un point de vue traditionnel qu'expriment les théories médiévales aussi bien que celle des Puritains au XVIIᵉ siècle. Toutefois, celles-ci en tiraient la conclusion que le droit de propriété ne constitue pas tout à fait un droit naturel de l'individu. Or si Locke accepte les prémisses de ces théories, ce n'est que pour réfuter cette conclusion.

> Pourtant, cela [c'est-à-dire, que la terre a été donnée en commun à l'humanité] étant, certains ont beaucoup de mal à expliquer comment qui que ce soit a pu devenir propriétaire de quoi que ce soit [...] je m'efforcerai d'établir comment les hommes peuvent acquérir la propriété de portions distinctes de ce que Dieu a donné aux hommes en commun, cela même sans l'accord exprès de tous les copropriétaires[20].

Les premières étapes du raisonnement de Locke sont si connues qu'elles se passent de commentaires. « Les hommes ont droit, dès leur naissance, à la conservation et, avec elle, à la nourriture, à la boisson et à tous les objets dispensés par la nature pour assurer leur subsistance[21]. » La terre et ses produits ont été donnés aux hommes « pour l'entretien et le réconfort de leur être » et, bien qu'ils appartiennent en commun à l'humanité, « comme ils sont dispensés pour l'usage des hommes, il faut nécessairement qu'il existe quelque moyen de *se les approprier*, pour que des individus, quels qu'ils soient, puissent s'en servir ou en tirer profit[22] ». Avant qu'un individu

puisse faire usage des produits naturels de la terre, il
faut donc qu'il se les approprie : ils « doivent lui appartenir, et tellement lui appartenir, c'est-à-dire
faire partie de lui, que nul autre désormais ne doit
plus y avoir droit, s'il veut en tirer un avantage quelconque pour l'entretien de sa vie[23] ». Il doit donc
exister un moyen légitime d'appropriation individuelle, c'est-à-dire un droit de l'individu à l'appropriation. Quel est-il ? Pour déduire ce droit, son
étendue et ses limites initiales, Locke fait intervenir
un postulat supplémentaire : « chacun garde la *propriété* de sa propre *personne*. Sur celle-ci, nul n'a droit
que lui-même. Le *travail* de son corps et l'*ouvrage* de
ses mains, pouvons-nous dire, sont vraiment à lui[24] ».
Toutes les fois que l'homme fait sortir un objet de
l'état où la nature l'a mis, il y mêle son travail. En y
mêlant son travail, il en fait sa propriété « dès lors
que ce qui reste suffit aux autres, en quantité et en
qualité[25] ». Le consentement d'autrui n'est pas nécessaire pour justifier cette sorte d'appropriation,
car « s'il avait fallu obtenir un consentement de ce
genre, les hommes seraient morts de faim malgré
l'abondance que Dieu leur a donnée[26] ». Ainsi, pour
Locke, l'homme a droit à la conservation de la vie et
son travail lui appartient en propre : c'est sur ces
deux postulats qu'il se fonde pour justifier l'appropriation individuelle de la terre donnée, à l'origine,
en commun à l'humanité.

Mais l'appropriation individuelle ainsi justifiée
comporte certaines restrictions. Deux d'entre elles
sont définies explicitement et à plusieurs reprises

par Locke ; on a considéré (à tort, comme nous le montrerons) que son argumentation impliquait une troisième restriction.

Première restriction : l'homme n'a le droit de s'approprier quoi que ce soit que dans la mesure où ce qu'il laisse « suffit aux autres, en quantité et en qualité[27] ». Cette restriction, que Locke définit d'ailleurs explicitement, découle logiquement d'un des postulats sur lesquels se fonde sa démonstration : *tout* homme, ayant droit à la conservation de sa vie, possède par conséquent le droit de s'approprier tout ce qui lui est nécessaire pour subsister.

Deuxième restriction : « Tout ce qu'un homme peut utiliser de manière à en retirer un avantage quelconque pour son existence sans gaspiller, voilà ce que son travail peut marquer du sceau de la propriété. Tout ce qui va au-delà excède sa part et appartient à d'autres. Dieu n'a rien créé pour que l'homme le gaspille ou le détruise[28]. » Cette restriction ne met pas en cause le troc qui porte sur le surproduit du travail. Celui qui s'y livre ne lèse personne, il ne détruit pas une partie des biens qui constituent le lot des autres dès lors que rien ne périt inutilement entre ses mains[29].

Troisième restriction : l'appropriation légitime semble se limiter à la quantité de biens qu'un homme peut se procurer par son propre travail. Pour être implicite, cette condition peut passer pour nécessaire, à première vue du moins, car, Locke le déclare, c'est « le travail de son corps, et l'*ouvrage* de ses mains », qui, mêlés aux produits de la nature, donnent à l'homme ses titres de propriété sur ces produits.

Jusqu'ici Locke n'a justifié que l'appropriation des fruits de la terre :

> Mais à présent que la *propriété ne porte plus, au premier chef,* sur les fruits de la terre et les bêtes qui y vivent, mais sur la *terre elle-même,* […] il me paraît clair que cette propriété, elle aussi, s'acquiert comme la précédente. *La superficie de terre* qu'un homme travaille, plante, améliore, cultive et dont il peut utiliser les produits, voilà sa *propriété.* Par son travail, peut-on dire, il l'enclôt et la sépare des terres communes[30].

Pas plus que dans le cas précédent, le consentement d'autrui n'est nécessaire pour justifier cette appropriation. Car Dieu a enjoint à l'homme de travailler la terre et l'a donc autorisé à s'approprier toute parcelle à laquelle il mêle son travail ; de plus, l'appropriation originelle n'a pu « léser qui que ce soit, puisqu'il restait assez de terre, et d'une qualité aussi bonne » pour les autres[31]. Mais la manière dont Locke justifie ce type d'appropriation implique que les restrictions qu'il assignait à l'appropriation des produits naturels de la terre s'appliquent également à la terre elle-même. C'est dire que nous retrouvons ici les trois conditions précédemment citées : l'appropriation foncière par un individu n'est légitime que si ce qui reste suffit aux autres en quantité et en qualité, s'il peut utiliser tous les produits de la parcelle qu'il s'est appropriée et s'il y a mêlé le travail de ses mains.

Il n'est pas sans intérêt de noter que Locke a surtout en vue ici l'appropriation foncière telle qu'elle se pratiquait « pendant les premiers âges du monde, quand les hommes risquaient plus de se perdre en s'écartant de leurs voisins pour aller parcourir les espaces vierges, alors immenses, de la terre, que de tomber dans la gêne faute de surfaces cultivables[32] ». Or, pour lui, il est clair que la société primitive connaissait l'institution de la propriété individuelle, et il va de soi qu'à l'époque seule cette propriété permettait la culture de la terre. Autrement dit, il ne tient aucun compte de la propriété communale et du travail en commun qui avaient cours dans les sociétés primitives. C'est cet anachronisme qui lui permet de déclarer que « la condition de la vie humaine, qui nécessite le travail et des matériaux à travailler, introduit forcément les possessions privées[33] ».

Si Locke en était resté là, sa théorie constituerait une défense du droit de propriété individuelle *restreint*. Or, une telle théorie n'aurait pu justifier le droit de propriété des petits propriétaires paysans *(yeomen)* de son temps, pour ne pas parler des autres propriétaires, qu'au prix de sophismes alambiqués : car comment prouver que ces francs-tenanciers ont laissé à leurs concitoyens assez de terre et d'aussi bonne qualité ? Et si on ne le prouve pas, que deviennent leurs titres de propriété ? Locke essaie bien de le prouver lorsqu'il fait remarquer que, « pour rempli que le monde paraisse », un individu peut encore trouver « dans les endroits sans maîtres, à l'intérieur de l'*Amérique* », des terres en quantité suffisante et d'aussi bonne qualité que celles qui ont fait l'objet d'une appropriation en Angleterre[34]. Mais il n'insiste pas. L'essentiel pour lui est ailleurs. Lorsqu'on analyse la manière dont Locke défend sa thèse, on s'aperçoit que celle-ci, loin de se réduire à la défense d'une appropriation restreinte, débouche sur la justification d'un droit illimité à l'appropriation naturelle, droit qui abroge et transcende toutes les restrictions qu'impliquait sa justification initiale.

III. *L'abrogation des restrictions.*

L'argument décisif de Locke a été si souvent mal interprété qu'il convient de l'examiner de très près. C'est dans la section 36 du *Deuxième Traité* qu'on passe pour la première fois du droit restreint au droit illimité. Locke vient de déclarer que si l'on tient compte des terres d'Amérique inoccupées, il se peut que le monde comporte encore assez de terres pour le travail et la jouissance de chacun. Il poursuit :

> Quoi qu'il en soit, car je n'y insisterai pas, voici ce que j'ose affirmer hardiment : le même *principe de propriété*, c'est-à-dire que chacun doit avoir tout ce dont il peut se servir, serait resté valable partout sans causer de gêne à personne, car le monde contient assez de terre pour suffire au double de sa popula-

tion, si l'*invention de la monnaie* et la convention tacite qui lui reconnaît une valeur n'avaient pas établi, par voie de consentement, des possessions plus vastes et le droit de les garder[35].

On ne saurait être plus clair. Le principe établi par la loi naturelle, et dont les clauses spécifiques restreignaient la superficie de terre que tout individu avait le droit de s'approprier de manière que chacun possédât tout ce dont il pouvait se servir, *n'est plus* valable au moment où Locke écrit ; il « serait resté valable [...] si l'invention de la monnaie [...] n'avait pas établi, par voie de consentement, des possessions plus vastes et le droit de les garder ». Si le principe est abrogé, ce n'est pas parce que la terre fait défaut : le monde en contient assez pour satisfaire une population double de celle qui existe, mais seulement à condition de faire entrer en ligne de compte les parties du globe qui n'ont jamais connu la monnaie. Dans ces pays, où l'ancien principe reste valable, il existe « de vastes étendues de terre [...] qui [...] demeurent en friche », mais « le fait ne risque guère de se produire dans la partie de l'humanité qui a consenti à l'usage de la monnaie[36] ». Dès que la monnaie intervient quelque part, les terres inoccupées disparaissent. Le consentement tacite qui institue l'usage de la monnaie a annulé les restrictions naturelles qui affectaient jusque-là l'appropriation individuelle. Mais, du même coup, il a abrogé la clause naturelle qui prévoyait que tout homme devait posséder tout ce dont il pouvait se servir. Après avoir énoncé le principe général de l'abrogation, Locke entre dans le détail de sa démonstration. Suivons-le.

a) La restriction fondée sur la notion de gaspillage.

Il ne fait aucun doute, pour Locke, que des deux restrictions qu'il a explicitement reconnues, la seconde (tout ce qu'un homme peut utiliser, ou dont il peut utiliser les produits, sans gaspillage) a été abrogée par l'introduction de la monnaie. L'or et l'argent sont incorruptibles ; l'homme peut donc en accumuler des quantités illimitées, car ce n'est pas « l'étendue de ses possessions qui le fait *sortir des bornes de sa propriété* légitime, mais seulement le gaspillage de l'une quelconque d'entre elles[37] ». La restriction ne s'applique donc plus aux biens meubles durables, ni, d'ailleurs, à la propriété foncière : « chacun peut légitimement et sans causer de tort à personne posséder plus qu'il ne peut utiliser lui-même : pour le surplus, il reçoit de l'or et de l'argent, qu'on peut thésauriser sans nuire à personne, car de tels métaux ne se gâtent ni ne se détériorent entre les mains du possesseur[38] ».

Locke ne voit là aucune difficulté. Mais il est certaines questions qu'il ne pose pas, et son silence est extrêmement révélateur. Pourquoi s'approprier davantage que ce qui est utile à l'entretien ou au confort de sa vie ? Locke a montré qu'avant l'introduction de la monnaie, il est impossible que personne désire davantage que ce dont il a besoin[39]. Pourquoi le désire-t-il après ? Quel est donc « ce désir des hommes de posséder plus que le nécessaire[40] » qui, pour Locke, apparaît avec la monnaie ?

À première vue, il pourrait sembler que Locke ne vise que le désir d'accumuler des richesses inutiles : « amasser[41] », « thésauriser[42] », voilà les termes qu'il emploie pour décrire cette accumulation. Mais n'oublions pas que, tout au long de son exposé, il songe à des hommes dont le comportement est rationnel au sens utilitaire (et aussi moral) accordé d'ordinaire à ce mot. D'ailleurs, il suffit de se reporter à ses traités économiques pour s'apercevoir que cette interprétation ne tient pas. Ce que révèlent ces écrits, c'est un partisan convaincu du mercantilisme, pour qui l'accumulation de l'or est l'objet propre d'une politique mercantile, non pas parce que cette accumulation constitue une fin en soi, mais parce qu'elle accélère le commerce et accroît le volume des échanges. Dans ses *Considérations sur* […] *la Monnaie,* son principal souci est de voir s'accumuler une masse d'argent et d'or capable de « faire marcher le commerce » ; l'exportation et la thésaurisation de la monnaie (c'est-à-dire le fait de l'accumuler sans l'utiliser comme capital) compromettent l'une et l'autre ce but[43]. Bref, Locke considère que la politique mercantile, tout comme l'entreprise économique individuelle, a pour fin la transformation de la monnaie et de la terre en capital, la monnaie devant servir à constituer des stocks de marchandises ou à se procurer matières premières et main-d'œuvre, tandis que la terre produit des biens destinés au commerce. Or, il ne saurait faire de doute que ces considérations sont à l'arrière-plan de ce qu'il dit, dans le *Deuxième Traité*, de l'accroissement des possessions privées après l'invention de la monnaie, et qu'elles l'expliquent. Nous n'en voulons pour preuve que la section 48, dans laquelle Locke montre que, pour tout individu, l'introduction de la monnaie constitue à la fois l'occasion qui se présente à lui et la raison qu'il a (mais qui ne pouvaient pas exister auparavant) « d'agrandir ses possessions au-delà des besoins de sa famille, c'est-à-dire de ce qu'il faut pour qu'elle puisse consommer généreusement les produits de sa propre industrie, ou les échanger contre d'autres, également périssables et utiles, auprès de tiers ». On le voit : ce qui explique que l'appropriation des terres dépasse largement ce qui eût suffi à « la consommation généreuse » d'une famille, c'est le commerce, c'est-à-dire le fait « d'attirer l'*argent* par la vente des produits ».

Il ne s'agit donc nullement pour Locke de dénoncer la soif de l'or qui, traditionnellement, caractérise l'avare.

Toutefois, on pourrait être tenté de croire qu'en parlant du désir d'accumuler, Locke entend indiquer que la monnaie, en développant le commerce au-delà du stade du simple troc, permet à ceux qui en possèdent de consommer des produits plus variés et plus satisfaisants pour eux. C'est là une deuxième interprétation possible de cette thésaurisation, mais elle ne résiste pas à l'analyse. Pour s'en convaincre, il suffit de noter le sens que Locke donne au concept de « monnaie ». Dans les *Considérations sur* [...]

la Monnaie, monnaie et capital sont des notions interchangeables, que Locke assimile toutes deux à la terre : « Lorsqu'il s'agit d'acheter et de vendre, la monnaie se trouve exactement placée dans la même situation que toutes les autres marchandises, et soumise aux mêmes lois de la valeur. Il nous faut donc examiner maintenant comment il se fait que, de par sa nature, la monnaie se confond avec la terre, en produisant un certain revenu annuel, que nous nommons usufruit ou intérêt[44]. » Locke le souligne : la monnaie est une marchandise ; elle possède une valeur parce qu'elle est une marchandise qui peut s'échanger contre d'autres marchandises. Mais elle n'a pas seulement pour rôle de faciliter l'échange des produits de consommation, c'est-à-dire de développer, au-delà du stade du simple troc, l'échange entre producteurs de ces produits. Son but spécifique est de servir de capital, dont, pour Locke, la terre n'est qu'une forme particulière.

Remarquons au passage combien est moderne l'attitude de Locke à l'égard de la monnaie. En soutenant que le prêt à intérêt est équitable et que « la force des choses aussi bien que la constitution de la société humaine » le rendent inévitable, il abandonne la conception médiévale sans avoir l'air de la rejeter. La terre, dit-il, « produit naturellement quelque chose de nouveau, de profitable, et qui possède une valeur aux yeux des hommes ; mais l'argent est chose stérile et qui ne produit rien ». Comment se fait-il donc que l'argent en soit venu « à se confondre, de par sa nature, avec la terre », comme le prouve la production d'un revenu annuel (intérêt) comparable à la rente foncière ? La réponse est simple : grâce à un contrat entre parties inégales. La monnaie, écrit Locke,

> par contrat fait passer dans la proche de l'un ce qui était la récompense du travail de l'autre. La raison de ce phénomène, c'est l'inégale répartition de la monnaie ; et cette inégalité a le même effet sur la terre que sur la monnaie [...]. Car, de même que l'inégale répartition de la terre (vous en possédez plus que vous ne pouvez, ou ne voulez, en fumer, et un autre moins) vous fournit un tenancier ; [...] de même, l'inégale répartition de la monnaie (j'en possède plus que je ne peux, ou ne veux, en employer, et un autre moins) me fournit un emprunteur [...] [45].

Locke se garde bien de contester la stérilité traditionnellement attribuée à l'argent ; il la transcende superbement en introduisant la notion de consentement entre individus inégaux. Ce qui crée la valeur de l'argent, en tant que capital, c'est son inégale répartition. Locke est muet sur la source de cette inégalité ; il se borne à considérer celle-ci comme une donnée de ce qu'il appelle « la force des choses et la constitution de la société humaine ».

Quoi qu'il en soit, ce qui doit retenir notre attention, c'est que, loin de tenir la monnaie pour un simple moyen d'échange, Locke la considère surtout comme du capital. Au vrai, sa fonction de moyen d'échange est subordonnée à celle qu'elle remplit comme capital, car, dans l'optique de Locke, l'agriculture, l'industrie et le commerce ont pour but l'accumulation du capital. Or, l'objet du capital n'est pas de fournir à ceux qui en possèdent un revenu consommable, mais grâce à des investissements rentables d'engendrer encore et toujours plus de capital. En bon adepte du mercantilisme, lorsqu'il parle de la finalité de l'activité économique, Locke a généralement en vue la richesse de la nation plutôt que celle des particuliers. Dans des notes rédigées par lui en 1674 sur le « commerce », terme qui chez lui englobe l'agriculture et l'industrie aussi bien que l'échange de marchandises, on trouve des expressions que Hobbes n'aurait pas reniées :

> La fin capitale du commerce, c'est la richesse et la puissance qui s'engendrent l'une l'autre. La Richesse consiste en l'abondance de biens meubles, susceptibles de trouver acquéreur au-dehors et ne risquant pas d'être consommés au foyer, mais surtout en une abondance d'or et d'argent. La Puissance, c'est le nombre d'hommes qu'on possède et la capacité de les entretenir. Le commerce favorise les deux en accroissant vos biens et vos gens qui, à leur tour, s'accroissent mutuellement[46].

Pour Hobbes, l'activité de l'individu n'avait d'autre but que la richesse et la puissance. Locke n'est pas aussi explicite que son prédécesseur, mais il ressort clairement des *Considérations* qu'il n'assigne qu'un seul et même but à l'individu et à la nation : ne pas consommer tout son revenu pour être en mesure

d'accumuler du capital ; car, pour lui, la richesse
d'une nation n'est rien d'autre que la somme des
capitaux accumulés par l'industrie et le commerce
privés.

Il apparaît donc bien que « le désir de posséder
plus que le nécessaire », le désir « d'agrandir ses
possessions au-delà des besoins de sa famille, c'est-à-
dire de ce qu'il faut pour qu'elle puisse consommer
généreusement », qui devient le mobile essentiel de
l'activité humaine dès lors que l'argent apparaît, ne
se ramène nullement pour Locke à la passion de
l'avare, ni au simple désir de varier et d'améliorer
les produits consommés : il s'agit essentiellement du
désir éprouvé par l'homme d'accumuler terre et argent pour constituer un capital.

L'entreprise de Locke consiste donc à montrer
que l'argent rend possible et légitime l'accumulation des terres au-delà des besoins de l'homme, à
condition toutefois qu'il n'y ait pas gaspillage. La
restriction que la loi naturelle impose à cette accumulation n'est pas contestée. Il est toujours contraire à la loi naturelle de s'approprier une quantité
de produits telle qu'une partie de ceux-ci (ou de
ceux que le troc permet d'obtenir en échange des
premiers) s'abîme avant d'être consommée. De
même, il est toujours contraire à cette loi de s'approprier une étendue de terre telle que les biens
qu'elle produit (ou que le troc permet d'obtenir)
s'abîment avant d'être consommées. Mais il est désormais possible d'échanger n'importe quelle quantité
de produits périssables contre des biens incorrupti-

bles : dès lors, il n'est ni injuste ni absurde d'accumuler la plus grande quantité possible de terre de façon à lui faire produire un surplus destiné à être converti en argent que l'on utilisera comme capital. La restriction que la loi naturelle fondait sur la notion de gaspillage n'a plus lieu de s'appliquer à l'accumulation de terre et de capital. Ce que Locke vient de justifier, c'est l'appropriation spécifiquement capitaliste de la terre et de l'argent.

Mais — et il faut le souligner — ce que Locke a justifié, c'est un droit naturel, un droit que les hommes possèdent dans l'état de nature. Car, étant tacite, le consentement qui établit l'usage de la monnaie diffère profondément de celui par lequel les hommes instituent la société civile. Le premier est indépendant du second et lui est antérieur :

> Il est clair que les hommes ont accepté que la possession de la terre comporte des disproportions et des inégalités, dès lors qu'ils ont, par consentement tacite et volontaire, élaboré et adopté un procédé qui permet à chacun, légitimement et sans causer de tort, de posséder plus qu'il ne peut utiliser lui-même : pour le surplus, il reçoit de l'or et de l'argent qu'on peut thésauriser sans nuire à personne, car de tels métaux ne se gâtent ni ne se détériorent entre les mains du possesseur. Ce partage dans l'inégalité des possessions particulières, les hommes l'ont rendu possible *en dehors des liens de la société, sans contrat*, rien qu'en donnant une valeur à l'or et à l'argent et en convenant tacitement d'utiliser la monnaie[47].

Dans l'état de nature, Locke place donc explicitement trois choses : l'argent, l'inégalité de la propriété foncière qui en découle, et l'abrogation de la
restriction initiale fondée sur la notion de gaspillage
qui limite la superficie des terres qu'un individu
peut légitimement posséder. Or, si l'argent entraîne
l'inégalité dans la possession de la terre, c'est parce
qu'il introduit le marché et développe le commerce
au-delà du stade du simple troc : c'est ce que Locke
a montré dans les deux paragraphes qui précèdent
celui que nous venons de citer. Il s'ensuit donc,
semble-t-il, que pour Locke un tel commerce existe
aussi dans l'état de nature.

En face d'une telle affirmation, on est tenté de se
frotter les yeux. Mais il faut se rappeler que l'état de
nature conçu par Locke constitue un curieux mélange d'imagination historique et d'abstractions logiques opérées à partir des données de la société
civile. Historiquement parlant, une économie marchande sans société civile est, c'est le moins qu'on
puisse dire, fort improbable. Mais, en tant qu'abstraction logique, elle se conçoit très bien. Dans les
premières pages du *Deuxième Traité*, Locke postule
que les hommes sont par nature des êtres doués de
raison, soumis dans l'ensemble à la loi naturelle, et
donc parfaitement libres « d'ordonner leurs actions,
de disposer de leurs biens et de leur personne
comme ils l'entendent, dans les limites du droit naturel, sans demander l'autorisation d'aucun autre
homme ni dépendre de sa volonté[48] ». Ces postulats

admis, on comprend fort bien que les hommes acceptent non seulement de donner une valeur à la
monnaie, mais encore d'appliquer strictement un
code d'honnêteté commerciale permettant de développer une vaste économie marchande sans avoir à
instituer formellement un pouvoir civil. Dans l'état
de nature, dit Locke, les hommes sont capables
« d'autres engagements ou conventions » que ceux
qui instituent la société civile, « car la vérité et le respect de la parole donnée appartiennent aux hommes en tant qu'hommes et non comme membres de
la société[49] ». Or, qui peut le plus peut le moins ; si,
comme Locke le postule, les hommes ont assez de
raison — au sens où ils sont capables à la fois de discerner leurs intérêts et de reconnaître l'obligation
morale — pour s'accorder sur l'établissement de la
société civile, affaire éminemment complexe, on
conçoit sans peine qu'ils en aient assez pour établir
des rapports commerciaux infiniment plus simples.
N'oublions pas non plus qu'au début du *Deuxième
Traité* Locke déduit son état de nature non pas des
données de l'histoire ou de ce qu'il peut savoir des
sociétés primitives, mais de la Création divine et de
ce que l'observation de l'homme nous apprend sur
ses capacités rationnelles. Dès lors, si l'on considère
les hommes dans l'abstrait plutôt que dans une perspective historique, on peut admettre qu'ils aient pu
posséder une économie marchande avant d'avoir
formellement institué une société civile[50]. Pour sim-
plifier, disons que, pour Locke, ce n'est pas l'État
qui confère leur validité à la monnaie ou aux con-

trats ; monnaie et contrats sont l'expression des fins
que l'homme se propose naturellement ; ils tiennent donc leur validité de sa raison naturelle. Dans
cette perspective, la valeur conventionnelle de la
monnaie et l'obligation des contrats commerciaux
se fondent non pas sur l'autorité d'un quelconque
gouvernement, mais sur la nature humaine éminemment morale et raisonnable que Locke postule.

La théorie de Locke comporte ainsi un consentement à deux niveaux. À un premier niveau, les hommes, dans l'état de nature, libres, égaux et doués de
raison consentent à accorder une valeur à la monnaie,
ce qui, pour Locke, entraîne une autre convention :
l'obligation de respecter les contrats commerciaux.
Ce consentement, les hommes le donnent « en dehors des liens de la société, sans contrat » ; il ne les
fait pas sortir de l'état de nature ; la seule nouveauté, c'est qu'il les autorise à posséder davantage
que ce à quoi ils avaient droit auparavant. À un second niveau, chaque homme accepte de remettre
tous ses pouvoirs entre les mains de la majorité :
c'est ce consentement qui institue la société civile.
Le premier consentement n'a pas besoin du second
pour être valable. Mais pour moralement légitimes
que soient les systèmes de propriété que ce consentement institue dans l'état de nature, l'expérience
prouve qu'il est difficile de les y faire respecter.
Cette difficulté constitue pour Locke la raison essentielle qu'ont les hommes de passer au second niveau
de consentement et d'instituer la société civile. Si
l'on décrit, comme le fait Locke, le passage de l'état

de nature à l'état social dans une perspective chronologique, l'état social vient *après* la convention d'utiliser la monnaie. La série temporelle comporte en tout trois stades : les deux premiers se situent dans l'état de nature (*avant* et *après* le consentement d'utiliser l'argent et l'acceptation des inégalités qui en résultent) et sont suivis par la société civile.

b) La restriction fondée sur la notion de suffisance.

Tout individu a le droit de s'approprier ce qu'il veut, « dès lors que ce qui reste suffit aux autres en quantité et en qualité ». Telle est la restriction à l'appropriation que Locke formule en premier lieu et qu'il nous faut examiner maintenant.

Il ne fait aucun doute pour lui que cette restriction a été abrogée par le consentement qui a institué la monnaie. Mais cette conclusion n'est pas aussi évidente que dans le cas précédent. La règle initiale édictée par la loi naturelle, selon laquelle « chacun doit avoir tout ce dont il peut se servir », n'est plus valable après l'invention de la monnaie[51] : Locke l'affirme mais, du moins dans les premières éditions du *Deuxième Traité*, il ne fournit aucun argument précis à l'appui de cette affirmation, comme s'il jugeait qu'elle allait de soi. Quelle a bien pu être sur ce point la démarche de sa pensée ? Si l'on essaie de la reconstituer, on aboutit au raisonnement suivant : l'apparition de la monnaie entraîne automatiquement l'essor d'une économie marchande ; d'où la création de marchés où s'échangent les produits de terres jusque-là sans valeur ; d'où également l'appropriation de terres qui jusque-là n'avaient pas semblé en valoir la peine[52]. Consentir à l'usage de la monnaie, c'est consentir implicitement aux conséquences de cet usage[53]. Dès lors, un individu est autorisé à s'approprier des terres, même si ce qu'il laisse aux autres ne leur suffit ni en quantité ni en qualité.

On peut certes justifier ainsi l'affirmation de Locke. Mais il semble bien que l'auteur lui-même ait estimé qu'elle requérait des preuves plus directes. Profitant de la révision à laquelle il soumet le texte de la troisième édition des deux *Traités*, il introduit, à la suite de la première phrase de la section 37, un nouvel argument en faveur de l'abrogation de cette restriction[54] :

> À cela j'ajouterai que, quiconque s'approprie des terres par son travail ne diminue pas les ressources communes de l'humanité, mais les accroît. En effet, les provisions qui servent à l'entretien de la vie humaine et que produit un acre de terre enclose et cultivée atteignent dix fois à peu de chose près la quantité produite par un acre d'une terre aussi riche, mais commune et laissée en friche. Quand quelqu'un enclôt des terres et tire de dix acres une plus grande abondance de commodités de la vie qu'il ne ferait de cent acres laissés à la nature, on peut dire de lui qu'il donne réellement quatre-vingt-dix acres à l'humanité. Désormais, grâce à son travail, dix acres lui donnent autant de fruits que cent acres de terres communes.

Ce qui revient à dire qu'on peut certes s'approprier désormais toutes les terres qu'on veut, même si ce qui reste ne suffit aux autres ni en quantité ni en qualité, mais surtout que l'accroissement de la productivité des terres appropriées compense, et même au-delà, le manque de terres dont souffrent les autres. Pour pouvoir le dire, il faut bien entendu postuler que l'accroissement du produit total est réparti au bénéfice de ceux qui manquent de terre, ou, à tout le moins, que cette répartition est faite de manière à ne pas leur porter préjudice. Or, c'est précisément ce que fait Locke : pour lui, même le journalier qui ne possède rien obtient le minimum vital[55], et ce minimum vital, dans un pays où toutes les terres sont appropriées et pleinement exploitées, entraîne un niveau de vie plus élevé que celui de n'importe quel membre d'une société dans laquelle cette appropriation et cette exploitation ne se sont pas produites ; et Locke de préciser que chez « diverses nations américaines », « le roi d'un territoire vaste et productif se nourrit, se loge et s'habille plus mal qu'un travailleur à la journée en Angleterre »[56]. Ainsi, l'appropriation privée a pour effet réel d'accroître le montant total de ce qui reste pour les autres. Sans doute, il arrive un moment où ce qui reste ne leur suffit pas. Mais s'ils n'ont plus assez de terres d'aussi bonne qualité que celles qui ont été appropriées, ils ont en revanche des moyens d'existence aussi bons (en fait meilleurs) quantitativement et qualitativement que ceux dont ils auraient pu jouir si l'appropriation ne s'était pas produite. Or, la notion fondamentale qui a d'abord permis à Locke de déduire le droit qu'ont les hommes de s'approprier la terre, c'est précisément le droit de tout être humain à jouir des moyens d'existence. C'est peu de dire qu'après l'appropriation de toutes les terres les moyens d'existence laissés aux autres sont aussi bons qu'avant ; en fait, c'est grâce à cette appropriation elle-même qu'ils peuvent jouir d'un niveau de vie supérieur. Tant et si bien qu'à la juger au nom des fins fondamentales (fournir à autrui les moyens d'existence) plutôt qu'au nom des moyens (laisser aux autres assez de terre pour qu'ils puissent en tirer leur subsistance), on finit par découvrir que, loin d'être un mal auquel on devrait se résigner, l'appropriation illimitée est un bien qu'on doit rechercher.

Dès lors, la restriction fondée sur la notion de suffisance est transcendée. Ou, si l'on préfère, elle reste valable en principe, mais opère différemment désormais. La règle originelle n'a pas été abrogée, car tout homme a toujours droit à sa conservation et possède donc le droit de s'approprier les moyens de subsister. Mais ce droit n'entraîne plus le droit à l'égalité de la propriété foncière, qui, de toutes manières, n'a jamais été qu'un droit dérivé ; si bien qu'après les premiers âges de l'humanité, la règle fondée sur la notion de suffisance n'exige plus que ce qui reste après chaque appropriation de terre suffise aux autres en quantité et en qualité.

En résumé, Locke a recours à deux arguments pour justifier l'appropriation illimitée de la terre. Le premier est logique : qui consent tacitement à l'usage de l'argent consent implicitement aux con-

séquences de cet usage. Le second est utilitaire : là
où les terres sont entièrement appropriées et exploitées, le niveau de vie des hommes qui n'en possèdent pas est plus élevé que là où cette appropriation
n'a pas été menée à son terme.

Soit, dira-t-on ; mais ces deux arguments, pour
plausibles et acceptables qu'ils soient, ne sont-ils pas
en contradiction formelle avec l'affirmation initiale
de Locke concernant le droit d'appropriation limitée ? Cette objection ne vaut pas, car l'affirmation
initiale, Locke ne l'a jamais énoncée absolument.
Quand il affirme, au début du *Deuxième Traité*, que
l'homme n'a le droit de s'approprier quoi que ce
soit que dans la mesure où ce qu'il laisse aux autres
leur suffit en quantité et en qualité, il ne fait
qu'énoncer la conséquence d'un principe posé antérieurement, à savoir le droit naturel qu'a tout
homme de se procurer par son travail les moyens de
subsister, c'est-à-dire au premier chef pour Locke
d'ingérer des aliments[57]. Or, on peut respecter ce
droit de deux manières. La première consiste à sti-
puler que chacun possède le droit de s'approprier
de la terre, mais alors ce droit est limité par les restrictions que nous avons étudiées. C'est la méthode
qui s'impose lorsqu'il existe de grands espaces de
terres libres, car l'exercice du droit de propriété ne
lèse alors personne. C'est si vrai que Locke ne mentionne ces restrictions à l'appropriation que dans un
contexte où il envisage qu'il existe encore une
grande abondance de terres libres[58]. Mais une seconde méthode permet de satisfaire aux exigences

du droit naturel lorsque la terre se fait rare : il suffit alors d'établir un ensemble de règles explicites ou implicites, assurant aux hommes qui ne possèdent pas de terres la capacité d'acquérir par leur travail les moyens de subsister. Pour Locke, cette seconde méthode est la conséquence naturelle de l'apparition de la monnaie. Dès lors, en affirmant que l'apparition de la monnaie entraîne le droit à l'appropriation illimitée[59], Locke ne contredit nullement le droit naturel de l'homme aux moyens de subsister qu'il a commencé par proclamer.

c) La prétendue restriction fondée sur la notion de travail.

Locke fonde sa justification de l'appropriation individuelle sur la notion de travail. Aux yeux de certains de ses commentateurs, cette justification a semblé impliquer nécessairement une troisième restriction qu'on pourrait formuler de la manière suivante : nul n'a le droit de s'approprier ce à quoi il n'a pas mêlé son travail. S'il en est bien ainsi, on ne voit pas comment Locke peut transcender cette restriction implicite ou l'annuler, comme il a fait des deux autres ; pourtant, s'il ne le fait pas, c'est toute la défense de l'appropriation privée fondée sur la notion de travail qui s'écroule. Devant une telle difficulté, on est tenté de se dire qu'il incombait à Locke lui-même de prouver que l'introduction de la monnaie a bel et bien abrogé cette restriction en même temps que les deux autres. Malheureusement, Locke semble avoir été d'un avis différent : il ne fournit aucun argument sur ce point. Or son silence ne peut se justifier qu'à la condition qu'il ait postulé tout au long de son *Deuxième Traité* la validité des rapports sociaux fondés sur le salaire, qui permet à l'homme d'acquérir un titre de propriété légitime au travail d'autrui. Tout le problème se ramène donc à la question de savoir si nous avons le droit de présumer que Locke tient ces rapports pour légitimes et naturels.

Il affirme catégoriquement que « chacun garde la *propriété* de sa propre personne. Sur celle-ci nul n'a droit que lui-même » ; et il ajoute que, lorsqu'un homme mêle son travail à un objet de la nature, « sans aucun doute ce *travail* appartenant à l'ouvrier, nul autre que l'ouvrier ne saurait avoir de droit sur ce à quoi le travail s'attache[60] ». Mais il faut noter que, malgré les apparences, ces deux affirmations n'excluent nullement le droit naturel qu'auraient les hommes d'aliéner leur travail et de l'échanger contre un salaire. Bien au contraire : plus on souligne que le travail est une propriété, et plus on donne à entendre par là même qu'il est aliénable. Car, au sens bourgeois du terme, la propriété n'est pas seulement le droit d'user ou de jouir d'une chose ; c'est aussi celui d'en disposer, de l'échanger contre une autre, bref, de l'aliéner. Or, Locke met si peu en doute que le travail soit la propriété de qui le fournit, qu'il estime que celui-ci est parfaitement libre de le vendre moyennant salaire. Un homme libre peut très bien vendre à un autre « pour un temps déterminé, les services qu'il s'engage à lui fournir en échange d'un salaire qu'il doit recevoir[61] ». Le travail ainsi vendu devient la propriété de l'acheteur, qui est dès lors autorisé à s'en approprier le produit[62]. Pour Locke, tout cela va très probablement de soi : deux séries de considérations permettent de s'en persuader.

1. Dans la section 28 du *Deuxième Traité*, Locke montre que tout homme tient de la nature le droit de s'approprier ce qui a été donné en commun à l'humanité, à la seule condition qu'il y ait mêlé son travail. Il précise que ce droit, ne dépendant nullement du consentement d'autrui, est un droit naturel. Immédiatement après, et à l'appui de cette argumentation, il attire l'attention sur le droit reconnu aux individus de s'approprier le produit naturel des « terres communes, qui restent telles par convention ». Ici, tout comme dans l'état de nature, le droit d'appropriation se fonde simplement sur la somme de travail fournie par l'individu. Mais il est clair que, pour Locke, on ne saurait réduire cette notion de travail fourni à celui qu'accomplit personnellement l'individu ; bien au contraire, elle englobe le travail qu'il a pu acheter :

> Ainsi l'herbe qu'a mangée mon cheval, la tourbe qu'a fendue mon serviteur et le minerai que j'ai extrait, partout où j'y avais droit en commun avec d'autres, deviennent ma propriété, sans la cession ni l'accord de quiconque. Le travail qui m'appartenait y a fixé mon droit de propriété, en retirant ces objets de l'état commun où ils se trouvaient.

Il est remarquable que Locke inclut ici le travail de « mon serviteur » dans la notion de « travail qui m'appartenait », c'est-à-dire de travail que j'ai fourni et qui, en conséquence, me donne droit au produit de ce travail en vertu de la loi naturelle. Or cette assimilation n'est possible que si l'on postule l'absolue légitimité des rapports sociaux fondés sur le salaire. Autrement, elle serait en flagrante contradiction avec ce que Locke veut prouver[63].

Toutefois, ce passage ne nous permet pas d'affirmer avec certitude que Locke postule le caractère naturel des rapports sociaux fondés sur le salaire, c'est-à-dire leur existence dans l'état de nature. Car si Locke pose bien en principe que le travail de mon serviteur me confère le droit de m'en approprier le produit « partout où je possède quelque chose en commun avec d'autres », cette pétition de principe s'inscrit dans le contexte de la société civile, où la convention crée des terres communes.

Mais à défaut de preuve concluante, ce passage n'offre-t-il pas une forte présomption en faveur de cette thèse ? On l'admettrait volontiers, probablement, si la croyance à l'existence, dans l'état de nature, de rapports sociaux fondés sur le salaire ne constituait une absurdité telle qu'on hésite à l'attribuer à Locke. On aurait tort, pourtant, d'avoir de tels scrupules. Nous l'avons vu bel et bien attribuer à l'état de nature une économie marchande, développée au point où de grands domaines (de plusieurs centaines d'hectares) font l'objet d'appropriation in-

dividuelle en vue de la production de biens destinés
à être vendus avec profit. Or, pour les contemporains de Locke, une telle économie, sous peine de
demeurer incompréhensible, devait nécessairement
impliquer des rapports fondés sur le salaire.

Dans le *Deuxième Traité*, Locke ne s'attarde pas sur
le rôle du travail salarié : il y parle essentiellement
de l'homme farouchement individualiste et du cultivateur qui se suffit à lui-même. C'est pourquoi on
s'est souvent imaginé qu'il avait emprunté les traits
dont il a peint l'état de nature non pas à l'Angleterre de la grande propriété et du travail salarié,
mais à celle des petits propriétaires paysans *(yeomen)*
qui cultivaient eux-mêmes leurs terres. En fait,
Locke a beau être souvent confus, il ne l'est jamais
lorsqu'il s'agit de la structure sociale de l'Angleterre
de son temps. Quand il s'attache, dans les *Considérations*, à des problèmes de politique économique, il
parle des travailleurs salariés comme d'une classe
normale qui joue un rôle considérable dans l'économie de son temps, et il postule, comme s'il s'agissait
d'une nécessité évidente, que les salaires ne dépassent normalement pas le minimum vital et que le
travailleur salarié ne possède rien d'autre que sa
force de travail. À trois reprises, en marge de considérations techniques, il énonce explicitement ces
présupposés. Ainsi, lorsqu'il évalue la vitesse de la
circulation monétaire, il ne mentionne que trois
classes sociales qui lui semblent importantes, celle
des travailleurs salariés, celle des propriétaires fonciers, et celle des « courtiers », c'est-à-dire des mar-

chands et des commerçants ; les ouvriers salariés, Locke admet qu'« en général ils vivent au jour le jour », et n'ont d'autres ressources que leur salaire[64]. Ailleurs, étudiant l'effet de la fiscalité, Locke déclare que les impôts ne sauraient frapper « le pauvre travailleur ou l'artisan [...] car déjà ils ne parviennent guère à vivre autrement qu'au jour le jour » ; qu'une hausse affecte le prix de leur nourriture, de leurs vêtements ou de leurs instruments de travail, et « il faut ou bien que leur salaire s'accroisse en proportion, pour leur permettre de vivre ; ou alors, incapables de subvenir à leurs besoins et à ceux de leur famille par leur travail, il leur reste à tomber dans l'indigence[65] ». Enfin, abordant le problème de la déflation, Locke déclare que les classes économiques, dans une période de récession, luttent pour maintenir leurs revenus ; il ajoute que « ces tiraillements et ces conflits se produisent d'habitude entre les propriétaires fonciers et les marchands. Car, comme la part des travailleurs dépasse rarement le minimum vital, cette classe sociale n'a jamais le temps ni l'occasion d'élever ses pensées au-dessus des problèmes immédiats de la vie et de lutter contre les riches pour obtenir ce qu'ils possèdent[66] ».

Il est donc clair que pour Locke une économie marchande dans laquelle n'existent plus de terres libres implique nécessairement l'existence du travail salarié. Et puisqu'en peignant l'état de nature il a emprunté à l'économie marchande développée de son temps les rapports de marché, il y a tout lieu de

penser qu'il lui a aussi emprunté les rapports sociaux fondés sur le salaire. Il est normal et juste
qu'il y ait un marché du travail tout comme il est
normal et juste qu'il y ait un marché des biens et
des capitaux : ce sont là deux lieux communs de la
pensée du XVIIe siècle. Pour elle, ces deux types de
marchés sont indispensables à la production capitaliste. Or, n'ayant pas encore commencé à se soucier
de la déshumanisation qu'entraîne inévitablement
la transformation du travail en marchandise, les partisans du mode de production capitaliste n'éprou-
vaient aucun scrupule de conscience à son sujet : on
comprend donc qu'ils n'aient eu aucune raison de
ne pas considérer les rapports sociaux fondés sur le
salaire comme une donnée naturelle.

D'ailleurs, attribuer à l'état de nature le travail salarié ou une économie marchande développée, c'est
tout un[67]. Les deux postulats se valent, et Locke ne
manque pas de logique : pour lui, aucune de ces
deux institutions n'a été créée par la société civile.
Elles se fondent toutes deux sur le simple consentement entre individus soumis à la loi naturelle. Or il
s'ensuit, d'une part, que dès lors que les individus
s'accordent à conférer une valeur à la monnaie, ils
fondent par là même l'accumulation du capital par
le truchement de la monnaie ; il en découle, de
l'autre, que le salariat est fondé sur le contrat par lequel les parties prenantes s'engagent mutuellement.
L'histoire ne confirme aucune de ces deux propositions ? Qu'importe ! Elles sont parfaitement intel-
ligibles dès lors qu'on postule d'abord, comme

Locke, que les hommes sont par nature libres et doués de raison[68].

2. Il est fort probable, nous l'avons vu, que pour Locke le salariat existe dans l'état de nature. Cette hypothèse se trouve renforcée par une deuxième série de considérations portant sur la filiation qu'il établit entre les droits et la loi naturels et la société civile. L'accord qui institue cette dernière ne crée aucun droit nouveau ; il ne fait que transférer à l'autorité civile le pouvoir, que les hommes possédaient dans l'état de nature, de protéger leurs droits naturels. Il s'ensuit que la société civile n'a pas le pouvoir de passer outre à la loi naturelle : tout son pouvoir, et celui du gouvernement, se borne à faire respecter les principes de la loi naturelle[69]. C'est bien la raison pour laquelle Locke s'ingénie à montrer que le droit à l'inégalité dans les possessions est un droit que les hommes ne retrouvent dans la société civile que parce qu'ils l'ont apporté avec eux, ou encore que l'appropriation de biens au-delà des limites naturelles initialement prescrites est justifiée, non pas l'accord qui institue la société civile, mais bien par le consentement des individus dans l'état de nature. Or, puisque la société civile n'a pas le pouvoir de passer outre aux prescriptions de la loi naturelle, et puisque l'appropriation illimitée et l'achat du travail d'autrui sont parfaitement légitimes dans la société civile, il s'ensuit que cette appropriation, aussi bien que l'achat de la force de travail, ont dû jadis s'accorder avec les prescriptions de la loi naturelle. On peut exprimer la même chose diffé-

remment en se plaçant du point de vue du droit naturel : puisque l'accord qui institue la société civile
ne crée aucun droit nouveau, et puisque l'appropriation illimitée est un droit reconnu dans la société civile, il s'ensuit qu'il doit s'agir là d'un droit naturel ;
le même raisonnement s'applique à l'aliénation de
la force de travail en échange d'un salaire.

Et pourtant Locke, qui fonde le droit de s'approprier des terres et des biens sur celui qu'a tout
homme de conserver sa vie et d'être le possesseur
naturel de son propre travail, admet comme un
droit naturel que l'homme puisse aliéner son travail
tout en niant qu'il ait le droit d'aliéner sa vie[70]. Au
premier abord, cela peut paraître étrange. Toutefois, à y regarder de plus près, on s'aperçoit que
Locke distingue nettement la vie et la propriété, qui
inclut le travail. Dans le deuxième chapitre du
Deuxième Traité, la distinction n'apparaît pas encore :
les hommes, y est-il dit, ont le droit naturel « de disposer de leurs biens et de leurs personnes comme
ils l'entendent, dans les limites du droit naturel[71] ».
Mais cette distinction apparaît, comme on pouvait
s'y attendre, après que Locke a établi le droit naturel à l'inégalité des possessions. Dans l'état de nature, déclare-t-il, « nul n'exerce sur sa personne, ou
sur qui que ce soit d'autre, un pouvoir arbitraire et
absolu, qui l'autoriserait à détruire sa propre vie, ou
à priver un tiers de sa vie ou de ses biens[72] ». C'est
dire qu'il reste à l'homme dans l'état de nature,
après qu'il s'est vu refuser le droit de détruire sa
propre vie, qui appartient à Dieu, ou de priver arbi-

trairement un tiers de sa vie ou de ses biens, celui d'aliéner ses propres biens. La loi naturelle, telle que Locke l'entend, précise bien que lorsqu'un homme meurt ou est asservi par droit de conquête, sa femme et ses enfants peuvent faire valoir leurs titres sur ses biens[73] ; mais cette clause ne paraît nullement limiter son droit d'en disposer à sa guise tant qu'il est en vie ou libre.

À vrai dire, Locke n'aurait su que faire d'un droit de propriété qui n'aurait pas inclus pour l'individu le droit d'acheter et de vendre librement tout ce qu'il possède, y compris sa force de travail, car il s'agit là d'un élément essentiel dans le processus de production capitaliste. On comprend dès lors que Locke prenne tant de soin à distinguer l'esclave de l'homme libre qui reçoit un salaire : le premier a accordé à un tiers un droit arbitraire sur sa vie, le second ne fait qu'échanger son travail contre un salaire[74].

En soulignant que le travail d'un homme lui appartient, Locke montre à quel point il se sépare de la conception médiévale et accepte les valeurs bourgeoises que Hobbes avait si nettement et si sobrement définies. Mais il reste en retrait par rapport à son prédécesseur. Car ce n'est pas le travail seulement, mais la vie elle-même qui se réduisent pour Hobbes à des marchandises comme les autres[75] ; en revanche, Locke tient encore la vie pour sacrée et inaliénable, même si le travail et la « personne », conçue comme force de travail[76], sont considérés par lui comme des marchandises. Dans la mesure où il distingue vie et travail, il reste fidèle aux valeurs

traditionnelles. La confusion qui règne dans sa définition de la propriété, qui, tour à tour, englobe et
exclut la vie et la liberté, peut être légitimement attribuée à la confusion d'esprit d'un homme hésitant
entre les vestiges des valeurs traditionnelles et l'éclo-
sion des valeurs bourgeoises[77]. C'est cette hésitation
qui explique sans doute que la théorie de Locke
plaise davantage au lecteur moderne que l'intransi-
geante doctrine de Hobbes. Se voilant la face, Locke
se refuse à admettre que l'aliénation constante de
leur travail à laquelle se livrent les ouvriers salariés
en échange du minimum vital, où il voit pourtant
une nécessité de leur condition, équivaut en fait à
l'aliénation de leur vie et de leur liberté.

Nous pouvons donc conclure que, tout au long de
sa défense du droit naturel de propriété, Locke
admet comme allant de soi que le travail est par nature une marchandise et que le salariat, qui me
donne le droit de m'approprier les fruits du travail
d'autrui, fait partie de l'ordre naturel. Il s'ensuit
que Locke n'a jamais assigné à l'appropriation dans
l'état de nature la troisième restriction dont certains
de ses commentateurs ont parlé. Pour Locke, le
droit d'appropriation ne s'est jamais limité au droit
de m'approprier ce que mon travail m'a permis
d'acquérir ; il n'avait donc pas à abroger une restriction qu'il n'a jamais formulée et à laquelle il n'a jamais pensé. Elle n'a existé que dans l'esprit de ceux
qui ont abordé sa théorie dans la perspective de
l'humanisme libéral moderne.

IV. *L'exploit de Locke.*

Comprendre ainsi les présupposés de Locke, c'est donner à sa théorie de la propriété un sens bien différent de celui qu'on lui attribue communément, ou plutôt c'est lui redonner le sens qu'elle a dû avoir pour son auteur et pour ses contemporains. Locke répète inlassablement que le travail de l'homme lui appartient : en cela réside la nouveauté essentielle de sa théorie de la propriété. Si nous l'examinons dans la perspective que nous avons esquissée, cette affirmation signifie presque le contraire de ce qu'on lui fait dire depuis quelques années : bien loin d'être une anticipation du socialisme, elle constitue le fondement moral de l'appropriation bourgeoise. Car l'abrogation des deux restrictions initiales que Locke a explicitement formulées transforme toute sa théorie de la propriété en une justification du droit naturel de l'individu, non seulement à l'inégalité des possessions, mais surtout à l'appropriation illimitée. Et ce droit repose tout entier sur l'affirmation réitérée que le travail est la propriété de qui le fournit. En effet, cela revient à dire que l'homme est libre d'échanger sa force de travail, par contrat, contre un salaire ; mais cela revient surtout à affirmer que, de son travail et de ce qu'il produit, l'homme n'est nullement redevable à la société civile. Si c'est le travail, propriété absolue de l'individu, qui justifie l'appropriation et crée la valeur, il s'ensuit qu'aucune revendication morale ne saurait prévaloir contre le droit d'appropriation individuelle. La tradition voyait dans la propriété et le travail des fonctions sociales, et estimait que le fait d'être propriétaire entraînait des obligations envers la société : c'est cette théorie que Locke sape à la base.

Tout compte fait, il a bien atteint le but qu'il s'était fixé. La tradition expliquait que la terre et tous ses fruits ont été donnés en commun à l'humanité pour qu'elle en jouisse. Locke part de cette hypothèse traditionnelle, mais il retourne tous les arguments dont elle est riche contre ceux qui en déduisaient des théories limitant l'appropriation capitaliste. Désormais Locke a fait disparaître les tares morales qui entachaient et entravaient ce type d'appropriation[78]. S'il s'en était tenu là, son exploit n'aurait pas manqué de grandeur. Mais il va plus loin. Il justifie, en montrant qu'elle est naturelle, une différenciation des droits et de la rationalité selon les classes sociales : ce faisant, il fournit à la société capitaliste le fondement moral solide qui lui manquait.

3. DIFFÉRENCIATION DES DROITS NATURELS ET DE LA RATIONALITÉ SELON LES CLASSES SOCIALES

Pour comprendre ce second exploit, il faut tenir compte de deux autres présupposés de Locke tout aussi importants que son postulat explicite concernant la propriété du travail. Il pose d'abord en principe que si la classe laborieuse fait nécessairement partie de la nation, ses membres ne sont pas, en fait, membres à part entière du corps politique et n'ont aucun titre à l'être ; il postule ensuite que les membres de cette classe ne vivent pas, et ne peuvent pas vivre, une vie pleinement rationnelle. Nous employons le terme « classe laborieuse » dans un sens large qui englobe les « pauvres laborieux » *(labouring poor)* aussi bien que les « pauvres mendiants » *(idle poor)*, c'est-à-dire tous ceux qui vivent soit d'un emploi, soit de la charité publique (asile de pauvres) ou privée, en un mot tous ceux qui ne possèdent aucune ressource. Ces idées sont très communément admises du temps de Locke : il serait donc étonnant qu'il ne les ait point partagées. Mais on a si généralement négligé leur importance lorsqu'on a étudié la pensée de Locke qu'il convient, nous semble-t-il, d'établir par des preuves directes, tirées de plusieurs de ses écrits, qu'elles sont bien aussi celles de Locke. Après avoir montré que ces idées sont, pour lui, des propositions évidentes qui s'appliquent à la classe laborieuse anglaise du XVIIe siècle, nous étudierons jusqu'à quel point il en a généralisé l'application et comment il les a introduites dans le *Deuxième Traité*.

I. *Locke postule cette différenciation dans l'Angleterre du XVIIe siècle.*

Les mesures proposées par Locke pour faire face au problème posé par le chômage des hommes valides sont assez généralement connues. Mais, lorsque des commentateurs modernes les mentionnent, c'est d'habitude pour en réprouver la rigueur et leur trouver une excuse dans les mœurs de l'époque. Il serait plus pertinent de montrer la lumière qu'elles jettent sur les présupposés de Locke. Il estime qu'il faut encourager les directeurs d'asiles de pauvres (« maisons de correction ») à transformer les établissements dont ils ont la charge en manufactures destinées à l'exploitation intensive de la main-d'œuvre, et inciter les juges de paix à en faire des camps de travail forcé. « Dès qu'ils ont dépassé l'âge de trois ans », précise-t-il, les enfants de chômeurs constituent pour la nation un fardeau inutile : on doit donc les faire travailler, car ils sont en mesure à cet âge de rapporter plus qu'ils ne coûtent. Locke justifie explicitement ces mesures en soulignant que le chômage n'a pas de causes économiques : il est dû à la dépravation de l'homme. En tant que membre du très officiel Bureau du Travail, Locke écrit en 1697 que l'accroissement du nombre des chômeurs « n'a d'autre cause que le relâchement de la discipline et la corruption des mœurs[79] ». Dans son esprit, il n'est pas un instant question de traiter les chômeurs comme des membres libres, à part entière, de la communauté politique ; en revanche, il ne fait pas de doute pour lui qu'ils sont totalement soumis à l'autorité de l'État. Si celui-ci a le droit de les traiter comme il le fait, c'est précisément parce que les chômeurs refusent de se conformer à la norme morale que l'on est en droit d'exiger de tout homme doué de raison.

Bien qu'elle apparaisse clairement dans ses écrits, et notamment dans ses *Considérations,* on a moins souvent noté la position que Locke adopte à l'égard de la classe des ouvriers salariés. C'est en marge des nombreuses considérations techniques auxquelles, nous l'avons vu, il consacre cet écrit que Locke précise sa pensée. Il considère comme allant de soi que les ouvriers salariés constituent une classe normale et importante au sein de la nation, que l'ouvrier salarié ne possède rien qu'il puisse tenir en réserve, qu'il dépend entièrement de son salaire, et que de toute nécessité ce salaire ne dépasse normalement jamais le minimum vital : l'ouvrier salarié « ne fait que vivre au jour le jour ». Un passage des *Considérations,* dont nous avons déjà extrait une citation, mérite plus ample attention :

> Comme la part [du revenu national] des travailleurs dépasse rarement le minimum vital, cette classe sociale n'a jamais le temps, ni l'occasion d'élever ses pensées au-delà des problèmes immédiats de la vie et de lutter (comme un seul groupe d'intérêt) contre les riches pour obtenir ce qu'ils possèdent, sauf lorsqu'une grande détresse commune, les unis-

sant en un ferment universel, ils en oublient le respect et s'enhardissent à se tailler, par la force armée,
une part qui satisfasse leurs besoins : il arrive alors
parfois qu'ils fondent sur les riches et, tels le déluge,
balaient tout sur leur passage. Mais cela se produit
rarement, sauf pendant la mauvaise gestion d'un
gouvernement à l'abandon et mal tenu[80].

Il est bien difficile de dire laquelle de ces remarques est la plus révélatrice de la pensée de Locke.
On y retrouve tous ses présupposés fondamentaux :
les ouvriers sont en général tenus dans un état trop
dégradant pour être capables d'une pensée ou d'un
acte politique ; lorsque, par exception, il leur arrive
de détacher leur pensée des problèmes terre à terre
de la simple survie, l'insurrection armée constitue la
seule action politique dont ils se montrent capables ;
la mauvaise gestion des affaires ne consiste nullement
à maintenir les pauvres au niveau du minimum vital,
mais à permettre qu'une détresse exceptionnelle provoque l'union dans la révolte armée. Enfin, Locke
exprime sa conviction que de telles révoltes sont
inconvenantes, qu'elles constituent de la part des
ouvriers un manque de respect inadmissible à
l'égard de leurs supérieurs.

Or, chez Locke, la question décisive est de savoir
à qui appartient le droit de s'insurger : la réponse à
cette question constitue, en fait, le seul critère de la
citoyenneté, puisque aussi bien il n'a prévu aucune
autre procédure permettant d'exercer le droit de se
débarrasser d'un gouvernement indésirable. Dans le
Deuxième Traité, il déclare, certes, que la majorité

possède ce droit, mais il ne semble pas lui venir à
l'esprit que la classe laborieuse puisse jamais en
jouir. À vrai dire, cela n'a rien d'étonnant puisque,
pour lui, les membres de cette classe sont des objets
de la politique de l'État, des choses à administrer,
bien plus que des sujets ou des citoyens actifs. Incapables d'une action politique réfléchie, ils ne sauraient jouir du droit à l'insurrection, dont l'exercice
dépend essentiellement d'un choix de la raison.

Le Christianisme raisonnable confirme en tous
points cette idée d'une classe laborieuse, à laquelle
sa condition dégradante interdit de mener une vie
morale, conforme aux préceptes de la raison. Cette
œuvre se réduit à un plaidoyer en faveur d'un christianisme ramené à un petit nombre d'articles de foi
simples « que l'homme laborieux et illettré puisse
comprendre ». Le christianisme devrait, selon Locke,
redevenir

> une religion accordée aux capacités vulgaires et à
> l'état des hommes qui, en ce monde, sont destinés à
> travailler et à aller de place en place [...]. La plus
> grande partie de l'humanité n'a pas de temps à
> consacrer à l'étude, à la logique ou aux distinctions
> raffinées de l'École. Lorsque la main s'attache à la
> charrue et à la bêche, il est rare que la tête s'élève
> jusqu'aux notions sublimes, ou qu'elle puisse s'exer-
> cer aux mystères du raisonnement. On devrait s'esti-
> mer heureux si les hommes de ce rang (pour ne rien
> dire de l'autre sexe) arrivent à comprendre des pro-
> positions simples, et un bref raisonnement portant
> sur des choses familières à leur esprit et se rappro-

chant le plus possible de leur expérience quotidienne. Allez au-delà, et vous confondez la plus
grande partie de l'humanité [...] [81].

Contrairement a ce que ce texte pourrait donner
à penser, Locke ne s'y livre pas à un plaidoyer en faveur d'un simple rationalisme moral et religieux
qu'il souhaiterait substituer aux disputations sans fin
des théologiens. C'est tout le contraire : il maintient
que, sans sanctions surnaturelles, la classe laborieuse
est incapable de suivre une éthique rationaliste.
Tout ce qu'il demande, c'est qu'on rende ces sanctions plus claires. Le petit nombre d'articles qu'il recommande ne sont pas des préceptes moraux, mais
bel et bien des articles de foi. Il faut qu'on y croie.
Mais la croyance en eux suffit entièrement, car elle
transforme les préceptes moraux de l'Évangile en
commandements irrévocables. Le seul problème
que se pose Locke, c'est de trouver le moyen d'adapter ces articles de foi de façon qu'ils fassent directement appel à l'expérience du petit peuple qui sera
ainsi capable de croire[82]. Et l'auteur de conclure, en
soulignant qu'on ne saurait laisser la loi naturelle
ou la loi de raison guider le plus grand nombre, car
il est incapable d'en tirer des règles de conduite.
Pour « les journaliers, les négociants, les fileuses et
les filles de ferme [...] le seul moyen assuré de les
amener à obéir à des commandements et à les
mettre en pratique, c'est de leur en donner de simples. Le plus grand nombre ne peut pas savoir, c'est
pourquoi il doit croire[83] ».

Bien entendu, ce christianisme simplifié se recommande à toutes les classes sociales, comme le montrent les observations candidement mercantiles auxquelles Locke se livre lorsqu'il souligne l'incomparable utilité de la doctrine des récompenses et des châtiments :

> Les [anciens] philosophes ont certes montré la beauté de la vertu [...] mais comme ils l'avaient laissée sans dot, très rares furent ceux qui s'offrirent à l'épouser. [...] Mais désormais « un poids extraordinaire de gloire immortelle » ayant fait pencher la balance en sa faveur, on ne cesse de l'entourer, et la vertu se montre maintenant pour ce qu'elle est : l'acquisition la plus rentable, de loin la meilleure affaire [...]. La vue du ciel et de l'enfer jettera le discrédit sur les plaisirs et les peines de courte durée que nous connaissons ici-bas, rehaussera l'attrait de la vertu et la fortifiera, cette vertu que la raison, l'intérêt et le soin que nous avons de nous-mêmes nous commandent de reconnaître et de préférer. Sur ce roc, et sur lui seul, la morale tient bon et peut défier toutes les concurrences[84].

Les lecteurs de Locke n'ont pas dû manquer d'apprécier cet éloge du christianisme ; bien davantage, en tout cas, que les ouvriers pour qui des termes comme « l'acquisition la plus rentable » étaient tout à fait dépourvus de sens. Mais que son abrégé de la doctrine chrétienne satisfasse l'entendement des hommes intellectuellement supérieurs ne constitue pour Locke qu'un avantage secondaire. L'accent qu'il met à plusieurs reprises sur la nécessité d'ame-

ner la classe laborieuse à l'obéissance, en lui faisant
croire aux récompenses et aux châtiments divins, ne
laisse planer aucun doute sur son propos essentiel.
Et ses postulats sont clairs comme le jour : la classe
laborieuse est, moins que toute autre, capable de
mener une vie rationnelle. On peut distinguer une
nuance dans l'attitude de Locke à l'égard des
ouvriers actifs, qui la distingue de celle qu'il adopte
à l'égard des chômeurs : il a tendance à penser que
les pauvres mendiants ont librement choisi la dépravation, alors que les pauvres laborieux lui paraissent
simplement être incapables d'une vie pleinement
rationnelle en raison de leur triste condition. Mais
qu'ils soient responsables ou non, les membres de la
classe laborieuse n'ont pas, ne peuvent pas avoir, et
n'ont pas le droit d'avoir, la qualité de membres à
part entière de la société politique : ils ne mènent
pas, et ne peuvent pas mener une vie pleinement rationnelle.

Tels sont les présupposés de Locke. Mais tels sont
aussi ceux de ses lecteurs. Dans les passages des *Considérations* et du *Christianisme raisonnable,* il se borne
à les énoncer ; à aucun moment il ne les justifie, et
pour la bonne raison qu'il ne voit pas pourquoi il le
ferait : il peut se permettre de les tenir pour acquis,
car ils ont droit de cité dans l'idéologie dominante
de l'époque. De tous temps, l'incapacité politique
des ouvriers salariés a été tenue en Angleterre pour
un fait qui va de soi. Les ouvriers actifs aussi bien
que les chômeurs ont été officiellement l'objet de
nombreux soins de la part du gouvernement sous

les Tudors et les premiers Stuarts, mais les pauvres laborieux, pas plus que les pauvres mendiants, n'ont jamais été considérés comme aptes aux droits politiques. Quant à l'individualisme puritain, dans la mesure où il supplante le paternalisme d'État des Tudors et des premiers Stuarts, il ne fait rien pour accroître l'estime dans laquelle on tient les capacités politiques de la classe ouvrière dépendante. Bien au contraire. En traitant la pauvreté comme l'indice d'une tare morale, les Puritains ajoutent l'opprobre moral au mépris depuis toujours affiché à l'égard des pauvres dans le domaine politique. Ils n'excluent pas que les pauvres méritent d'être aidés, mais cette aide doit s'administrer de haut en bas, c'est-à-dire du haut de principes moraux supérieurs. Bref, objets de sollicitude, de pitié, de mépris et parfois de crainte, les pauvres ne sont pas membres à part entière de la communauté morale. Voilà bien une raison supplémentaire — si tant est qu'elle fût nécessaire — pour continuer de penser qu'ils ne sont pas non plus membres à part entière de la communauté politique. Mais si, dans cette perspective, les pauvres n'appartiennent pas de plein droit à la communauté politique, ils sont à coup sûr soumis à sa juridiction. Ils sont *dans* la société sans en être membres.

Cette conception des pauvres présente une analogie frappante avec la conception calviniste du statut de l'« appelé » par opposition à celui de l'« élu ». L'Église calviniste, tout en prétendant englober l'ensemble de la population, considérait que seuls les

élus en étaient membres de plein droit. Les appelés
(groupe qui se confondait essentiellement, mais pas
entièrement, avec les déshérités) n'étaient pas membres de l'Église, tout en l'étant : ils n'en étaient pas
membres de plein droit, puisqu'ils n'avaient pas
part à son gouvernement ; mais ils l'étaient tout de
même assez pour que sa discipline s'appliquât légitimement à eux[85]. Dans quelle mesure la conception
puritaine du statut civil et moral des pauvres constitue une sécularisation de la stricte doctrine calviniste ? Ce problème n'a pas lieu de nous retenir ici.
Il nous suffira de rappeler que la doctrine calviniste
de l'élection était moins couramment admise que la
doctrine puritaine de la pauvreté ; mais il n'est pas
impossible que quelques restes de la stricte orthodoxie calviniste aient imprégné la tradition puritaine
au sens large. Quoi qu'il en soit, il est incontestable
que la doctrine puritaine renforce le préjugé, ré-
pandu bien avant Calvin, concernant l'incapacité
politique de la classe ouvrière. Même aux heures de
gloire du puritanisme politique, pendant la Guerre
civile et sous le Commonwealth, si certains font une
brève campagne en faveur de l'octroi de droits politiques aux pauvres salariés, cette campagne n'est
soutenue par personne, même pas par les Niveleurs.
Il est vrai que ces derniers excipent non pas d'une
infériorité morale des pauvres, mais de leur manque
d'indépendance.

Avec la Restauration, l'idée de l'octroi de droits
politiques aux pauvres connaît une nouvelle éclipse,
tandis que celle de leur imperfection morale de-

vient un dogme de l'orthodoxie économique. La littérature économique qui fleurit après la Restauration, bien qu'elle ne soit pas ouvertement puritaine, adopte entièrement la conception que les Puritains se font des pauvres. La culpabilité morale de la classe ouvrière est un de ses thèmes favoris. Sous les Tudors, le pauvre mendiant avait été traité comme un hors-la-loi ; maintenant on traite également le pauvre laborieux comme un être d'une autre race, ou presque, qui campe dans la nation. Tawney n'a pas manqué de le noter : l'attitude qui domine chez les économistes anglais après 1660 « à l'égard du nouveau prolétariat industriel [est] sensiblement plus dure que celle qui prévalait dans la première moitié du XVIIe siècle [...] et ne trouve son équivalent moderne que dans la conduite des colons blancs les moins recommandables envers leurs ouvriers de couleur[86] ». La classe ouvrière n'est pas considérée comme un ensemble de citoyens, mais comme un réservoir de travailleurs actuels ou potentiels à la disposition de la nation. Les économistes admettent volontiers que la classe ouvrière constitue la source ultime de la richesse d'une nation. Ils insistent même sur ce point. Mais ils soulignent que cela n'est vrai qu'à condition de la pousser, de l'obliger à travailler sans arrêt. Les moyens mis en œuvre pour obtenir qu'elle travaille sont, pense-t-on généralement, insuffisants dans la mesure où ils se révèlent incapables de venir à bout des faiblesses morales des pauvres. Mais, quels que soient les remèdes proposés — et beaucoup vont dans le sens d'une plus grande rigueur — un présupposé commun les sous-tend tous : la classe ouvrière constitue un bien qu'il appartient à l'État de gérer de façon que la nation puisse en tirer profit. Ce qui ne veut même pas dire que les intérêts des ouvriers soient subordonnés à ceux de la nation, car, pense-t-on, cette classe ne possède aucun intérêt propre : le seul intérêt, c'est celui de la nation, tel que l'entend la classe dirigeante. William Petyt exprime joliment le point de vue général lorsqu'il écrit :

> De toutes les matières premières, le peuple [...] constitue la plus essentielle, la plus fondamentale et la plus précieuse, celle à partir de laquelle s'obtiennent toutes sortes de manufactures, des forces navales, des richesses, des conquêtes et un empire solide. En elle-même, cette denrée de base est cependant fort grossière et brute ; c'est pourquoi on la remet entre les mains de l'autorité suprême dont la prudence et l'habileté doivent l'améliorer, l'organiser et la façonner avec plus ou moins de profit[87].

Cette conception qui fait de la classe ouvrière une denrée dont on peut extraire richesse et pouvoir, une matière première qu'il appartient à l'État de raffiner et d'utiliser à son gré, est tout à fait caractéristique de l'époque à laquelle Locke écrit. Mais tout aussi caractéristique de cette époque, le corollaire politique qu'elle en tire et la morale qui le fonde : la classe ouvrière relève de la juridiction de l'État dont elle ne fait pourtant pas partie ; et cela est tout à fait légitime, car elle est incapable de comportement rationnel. Locke n'a donc nul besoin de justifier ses présupposés : il ne fait que reprendre des idées couramment admises. C'est si vrai que lorsqu'il les énonce, c'est seulement pour établir un point technique ayant trait à la religion ou à l'économie, comme s'il se bornait à rappeler à ses lecteurs ce qu'ils savaient déjà mais dont ils n'avaient pas vu l'application correcte.

Il apparaît donc clairement que, lorsqu'il observe la société de son temps, Locke y voit deux classes possédant des droits distincts et douées d'une raison différenciée. Il nous faut examiner maintenant dans quelle mesure il attribue rétrospectivement à la nature même de l'homme et de la société les différences qu'il aperçoit dans la société de son temps.

II. *Locke généralise cette différenciation.*

Commençons par noter que la tournure d'esprit fort peu historique de Locke ne s'oppose nullement, bien au contraire, à ce qu'il ait appliqué ses postulats concernant la société du XVIIᵉ siècle à l'état de nature tel qu'il l'imagine ; rien de plus facile pour lui que de convertir certains des attributs de la société et de l'homme de son temps en attributs naturels de la société présociale et de l'homme en soi. Dès lors que les postulats qu'il énonce à propos de la réalité sociale du XVIIᵉ siècle se passent pour lui de toute justification, on comprend aisément qu'il puisse les convertir en prémisses des raisonnements qu'il élabore à propos de l'état de nature, sans être le moins du monde conscient du problème de cohérence logique que pose cette conversion. La question à laquelle il nous faut tenter de répondre est donc de savoir s'il a opéré cette conversion et à quel point de son raisonnement elle se produit.

Au niveau de l'énoncé initial de ses postulats dans le *Deuxième Traité* (aussi bien que dans l'analyse de la nature humaine que contient l'*Essai concernant l'Entendement humain,* qu'il faut étudier en même temps que le *Traité* pour bien saisir l'idée qu'il s'en fait), rien ne laisse supposer qu'il pose en principe des différences de classe. Mais avant qu'il n'en vienne à déduire, à partir de ces postulats, le caractère nécessaire de la société civile, il avance, notamment à propos du droit de propriété, d'autres arguments qui impliquent tous qu'il a déjà transféré à l'état de nature la différenciation qu'il a posée en principe à propos de la société de son temps.

a) Droits différenciés.

Nous l'avons vu : Locke reconnaît que la société du XVIIe siècle est divisée en classes si profondément hétérogènes que la classe laborieuse possède effectivement des droits très différents de ceux des classes placées au-dessus d'elle. Ses membres vivent nécessairement « au jour le jour », ils sont incapables « d'élever leurs pensées au-delà des simples problèmes de la vie » et, par conséquent, de participer activement à la vie politique. Leur condition tient à ce qu'ils ne possèdent rien ; et cette absence de propriété n'est qu'un aspect d'une inégalité générale qui se fonde, dit Locke, sur « la nécessité des choses, et la constitution de la société humaine[88] ».

Locke voit tous ces aspects de la société de son temps et les considère comme caractéristiques de toute société civile. Mais comment peut-il transformer ces postulats de fait en postulats portant sur une différenciation des droits *naturels*? Et à quel moment cette transformation s'opère-t-elle? Certainement pas dans les déclarations préliminaires concernant les droits naturels de l'individu, puisque Locke y met au contraire l'accent sur l'égalité naturelle de tous les hommes[89].

En fait, c'est lorsqu'il en vient à sa théorie de la propriété qu'il opère cette transformation, et plus précisément dans le chapitre intitulé « De la Propriété », où il multiplie les arguments en faveur de sa thèse : du coup, ce qui était droit naturel reconnu à tout individu de ne posséder que ce dont il a besoin, et que son travail lui a permis d'acquérir, devient droit naturel à une appropriation illimitée qui autorise les plus entreprenants à acquérir légitimement toutes les terres et à ne laisser aux autres hommes d'autre moyen de subsistance que la vente de leur force de travail.

Loin d'en être un élément aberrant, cette thèse constitue un trait essentiel de l'individualisme de Locke. Fondamentalement, cet individualisme revient à affirmer que tout homme a par nature la propriété exclusive et absolue (au sens où il n'en est absolument pas redevable à la société) de sa propre

personne et de ses capacités[90], au premier rang des-
quelles Locke place sa force de travail[91]. Il s'ensuit
que l'homme est absolument libre d'aliéner cette
force de travail. C'est donc bien ce postulat individualiste qui permet à Locke de séparer la masse
d'individus (légitimement) égaux en deux classes
possédant des droits très différents : la classe des
propriétaires et celle des non-propriétaires. Après
l'appropriation de toutes les terres, le droit fondamental de tous les hommes à ne pas dépendre de la
volonté d'autrui s'applique aux rapports entre propriétaires et non-propriétaires : du coup, ce droit est
entaché d'une inégalité si grande qu'il se différen-
cie nécessairement. La différence qui l'affecte est
une différence de nature et non pas de degré.
Locke le reconnaît lui-même lorsqu'il souligne que
la vie des non-propriétaires dépend du bon vouloir
des propriétaires et que les premiers n'ont pas le
pouvoir de changer leurs conditions d'existence.
L'égalité originelle des droits naturels, c'est-à-dire
l'absence entre les hommes de liens de subordination et de sujétion[92], disparaît nécessairement avec
l'inégalité dans les possessions. En d'autres termes,
dès lors qu'ils ne possèdent aucun bien matériel, les
hommes perdent la propriété exclusive de leur propre personne, qui constituait le fondement, dans
l'égalité, de leurs droits naturels[93]. Et n'oublions pas
que cette inégalité dans les possessions est, pour
Locke, *naturelle*, c'est-à-dire qu'elle se produit « en dehors des liens de la société ou de la convention[94] ».
La société civile n'est instituée que pour protéger

cette inégalité qui a déjà entraîné, dans l'état de nature, une inégalité des droits. Telle est la démarche
par laquelle Locke transfère implicitement à l'état
de nature les droits différenciés qui affectent la société de son temps. Mais, nous le verrons, ce postulat
implicite ne se substitue pas purement et simplement
à celui de l'égalité originelle : dans l'esprit de Locke
les deux coexistent.

b) Rationalité différenciée.

Nous avons déjà eu l'occasion de le préciser :
lorsqu'il observe la société de son temps, Locke postule que la raison est la chose du monde la moins
bien partagée, puisqu'il va de soi pour lui que la
classe laborieuse est incapable de mener une vie
pleinement rationnelle, c'est-à-dire de suivre les in-
jonctions de la loi naturelle ou de la raison. La question qui se pose, une fois encore, est de savoir à quel
moment il généralise ce postulat, en quel point du
Deuxième Traité cette généralisation intervient. Le
postulat d'une différenciation de la rationalité est
remarquablement absent des premières pages du
Traité. La rationalité et la dépravation humaines y
font l'objet de remarques très générales. Certes,
Locke y établit une distinction[95] entre les hommes
rationnels, dont l'action s'inscrit dans les limites que
la loi naturelle leur assigne, et les hommes dépravés
qui ne cessent de transgresser cette loi. Mais à aucun
moment il ne laisse entendre que cette distinction
pourrait être liée à la division de la communauté naturelle en classes sociales. La même remarque s'ap-

plique à cette autre distinction qu'on y trouve : parlant du premier stade de l'état de nature, époque où la terre ne manquait pas encore, Locke oppose à « l'homme d'industrie et de raison », fidèle à la loi naturelle prescrivant à tous les hommes de conquérir la terre par le travail (travail qui constitue leur titre de propriété), « l'homme querelleur et chicanier » que la convoitise détourne de cette voie et pousse à « s'immiscer dans ce que le travail d'autrui à déjà mis en valeur[96] ». Au premier stade de l'état de nature, l'homme doit faire face à son environnement naturel : la conduite rationnelle consiste alors à conquérir la nature par le travail et à se l'approprier pour la conquérir. L'appropriation industrieuse constitue donc l'essence de la conduite rationnelle. Mais elle subit une altération très nette dans les pages du chapitre intitulé « De la Propriété ». La conduite rationnelle qui se définissait par l'appropriation industrieuse du modeste lopin de terre nécessaire à la satisfaction, par le travail de l'homme, de ses besoins et de ceux de sa famille se définit maintenant par l'appropriation de superficies qui dépassent ses capacités personnelles de travail et ses besoins. Or, à partir du moment où l'accumulation illimitée devient rationnelle, on conçoit sans peine que seuls ceux qui ont les moyens de s'y livrer aient accès à la plénitude de la raison.

L'importance du changement que subit le concept de rationalité justifie un examen plus poussé. Au premier stade de l'état de nature, la conduite rationnelle se définit essentiellement par la conquête et l'amélioration de la terre :

> Quand Dieu a donné le monde en commun à l'humanité, il a enjoint à l'homme de travailler ; d'ailleurs l'homme s'y voyait contraint par la pénurie de sa condition. Dieu et la raison lui commandaient de venir à bout de la terre, c'est-à-dire de l'améliorer dans l'intérêt de la vie, et, ce faisant, d'y investir quelque chose qui était à lui : son travail[97].
>
> Dieu a donné le monde aux hommes [...] pour leur profit et pour en retirer les commodités de la vie, autant qu'ils en étaient capables [...]. Il l'a donné, pour s'en servir, à l'homme d'industrie et de raison, *à qui* son *travail* devait servir de titre et non, pour satisfaire son caprice ou sa convoitise, à l'homme querelleur et chicanier[98].

Au début, la raison commande donc à chaque homme de venir à bout de la terre et de l'améliorer pour son propre profit. Mais il est impossible à l'homme d'obéir à ce commandement s'il ne possède pas de terre car, précise Locke, « la condition de la vie humaine, qui nécessite le travail et des matériaux à travailler, introduit forcément les *possessions privées*[99] ». Il s'ensuit que se livrer à l'appropriation privée de la terre et de ce qu'elle produit, et consacrer son énergie à la faire fructifier pour en obtenir le plus de commodités possibles pour soi-même, constitue l'essence de la conduite rationnelle. N'est industrieux et rationnel que celui qui s'approprie les moyens et les fruits de son travail. Mais « rationnel » peut s'entendre de

deux manières : au sens moral, ce mot désigne les
commandements de la loi de Dieu, que Locke appelle aussi « loi de raison » ; au sens utilitaire, il désigne tout ce qu'il importe qu'un homme fasse pour
atteindre le but qu'il s'est fixé. Or, c'est sur l'aspect
moral de la rationalité que Locke insiste ; à juste titre,
d'ailleurs, car s'il n'était question que des moyens, il
pourrait être en tout point rationnel de « s'immiscer
dans ce que le travail d'autrui a déjà mis en
valeur[100] ». D'autre part, n'oublions pas qu'au premier stade de l'état de nature, avant l'introduction de
l'argent et l'appropriation des terres qui en est la
conséquence, travailler c'est s'approprier.

Mais dès que l'argent apparaît quelque part, il ne
reste bientôt plus de terres libres[101] sans que pour
autant tout le monde ait pu s'en approprier. Ne per-
dons pas de vue que Locke parle toujours ici de
l'état de nature : en convenant tacitement d'utiliser
la monnaie, consentement qui est intervenu en dehors des liens de la société ou de la convention, les
hommes ont accepté que la possession de la terre
comporte des disproportions et des inégalités[102]. Le
deuxième stade de l'état de nature voit donc l'impossibilité pour ceux qui n'ont pu acquérir de la
terre, d'être « hommes d'industrie et de raison », au
sens que Locke a donné à ces mots, puisqu'ils ne
peuvent plus s'approprier et améliorer la terre à
leur profit, en quoi consistait à l'origine l'essence de
la conduite rationnelle.

Alors qu'au premier stade travail et appropriation s'impliquent réciproquement et ensemble cons-

tituent la conduite rationnelle, le deuxième stade voit s'opérer une distinction entre travail et appropriation, bien que cette dernière implique le travail (de quelqu'un en tout cas). Désormais, raison morale et raison utilitaire concourent à justifier une appropriation qui dépasse les besoins personnels ou familiaux. Ce qui signifie qu'il est désormais rationnel de s'approprier la terre en vue de constituer un capital, qui entraîne lui-même nécessairement l'appropriation de l'excédent du produit fourni par le travail d'autres hommes, c'est-à-dire le travail des hommes qui ne possèdent pas de terres en biens propres. En d'autres termes, dès que s'opère la dissociation entre travail et appropriation, la plénitude de la raison s'attache à cette dernière plutôt qu'au travail.

Pour s'en persuader, il suffit d'observer ce qui, selon Locke, change lorsqu'on passe du premier au deuxième stade de l'état de nature : en fait rien, ou presque. Dans l'une et l'autre période, l'appropriation est rationnelle aux deux sens du mot, mais dans la deuxième, elle l'est à une bien plus grande échelle. Avant l'introduction de la monnaie, l'appropriation qui dépasse les besoins de la consommation est irrationnelle, aussi bien du point de vue moral que du point de vue utilitaire : « c'était une sottise, autant qu'une malhonnêteté [pour l'homme] de thésauriser plus qu'il ne pouvait utiliser[103] ». Mais si cette appropriation est irrationnelle et déraisonnable, c'est uniquement, notons-le bien, parce qu'elle entraîne gaspillage ou perte de biens communs, gaspillage et perte qui, à leur tour, sont uniquement dus à l'absence du seul moyen susceptible d'y remédier : la monnaie. En réalité, la loi morale ne s'oppose nullement à la grande propriété, car « l'homme ne peut *sortir des bornes de sa propriété* légitime par l'étendue de ses possessions, mais seulement par le gaspillage de l'une quelconque d'entre elles[104] ». L'introduction de la monnaie, réservoir de valeur, fait disparaître l'obstacle technique qui empêchait l'appropriation illimitée d'être rationnelle au sens moral du terme, c'est-à-dire conforme aux prescriptions de la loi naturelle ou loi de la raison. Elle supprime également l'obstacle technique qui l'empêchait d'être rationnelle au sens utilitaire. Car, en tant que moyen d'échange et réservoir de valeur, la monnaie rend avantageuse pour l'homme la production en vue de l'échange, elle lui permet « d'attirer *l'argent* par la vente des produits » ; du même coup, elle rend avantageux pour lui l'accroissement de ses propriétés foncières « au-delà des besoins de sa famille, c'est-à-dire de ce qu'il faut pour qu'elle puisse consommer généreusement », et bien au-delà de ce « qu'il vaudrait la peine d'enclore » si elle n'existait pas[105]. Locke ne se demande pas pourquoi, après l'invention de la monnaie, les hommes s'adonnent à l'appropriation illimitée : il se borne à expliquer pourquoi ils ne pouvaient pas la vouloir *avant*.

De toute évidence, Locke part de l'idée que l'accumulation est en soi rationnelle, aux deux sens du terme ; ce n'est qu'ensuite qu'il découvre que l'ab-

sence de la monnaie et de marchés est le seul obstacle qui l'empêche d'être rationnelle aux origines de
l'humanité. Mais il découvre également que les
hommes ont, par nature, suffisamment de raison
pour être capables de consentir à l'usage de la monnaie et de respecter les conventions commerciales
sans avoir à instituer en bonne et due forme une
autorité civile. Rien d'étonnant, dans ces conditions,
à ce que des êtres doués de raison aient réussi à sur-
monter les obstacles techniques qui s'opposaient à
l'accumulation illimitée, c'est-à-dire à acquérir la
plénitude de la raison, et cela au sein même de
l'état de nature.

Bref, Locke attribue rétrospectivement à la nature
originelle de l'homme une tendance rationnelle à
l'appropriation illimitée. Puis il montre tout à la fois
qu'une société qui ne connaît pas l'usage de la monnaie entrave cette tendance, et que cet obstacle peut
être surmonté par un moyen qui ne dépasse nullement les aptitudes rationnelles de l'homme naturel.
Dès lors, la notion d'un état de nature où monnaie
et commerce existeraient a beau être un pur non-
sens historique, elle est parfaitement acceptable à
titre d'hypothèse, mais seulement à condition qu'on
attribue à la nature humaine, comme le fait Locke,
une tendance rationnelle à l'accumulation. Autrement
dit, sans l'anachronisme qui consiste à présenter
comme naturels des rapports typiquement bourgeois
entre l'homme et la nature (c'est-à-dire entre l'homme
et la terre considérée comme source de ses moyens
de subsistance), l'hypothèse cesse d'être intelligible.

Or, Locke commet cet anachronisme lorsqu'il affirme que la condition de la vie humaine, qui nécessite le travail et des matériaux à travailler, introduit forcément les possessions privées[106]. C'est parce qu'il a toujours assimilé plénitude de la raison et accumulation que Locke peut découvrir, au moment où s'opère la dissociation entre travail et appropriation, que la raison s'attache davantage à l'appropriation qu'au travail.

On objectera peut-être que les dénonciations traditionnelles de la convoitise auxquelles il arrive à Locke de se livrer contredisent notre interprétation et s'opposent à ce qu'il ait pu, comme nous le soutenons, postuler le caractère éminemment rationnel de la tendance à l'accumulation illimitée. Il est bien vrai qu'il évoque « l'âge d'or (avant que l'ambition vaine et l'*amor sceleratus habendi*, la concupiscence mauvaise, ne corrompent l'esprit des hommes et ne leur donnent l'illusion du vrai pouvoir et des vrais honneurs)[107] ». C'est, nous dit-il, la convoitise qui a rendu nécessaire l'établissement d'une société politique organisée. Dans « l'Asie et l'Europe des premiers âges, à l'époque où il y avait trop peu d'habitants pour le territoire et où le manque de gens et d'argent évitait aux hommes la tentation d'agrandir les terres qu'ils possédaient », le mode de vie simple « offrait peu de prise à la convoitise ou à l'ambition », et les hommes de ce temps n'avaient « nul sujet de redouter cette oppression, ni de s'en prémunir[108] ». Et Locke ajoute : « Comme l'égalité d'un mode de vie simple et modeste imposait à leurs désirs les étroites limites du peu de biens que chacun possédait elle ne suscitait que rarement des différends, qu'il suffisait de quelques lois pour trancher et on se passait d'un appareil judiciaire plus considérable, vu qu'il n'y avait guère de délits et de délinquants[109]. » À de tels hommes, une société politique rudimentaire suffit : son but essentiel est de les protéger contre l'invasion de forces étrangères. Sauf en temps de guerre, les dirigeants de cette société « ne détiennent qu'une autorité et une souveraineté limitées[110] ». Ce n'est qu'après l'introduction de la monnaie, l'appropriation de toutes les terres et l'apparition de grandes inégalités dans les possessions, que la cupidité prend le devant de la scène sociale : dès lors se fait sentir le besoin d'une société civile pleinement souveraine pour mettre la propriété à l'abri des convoitises.

Il ne fait donc pas de doute que Locke condamne la cupidité. Mais condamner la convoitise et croire au caractère moral et rationnel de l'accumulation illimitée ne se contredisent pas nécessairement. Pas chez Locke, en tout cas, pour qui c'est précisément l'appropriation rationnelle et industrieuse qu'il faut mettre à l'abri de la cupidité de l'homme querelleur et chicanier, qui tente d'acquérir des possessions non pas par son travail, mais par la violation des droits d'autrui. L'homme cupide n'est pas celui qui, par son industrie, acquiert des possessions, mais bel et bien celui qui voudrait l'en dépouiller par le vol. D'ailleurs, l'appropriation rationnelle fondée sur l'industrie de l'homme ne requiert protection que lorsqu'elle passe du stade de la prise de possession d'objets de consommation courante à celui de l'accumulation illimitée. En dénonçant la convoitise, Locke, bien loin de contredire la rationalité essentielle de l'accumulation illimitée qu'il a posée en principe, ne fait donc qu'en tirer les conséquences logiques[111]. À cet égard, le contraste avec Hobbes est instructif. Pour celui-ci, « Convoiter de grandes richesses et avoir l'ambition de grands honneurs est honnorable, car c'est le signe qu'on a la puissance de les obtenir[112] ». Sur ce point, comme lorsqu'il s'agissait d'opérer la réduction de l'homme à la marchandise[113], Locke n'est pas disposé à suivre Hobbes jusqu'au bout. L'un et l'autre pensent que l'accumulation illimitée est moralement justifiée. Mais, ayant totalement réduit la société à un marché et n'ayant laissé place à aucun principe moral qui ne s'en déduise directement, Hobbes ne fait aucune distinction entre cupidité et accumulation illimitée. En revanche, Locke (tout comme Harrington[114]) retient dans une certaine mesure les principes moraux traditionnels : il n'a dès lors aucun scrupule à établir la distinction que Hobbes refuse.

Il est donc clair que, dès le début de l'état de nature, Locke considère l'appropriation privée comme une activité rationnelle et naturelle. Son extension au-delà de ce que requièrent la consommation individuelle ou l'échange de troc est également naturelle et rationnelle après l'introduction de la monnaie, c'est-à-dire, comme Locke le souligne lui-même, après qu'on s'est approprié toutes les terres et que certains hommes en manquent nécessairement. À partir de ce moment, qui marque le début du second stade de l'état de nature, la conduite rationnelle consiste à accumuler sans fin, étant bien entendu que seuls ceux qui ont réussi à s'approprier des terres ou des matériaux qu'ils puissent travailler en ont réellement la possibilité.

Il s'ensuit qu'au sein même de l'état de nature il existe pour Locke des classes sociales distinctes et une différenciation corrélative de la rationalité. Une fois l'appropriation des terres achevée, les hommes de ce temps qui n'en ont pas ne peuvent pas être tenus pour des êtres pleinement rationnels. Ils n'ont pas les moyens de l'être. Pas plus que les journaliers que Locke pouvait voir vaquer à leurs occupations, ils ne sont en mesure d'améliorer par leur travail les dons de la nature. Forcés de consacrer toute leur énergie à se maintenir en vie, ils sont donc dans l'impossibilité d'en distraire une partie pour s'élever au-dessus de cette préoccupation terre-à-terre. Bref, ils vivent « au jour le jour ».

4. AMBIGUÏTÉS DE L'ÉTAT DE NATURE

La généralisation de ses présupposés d'ordre social ne pouvait manquer de modifier les postulats égalitaires que Locke avait énoncés au début du *Deuxième Traité*. Mais elle ne les a pas fait disparaître.

Les uns et les autres cohabitent dans l'esprit de
Locke : d'où les confusions et les ambiguïtés de sa
théorie. Dans l'ensemble, déclare-t-il, tous les hommes sont rationnels : toutefois, il existe deux classes
de rationalité distinctes. Tous les hommes possèdent
les mêmes droits naturels : il existe pourtant deux
façons bien différentes d'en jouir. Il ne faut pas
chercher ailleurs, nous semble-t-il, la source des pro-
digieuses contradictions qui affectent l'idée de la
nature humaine qu'il nous propose.

On nous l'a répété, et nous le croyons : les hommes, pour Locke, sont des êtres rationnels et sociables. Rationnels, en ce qu'ils sont capables de vivre
ensemble en se conformant à la loi naturelle, qui
n'est autre que la raison, ou, tout au moins, que la
raison seule, sans le secours de la révélation, peut
appréhender (bien qu'elle ne constitue pas une
idée innée). Sociables, en ce qu'ils sont capables
d'obéir à la loi naturelle sans qu'un souverain leur
en impose le devoir. C'est même à ces deux traits
qu'on a coutume de distinguer Locke de Hobbes.
S'ils divergent, leur divergence ne peut porter que
sur la conception qu'ils se font l'un et l'autre de la
nature humaine, non sur leurs théories respectives
de la motivation. Car ils considèrent tous deux que
les hommes sont essentiellement mus par le jeu du
désir et de l'aversion. Pour Locke, comme pour
Hobbes, ces désirs sont si forts que « si on leur lais-
sait libre cours, ils pousseraient les hommes à renverser toutes les lois morales. Celles-ci sont placées
comme autant de freins et de restrictions à ces dé-

sirs exorbitants[115] ». Ce qui, nous dit-on, distingue Locke de Hobbes, c'est que pour le premier les hommes sont capables, parce qu'ils en perçoivent l'utilité, de s'imposer ces lois, alors que le second estime que seul un souverain est en mesure de les leur imposer.

Que les hommes sont par nature capables de se conformer aux prescriptions de la loi naturelle ou raison, c'est bien ce qu'affirme la théorie générale sur laquelle s'ouvre le *Deuxième Traité*. Locke déclare que l'état de nature est régi par une loi de nature qui n'est autre que la raison[116]. Un peu plus loin, il oppose catégoriquement état de nature et état de guerre : ces deux états sont « aussi distincts l'un et l'autre que peuvent l'être un état de paix, de bonne volonté, d'assistance mutuelle et de conservation, et un état d'inimitié, de malveillance, de violence et de destruction mutuelle. Des hommes vivant ensemble selon la raison, sans aucune autorité supérieure commune sur terre qui soit compétente pour statuer sur leurs litiges, voilà *proprement l'état de nature*[117] ».

Par ailleurs, Locke peut, sans infirmer sa thèse le moins du monde, affirmer qu'il existe dans l'état de nature des hommes qui ne se conforment pas aux prescriptions de la loi naturelle. Après tout, n'a-t-il pas souligné que celle-ci ne s'impose qu'à ceux « qui veulent bien s'y référer » ? Il se trouvera toujours quelques hommes pour s'y refuser et transgresser ses commandements. Mais, précise Locke, dès lors qu'ils les transgressent, ils déclarent « qu'ils vivent selon une autre règle que celle de la *raison* et de l'équité commune », et, du même coup, ils deviennent « dangereux pour l'humanité » ; l'homme qui viole la loi naturelle « dégénère et déclare qu'il rompt avec les principes de la nature humaine pour vivre en créature malfaisante[118] ». Dans l'état de nature, il existe donc, à côté d'individus naturellement respectueux de la loi, des criminels naturels. Mais, en ayant recours pour désigner ces derniers à des expressions aussi fortes que « malfaisants », « dégénérés », ou encore « rompre avec les principes de la nature humaine », Locke manifeste un évident souci de les faire passer pour des exceptions rarissimes. On pourrait même être tenté d'attribuer cette extravagance verbale au désir passionné qui le possède de se convaincre lui-même de l'éminente respectabilité de l'état de nature. Quoi qu'il en soit, il ne fait aucun doute pour Locke que l'existence de quelques délinquants ne met pas en cause la loi naturelle qui ne cesse de prévaloir. « Des hommes vivant ensemble selon la raison » dans un état « de paix, de bonne volonté, d'assistance mutuelle et de conservation » : telle est, en définitive, sa définition de l'état de nature, délinquants compris[119].

Pourtant, cette description ne constitue qu'un volet du diptyque fortement contrasté que Locke nous présente. Dès le chapitre III du *Deuxième Traité*, une page seulement après avoir opposé l'état de nature et l'état de guerre, il déclare que, là où n'existe pas d'autorité supérieure pour les trancher, « tous les différends, jusqu'aux plus infimes, risquent d'aboutir » à « l'état de guerre ». « L'une des *raisons principales pour lesquelles les hommes* ont quitté l'état de nature et *se sont mis en société* », c'est précisément, ajoute-t-il, « la volonté d'éviter cet état de guerre »[120]. La différence censée exister entre l'état de nature selon Locke et l'état de guerre, à quoi il se ramène chez Hobbes, a virtuellement disparu. Quelques chapitres plus loin, nous lisons que l'état de nature est « très dangereux et très incertain » ; la jouissance des droits naturels y « est très précaire, et constamment exposée aux empiétements d'autrui » ; c'est un état « plein de terreurs et de dangers continuels ». Et cela pour la raison très simple que « la plupart [des hommes] ne respectent ni l'équité ni la justice[121] ». À en croire ce que Locke affirme maintenant, ce n'est pas la méchanceté exceptionnelle de quelques individus qui rend cet état insupportable, mais la tendance de la « plupart » des hommes à rompre avec la loi naturelle. Dès lors, l'état de nature ne se distingue plus de l'état de guerre. Locke nous en fournit une preuve supplémentaire lorsqu'il étudie ce qui se passe lorsqu'une insurrection aboutit à la dissolution du gouvernement. Les insurgés, nous explique-t-il, « rétablissent l'état de guerre[122] » ; ils suppriment « l'arbitre auquel tout le monde avait accepté de confier le règlement pacifique des différends pour proscrire l'état de guerre », et ils « exposent le peuple à retomber dans l'état de guerre »[123]. On le voit : la société civile dissoute, bien loin de retrouver l'idylle de l'état de nature, c'est la guerre que les hommes connaissent à nouveau.

La contradiction entre ces deux séries d'affirmations concernant l'homme de la nature a, chez Locke, un caractère fondamental. L'état de nature est tantôt le contraire de l'état de guerre, tantôt il se confond avec lui : telle est la contradiction essentielle que recèlent les postulats explicites sur lesquels il fonde toute sa théorie politique. On ne saurait la faire disparaître en se bornant à dire qu'elle n'est que l'écho de la tradition chrétienne qui considère l'homme comme un mélange contradictoire d'appétits et de raison. Sans aucun doute, Locke se réclame de cette tradition, dont il est vrai de dire qu'elle admet une grande variété de croyances selon qu'on accorde plus ou moins de poids aux deux éléments (ou potentialités) dont se compose la nature humaine. Mais, si l'on peut très bien concevoir que des interprétations différentes se réclament légitimement du christianisme, cela n'explique nullement la présence simultanée chez Locke de *deux* thèses contradictoires.

On pourrait être tenté de l'expliquer en disant que Locke est obligé de les soutenir l'une et l'autre pour mieux faire échec à Hobbes. Il aurait ainsi attribué aux hommes une rationalité qui les dispensât de recourir au souverain du *Léviathan*, tout en leur reconnaissant une nature querelleuse qui les obligeât à remettre leurs pouvoirs et leurs droits naturels à la société civile. Mais le défendre de cette manière revient à accuser Locke au mieux d'extraordinaire légèreté, au pire de malhonnêteté intellectuelle. Accusation inutile et injuste qui a, en outre, le grave défaut de nous empêcher de saisir à quel point, en fait, Locke subordonne l'individu à l'État[124].

Une autre explication, moins désobligeante pour Locke, pourrait s'inspirer de la correspondance qui semble exister entre ses deux versions de l'état de nature et les deux stades (pré et postmonétaires) qu'il y distingue, nous l'avons vu, lorsqu'il en vient à parler de l'apparition de la monnaie. Le tableau enchanteur ne décrirait-il pas l'embryon de société prémonétaire, premier stade de l'état de nature, qui, Locke le déclare, ne connaît guère « de délits et de délinquants » et par conséquent possède une autorité civile réduite à sa plus simple expression, les hommes dégénérés y étant en nombre infime[125] ? Le tableau déplaisant qui nous montre « la plupart des hommes » violant la justice et l'équité, et mettant en péril la propriété de tous, correspondrait alors au stade postmonétaire et s'appliquerait à l'époque qui, avec l'apparition de la « concupiscence mauvaise », voit s'accroître le nombre des malfaiteurs.

Mais cette explication n'est pas plus satisfaisante que les deux premières. Car les deux volets du diptyque de Locke décrivent l'un et l'autre la période qui précède immédiatement l'établissement de la société civile, c'est-à-dire le second stade de l'état de nature. Cela ne fait aucun doute pour le tableau déplaisant. Mais on l'admettra sans peine aussi du premier volet, pour peu qu'on se rappelle l'un des arguments dont Locke se sert pour prouver qu'aucun gouvernement ne saurait disposer d'un pouvoir arbitraire. L'état de nature dont les hommes sortent pour fonder la société est un état où, dans leur ensemble — Locke le pose en principe —, ils respectent les préceptes de la loi naturelle en s'abstenant de porter arbitrairement atteinte aux biens, aux libertés et à la vie d'autrui. S'ils agissaient autrement, ils jouiraient dans l'état de nature d'un pouvoir arbitraire. Or, toute l'argumentation de Locke consiste à affirmer que, si aucun gouvernement n'a le droit de disposer d'un pouvoir arbitraire, c'est parce que les hommes n'en disposent pas dans l'état de nature et ne peuvent par conséquent pas le transmettre à la société civile[126].

Il reste donc à expliquer sur quoi Locke peut bien s'appuyer pour avancer ses thèses contradictoires et affirmer que les hommes, qui sortent de l'état de nature pour fonder la société, sont tout à la fois soumis et rebelles à la loi naturelle ; ou encore, que les mêmes hommes sont, dans l'ensemble, paisibles et raisonnables, tout en étant, toujours dans l'ensemble, si peu respectueux du droit naturel qu'absolument personne n'est en sécurité[127].

Notre analyse des présupposés d'ordre social qui existent chez Locke nous semble fournir une solution à ce problème. Car elle nous permet d'avancer que si Locke défend en même temps deux thèses qui sont logiquement incompatibles, c'est qu'en dernière analyse elles proviennent toutes deux d'une source unique. Locke conçoit d'une part une société d'individus égaux, non différenciés, et, d'autre part, une société composée de deux classes d'hommes différents, que distingue leur degré de rationalité : les « hommes d'industrie et de raison » qui possèdent des biens, et ceux qui, ne possédant rien, travaillent certes, mais seulement pour vivre, non pour accumuler. S'il n'a absolument pas conscience d'une incompatibilité entre ces deux thèses, dont il fait deux de ses postulats fondamentaux, c'est que l'une et l'autre (et pas seulement, comme nous l'avons vu, la seconde) lui ont été inspirées par la société de son temps.

Bien que Locke situe sa première thèse dans le droit-fil de la tradition chrétienne du droit naturel, il y mêle quantité d'éléments qu'il emprunte directement à l'atomisme matérialiste du XVIIe siècle. Il est vrai qu'il place au premier plan de sa théorie une série de concepts traditionnels : égalité morale de tous les hommes, égalité des droits que leur confère la loi naturelle, égale capacité de tous à reconnaître les obligations qu'elle impose. Les hommes, dit-il, sont « des êtres créés de même espèce et de même rang qui, dès leur naissance, profitent ensemble de tous les avantages communs de la nature et de l'usage des mêmes facultés » ; à l'appui de l'affirmation de « cette égalité naturelle des hommes », il va même jusqu'à citer Hooker qui perpétue, au XVIIe siècle, la tradition chrétienne de la loi naturelle[128]. Cette égalité des droits est en même temps égalité des facultés rationnelles : les hommes sont tous également capables de comprendre la loi naturelle, car « pour peu qu'on daigne s'y référer, la Raison, qui est cette loi, enseigne tous les hommes[129] ».

Mais il faut bien saisir qu'en postulant l'égalité naturelle de tous les hommes, Locke va beaucoup plus
loin que la tradition chrétienne. Si, pour être juste,
l'exercice du pouvoir doit être fondé sur le consentement des gouvernés, ce n'est pas seulement parce
que les hommes ont été créés libres et égaux au sens
où ils sont tous créatures de Dieu qui, de ce fait,
jouissent de l'égalité morale des droits. C'est aussi
— Locke le souligne dans ses attaques contre le
pouvoir paternel — parce que les hommes sont censés être également capables de se tirer d'affaire tout
seuls pour tout ce qui touche aux problèmes pratiques de la vie.

Locke s'oppose à ceux qui veulent fonder l'autorité politique sur une prétendue analogie entre
pouvoir paternel et pouvoir politique. Toute son
argumentation repose sur l'affirmation suivante : le
pouvoir paternel est légitime par nature, mais seulement tant que les enfants n'ont pas atteint l'âge où
ils sont réputés pouvoir tout à la fois connaître la loi
naturelle et se débrouiller tout seuls dans la vie de
tous les jours. Dès qu'ils ont atteint cet âge, tous les
hommes, sauf les fous et les idiots, sont libérés de
leur soumission à l'autorité paternelle, précisément
parce qu'ils sont censés pouvoir appréhender par
eux-mêmes la loi naturelle et « se tirer d'affaire tout
seuls[130] ». De même, pour Locke, le mariage se
fonde par nature sur le fait qu'il est nécessaire à la
protection et à l'alimentation des enfants, tant qu'ils
ne peuvent pas « se tirer d'affaire tout seuls[131] ». Ou
encore, lorsqu'il résume sa pensée sur les limites de

« la puissance paternelle ou puissance parentale », il définit celle-ci indifféremment comme « le simple pouvoir que les parents exercent sur leurs enfants, pour gouverner ceux-ci en vue de leur bien, jusqu'à ce qu'ils accèdent à l'usage de la raison, ou à un niveau de connaissance qui autorise à les présumer capables de comprendre la règle qui doit régir leur activité, que ce soit la loi de la nature ou la loi civile de leur pays[132] », ou comme le pouvoir que la nature confère aux parents « dans l'intérêt de leurs enfants, pendant que ceux-ci sont mineurs, pour suppléer à leur manque d'aptitude et d'intelligence dans l'art d'administrer leur propriété [c'est-à-dire] la propriété que l'homme a sur sa personne et non pas seulement sur ses biens[133] ».

Le postulat de l'égalité naturelle des aptitudes est loin d'être indifférent chez Locke : il lui permet en effet d'éviter les affres de la mauvaise conscience et de réconcilier les grandes inégalités qu'il observe dans les sociétés existantes et le principe de l'égalité naturelle des droits. Si, par nature, les hommes sont également capables de se tirer d'affaire tout seuls, ceux qui se sont laissé irrémédiablement distancer dans la course à l'acquisition des biens n'ont, tout compte fait, qu'à s'en prendre à eux-mêmes. Ce même présupposé explique que Locke puisse trouver équitable de les abandonner à eux-mêmes et de les laisser s'affronter les uns les autres sur le marché, en les privant des multiples protections que l'ancienne doctrine du droit naturel édictait. Postuler cette égalité, c'est donc se donner le moyen de ré-

concilier la justice du marché et les notions traditionnelles de justice commutative et distributive.

Cette théorie de l'égalité des facultés rationnelles,
Locke l'a prise chez Hooker, mais, pourrait-on dire,
en passant par Hobbes. À l'époque, elle s'impose à
tous ceux qui, voulant justifier une société fondée
sur une économie de marché, hésitent, comme
Locke, à suivre Hobbes jusqu'au bout, c'est-à-dire à
réduire la justice tout entière à celle que des parties
contractantes définissent sur le marché. En d'autres
termes, toute théorie bourgeoise, pour peu qu'elle
prétende s'inscrire dans la tradition de la loi naturelle, se doit nécessairement de concevoir l'homme
abstrait à l'image du bourgeois rationnel, capable
de prendre soin de lui-même et habilité moralement à le faire.

Or, une telle conception de l'homme conduit nécessairement à imaginer un état de nature éminemment raisonnable et paisible. Telle est, nous semble-
t-il, la source de la première des deux thèses de
Locke sur l'état de nature : elle procède tout autant
de son intelligence de la société bourgeoise que de
la tradition chrétienne de la loi naturelle.

Sa seconde thèse se rattache plus directement à
une conception bourgeoise de la société, autrement
dit à l'idée d'une société dans laquelle existe une
différenciation naturelle de la rationalité selon les
classes sociales. L'observateur bourgeois du XVIIe siècle ne peut manquer d'être frappé par l'énorme
fossé qui sépare la rationalité des pauvres et celle
des gens qui possèdent quelque bien. Ce fossé se ra-

mène en fait à une différence entre le pouvoir ou la volonté des uns et des autres de mener une vie conforme au code moral bourgeois. Mais, pour l'observateur bourgeois, code moral bourgeois et règles éternelles de la morale, c'est tout un. D'où l'accusation de dépravation que l'on trouve chez Locke. Dès qu'on attribue rétrospectivement à la nature de l'homme cette morale rationnelle différenciée, on aboutit à un état de nature dangereux et incertain. Car dire, comme le fait Locke, que la plupart des hommes sont incapables, en l'absence de toute sanction, de conformer leur vie à la loi naturelle, c'est dire qu'une société civile assortie de sanctions légales (tout comme une Église assortie de sanctions spirituelles) est indispensable pour leur faire respecter l'ordre. En l'absence de sanctions — autrement dit dans l'état de nature —, la paix ne saurait régner.

Nous avons qualifié de « bourgeois » le concept de rationalité différentielle sous-jacent à la théorie de Locke. Il n'a en effet rien à voir avec la notion aristotélicienne des deux classes — celle des maîtres et celle des esclaves — dont la situation respecice se justifie par la différence de nature qui existerait entre la rationalité de l'une et de l'autre. Chez Locke, cette différence n'est pas de nature, elle ne procède pas d'un décret de Dieu ou de la nature ; bien au contraire, elle constitue un acquis social qui tient à la diversité des situations économiques. Mais elle est acquise dans l'état de nature. Elle est donc inhérente à la société civile. C'est dire qu'une fois acquise, elle l'est pour toujours, car elle accompa-

gne nécessairement un ordre économique que
Locke considère comme le fondement permanent
de la société civilisée. C'est dire aussi que cette différenciation de la rationalité chez Locke justifie non
pas l'esclavage[134], mais la subordination d'une partie
du peuple à l'autre par l'aliénation contractuelle,
perpétuellement renouvelée, de sa force de travail.
Cette différenciation a pu se produire parce que les
hommes sont libres d'aliéner leur liberté. Elle n'est
pas la cause, mais le résultat de cette aliénation ;
mais, une fois qu'elle s'est produite, elle justifie une
différenciation des droits.

Les deux thèses de Locke sur l'état de nature ont
donc pour origine commune une conception bourgeoise de la société. C'est même cette source unique
qui a quelque peu masqué leur incompatibilité. En
dernière analyse, ce qui est ambigu et contradictoire
chez Locke, c'est la manière dont il comprend la société de son temps. Ambiguïtés et contradictions dif-
ficilement évitables d'ailleurs : car elles sont le reflet
assez fidèle de l'ambivalence d'une société bourgeoise en pleine gestation, qui réclame l'égalité formelle des droits tout en exigeant une inégalité
substantielle de ces mêmes droits. Les classes dirigeantes, comme vient de le prouver l'accueil glacial
qu'elles ont unaniment réservé à la doctrine de Hobbes, ne tiennent absolument pas à abandonner la
tradition de la loi morale au profit d'une théorie purement matérialiste et utilitaire. À tort ou à raison,
elles considèrent qu'accepter cette dernière risquerait d'ébranler les structures mêmes de la société.

Elles refusent ce risque, mais du même coup elles sont prises dans le dilemme d'une double nécessité : professer l'égalité naturelle de tous les hommes et la fonder sur la loi naturelle d'une part, mais, de l'autre, trouver une justification naturelle à l'inégalité. À la satisfaction de ses lecteurs, Locke réconcilie ces deux exigences opposées. Au prix, certes, d'une ambiguïté fondamentale qui, cachée au cœur de sa théorie, en affecte l'ensemble. Mais qu'importe ! Les théories les plus cohérentes ne sont pas nécessairement celles qui sont les plus utiles : les contemporains de Locke l'ont fort bien compris.

5. AMBIGUÏTÉS DE LA SOCIÉTÉ CIVILE

Comment les thèses ambiguës de Locke sur les droits et la rationalité naturels affectent-elles sa théorie de la formation des sociétés civiles ? Locke nous le dit : les hommes instituent des sociétés civiles pour se mettre à l'abri des inconvénients, de l'insécurité et de la violence qui règnent dans l'état de nature. Ou encore — pour employer une expression qui revient fréquemment sous sa plume — la fin principale en vue de laquelle les hommes s'associent dans des sociétés civiles et se soumettent à des gouvernements, c'est la conservation de leur propriété, terme par lequel, précise-t-il, il désigne « la vie, les libertés et les biens[135] » des intéressés. Si l'on s'en tient à cette définition de la propriété, tout individu quel qu'il soit a de bonnes raisons de se joindre à la société ; il en a de plus les moyens, puisqu'il possède des droits qu'il peut transmettre à la communauté. Mais Locke ne s'en tient pas à cette définition : il donne au terme « propriété » deux acceptions très différentes qui altèrent le sens de sa thèse sur des points essentiels. Car si cette propriété, que les hommes s'efforcent de conserver par l'institution de la société, comprend parfois[136] la vie, la liberté et les biens, il lui arrive aussi parfois[137] de se réduire aux seuls biens matériels et à la terre. Il s'ensuit que les hommes qui ne possèdent ni terres ni fortune, c'est-à-dire ceux qui sont dépourvus de propriété au sens courant du terme, font légitimement partie de la société civile tout en n'en faisant pas partie.

La propriété est-elle prise au sens large ? tous les hommes (à l'exception des esclaves) sont candidats légitimes au titre de citoyens. Se réduit-elle aux biens matériels et à la terre ? seuls le sont ceux qui en possèdent. Or, sans avoir conscience de leur incompatibilité, Locke pose en même temps ces deux principes. Notre analyse précédente permet de comprendre cette incohérence. Locke transforme implicitement en postulats concernant l'état de nature la différenciation des droits selon les classes sociales qu'il a observée dans la société de son temps ; mais ces postulats ne se substituent pas à la notion de rationalité générale et d'égalité des droits, qu'il continue expressément de poser en principe. Du même coup, ils réapparaissent au niveau du contrat social. Il en découle une ambiguïté fondamentale : quelles sont en effet les parties concernées par le contrat ? en d'autres termes, qui sont les membres de la société civile selon Locke ?

À cette question, une seule réponse, semble-t-il : tous les hommes, qu'ils soient ou non propriétaires, sont membres de cette société, puisqu'ils possèdent tous la vie et des libertés qu'ils ont intérêt à conserver. Toutefois, seuls les propriétaires peuvent en être membres à part entière, et cela pour deux raisons : ils sont seuls à avoir vraiment intérêt à conserver leurs propriétés (puisqu'ils sont seuls à en détenir) ; ils sont également seuls à être capables de mener la vie pleinement rationnelle, faite de soumission volontaire aux obligations de la loi naturelle, qui est la condition sine qua non d'une participation active à la société civile. La classe laborieuse, qui ne possède rien, est soumise à la société sans en être un agent actif[138]. On objectera que la réponse à la question posée plus haut s'est dédoublée : c'est incontestable, mais ces deux réponses contradictoires découlent logiquement des postulats de Locke ; choisir l'une d'elles, c'est déformer sa pensée. Pour comprendre celle-ci, il faut les accepter l'une et l'autre.

Or, c'est cette ambiguïté qui permet à Locke d'affirmer que tous les hommes sont membres de la société lorsqu'il s'agit d'être gouvernés et que seuls le sont les propriétaires lorsqu'il s'agit de gouverner. Il n'accorde qu'à ces derniers le droit d'exercer le pouvoir (ou, plus exactement, le droit de contrôler tout gouvernement quel qu'il soit) : ce sont eux qui ont le dernier mot en matière d'impôt ; or, Locke le précise, sans impôt pas de gouvernement[139]. En revanche, la loi oblige tout le monde, et tout homme est soumis au gouvernement, qu'il soit ou non propriétaire. À dire vrai, cette soumission ne dépend même pas d'une convention expresse. Quand Locke élargit sa théorie du consentement exprès pour la transformer en théorie du consentement tacite, il ne laisse aucun doute sur la qualité de ceux qu'oblige le contrat social :

> Quiconque a la possession, ou la jouissance, d'une parcelle quelconque des territoires d'un gouvernement manifeste ainsi son *consentement tacite* et se trouve obligé, tant qu'il reste en jouissance, d'obéir aux lois de ce gouvernement, à l'égal de tous ceux qui lui sont soumis ; peu importe qu'il possède des terres en pleine propriété, transmissibles à ses héritiers à perpétuité, ou qu'il occupe seulement un logement pour une semaine, ou qu'il jouisse simplement de la liberté d'aller et venir librement sur la grand-route ; cette obligation, en réalité, engage jusqu'à l'être même de quiconque se trouve sur le territoire de ce gouvernement[140].

Mais ce consentement tacite, que tout homme est censé avoir ainsi donné, n'en fait pas un membre à part entière de la société. Locke est explicite sur ce point : « Nul ne saurait le devenir qu'en y entrant effectivement par le moyen d'un engagement spé-

cial et d'une promesse et d'un accord explicites[141]. »
Or, seuls ceux qui possèdent de la terre, ou qui ont
l'espoir d'en posséder, sont censés, selon Locke,
s'incorporer à la société par convention expresse :

> Chaque fois qu'un homme s'incorpore à une so-
> ciété politique, par le fait même qu'il s'y associe, il
> lui adjoint et lui soumet toutes les possessions qu'il a,
> ou qu'il acquerra, qui n'appartiennent pas déjà à un
> autre gouvernement. Il serait contradictoire de sup-
> poser qu'un individu s'associe avec d'autres, pour
> que sa propriété soit protégée et réglementée, mais
> que ses terres, dont les lois de la société doivent régir
> le titre, échappent à la juridiction du gouvernement
> dont il est lui-même, en sa qualité de propriétaire, le
> sujet[142].

Si tous les propriétaires fonciers ne sont pas nécessairement membres à part entière de la société
— des étrangers[143] ou même des indigènes qui ne se
sont pas encore incorporés à la société[144] peuvent
posséder des terres sur son territoire —, en revanche
les membres à part entière sont tous censés être propriétaires fonciers : sinon, par le biais du consentement tacite, un indigène qui ne possède rien et qui
n'a aucun espoir de jamais rien posséder pourrait
devenir membre actif de la société civile. En fait,
Locke lui accorde le même statut qu'au résident
étranger : il est purement et simplement soumis à la
juridiction du gouvernement[145]. Si Locke a recours à
la notion de consentement tacite, c'est probablement parce qu'il lui est impossible de prouver que

tous les citoyens vivants d'un État existant ont conclu une convention expresse avec ce dernier. Mais
cette notion offre l'avantage supplémentaire d'étendre l'obligation politique — dont Locke dit qu'elle
engage leur « être même » — à tous ceux qui ne
possèdent rien.

De tout ce qui précède se dégage une conclusion
évidente : l'œuvre de Locke a eu pour effet de
fournir à un État de classes un fondement moral
déduit du postulat de l'égalité des droits naturels.
Étant donné les présupposés concernant les droits
naturels de l'individu qui y ont cours, on ne peut,
au XVIIᵉ siècle, rendre légitime un tel État qu'en
élaborant une théorie du consentement qui permette de placer une des classes sociales sous la juridiction de l'État tout en lui refusant un statut
égal à celui des autres classes. C'est à cette justification que s'attache la théorie de Locke. Il n'a pu la
mener à bien qu'en ayant recours, comme nous
l'avons vu, à une série de postulats implicites qui
l'ont enfermé dans des ambiguïtés et des contradictions dont sa théorie porte partout la marque.
Pour comprendre l'entêtement avec lequel il s'y
enferme, il ne faut jamais oublier qu'il veut deux
choses à la fois : l'État de classes et l'égalité des
droits naturels.

Est-ce à dire que Locke a délibérément faussé la
théorie de l'égalité des droits naturels pour en
faire la justification d'un État de classes ? Absolument pas : c'est au contraire parce qu'il croit en
toute honnêteté aux droits naturels qu'il postule

que Locke se donne la possibilité, et presque l'assurance, de justifier, sans tour de passe-passe, un tel État. Car — et c'est là le point essentiel — l'égalité des droits naturels, au nombre desquels Locke place le droit à l'accumulation illimitée, mène logiquement à la différenciation des droits selon les classes sociales, et donc à la justification d'un État de classes. La confusion de Locke n'est que le résultat d'une déduction honnête opérée à partir d'un postulat de l'égalité des droits naturels qui recèle sa propre contradiction. Tout prouve qu'il n'a pas perçu cette contradiction : il n'a fait que transposer dans le domaine du droit (l'état de nature) des rapports sociaux qui lui paraissaient parfaitement normaux dans la société civilisée. Dans cette perspective, c'est à son effort pour énoncer en termes universels (transcendant la notion de classe) des droits et des obligations qui possèdent nécessairement un contenu de classe qu'il faut attribuer les contradictions qui affectent sa théorie.

6. DE QUELQUES QUESTIONS DEMEURÉES SANS RÉPONSE

L'interprétation de Locke que nous proposons permet de faire disparaître les difficultés les plus sérieuses que sa théorie présentait jusqu'ici.

I. *La théorie de « la société par actions ».*

L'analogie que certains ont vu entre l'État selon
Locke et une société par actions posait le problème
de savoir qui en était actionnaire. Or, ce problème
disparaît puisque, nous l'avons vu, l'État est pour lui
tout à la fois monopole exclusif des propriétaires et
affaire de tous. Dès lors, considérer l'État comme
une société par actions dont les décisions, prises par
la majorité des actionnaires ou propriétaires, engagent certes l'ensemble de ces derniers, mais surtout
leurs employés, n'a rien que de très naturel. La
classe laborieuse, dont la force de travail constitue le
seul capital, ne peut prendre part aux opérations de
la société au même titre que les propriétaires. Elle
est toutefois indispensable à la bonne marche de
cette société, dont elle est un des organes essentiels.
Car le but de cette société n'est pas seulement le
maintien de la propriété qu'elle possède déjà : elle
s'assigne également pour objet tout à la fois de
maintenir le droit d'accroître cette propriété et de
favoriser les conditions de cet accroissement. Or,
l'existence d'une force de travail soumise à la juridiction de la société fait partie de ces conditions.
Peut-être l'image la plus exacte de l'État selon Locke
est-elle à chercher du côté de ces grandes compa-
gnies de commerce anonymes, destinées à l'exportation de produits manufacturés ou au développement
de plantations dans de lointaines contrées, et dont
la charte spécifie qu'elles ont, en droit ou en fait,

toute juridiction indispensable à ce type de commerce sur les indigènes ou sur les colonies de travailleurs émigrés.

II. *Règle de la majorité et droit de propriété.*

L'interprétation de Locke qui plaçait au cœur de sa théorie la règle de la majorité recelait une contradiction implicite : elle disparaît également. Rappelons cette contradiction : si l'on déclare que la majorité est souveraine, comment peut-on affirmer le caractère sacré de la propriété individuelle ? Si les hommes qui ne possèdent rien jouissent de tous les droits politiques, comment s'attendre à ce qu'une majorité d'entre eux défende le caractère sacré des institutions qui protègent la propriété ? À l'époque de Locke, la question n'a rien de rhétorique : quand elle s'est posée pendant la Guerre civile, les propriétaires ont très clairement perçu l'incompatibilité qui existait entre règle de la majorité et droit de propriété. Or Locke admet, à juste titre d'ailleurs, que les hommes qui ne possèdent rien constituent la majorité en Angleterre à l'époque où il écrit[146]. Ce que nous avons dit nous permet toutefois de comprendre la manière dont Locke s'y prend pour résoudre cette incompatibilité : il la supprime tout simplement, dès lors qu'il pose en principe que seuls les propriétaires sont membres à part entière de la société civile, et par conséquent de la majorité.

III. *Équivalence entre consentement individuel*
et consentement de la majorité.

Toutefois, même si l'on admet que chez Locke la
majorité n'est rien d'autre que la majorité des propriétaires, sa théorie du consentement présente une
difficulté supplémentaire qui apparaît très clairement lorsqu'il en vient à parler du consentement à
l'impôt. Il commence par affirmer le plus vigoureusement du monde que « le *pouvoir suprême ne peut*
prendre à aucun homme une partie quelconque de
ce qui lui appartient sans son consentement » ;
sinon les individus ne seraient en fait « propriétaires
de rien du tout » et perdraient ainsi, « quand ils s'associent, ce qu'ils voulaient obtenir en s'associant, absurdité si grossière que nul n'oserait la soutenir[147] ».
On ne saurait imaginer individualisme plus affirmé !
Il n'empêche que deux paragraphes plus loin,
Locke admet que « les Gouvernements ne sauraient
subsister sans des frais très lourds et [qu']il est juste
que toute personne qui reçoit sa part de leur protection contribue à leur entretien. Pourtant il faut encore qu'elle y consente elle-même, c'est-à-dire que
la majorité y consente, ce qu'elle manifeste directement, ou par l'intermédiaire de représentants de
son choix[148] ». Locke affirme ici l'équivalence du
consentement de chaque propriétaire et de celui de
la majorité d'entre eux ou de la majorité de leurs représentants : mais alors comment concilier cette

équivalence et la profession de foi individualiste que Locke vient de faire ? C'est ainsi que Gough, entre autres commentateurs, se demande, sans trouver de réponse satisfaisante à sa question, si « Locke a jamais pu penser que le consentement de chaque individu s'identifie vraiment à celui d'une majorité de représentants, qui n'est en fait que l'expression au deuxième degré du consentement individuel[149] ». L'équivalence établie par Locke est d'autant plus curieuse qu'il se révèle parfaitement conscient des intérêts divergents qui opposent propriétaires fonciers, marchands et capitalistes. Ces divergences sautent aux yeux chaque fois qu'il est question d'établir l'assiette de l'impôt, ce qui, Locke le dit, ne manque jamais de provoquer de violents conflits entre ces trois catégories sociales[150]. C'est pourtant dans l'existence de ces divergences, dont Locke avait conscience, qu'il faut chercher le fond de sa pensée sur le problème du consentement. Qu'il puisse, en pleine connaissance des conflits d'intérêt qui opposent les individus, postuler cette équivalence signifie que pour lui la fonction du gouvernement, c'est de défendre la propriété en tant que telle. Propriétaire lui-même[151], il est bien placé pour savoir que l'intérêt que portent tous les propriétaires à la sécurité de la propriété est plus important, et ne peut manquer de le paraître aux yeux intéressés de propriétaires doués de raison, que tous les intérêts qu'ils représentent selon qu'ils sont propriétaires fonciers, marchands ou capitalistes. Ce postulat, et lui seul, justifie logiquement l'équivalence qu'il établit entre

consentement de l'individu (rationnel) et consentement de la majorité (rationnelle). Il y aura toujours
des divergences d'intérêt entre individus : les hommes rationnels n'aboutiront pas tous à la même conclusion lorsqu'il sera question des mérites d'un
impôt donné, si bien que l'unanimité ne se fera pas
sur toutes les propositions qui leur seront soumises.
Mais, par-delà ces divergences, chacun d'entre eux
comprendra clairement que son devoir est d'accepter ce qui semble acceptable à la majorité ; sinon,
pas de revenu public adéquat et, par conséquent,
pas de défense adéquate de la propriété. La volonté
de chacun fondée sur la raison et l'intérêt, c'est de
se soumettre à la volonté de la majorité des propriétaires raisonnables. En usant d'une ellipse, on peut
donc bien dire que sa volonté est bel et bien la volonté de la majorité.

Locke établit l'équivalence entre consentement
individuel et consentement de la majorité à propos
du problème de la fiscalité : même s'il est le plus révélateur, ce n'est pas le seul cas où il pose en principe cette équivalence. Ainsi, il peut écrire de tout
homme qui s'incorpore à la société civile « afin de
préserver, dans la mesure du possible, les biens de
ceux qui font partie de ladite société », que « les jugements que prononce le gouvernement [...] lui
sont vraiment imputables à lui-même, car il les a
prononcés en personne, ou par le truchement de
son représentant »[152]. Il peut encore déclarer qu'au
moment où, s'apercevant que ses biens n'étaient plus
en sûreté sous le gouvernement d'un seul homme, le

peuple a décidé de confier le pouvoir législatif à un organe collectif chargé d'assurer la sécurité de la propriété, « chaque personne considérée individuellement, à l'égal des autres, même des plus humbles, a été assujettie aux lois qu'elle établissait elle-même en tant que partie intégrante du pouvoir législatif[153] ».

De fait, l'équivalence entre ces deux consentements découle des termes mêmes de l'accord indispensable à l'institution de la société civile. Le consentement que toute personne désireuse de s'incorporer à la société doit donner n'est rien d'autre que le fait d'accepter de se soumettre aux décisions de la majorité, « c'est-à-dire au *consentement de la majorité*[154] » : c'est là la condition de possibilité de toute société. Quand Locke en vient à démontrer que la société exige la règle de la majorité, il distingue bien entre consentement individuel et consentement de la majorité, mais c'est seulement pour souligner que le consentement individuel est une condition pratiquement irréalisable[155]. Qui veut la fin, veut les moyens : si l'on entend préserver la propriété, il faut accepter la volonté de la majorité comme la sienne propre : « Il serait contradictoire de supposer qu'un individu s'associe avec d'autres, pour que sa propriété soit protégée et réglementée, mais que ses terres, dont les lois de la société doivent régir le titre, échappent à la juridiction du gouvernement dont il est lui-même sujet en sa qualité de propriétaire[156]. » « Il serait contradictoire » : c'est dire que le propriétaire, être doué de raison, doit consentir au consentement de la majorité. C'est

pour cette raison que Locke est fondé à postuler
l'équivalence entre le consentement de chaque propriétaire et celui de la majorité des propriétaires.
Mais cela débouche sur un problème encore plus
vaste.

IV. *Individualisme ou collectivisme ?*

La question de savoir si Locke est individualiste ou
collectiviste, c'est-à-dire si, pour lui, les fins de l'individu passent avant ou après celles de la société, apparaît maintenant sous un jour nouveau : à vrai dire,
elle n'a plus aucun sens, pour peu qu'on garde présente à l'esprit la nature fondamentale de cet individualisme. Ce dernier ne se limite pas à l'affirmation
de l'égalité et de la liberté naturelles d'individus
qui, du même coup, ne sauraient être soumis à la juridiction d'autrui sans leur propre consentement. Le
définir ainsi serait en négliger l'aspect essentiel. Fondamentalement, Locke est individualiste parce que,
pour lui, l'individu n'est nullement redevable à la société de sa propre personne ou de ses capacités dont
il est le propriétaire exclusif.

Mais un tel individualisme est nécessairement
aussi un collectivisme (au sens où l'on proclame la
suprématie de la société civile sur tous les individus
dont elle se compose). Car il revient à affirmer
qu'un individu ne peut s'accomplir pleinement que
s'il accumule des biens, et, par conséquent, que seuls
certains individus peuvent le faire, et seulement aux

dépens de l'individualité des autres. Pour qu'une telle société puisse fonctionner, il faut que l'autorité politique possède sur tous les individus un pouvoir absolu. Sinon, on ne saurait garantir que les institutions ayant trait à la propriété et indispensables à ce type d'individualisme puissent jamais être protégées par des sanctions adéquates. Dès lors, pourquoi les individus qui ont les moyens de s'accomplir pleinement (c'est-à-dire les propriétaires) refuseraient-ils à la société certains droits pour s'en réserver la jouissance ? Cette société n'a-t-elle pas été faite, n'est-elle pas dirigée par eux et pour eux ? Il leur suffit d'affirmer avec force que la société civile — c'est-à-dire la majorité d'entre eux — est souveraine et que tout gouvernement lui est subordonné, ôtant ainsi à ce dernier la tentation de n'en faire qu'à sa guise. Locke hésite d'autant moins à affirmer que les individus ont, dans l'état de nature, le droit de transférer à la société civile toutes leurs prérogatives et tous leurs pouvoirs[157], y compris explicitement leurs biens et leurs terres[158] ou — ce qui revient au même — toutes les prérogatives et tous les pouvoirs indispensables aux fins auxquelles répond l'institution de la société[159], que la majorité de ces individus demeure juge et arbitre[160]. Ce transfert global de droits individuels est indispensable à la protection collective efficace de la propriété. Si Locke se permet de le proposer, c'est bien entendu parce que les propriétaires conservent le contrôle de la société. Dans ces conditions, l'individualisme doit s'en remettre — et peut le faire en toute sécurité — à l'appréciation de l'État collectif et souverain.

On considère parfois individualisme et « collectivisme » comme les deux pôles extrêmes entre lesquels on pourrait disposer et classer les formes de gouvernement et les théories de l'État, en faisant abstraction du degré d'évolution sociale des époques auxquelles ces formes et ces théories apparaissent. C'est là un point de vue superficiel et fallacieux. Car l'individualisme de Locke, celui que sécrète une société capitaliste naissante, n'exclut nullement la suprématie de l'État sur l'individu : bien au contraire, il l'exige. Individualisme et collectivisme ne sont pas en raison inverse, mais en raison directe l'un de l'autre. De cette vérité Hobbes offre l'illustration la plus éclatante ; mais il rejette la tradition de la loi naturelle et ne parvient pas à offrir aux propriétaires des garanties sérieuses capables de sauvegarder la propriété contre les empiétements d'un souverain absolu se perpétuant lui-même. Du coup, ceux de ses contemporains qui tiennent l'existence de la propriété pour la donnée essentielle de la vie sociale se méfient de sa théorie. Celle de Locke leur paraît infiniment plus acceptable à cause de l'ambiguïté qui affecte chez lui la notion de loi naturelle, et dans la mesure où il garantit d'une certaine manière le droit de propriété. Dès lors qu'on a bien saisi la nature spécifique de l'individualisme bourgeois au XVIIe siècle, il n'est plus nécessaire de chercher à réconcilier l'individualisme et le collectivisme de Locke : à son époque, les deux termes s'impliquent l'un l'autre.

V. *Le constitutionnalisme de Locke.*

Du même coup, la place que tient le constitutionnalisme dans la pensée politique de Locke prend tout son sens, et il n'est plus nécessaire d'en sous-estimer ou d'en exagérer l'importance. Il devient possible de le prendre pour ce qu'il est : non pas une défense des droits de l'individu contre les empiétements de l'État, mais une défense des droits d'une propriété en plein essor.

Il est un fait significatif qui confirme le sens du constitutionnalisme de Locke : alors que les Niveleurs en avaient fait, dans l'*Accord du Peuple,* une question de principe fondamentale, Locke n'estime nullement souhaitable de garantir les droits individuels contre les atteintes qu'un parlement ou gouvernement quelconques pourraient y porter. De fait, l'État tel que l'envisage Locke ne garantit expressément aucun droit individuel. Le seul recours de l'individu contre l'arbitraire du gouvernement réside dans la majorité de la société civile : c'est à elle, en effet, que Locke confie le soin de se prononcer sur le point de savoir si le gouvernement a rompu ou non le contrat par lequel il s'était engagé à toujours servir le bien public et à ne jamais sombrer dans l'arbitraire. Si la souveraineté de la majorité constitue pour lui la sauvegarde nécessaire et suffisante

des droits de l'individu, c'est parce qu'il présuppose
que tous ceux qui ont le droit d'être consultés s'accordent sur une définition du bien public conçu
comme l'accroissement maximal de la richesse nationale, c'est-à-dire (pour Locke) du bien-être de
tous. Il ne peut postuler cet accord que parce qu'il
a commencé par poser en principe que la classe laborieuse n'a pas à être consultée en la matière. Le
constitutionnalisme de Locke est donc essentiellement une défense de la suprématie des propriétaires : pas seulement des petits propriétaires paysans
(yeomen), mais plus particulièrement des « gens de
condition » qui considèrent que garantir l'accumulation illimitée passe avant tout le reste.

Locke met bien l'accent sur le caractère limité et
fiduciaire du gouvernement (qu'il appelle « pouvoir
législatif »), dont les décisions sont soumises au consentement de la majorité des personnes imposables
ou au jugement que cette majorité peut être ame-
née à porter sur la manière dont ce gouvernement a
observé les termes du contrat. Mais il ne s'agit là
que d'un aspect de sa théorie politique, et d'un
aspect secondaire. S'il est pour lui nécessaire (et
possible) de fixer des limites au pouvoir du gouvernement, c'est parce qu'il a commencé par élaborer
l'autre aspect de sa théorie, la thèse de la subordination totale de l'individu à la société. Ces deux aspects résument les deux conditions que se doit de
remplir à l'époque toute théorie qui vise à protéger
et à favoriser un régime de propriété — et donc un
type de société — qui n'a pu être obtenu qu'au prix

d'une guerre civile, d'une restauration et d'une nouvelle révolution. En 1689, la mise hors la loi de l'arbitraire gouvernemental peut passer pour une mesure de circonstance : mais il n'en est pas de même de la subordination de l'individu à l'État dont la portée est au moins aussi grande que la révolution whig elle-même. Or celle-ci ne s'est pas bornée à établir la suprématie du Parlement sur la Couronne : elle a également renforcé l'ascendant que les possédants — et singulièrement ceux qui exploitent leurs propriétés comme un capital dont ils entendent tirer une plus-value — ont déjà acquis sur la classe laborieuse[161]. Par ses deux aspects, la théorie de Locke sert les intérêts des Whigs et de l'État qu'ils ont mis sur pied.

Il faut d'ailleurs noter qu'il y a, entre la position que Locke prend en 1660 à propos de la souveraineté de l'État et celle qu'il adopte en 1689, une différence bien moins importante que celle qu'ont voulu y voir certains de ses commentateurs récents[162]. Le traité que Locke a consacré en 1660 au magistrat civil (mais qu'il n'a jamais publié) contient des pages d'un autoritarisme qui ne laisse rien à désirer. L'exemple le plus extrême en est cette déclaration tirée de la Préface de ce traité, dans laquelle Locke affirme que « Le *Magistrat Suprême* de toute Nation, de quelque manière qu'il ait été établi, doit nécessairement posséder un pouvoir *absolu et arbitraire* sur tous les actes indifférents de son peuple[163] ». On est bien loin, semble-t-il, du Locke qui, trois décennies plus tard, ne cessera de répéter qu'aucune société civile, qu'aucun gouvernement ne saurait détenir le pouvoir de disposer arbitrairement de la vie, de la liberté et de la propriété d'un sujet quelconque. Pourtant, à y regarder de plus près, la définition du pouvoir civil est identique dans les deux cas. Le « pouvoir arbitraire et absolu » qu'il revendique en 1660 pour le magistrat suprême ne s'applique qu'aux « actions indifférentes », c'est-à-dire aux actes que ni la loi naturelle ni la révélation divine n'ordonnent ni n'interdisent. C'est dans ce domaine des choses indifférentes, et dans ce seul domaine, que l'homme est naturellement libre ; par conséquent, ce n'est que sur ces actions indifférentes qu'il possède un pouvoir de décision qu'il pourra transférer à la société. Or, c'est très précisément ce pouvoir naturel limité que, d'après le *Deuxième Traité*, l'individu remet à l'autorité civile suprême (qui se confond ici avec la société elle-même).

Pour se persuader de l'identité fondamentale des deux thèses exprimées par Locke, il suffit de comparer la théorie bien connue du *Deuxième Traité* et le passage suivant du manuscrit en 1660. Ayant posé en principe qu'aucun homme ne possède naturellement ou originellement le droit de se dispenser d'obéir à la loi de Dieu ou loi naturelle, Locke poursuit en affirmant :

> 4 ° Que toutes les choses qui ne sont pas comprises dans cette Loi, sont parfaitement indifférentes et qu'à leur égard l'homme est par nature libre, mais toutefois si entièrement maître de sa propre li-

berté qu'il a le droit de la transférer à un autre par contrat et de lui accorder un certain pouvoir sur ses actions, car Dieu par sa Loi n'a point interdit à l'homme de disposer à sa guise de sa liberté et d'obéir à autrui. Mais comme par ailleurs la Loi de Dieu prescrit de respecter fidèlement tout contrat légitime, cette Loi oblige l'homme qui s'est de la sorte dépossédé et a volontairement accepté de se soumettre.

5 ° Que si l'on suppose l'homme possédant par nature une entière liberté et tellement maître de lui-même qu'il ne doive soumission à personne d'autre qu'à Dieu (ce qui, de toutes les conditions, est la plus libre qui se puisse imaginer pour lui) il n'en demeure pas moins vrai que Société et Gouvernement ne peuvent exister que si chaque particulier renonce à son droit à la liberté et confie au magistrat tout le pouvoir de contrôler ses actions dont il disposait lui-même : qui est soumis aux ordres d'autrui ne saurait en effet garder la pleine liberté de disposer de lui-même ni conserver une égale liberté[164].

Sur ce point, le *Deuxième Traité* ne dit rien d'autre[165]. Dans les deux cas, l'individu remet à la société tous les pouvoirs qu'il tient de la nature et qui sont limités par les prescriptions de la loi naturelle. Dans l'un et l'autre cas, l'autorité civile est investie d'un pouvoir absolu, mais uniquement dans les limites que lui assigne la loi naturelle. En 1660, Locke parle de pouvoir « arbitraire et absolu », tandis qu'en 1689 il réservera le terme « arbitraire » pour qualifier le pouvoir qui viole les prescriptions de la loi naturelle.

Il existe certes une différence importante entre ces deux textes : elle porte sur le *siège* du pouvoir. En 1660, Locke envisage trois détenteurs possibles de l'autorité civile : un monarque absolu, un roi constitutionnel, ou encore l'assemblée élue d'une république à l'état pur. Dans une note rédigée en marge du passage que nous venons de citer, il laisse percer ses préférences :

> Par magistrat, j'entends le pouvoir législatif souverain de quelque société que ce soit, abstraction faite de la forme de son gouvernement ou du nombre de personnes qui détiennent ce pouvoir. Qu'il me soit seulement permis d'ajouter que le souvenir ineffaçable de nos malheurs récents, et la manière heureuse dont nous avons recouvré nos anciennes libertés et notre félicité passée, nous permettent de déterminer où il est le plus avantageux, chez nous, de placer le pouvoir suprême : ce sont là des preuves suffisantes qui se passent de toute autre considération.

Locke déclare dans sa Préface qu'il n'entend pas se « mêler de savoir si la Couronne du Magistrat tombe directement du Ciel sur sa tête, ou si ce sont les mains de ses sujets qui l'y ont placée[166] » : ces hypothèses ne changent rien à l'étendue de son pouvoir. Sur ce point, il n'existe aucune différence entre monarchie absolue et république :

> Contrairement à ce que certains s'imaginent naïvement, dans une république à l'état pur, si tant est qu'un tel régime ait jamais existé, les hommes ne jouissent pas davantage de cette liberté [celle qu'ils

possédaient dans l'état de nature] que sous une monarchie absolue, car le même pouvoir arbitraire
existe, ici dans l'assemblée (qui agit comme une
seule personne), et là dans la personne du Monarque ; par eux-mêmes, les particuliers n'ont pas davantage le pouvoir (à l'exception de celui, négligeable,
que leur donne le droit de vote) de faire de nouvelles lois ou de contester les anciennes que dans une
Monarchie : tout ce qu'ils ont le pouvoir de faire
(pouvoir que le Roi reconnaît à ceux qui lui envoient
des pétitions), c'est de persuader la Majorité qui,
dans ce régime, constitue le Monarque[167].

Ainsi, en 1660, la préférence de Locke va à la monarchie restaurée des Stuarts et il est prêt à lui accorder le pouvoir absolu dans les limites de la loi
naturelle. Dans le *Deuxième Traité*, Locke réserve la
souveraineté à la société civile elle-même ; il accepte
une monarchie parlementaire, à la double condition que le pouvoir du roi soit étroitement circonscrit et que le peuple conserve le droit de « destituer
la législature ou de la modifier, s'il constate qu'elle agit
au mépris de la mission dont il l'avait chargée[168] ».

La différence entre ces deux thèses n'est pas aussi
grande qu'il pourrait le sembler : elles supposent
l'une et l'autre que le pouvoir souverain s'exerce
dans les limites de la loi naturelle. Cette différence
n'est toutefois pas négligeable, car ce n'est que dans
le *Deuxième Traité* que Locke reconnaît au peuple le
droit de faire prévaloir son interprétation de la loi
naturelle et de l'imposer à l'autorité civile établie. Il
ne faudrait cependant pas en conclure que Locke a

changé fondamentalement de principe : il ne cesse, de manière tout à fait cohérente, de vouloir une autorité civile qui garantisse les institutions fondamentales d'une société de classes. En 1660, ce vœu suppose le retour des Stuarts sur le trône et la théorie du pouvoir absolu et arbitraire du magistrat dans le domaine des choses indifférentes ; en 1689, il exige le renvoi des Stuarts et la théorie exposée dans le *Deuxième Traité*.

Ainsi, en introduisant parmi les postulats du *Deuxième Traité* le présupposé implicite d'une différenciation de la rationalité et des droits en fonction des classes sociales (qui lui est inspirée par la façon dont il comprend la société de son temps), Locke élabore une théorie ambiguë de l'appartenance différenciée à la société civile qui justifie un État de classes à partir du postulat de l'égalité naturelle des droits individuels. Cette ambiguïté dissimule (aux yeux de Locke lui-même, nous a-t-il semblé) la contradiction qui affecte sa conception de l'individualisme : celui-ci consiste en effet en ce que certains ne peuvent atteindre à la plénitude de l'individualité qu'en consommant celle des autres. L'individualisme dont il se fait le champion est en même temps négation de l'individualisme. Mais ni Locke ni ses contemporains ne peuvent en avoir conscience, car ils viennent tout juste de découvrir le champ immense que les progrès de l'économie capitaliste ouvrent à la liberté de l'individu. La contradiction existe, mais il leur est impossible de la percevoir, à plus forte raison de la résoudre. Locke est bien la source de tout le libéralisme anglais, on ne peut le nier. Mais il faut ajouter deux précisions. Le libéralisme du XVII⁰ siècle affirme que l'homme, être doué de liberté et de raison, constitue le critère d'une société juste : c'est là son plus beau titre de gloire. Cette affirmation revient nécessairement à refuser les bienfaits de l'individualisme à la moitié de la nation : c'est là sa tragédie.

CONCLUSION

Individualisme, propriété et démocratie libérale

1. LES FONDEMENTS DU LIBÉRALISME AU XVIIe SIÈCLE

Nous sommes désormais en mesure d'identifier les postulats d'ordre social communs aux théories politiques les plus importantes du XVIIe siècle et d'apprécier le rôle qu'elles y jouent. Du même coup, il nous est possible de comprendre les problèmes qu'ils posent à la démocratie libérale d'aujourd'hui.

En tant qu'affirmation d'une propriété, l'individualisme repose sur une série de postulats que résument assez bien les sept propositions suivantes :

Proposition I : L'homme ne possède la qualité d'homme que s'il est libre et indépendant de la volonté d'autrui.

Proposition II : Cette indépendance et cette liberté signifient que l'homme est libre de n'entretenir avec autrui d'autres rapports que ceux qu'il établit de son plein gré et dans son intérêt personnel.

Proposition III : L'individu n'est absolument pas redevable à la société de sa personne ou de ses facultés, dont il est par essence le propriétaire exclusif.

Dans les théories politiques, la proposition III se rencontre tantôt sous forme de postulat indépendant, tantôt sous forme de conclusion déduite des deux premiers postulats, à quoi s'est ajoutée la notion de propriété définie comme droit exclusif. C'est ainsi qu'on dira : la liberté de l'homme, et donc sa qualité d'homme, est fonction de la liberté qu'il a d'établir avec autrui des rapports fondés sur l'intérêt personnel ; cette liberté est elle-même fonction de la faculté qu'il a d'exercer un contrôle exclusif (ou de jouir de droits exclusifs) sur sa propre personne et sur ses propres capacités ; or, le droit de propriété n'est que l'expression la plus générale de ce contrôle exclusif : il s'ensuit donc que l'individu est, par essence, propriétaire de sa propre personne et de ses propres capacités.

Proposition IV : L'individu n'a pas le droit d'aliéner totalement sa personne, qui lui appartient en propre ; mais il a le droit d'aliéner sa force de travail.

Proposition V : La société humaine consiste en une série de rapports de marché.

Cela découle des propositions précédentes. Puisque l'individu ne possède la qualité d'homme que dans la mesure où il est libre, et puisqu'il n'est libre que dans la mesure où il est propriétaire de lui-même, la société se réduit à une série de rapports entre propriétaires, c'est-à-dire à des rapports de marché.

Mais il arrive que cette proposition apparaisse dans une théorie politique non pas comme une proposition déduite, mais comme un principe essentiel, voire même unique. Cela n'est possible que parce qu'elle englobe toutes les propositions précédentes. La notion de rapports de marché implique nécessairement la liberté individuelle définie en II, et le droit de propriété défini en III et en IV ; elle implique aussi nécessairement que la liberté est l'essence de l'homme (proposition I).

Proposition VI : Puisque l'homme ne possède la qualité d'homme que s'il est libre et indépendant de la volonté d'autrui, la liberté de chaque individu ne peut être légitimement limitée que par les obligations et les règles nécessaires pour assurer à tous la même liberté et la même indépendance.

Proposition VII : La société politique est d'institution humaine : c'est un moyen destiné à protéger les droits de l'individu sur sa personne et sur ses biens, et (par conséquent) à faire régner l'ordre dans les

rapports d'échange que les individus entretiennent
en tant que propriétaires de leur propre personne.

Sous une forme ou sous une autre, nous avons
rencontré ces postulats dans toutes les théories que
nous avons étudiées. Et notre analyse a montré que,
si elles tirent d'eux toute leur force, leurs faiblesses
tiennent à ce qu'elles n'en élucident pas tous les
présupposés implicites.

C'est chez Hobbes qu'on trouve l'exposition la
plus claire et la plus complète de ces postulats. Hobbes part d'un modèle de l'homme qu'il élabore en
faisant la somme des pouvoirs que l'homme possède
de satisfaire ses désirs : il en déduit que l'essence de
l'homme, c'est d'être indépendant de la volonté
d'autrui et maître de ses propres facultés. Le modèle
de société qu'il déduit de ce premier modèle en postulant que les pouvoirs de chaque homme s'opposent
aux pouvoirs de tous les autres, c'est, nous l'avons vu,
le modèle d'une société de marché généralisé. La société politique dont ces deux modèles lui permettent
de déduire la nécessité est un artifice humain destiné
à assurer à l'individu la plus grande sécurité possible
dans l'exercice de ses facultés.

Pour Hobbes, avoir défini l'homme comme un
être qui trouve en lui-même la loi de son mouvement, comme un être de désir qui s'approprie tout
ce qui peut satisfaire ses désirs, et avoir défini la société comme un ensemble d'individus pris dans des
rapports de marché, c'est avoir découvert le fondement de l'obligation politique. Les notions tradi-

tionnelles de justice, de loi naturelle ou de plan divin sont désormais superflues. L'obligation qui lie l'individu à l'État se déduit des seuls faits que Hobbes allègue dans ses deux modèles. Parmi ces faits, deux sont pour lui essentiels. C'est sur eux qu'il s'appuie pour déduire les droits et les obligations de l'individu : les hommes ont un égal besoin de perpétuer le mouvement qui les anime, tous les hommes connaissent une insécurité égale, car, à travers le jeu du marché, leurs droits sont également exposés aux empiétements d'autrui. Bref, tels que Hobbes les conçoit, l'homme et la société sont des systèmes, à la fois mécaniques et moraux, qui possèdent en eux-mêmes le principe de leur mouvement et sont parfaitement autonomes : c'est dire que leur mouvement ne dépend pas d'un principe premier qui leur serait extérieur et que le critère du droit leur est immanent.

Tels sont les postulats qui confèrent à la théorie politique de Hobbes une cohérence et une force exceptionnelles. Tels sont aussi ceux sur lesquels se fondent les sociétés de marché généralisé qui, pourtant, ont toujours rejeté la théorie de Hobbes. Il y a là un paradoxe, mais qui n'a rien de dirimant. Il tient, nous l'avons vu, à la faute commise par Hobbes. En élaborant son modèle de société, il n'a pas vu qu'une société de marché engendre une solidarité de classe, suffisant à y assurer la stabilité de l'autorité politique et permettant de faire l'économie de la pièce maîtresse de son système : le souverain qui se perpétue lui-même.

Passer de Hobbes aux Niveleurs, c'est retrouver les mêmes postulats, mais sous des formes différentes et beaucoup moins élaborées. Ici encore, être homme c'est être libre, et être libre c'est ne pas dépendre de la volonté d'autrui, c'est-à-dire être maître de sa propre personne. Pour Overton, « ce qui fait que je suis moi, c'est que je suis propriétaire de ce moi, autrement, n'ayant pas de moi, je ne serais pas moi[1] ». La société politique est une institution qui a pour but de garantir à l'individu la jouissance de ses droits naturels, à savoir la liberté individuelle et le droit de propriété. Nul n'a le droit d'aliéner entièrement sa propre personne, mais tout homme a le droit d'aliéner sa force de travail, étant bien entendu que, s'il le fait, il renonce à son droit naturel au suffrage, mais conserve le droit naturel de jouir des libertés civiles et religieuses. Telle est, pour l'essentiel, la théorie dont se réclament les Niveleurs.

Sa force apparaît à un double niveau. Tout d'abord, il est évident qu'elle a exercé un puissant attrait sur tous ceux qui, de près ou de loin, ont été mêlés au mouvement niveleur : cela tient sans doute à l'accent qu'elle met sans cesse sur les libertés civiles et religieuses de l'individu, et à l'extrême habileté avec laquelle elle se sert de l'histoire et des Écritures pour défendre la liberté de tous les hommes situés, dans l'échelle sociale, entre les riches proprement dits et les pauvres qui ont perdu leur indépendance. Sur le plan théorique, sa force lui vient, dans une très grande mesure, de ce qu'elle enregistre de manière parfaitement réaliste la situation faite à l'individu dans une société de marché. Les Niveleurs ont clairement compris que, dans la société de leur temps, la liberté de l'individu est fonction de ce qu'il possède. Dès lors, en définissant cette liberté comme le droit, pour l'individu, d'être son propre propriétaire, ils confèrent à leur plaidoyer en faveur des libertés individuelles une force morale incontestable.

Quant à leurs faiblesses théoriques, elles tiennent toutes à ce qu'ils n'ont pas réussi à apercevoir tous les présupposés implicites dans leurs postulats individualistes, et cet échec est lui-même imputable aux limites théoriques qu'entraîne leur appartenance à une classe sociale intermédiaire. Ils ne comprennent pas qu'à partir du moment où ils font dépendre la liberté de l'homme de ce qu'il possède, ils sont forcés d'accepter la société de marché généralisé. Affirmer que l'homme n'est homme que s'il est propriétaire exclusif de sa propre personne et que tous ses devoirs se réduisent à des obligations contractuelles, c'est se condamner infailliblement à convertir toutes les valeurs morales en valeurs du marché. Or, les Niveleurs s'expriment comme s'il n'y avait aucune incompatibilité entre la morale du marché qu'entraîne leur individualisme fondé sur la notion de propriété, et l'éthique sociale du christianisme dont ils se réclament avec une égale ferveur. À côté, et au-dessus du droit de l'individu à sa conservation et au développement de ses facultés, ils placent « la société humaine, l'existence et la coexistence des hommes » où ils voient le « souverain bien

de l'humanité ici-bas », et proclament en conséquence l'obligation universelle d'œuvrer pour « le
Bonheur de la communauté[2] ». Du coup, ils os-
cillent entre deux conceptions du travail humain :
tantôt celui-ci n'est pour eux qu'une marchandise
parmi d'autres, tantôt il fait partie intégrante de la
personne humaine. Bref, ils posent en principe que
l'individu a le droit de s'approprier terres et biens,
mais ils s'élèvent contre la flagrante inégalité dans la
répartition des richesses, qui en est pourtant la conséquence directe et inévitable.

Ils prennent plus au sérieux que Hobbes les divisions sociales de leur temps et évitent ainsi l'erreur
que celui-ci a commise pour avoir négligé la solidarité et la cohésion de classe. Pourtant, la façon dont
ils résolvent le problème posé par les classes sociales
laisse aussi à désirer. En écartant salariés et indigents de la participation aux droits politiques, ils reconnaissent l'une des divisions sociales les plus
importantes de l'Angleterre au XVIIe siècle ; en dénonçant la conspiration que les riches fomentent
contre la classe intermédiaire des petits producteurs
indépendants, à laquelle eux-mêmes appartiennent,
ils en reconnaissent une autre. S'ils revendiquent le
droit de vote pour eux-mêmes, c'est qu'ils veulent
biffer la deuxième de ces lignes de démarcation.
Mais cette revendication implique nécessairement
qu'à leurs yeux tous les individus placés au-dessus de
la classe des indigents et des serviteurs sont suffisamment solidaires les uns des autres pour pouvoir appuyer une seule et même autorité politique élue.

Or, les événements allaient se charger de le leur montrer, une telle solidarité n'existe absolument pas. Erreur de fait tant qu'on voudra, la faute d'appréciation que commettent les Niveleurs n'est pas simplement tactique : elle est imputable aux imprécisions de leur théorie qui faussent leur vision de la société de marché. Elles les empêchent de voir que, dans une société de marché généralisé, l'état de dépendance, loin d'être réservé aux seuls salariés, est le lot de tous ceux qui ne possèdent pas un capital substantiel, et même, compte tenu de la nature du marché, un capital sans cesse croissant.

Comparée à ces théories, celle de Harrington occupe une place quelque peu marginale. Se préoccupant davantage de découvrir la loi empirique du changement et de la stabilité politiques que de définir les droits et les obligations de l'individu, il accorde moins d'importance que les Niveleurs aux principes d'ordre moral, et moins d'attention que Hobbes à l'analyse psychologique. Son souci de garantir la liberté civile et religieuse le situe dans le droit-fil du courant libéral. Mais son individualisme n'est pas aussi prononcé que celui des autres penseurs dont il a été ici question. Il a recours à un type d'analyse historique et comparée qui semble pur de tout postulat portant sur la nature morale de l'individu ou sur son comportement. Pourtant, nous l'avons vu[3], lui aussi pose en principe que chacun cherche à dominer autrui et que le pouvoir est fonction de ce que l'on possède. Ces postulats, il le reconnaît, sont indispensables à sa théorie de la balance. D'ailleurs, s'il parle si peu de la nature de l'homme, c'est qu'il souscrit entièrement à l'analyse qu'en a faite Hobbes, dont il dira : « Ses traités de la nature humaine, de la liberté et de la nécessité, sont ceux qui, à l'époque moderne, ont jeté sur ces sujets le plus de lumière ; ce sont ceux que j'ai suivis et que je continuerai de suivre[4]. »

Si nous nous permettons de le ranger parmi les tenants d'un individualisme conçu comme l'affirmation d'une propriété, c'est que pour lui également la société anglaise de son temps est une société de marché généralisé. Tout son plaidoyer en faveur de l'instauration, en Angleterre, d'une « République homogène » repose sur ce seul fait, qu'il tient pour évident. Mais il ne se borne pas à admettre l'existence d'une société bourgeoise, il en accepte la morale. Les comportements divers de la *gentry* et du peuple sont justiciables, à ses yeux, d'une seule et même théorie générale de la motivation, dont les deux termes essentiels sont « posséder » et « accumuler ». Si l'équilibre institutionnel qu'il propose d'établir entre la *gentry* et le peuple lui semble viable, si la loi agraire, destinée à assurer la stabilité de cet équilibre, lui paraît indestructible, c'est parce que ces classes sociales acceptent l'une et l'autre le marché que rien, pense-t-il, ne pourra détruire désormais.

À la différence de Hobbes, il ne va pas jusqu'à attribuer à l'homme de la nature les traits du citoyen contemporain, façonné par le marché. Cela explique tout à la fois qu'il n'ait pas perçu aussi clairement que lui la nature de l'homme bourgeois et qu'il ne soit pas tombé dans les erreurs qui, chez Hobbes, sont imputables à un très haut degré d'abstraction. Harrington saisit fort bien l'existence et la nature des diverses classes sociales. Il tient si grand compte de la possibilité d'une solidarité de classe, qu'il s'appuie sur elle dans l'élaboration de ses solutions : en quoi il se distingue de Hobbes. Mais il se distingue aussi des Niveleurs en ce qu'il ne sombre pas dans l'erreur opposée : loin de postuler un degré de solidarité et une identité d'intérêts illusoires entre tous les hommes libres, il s'efforce d'établir un équilibre des pouvoirs entre les petits et les grands.

La faiblesse théorique de Harrington, nous l'avons vu, tient essentiellement aux insuffisances de sa logique, qui l'amène à se contredire lorsqu'il applique son principe de la balance. S'il avait affiné ses postulats et opéré ses déductions avec plus de circonspection, il aurait pu les éviter. Bref, la puissance théorique de son système tient à ce qu'il a reconnu et admis la motivation du marché et les rapports qu'il institue, tandis que sa faiblesse théorique vient de ce qu'il n'en a pas pleinement ou clairement énoncé tous les présupposés implicites.

Avec Locke, nous pénétrons à nouveau dans le royaume de la morale, où les droits et les obligations se fondent sur une prétendue nature de l'homme et de la société. Ce qui rapproche Locke de Hobbes, ce n'est pas seulement la démarche déductive qui le fait passer de l'individu à la société, et de la société à l'État, c'est aussi que l'individu, qui lui sert de point de départ, a déjà été conçu à l'image de l'homme social, tel que le marché l'a fait. Par nature, les individus sont tous également libres en ce qu'ils ne sont soumis à la juridiction de personne. L'essence de l'homme c'est d'être indépendant de ses semblables, c'est-à-dire libre de n'entretenir avec eux d'autres rapports que ceux qu'il établit volontairement et dans son propre intérêt. La liberté de l'individu n'a de bornes que celles qui assurent à autrui la jouissance d'une égale liberté. L'individu n'est nullement redevable à la société de sa personne, dont il est le propriétaire exclusif. Il est libre d'aliéner sa force de travail, mais n'a pas le droit d'aliéner sa personne tout entière. La société consiste en une série de rapports entre propriétaires. Quant à la société politique, elle est une institution, fondée sur le contrat, qui a pour but de faire régner l'ordre dans les rapports qu'ils entretiennent.

Mais ces postulats individualistes ne sont pas, chez Locke, purs de tout mélange. Celui-ci se refuse en effet à réduire tous les rapports sociaux aux rapports qu'institue le marché et à assimiler toute la morale à l'éthique qu'il sécrète. Il ne se résout pas à jeter par-dessus bord la tradition du droit naturel. C'est ainsi que, pour établir l'obligation politique, il a recours tout à la fois à Hobbes et à Hooker, qu'il essaie de réconcilier. On pourrait attribuer ses faiblesses théoriques à cet effort pour réunir ces deux sources incompatibles de la morale et de l'obligation. Mais il nous a semblé qu'elles tenaient bien davantage à l'impossibilité où il s'est trouvé de résoudre la contradiction inhérente aux sociétés de marché : elles engendrent en pratique une différenciation des droits et de la rationalité selon les classes sociales, et pourtant elles ne peuvent se justifier qu'en postulant l'égalité naturelle de ces droits et de cette rationalité. Locke voit bien les différences qui existent dans la société de son temps ; il les voit même si bien qu'il les transpose telles quelles dans sa « société naturelle ». Mais, dans le même temps, il continue de poser en principe l'égalité naturelle de tous les hommes. C'est cette ambiguïté fondamentale qui explique l'extraordinaire confusion théorique de Locke et le puissant attrait qu'il n'a cessé d'exercer. Elle est moins due aux imperfections de sa logique qu'à son effort pour venir à bout d'une contradiction dont il n'avait pas pleinement conscience. Son analyse de la société n'a pas la clarté de celle de Hobbes. Mais Locke tient compte d'un problème qu'il néglige : celui que pose l'existence de classes sociales différenciées au sein même de la fragmentation sociale que provoque le marché.

Est-ce parce qu'il tient compte de ce problème que Locke ne parvient pas à élaborer des modèles précis de l'homme et de la société, et à raisonner à partir d'eux avec la rigueur dont Hobbes fait preuve ? Il serait peut-être exagéré de le dire. Mais on peut affirmer, sans risque d'exagération, que c'est pour en avoir constamment tenu compte et avoir essayé, même au prix de nombreuses confusions, de le résoudre que Locke a pu éviter l'erreur de Hobbes et proposer à ses contemporains enthousiastes un système politique dans lequel le souverain ne se perpétue pas lui-même.

En procédant à l'unique modification qu'exigeait la structure théorique de Hobbes pour s'accorder aux besoins et aux possibilités d'une société de marché généralisé, Locke a mis la dernière main à un édifice qui repose, pour l'essentiel, sur les solides fondements posés par Hobbes. Qu'il ait aussi plaqué sur cette structure théorique la vieille tradition du droit naturel comme une belle façade rapportée n'a relativement parlant qu'une importance secondaire. Cet ornement a certainement accru l'attrait de sa théorie pour ses contemporains. Mais les goûts changent, et lorsque Hume et Bentham démoliront, au XVIIIᵉ siècle, la noble addition de Locke, ils n'ébranleront pas les robustes fondements utilitaires qu'elle recouvrait. On peut donc dire que c'est Hobbes, revu et corrigé par Locke sur un point capital — le souverain qui se perpétue lui-même — qui a jeté les bases du libéralisme anglais.

Les postulats fondamentaux de l'individualisme possessif tels que nous les avons définis plongent leurs racines dans le terreau originel du libéralisme au XVIIᵉ siècle. Ce sont eux qui font sa force, car ils correspondent très exactement aux réalités de la société de marché qui s'épanouit alors. Mais, à un point que l'on ne soupçonne pas toujours, ces mêmes présupposés se retrouvent dans le libéralisme moderne. Or ils se révèlent incapables de lui assurer aujourd'hui des fondements solides. Pourquoi ? Serait-ce qu'ayant cessé de s'appliquer à nos sociétés modernes, ils constitueraient une survivance anachronique ? Bien au contraire : s'ils ont survécu pendant plus de deux siècles, c'est que, continuant de s'appliquer à nos structures sociales, ils leur sont indispensables. Certains libéraux ne veulent pas l'admettre et essaient de se dispenser d'avoir recours à eux : c'est ce qui fait leur faiblesse. Mais la faiblesse radicale du libéralisme contemporain est due au changement qui s'est produit dans les sociétés de marché généralisé. Ce changement n'a pas annulé la validité des postulats individualistes, car il a affecté un aspect de cette société qu'ils n'ont jamais reflété. Mais, pour deux raisons que nous allons examiner, il a mis les libéraux dans l'impossibilité de déduire une théorie valable de l'obligation politique à partir de ces postulats.

Ce qui a changé, c'est que désormais existe une classe ouvrière qui s'exprime politiquement. Ce changement n'a pas rendu caducs les postulats individualistes : ils continuent de s'appliquer aux sociétés de marché généralisé, car ils expriment davantage la fragmentation sociale qui y règne que la division en classes qui en caractérise la structure. Nous l'avons vu[5] : une société de marché est nécessairement divisée en classes sociales. Mais nous avons également montré[6] que, dans ce type de société, les rapports de concurrence et d'empiétement réciproque affectent tous les hommes sans distinction de classes, si bien que tout individu y est nécessairement isolé et livré à ses seules ressources. Or, c'est très exactement ce

deuxième aspect de la société de marché généralisé
que reflétaient les postulats de l'individualisme.
Comme ils n'ont pas cessé de le faire, on comprend
que nos sociétés ne puissent se passer d'eux. L'ennui c'est que, s'ils leur sont toujours nécessaires, ils
ne sont plus suffisants pour fonder un principe
d'obligation politique. Comment cela s'est-il produit ? Quelles sont les perspectives d'avenir du libéralisme démocratique ? Ce sont là les deux questions
qu'il nous reste à examiner.

2. LE DILEMME DU LIBÉRALISME
AU XXᵉ SIÈCLE

Les postulats de l'individualisme, que nous avons
étudiés, sont particulièrement adaptés aux sociétés
de marché généralisé, car ils en expriment certains
aspects essentiels. C'est un fait que, dans ce type de
société, l'homme n'est homme que dans la mesure
où il est son propre propriétaire ; c'est un fait que
son humanité dépend de sa liberté de n'établir avec
ses semblables que des rapports contractuels fondés
sur son intérêt personnel ; c'est également un fait
que cette société consiste en une série de rapports
de marché. Or, au XXᵉ siècle, l'Angleterre et les
autres nations qui se réclament de la démocratie libérale sont encore des sociétés conformes à ce type.
Comment se fait-il donc que les théories libérales

contemporaines, celles du moins qui s'appuient sur ces postulats, soient parfaitement incapables de fournir une justification satisfaisante de la démocratie libérale ? Pourquoi l'utilitarisme anglais traditionnel, dont les postulats individualistes sont ceux de Hobbes, revus et corrigés par Locke, est-il dans l'impossibilité de démontrer de manière probante l'obligation politique de l'individu envers l'État libéral ? Enfin, pourquoi cette théorie, revue et corrigée par les libéraux du XIXe siècle, qui ont admis que les salariés sont tous des hommes libres, ne convient-elle plus à l'État libéral dont s'enorgueillissent certaines démocraties modernes ? Ces questions se ramènent toutes à celle-ci : à quelles conditions une théorie de l'individualisme, conçu comme l'affirmation d'une propriété, peut-elle fournir une théorie valable de l'obligation politique ?

Ces conditions de possibilité, que nous avons déjà eu l'occasion d'analyser, sont au nombre de deux. Rappelons-les brièvement. En premier lieu[7], une théorie valable ou ce que l'on pourrait appeler une théorie autonome de l'obligation politique (c'est-à-dire indépendante de tout postulat théologique ou téléologique) n'est possible que si l'on est en mesure de postuler que tous les membres dont la société se compose se considèrent — ou peuvent se considérer — comme égaux dans un domaine qui dépasse en importance tous ceux où leurs inégalités sont flagrantes. Or cette condition a été remplie dans toutes les sociétés de marché, du XVIIe siècle où, pour la première fois, elles constituent la formation sociale dominante, au XIXe siècle au cours duquel elles connaissent leur apogée, du fait même que l'asservissement de tous aux lois du marché y est toujours apparu comme un phénomène inévitable. Aussi longtemps que chacun a été soumis à la concurrence et aux déterminations du marché, aussi longtemps que cet assujettissement apparemment universel a été accepté en pratique par tous les hommes — qu'ils l'aient estimé parfaitement légitime ou simplement inévitable —, cette égalité a pu servir de fondement à l'obligation rationnelle de tous les hommes envers une autorité capable d'établir et d'assurer l'ordre dans les seuls rapports humains qui fussent alors possibles, à savoir les rapports de marché.

En second lieu[8], une théorie valable de l'obligation politique, autrement dit une théorie contraignant l'individu à se soumettre à un corps souverain qui ne se perpétue pas lui-même (c'est-à-dire à l'État libéral, quelle qu'en soit la forme), n'est possible que si les intérêts de tous ceux qui participent au choix des gouvernants sont suffisamment cohérents, homogènes et solidaires pour neutraliser les effets des forces centrifuges du marché. L'âge d'or des sociétés de marché a vu cette condition remplie du seul fait que le droit de vote était réservé à une classe possédante suffisamment homogène pour pouvoir choisir périodiquement, et sans la moindre anarchie, celui ou ceux auxquels elle confiait le pouvoir souverain. Du même coup a été possible une théorie autonome de l'obligation politique envers un État libéral et constitutionnel.

Ces deux conditions ont été remplies en gros jusqu'au milieu du XIXᵉ siècle. Mais, depuis, l'une et l'autre ont cessé de l'être. Les rapports sociaux qu'institue le marché n'ont certes pas disparu. Mais ils n'ont plus été tenus pour inévitables, dès lors que les ouvriers de l'industrie se sont mis à avoir une certaine conscience de classe et à s'exprimer politiquement. L'égalité de tous les hommes face aux contraintes du marché a cessé d'être un postulat universellement admis. En se développant, le marché a engendré une classe sociale capable de contester le marché lui-même et d'envisager son remplacement par un système économique et social entièrement différent : du coup a disparu la donnée sociale de base (la croyance à la nécessité inéluctable du marché) qui avait constitué la première des deux conditions permettant d'élaborer une théorie autonome de l'obligation politique.

Quant à la deuxième condition, elle a connu le même sort et pour les mêmes raisons. Les sociétés de marché continuent d'être divisées en classes sociales et les classes possédantes n'ont absolument pas perdu leur cohésion. Mais cette cohésion n'est plus suffisante depuis que la classe possédante, contrainte de renoncer à son monopole politique, a dû accorder le droit de vote à l'ensemble des citoyens. Le suffrage universel est désormais incapable de garantir cette cohésion politique de l'ensemble des électeurs qu'engendrait à coup sûr la solidarité de classe à l'époque où une seule classe sociale détenait le droit de vote.

On avancera peut-être que si les sociétés de marché généralisé n'ont cessé depuis d'être dirigées par des États se réclamant de la démocratie libérale, c'est parce que la classe possédante a su habilement conserver la réalité du pouvoir politique malgré le suffrage universel. Nous n'en disconvenons nullement. Et nous sommes prêts à admettre qu'une habileté de ce genre, qui relève de l'imposture politique, peut suffire à assurer le fonctionnement de l'État libéral. Mais osera-t-on prétendre qu'elle puisse constituer une justification morale de la démocratie libérale ?

Pour expliquer que celle-ci ait survécu jusqu'au XIXᵉ siècle, et bien après que la cohésion d'une seule classe possédante eut cédé la place aux incertitudes du suffrage universel, on invoquera peut-être aussi la solidarité de classe d'un type nouveau qui s'est manifestée depuis sur le plan international. Il est vrai que le suffrage démocratique est apparu au XIXᵉ siècle dans les pays capitalistes avancés. Lorsqu'ils l'ont adopté, ces pays se trouvaient, par rapport aux peuples sous-développés, dans une situation analogue à celle qu'avait occupée, au sein même des sociétés capitalistes développées, la classe dirigeante par rapport à la classe dépossédée. On peut imaginer que, dans une certaine mesure, la solidarité ou la cohésion nationale ait pu, au sein des pays riches, jouer le rôle qu'avait assumé jadis la classe possédante. Mais, pas plus que le précédent, ce fait ne saurait servir de fondement à une justification en droit de la démocratie libérale. De toutes manières, avec l'accession des peuples coloniaux à l'indépendance nationale, ce fondement — s'il a jamais existé — est en voie de disparition rapide.

Enfin, la guerre a joué à plusieurs reprises au cours du XXe siècle le rôle de substitut provisoire de l'ancienne solidarité de classe. Mais d'une part le prix à payer pour rétablir la cohésion par ce moyen a été très élevé : les institutions libérales ont été à chaque fois un peu plus affaiblies. D'autre part, et surtout, rares sont les libéraux qui oseraient fonder une justification morale de la démocratie libérale sur le postulat d'une guerre perpétuelle. De toute façon, les conditions techniques de la guerre ont tellement évolué que le conflit capable de produire, chez l'une des nations belligérantes, la cohésion nécessaire entraînerait inévitablement sa destruction complète. On le voit : aucun des facteurs qui ont permis aux États se réclamant de la démocratie libérale de survivre après la disparition de l'ancienne solidarité de classe n'a pu et ne peut les justifier en droit.

Dès lors, on comprend le dilemme devant lequel les théoriciens de la démocratie libérale se trouvent aujourd'hui placés : ils sont condamnés à avoir sans cesse recours aux postulats individualistes à une époque où la structure même des sociétés de marché a cessé de remplir les conditions nécessaires à l'élaboration d'une théorie valable de l'obligation politique fondée sur ces postulats. Si ceux-ci leur sont indispensables, c'est qu'ils demeurent conformes aux données essentielles de nos sociétés de marché. Nous ne saurions trop le répéter : dans nos sociétés, l'individu ne possède la qualité d'homme que s'il est propriétaire de lui-même. Qu'il le veuille ou non, sa qualité d'homme dépend de sa liberté de n'entretenir avec ses semblables d'autres rapports que ceux qu'il établit par contrat et dans son propre intérêt. Les rapports sociaux se ramènent tous pour lui à une série de rapports de marché. Parce que ces postulats sont conformes aux données de fait, aucune théorie justificative ne peut les abandonner. Mais le développement du marché a annulé cette cohésion des électeurs, qui constituait l'une des conditions préalables à l'élaboration d'une théorie valable de l'obligation politique. On ne saurait sortir de ce dilemme — comme tant de théoriciens, de John Stuart Mill à nos jours, ont essayé de le faire — en rejetant ces postulats au nom de la morale, tout en restant attaché à la société de marché. Car si ces postulats froissent aujourd'hui la conscience de certains libéraux, ils n'en traduisent pas moins de manière très précise la situation faite aux hommes dans nos sociétés. Le dilemme demeure. Ou bien nous rejetons ces postulats, et notre théorie n'a plus aucun rapport avec la réalité, ou bien nous les conservons, mais alors nous nous interdisons par là même de jamais aboutir à une théorie valable de l'obligation. Il est donc clair qu'une théorie de l'obligation politique envers un État se réclamant de la démocratie libérale est, dans une société de marché généralisé, une impossibilité pure et simple.

La question de savoir si l'on peut renoncer aux rapports réels qui existent dans une société de marché sans renoncer du même coup aux institutions libérales est un problème très ardu. Si l'on pouvait rejeter la société de marché, le problème de la cohésion serait résolu puisque, nous l'avons vu, ce sont les forces centrifuges du marché qui obligent à chercher dans cette cohésion de quoi les neutraliser. Resterait toutefois à trouver un équivalent de l'égalité fondamentale à laquelle, jadis, tous les hommes croyaient parce qu'ils s'imaginaient tous également soumis aux lois inéluctables du marché. Existe-t-il une nouvelle conception de l'égalité s'accommodant du maintien des institutions et des valeurs libérales qui puisse être acceptée par le plus grand nombre, faute de quoi, nous l'avons montré, aucune théorie autonome de l'obligation politique n'est possible ? Où la trouver ? comment la concevoir ?

La tâche peut sembler surhumaine. Toutefois une remarque s'impose qui peut nous redonner courage : les deux problèmes distincts de la cohésion et de l'égalité n'ont pas nécessairement à être résolus aujourd'hui dans cet ordre. Le problème de savoir s'il est possible de rejeter ou de transcender les rapports réels qu'institue le marché généralisé dans tous les États libéraux n'a plus désormais qu'une importance secondaire, car un autre changement a affecté l'ensemble des données sociales. Les méthodes traditionnelles de la guerre ont subi un boule-

versement sans précédent : du coup, la guerre a
cessé d'être la source possible d'une cohésion interne. Mais ce même bouleversement a créé pour
tous les hommes une nouvelle égalité dans l'insécurité, car cette insécurité n'affecte pas seulement
telle ou telle nation mais l'univers tout entier. La
destruction de tous les hommes ? Hobbes ne croyait
pas si bien dire : la possibilité en est beaucoup plus
réelle, beaucoup plus actuelle aujourd'hui qu'à
l'époque où il l'imaginait.

Dès lors apparaît la possibilité d'une nouvelle
obligation politique rationnelle. Nous ne pouvons
plus élaborer une théorie politique démontrant que
l'individu doit se soumettre à tel ou tel État natio-
nal. Mais il devrait être possible, sans postuler autre
chose que le minimum de rationalité qui a toujours
été indispensable à toutes les théories morales, de
construire une théorie démontrant l'obligation de
l'individu envers une autorité politique qui transcende les frontières nationales. Posez l'existence de
cet élémentaire degré de rationalité chez l'homme
qui n'obéit qu'à son intérêt personnel, et, quels que
soient l'étendue de ses possessions ou l'attachement
qu'il porte à la société de marché généralisé, il
devra se rendre à l'évidence : les rapports que cette
société engendre doivent s'effacer devant cet impératif absolu, que formulait jadis Overton, mais qui
prend aujourd'hui tout son sens : « par-dessus toutes
choses ici-bas, il faut préserver la société humaine, la
coexistence ou l'existence des hommes[9] ».

Cette nouvelle insécurité, égale pour tous, a donc désormais changé les termes du problème : la technologie du XXe siècle a, pour ainsi dire, obligé Hobbes et les Niveleurs à s'entendre. Les problèmes posés par l'individualisme qui règne dans les sociétés de marché généralisé ont perdu de leur acuité : qui peut affirmer aujourd'hui qu'on ne pourra jamais les résoudre dès lors qu'ils cèdent le pas à des problèmes autrement terrifiants ? Une chose, en tout cas, est certaine : ce n'est pas en les ignorant et en refusant de les relier avec précision aux changements réels qui ont affecté la vie de nos sociétés que nous pourrons jamais espérer nous en débarrasser. Ces changements nous ont à nouveau jetés dans l'insécurité dont parlait Hobbes, mais en la multipliant. La question, aujourd'hui, est de savoir si nous allons continuer à nous satisfaire d'un Hobbes revu et corrigé par Locke, ou s'il va nous être possible, dans la conjoncture présente, de l'amender à nouveau, mais cette fois avec clarté, avec rigueur.

APPENDICES

CLASSES SOCIALES
ET CLASSES CENSITAIRES
EN ANGLETERRE
AUX ALENTOURS DE 1648

Les calculs qui suivent ont été effectués à partir des données que Gregory King fournit, pour l'année 1648, sur la population de l'Angleterre, les revenus et les dépenses des Anglais considérés par rangs ou par professions, à quoi s'ajoutent les renseignements qu'il donne sur l'âge, le sexe et l'état civil de l'ensemble de la population et sur le rendement fiscal et la consommation de biens courants de certaines classes sociales[1] Des spécialistes modernes de l'histoire économique et de la démographie ont passé au crible ces données, qui se sont révélées remarquablement sûres[2].

Nous cherchons à évaluer l'importance numérique des classes censitaires suivantes :

1. Francs-tenanciers et bourgeois des corporations.
2. Contribuables, propriétaires ou locataires d'une maison, qui ne figurent pas en 1.
3. Non-contribuables ne figurant pas en 4.
4. Serviteurs et indigents.

L'évaluation de ces classes censitaires nous permettra de déterminer le nombre de gens touchés par chacun des quatres types de suffrages que nous avons distingués. En effet, le suffrage des propriétaires correspond à la classe 1, le suffrage des contribuables aux classes 1 + 2, le suffrage des non-salariés aux classes 1 + 2 + 3, et le suffrage universel masculin aux classes 1 + 2 + 3 + 4.

Voici l'essentiel des estimations de King :

« Tableau des revenus et des
calculés pour

Nombre de familles	Rang, ordre, titre et qualification	Nombre de personnes par famille
160	Lords temporels	40
26	Lords ecclésiastiques	20
800	Baronnets	16
600	Chevaliers	13
3 000	Écuyers *(Esquires)*	10
12 000	Gentilshommes	8
5 000	Hauts fonctionnaires	8
5 000	Fonctionnaires de second ordre	6
2 000	Grands marchands et négociants	8
8 000	Marchands et négociants de second ordre	6
10 000	Gens de loi	7
2 000	Grands ecclésiastiques	6
8 000	Ecclésiastiques ordinaires	5
40 000	Francs-tenanciers de la meilleure condition	7
140 000	Tenanciers de moins bonne condition	5
150 000	Fermiers	5
16 000	Professions libres et scientifiques	5
40 000	Boutiquiers et commerçants	4 1/2
60 000	Artisans	4
5 000	Officiers de marine	4
4 000	Officiers (armée de terre)	4
511 586		5 1/4
50 000	Marins ordinaires	3
364 000	Travailleurs et employés *(Labouring people and outservants)*	3 1/2
400 000	*Cottagers* et pauvres	3 1/4
35 000	Soldats ordinaires	2
849 000	Vagabonds	3 1/4
849 000		3 1/4
		AU TOTAL :
511 586	Augmentant la richesse du royaume	5 1/4
849 000	Diminuant la richesse du royaume	3 1/4
1 360 586	Total net	...

dépenses des familles d'Angleterre
l'année 1688[3] »

Nombre total de personnes	Revenu annuel par famille		Revenu annuel par personne		Dépenses annuelles par personne	
	£	s	£	s	£	s
6 400	2 800	0	70	0	60	0
520	1 300	0	65	0	55	0
12 800	880	0	55	0	51	0
7 800	650	0	50	0	46	0
30 000	450	0	45	0	42	0
96 000	280	0	35	0	32	10
40 000	240	0	30	0	27	0
30 000	120	0	20	0	18	0
16 000	400	0	50	0	40	0
48 000	200	0	33	0	28	0
70 000	140	0	20	0	17	0
12 000	60	0	10	0	9	0
40 000	45	0	9	0	8	0
280 000	84	0	12	0	11	0
700 000	50	0	10	0	9	10
750 000	44	0	8	15	8	10
80 000	60	0	12	0	11	10
180 000	45	0	10	0	9	10
240 000	40	0	10	0	9	10
20 000	80	0	20	0	18	0
16 000	60	0	15	0	14	0
2 675 520	67	0	.	.	.	.
150 000	20	0	7	0	7	10
1 275 000	15	0	4	10	4	12
1 300 000	6	10	2	0	2	5
70 000	14	0	7	0	7	10
2 795 000	10	10				
30 000			2	0	3	0
2 825 000	10	10	.	.	.	.
2 675 520	67	0	.	.	.	.
2 825 000	10	10	.	.	.	.
5 500 520	32	0	.	.	.	.

Disons d'emblée qu'il ne suffit pas de regrouper les catégories de King pour retrouver nos classes censitaires. Ses données posent d'abord des problèmes de définition : faut-il, par exemple, ranger tous ceux qu'il appelle « travailleurs et employés » ou « *cottagers* et pauvres » dans notre classe « serviteurs et indigents » ? Pour d'autres catégories, il s'agit moins de s'entendre sur des définitions que d'émettre des hypothèses arbitraires ; par exemple, pour déterminer comment se répartissent à l'intérieur des catégories de fonctionnaires, de négociants et de commerçants ceux qui sont francs-tenanciers, ceux qui, sans l'être, sont contribuables, et ceux qui ne sont ni l'un ni l'autre. Il nous faudra également essayer de regrouper dans une sous-catégorie les serviteurs qui vivent chez leurs maîtres. Une fois faite cette répartition, il nous restera deux opérations à effectuer. Car, dans la plupart des cas, les estimations de King ne nous permettent d'obtenir que le nombre de « familles » faisant partie de chaque catégorie : il nous faudra donc convertir ce chiffre pour déterminer le nombre d'hommes âgés de vingt et un ans et plus. D'autre part, comme les chiffres fournis par King se rapportent à l'année 1688, il conviendra de les réduire pour tenir compte de l'accroissement de la population entre 1648 et 1688.

Pour des raisons de pure commodité, nous commencerons par évaluer la catégorie censitaire que nous nommons « serviteurs et indigents ».

CLASSE 4. SERVITEURS ET INDIGENTS

a) Serviteurs.

En Angleterre, le terme « serviteur » *(servant)* désigne, au XVIIe siècle, toute personne qui est aux gages d'un employeur, que sa rémunération soit à la tâche ou au temps (journalière, hebdomadaire ou annuelle[4]). Des statuts définissent les droits et les obligations des serviteurs, le taux de leurs salaires est fixé périodiquement et dans le plus grand détail par des juges de paix, et plusieurs études économiques de l'époque notent la place que les serviteurs occupent dans la vie du pays[5].

Le groupe numériquement le plus important, celui des « serviteurs de ferme » *(servants in husbandry)*, comprend alors tous les employés agricoles, par quoi il faut entendre les surveillants de travaux et les laboureurs qualifiés aussi bien que les « simples ouvriers agricoles » et les femmes employées aux « travaux et corvées des champs[6] ». Il n'est pas rare que même un modeste *yeoman* ait un ou deux serviteurs de ce genre ; quant aux *yeomen* plus riches, ils en emploient un bien plus grand nombre. En général, ces serviteurs louent leurs services à l'année, mais déjà une proportion de plus en plus considérable de ces travailleurs sont embauchés pour des périodes plus courtes et sont payés à la journée[7]. Les serviteurs du secteur industriel forment un autre groupe important. Des journaliers qualifiés de tous métiers aux employés de la batellerie, ils représentent une part importante des forces productives. Engagés à l'année ou pour une durée moindre, payés à la tâche ou au temps, ils travaillent pour toute une série d'employeurs allant du drapier cossu au modeste artisan[8].

Compte tenu du sens donné à ce terme au XVIIe siècle, il semble donc bien que les Niveleurs entendent par « serviteurs » tous ceux que King range dans la catégorie « travailleurs et employés ».

Toutefois, on peut objecter que ces deux notions ne sont pas entièrement superposables, car, dira-t-on, certains parmi ceux que King appelle « travailleurs et employés » ne sont pas nécessairement des serviteurs au sens que les Niveleurs donnent à ce mot : que penser en effet de ces *cottagers* qui ne vendent leurs services qu'occasionnellement ? Ils ne dépendent pas autant de leur employeur que les serviteurs qui ont accepté un contrat de travail établi en bonne et due forme. Or, pour les Niveleurs, n'est serviteur que celui qui loue son travail à un employeur et dépend ainsi de lui. L'objection est intéressante, mais deux remarques permettent de l'écarter.

Tout d'abord, il est en effet très probable que ces employés occasionnels ne figurent pas dans la catégorie « travailleurs et employés », mais c'est pour la très bonne raison que King les a certainement rangés dans sa catégorie « *cottagers* et pauvres » (voir *infra*, pp. 470-472) ; ensuite, le nombre de ces travailleurs occasionnels qui ont réussi à s'assurer une réelle indépendance économique est très vraisemblablement trop faible pour amener les Niveleurs à leur accorder plus d'importance politique qu'aux serviteurs engagés à l'année[9].

On est donc en droit de considérer que tous les « travailleurs et employés » sont des serviteurs au sens où les Niveleurs l'entendent.

Pour évaluer l'ensemble des serviteurs, il nous faut ajouter à cette catégorie de serviteurs ceux qui vivent chez leurs maîtres *(in-servants)*. Au XVIIe siècle, la distinction entre « *out-servants* » et « *in-servants* » est très simple : dans l'agriculture et dans de nombreuses branches de l'industrie, les serviteurs résident dans la maison même de leur employeur (qui constitue aussi, en général, leur lieu de travail) jusqu'à ce qu'ils se marient : ils s'installent alors ailleurs.

Le nombre des serviteurs résidant chez leurs maîtres peut être évalué à partir de deux des tableaux établis par King.

Dans son tableau III[10], King donne le chiffre de 560 000 serviteurs dont, dit-il, 260 000 sont du sexe masculin. Il est fort probable que tous ces serviteurs vivent au domicile de leurs maîtres. Car, dans ce tableau, King opère un classement par ménages et utilise les sous-catégories suivantes : « maris et femmes, veufs, veuves, enfants, serviteurs, hôtes et célibataires ». S'ils ne résidaient pas chez leurs maîtres, les serviteurs dont il est ici question seraient probablement classés dans la rubrique « maris et femmes », car il y aurait alors de fortes chances pour qu'ils soient mariés. Mais il ne s'agit là que d'une hypothèse. Elle est toutefois corroborée par les calculs que King a consignés dans le tableau général que nous avons reproduit ci-dessus. Dans ce tableau, il est clair que King inclut les serviteurs résidant chez leur maître dans sa rubrique « familles » : à ne considérer que les classes sociales qui ne connaissent pas la pauvreté, on s'aperçoit en effet que le nombre des membres de chaque famille varie entre 4 et 40.

Pour calculer le nombre de serviteurs, apprentis inclus, faisant partie de la maisonnée des « familles » qui sont placées, dans la hiérarchie sociale, au-dessus des pauvres, il faut évaluer le nombre des personnes qui constituent la famille proprement dite et le déduire du nombre total de personnes que les « familles » représentent. Cela ne peut se faire qu'en émettant des hypothèses sur le nombre d'enfants, de célibataires et de veuves que comportent ces familles. Le tableau III, et surtout le tableau IV[11] de King, qui donne une répartition par âge et par sexe ainsi que certains renseignements chiffrés sur l'état civil des personnes, permettent d'obtenir des estimations à tout le moins raisonnables. Des calculs ainsi faits, il ressort qu'il y a en 1688 environ 540 000 serviteurs habitant avec les familles qu'ils servent[12].

Ce chiffre, qui est assez proche de celui que King avance, confirme notre interprétation du terme « serviteur » qu'il utilise dans son tableau III. À vrai dire, notre estimation, tout autant que celle de King, semble pécher par défaut. Car le nombre total des ménages de tous ordres susceptibles de loger des serviteurs s'élève à 511 586 : ce qui signifie que le nombre des serviteurs résidant chez leur employeur est, en moyenne, à peine supérieur à un (des deux sexes et de tous âges) par ménage.

Il faut encore opérer une soustraction pour obtenir le nombre des serviteurs du sexe masculin, vivant chez leurs maîtres, qui sont en âge de voter (au moins vingt et un ans). Le chiffre de 260 000 serviteurs du sexe masculin que King fournit ne comprend pas les enfants, mais il inclut les apprentis et les serviteurs de moins de vingt et un ans. Quelle proportion ces derniers représentent-ils par rapport à l'ensemble des serviteurs vivant chez leur maître[13] ? Cela n'apparaît pas clairement chez King ; quant aux autres sources dont nous disposons, elles accusent des écarts si grands entre les métiers et le lieu où ils s'exercent, qu'il est impossible de fonder sur elles une estimation générale. Mais il semble peu pro-

bable que l'ensemble des apprentis ou des serviteurs mineurs
employés dans l'agriculture ou l'industrie ait été supérieur à
50 % du total. Nous pouvons donc estimer à 130 000 les serviteurs adultes résidant chez leur maître.

*Conversion des « familles » en hommes âgés de vingt et un ans et
plus.*

À partir de ce chiffre, nous sommes en mesure de convertir
le nombre total des familles de toutes les classes pour trouver
le nombre des hommes âgés de vingt et un ans et plus. Car
dès que nous plaçons dans un sous-groupe cette catégorie de
serviteurs, nous nous apercevons qu'il est impossible de supposer que chacune des familles recensées par King ait eu à sa
tête un homme de vingt et un ans et plus. S'il en était ainsi,
le total des hommes âgés de plus de vingt et un ans serait de
1 500 586, à savoir : 1 360 586 chefs de famille, plus 130 000
serviteurs faisant partie de leur maisonnée, plus ceux des vagabonds qui sont adultes et du sexe mâle, qu'on peut estimer
au minimum à 10 000. Or, le tableau IV de King (répartition
de la population selon l'âge et le sexe) donne un total de
1 300 000 hommes[14]. Le nombre des hommes âgés de vingt et
un ans et plus dans les familles au sens étroit du terme (c'est-
à-dire serviteurs exclus) doit donc être inférieur de 200 000
unités environ au nombre total des « familles ». Autrement
dit, il existe au moins 200 000 familles qui n'ont pas pour
chef et ne comprennent pas (sinon parmi les serviteurs) un
homme de vingt et un ans et plus. Ce chiffre n'a rien de surprenant si on le compare au nombre des veuves que King
avance : il les estime, en son tableau III, à 240 000[15], à quoi il
faut ajouter les ménages qui ont à leur tête une vieille fille[16].
C'est dire que nous pouvons estimer à un septième de l'ensemble des familles celles qui ne possèdent pas d'hommes
(autres que les serviteurs) de vingt et un ans et plus[17]. Dès
lors, notre base de conversion est simple : il suffit d'amputer
d'un septième le nombre des familles pour obtenir le nombre des hommes adultes.

Il serait superflu de procéder à ce calcul pour chacune des catégories que King mentionne. Nous pouvons nous borner aux classes dont nous cherchons à évaluer l'importance. Nous allons donc appliquer cette réduction d'un septième à chacune de ces classes (sauf exceptions que nous indiquerons) : nous présupposons arbitrairement que chaque classe comporte la même proportion de veuves et de vieilles filles ayant charge de famille, mais même si nous modifions cette hypothèse, nous aboutirions à des résultats très voisins.

Nous pouvons dès lors compléter le chiffre des serviteurs adultes du sexe masculin. Les serviteurs adultes vivant chez leurs maîtres sont, avons-nous dit, au nombre de 130 000. Pour obtenir le nombre des employés, nous diminuons d'un septième le chiffre de 364 000 familles de « travailleurs et employés ». Nous obtenons ainsi 312 000 hommes adultes. Mais il nous faut ajouter à ces deux chiffres celui des « marins ordinaires » qui sont aussi des salariés[18]. Nous ne pouvons pas poser en principe, comme nous l'avons fait à propos de la catégorie précédente, que tous les marins sont majeurs[19]. Posons arbitrairement que, sur les 50 000 marins ordinaires qui figurent chez King, 13 000 ont moins de vingt et un ans[20]. Nous obtenons ainsi le chiffre de 37 000 marins adultes.

Mais n'ayons garde d'oublier les « soldats ordinaires » que King a recensés. Il est rare qu'on les considère comme des serviteurs, mais leur salaire et leur niveau de vie les rapprochent beaucoup plus de cette classe que de toute autre. Nous n'avons pas ici à procéder au calcul du nombre de soldats qui pouvaient posséder le droit de vote en 1648 : nous y reviendrons plus loin[21]. Si nous amputons du septième le chiffre de 35 000 familles de soldats ordinaires, nous obtenons 30 000 soldats majeurs[22].

Le total des employés *(out-servants)* est donc de 379 000 hommes. Si nous ajoutons à ce chiffre les 130 000 serviteurs résidant chez leur maître, nous obtenons un total de 509 000 serviteurs du sexe masculin ayant vingt et un ans et plus.

b) Mendiants et indigents.

Il nous faut maintenant en venir à la catégorie des mendiants ou « ceux qui reçoivent des aumônes ». Lors des débats sur le suffrage, les Niveleurs emploient indifféremment les deux expressions[23]. Il leur arrive une fois de parler de « ceux qui reçoivent des aumônes de porte en porte[24] ». Les raisons avancées par les Niveleurs pour les écarter du suffrage (leur manque d'indépendance, leur crainte de déplaire à autrui) s'appliquent encore mieux à ceux d'entre eux qui reçoivent des subsides de la paroisse ou vivent dans des asiles d'indigents, qu'aux mendiants qui vont de porte en porte et de ville en ville, car il est de notoriété publique, à l'époque, que les familles qui sont à la charge de la paroisse ont perdu leur indépendance. Nous pouvons donc regrouper dans nos calculs les « vagabonds » et les « *cottagers* et pauvres » qui figurent dans le tableau de King.

Celui-ci estime qu'il n'y a en 1688 que 30 000 vagabonds célibataires, au nombre desquels il place les « camelots, colporteurs, portefaix, romanichels, voleurs à la tire et mendiants[25] ». Mettons que, sur ce chiffre, 10 000 soient des hommes adultes.

Le nombre de ceux qui sont à la charge des paroisses est beaucoup plus important. King place dans une même catégorie les 400 000 familles de « *cottagers* et de pauvres ». Par Davenant, nous savons qu'il a abouti à ce chiffre en soustrayant des 554 631 cottages recensés tous ceux qui sont pourvus de terres et dont les habitants « subsistent par leurs propres moyens et ne sont jamais à la charge de la paroisse[26] ». Il est donc clair que ce chiffre de 400 000 familles ne comprend que celles qui ne subsistent pas « par leurs propres moyens », sont « à la charge de la paroisse », « dépendent essentiellement d'autrui » ou n'arrivent pas « à se procurer elles-mêmes une grande partie de ce qui est nécessaire à leur subsistance[27] ». On ne saurait toutefois en conclure que tous ces *cottagers* dépendent entièrement de l'aide de la paroisse. Ceux qui habitent la campagne possèdent parfois un animal ou deux, certains d'entre eux jouissent de droits sur les communaux ; quant aux autres, il peut leur arriver de travailler à domicile ou comme journaliers[28]. Mais il n'empêche que Davenant les considère tous comme une charge pour la paroisse[29]. Par ailleurs, il est vrai que certains travailleurs salariés vivent dans des cottages et sont parfois à la charge de la paroisse ; mais, dans les tableaux de King, ils ne sont jamais comptés deux fois : ils figurent ou bien comme *cottagers*, ou bien comme travailleurs.

Ces 400 000 familles doivent donc toutes être considérées comme dépendant, dans des mesures variables, de l'aide de la paroisse. Il ne fait guère de doute que ce sont ces gens que King fait figurer, dans ses trois autres tableaux, à la rubrique « pauvres vivant d'aumônes » : car, lorsqu'il évalue la consommation annuelle de viande, il fait apparaître « 400 000 familles vivant d'aumônes[30] ». Calculant ce qu'a produit la capitation pendant la première année du règne de William et de Mary, il indique que 600 000 personnes (hommes et femmes, mais à l'exclusion des enfants) « vivent d'aumônes[31] ». Sur ce nombre, il se pourrait bien que la moitié soit des hommes. Lorsqu'il calcule le produit de l'impôt sur les maisons et les fenêtres en 1696, il découvre que sur un total de 1 300 000 maisons habitées, 330 000 sont occupées par des gens qui « reçoivent des aumônes » et ne sont donc pas assujettis à cet impôt[32]. L'ordre de grandeur de ces chiffres, et le fait que le dernier de ceux-ci est calculé à partir de l'impôt sur les maisons et les fenêtres, fait clairement apparaître que, pour King, les « personnes vivant d'aumônes », loin de se réduire aux pensionnaires des asiles d'indigents (dont le chiffre d'ensemble, tel qu'il apparaît dans un autre tableau[33], se monte à 13 400 hommes et femmes), comprennent tous ceux qu'il appelle « *cottagers* et pauvres ».

Nous admettrons donc que le chiffre de 400 000 familles, cité par King, représente en gros le nombre de ceux qui reçoivent des subsides. Amputons ce chiffre du septième pour tenir compte, comme nous l'avons fait pour les autres catégories, des familles ayant pour chef une veuve, et nous obtenons le chiffre de 343 000 hommes âgés de vingt et un ans et plus pour la catégorie des « *cottagers* et des pauvres » vivant d'aumônes.

Si nous ajoutons à ce chiffre celui des vagabonds, que nous avons estimés à 10 000, nous obtenons, pour l'ensemble de la catégorie « indigents et mendiants » un total de 353 000 hommes âgés de vingt et un ans et plus.

Résumé. Serviteurs et indigents.

Si nous ajoutons aux 509 000 serviteurs le chiffre de 353 000 indigents, nous obtenons le total de 862 000 hommes de vingt et un ans et plus pour cette classe censitaire.

CLASSES 1, 2 ET 3

L'évaluation des autres classes censitaires est moins complexe. Il suffit, en effet, de répartir entre ces classes les catégories de gens que King situe, dans l'échelle sociale, au-dessus des pauvres. Pour procéder à cette répartition, nous avons été obligés d'émettre un certain nombre d'hypothèses, car nos classes sont parfois à cheval sur les catégories que King utilise : il nous a donc fallu arbitrairement diviser ces dernières. Les hypothèses que nous avons prises comme bases de nos calculs ne sont pas les seules possibles, mais les autres hypothèses, qui s'accordent avec ce que nous savons de la structure économique et sociale de l'époque, ne changeraient pas grand-chose aux chiffres que nous avons pu dégager pour ces trois classes censitaires.

Classe 1 : Francs-tenanciers et bourgeois des corporations.

Nous partons du principe que font partie de cette classe tous ceux que King place dans les catégories qui vont des pairs du royaume aux grands marchands et négociants inclusivement. Ces catégories représentent au total 28 500 familles. À quoi nous ajoutons les 180 000 familles que King classe dans la catégorie des francs-tenanciers. De plus, nous estimons que la moitié des marchands et négociants de second ordre, des membres des professions libres et scientifiques, des boutiquiers et commerçants, des artisans, des officiers de marine et des officiers de l'armée, sont aussi francs-tenanciers ou bourgeois des corporations. Le total des familles appartenant à cette classe se monte donc à 275 000. En réduisant ce chiffre du septième, nous obtenons 235 000 hommes adultes.

Classe 2 : Contribuables, propriétaires ou locataires d'une maison, qui ne figurent pas en 1.

Nous rangeons dans cette classe les 150 000 familles de « fermiers » qui figurent dans le tableau de King. Comme, chez ce dernier, les deux catégories de fermiers et de francs-tenanciers s'excluent mutuellement, ses fermiers sont nécessairement des locataires (non urbains) ne possédant pas de libres tenures. Nous avons posé en principe que cette catégorie d'hommes comprend : a) les fermiers censiers (*copyholders*), b) les affermataires (*lease-holders*) qui tiennent leurs terres en vertu d'un bail établi pour un certain nombre d'années, ou pour un certain nombre d'années et de générations, c'est-à-dire les deux types de locataires ruraux dont nous avons dit que les débats de Putney les écartaient du suffrage des propriétaires. Autrement dit, nous avons supposé que King et les adversaires qui s'affrontent à Putney suivent la distinction légale en vigueur à l'époque entre ceux qui sont francs-tenanciers et ceux qui ne le sont pas, et se conforment à l'usage juridique tel que devait le définir Blackstone à propos des fermiers censiers[34]. Mais cette hypothèse peut être contestée : il nous faut donc envisager l'effet sur nos calculs des autres hypothèses possibles.

1. Si King a inclus dans sa catégorie « francs-tenanciers » les censiers libres (*free copyholders*) — s'opposant ainsi, nous a-t-il semblé, à l'usage adopté par les orateurs de Putney —, il

nous faut faire passer ces censiers libres de la classe 1 à la classe 2. Cette hypothèse est loin d'être absurde, car — nous l'avons vu — les règles de l'époque ne précisent pas clairement si ces censiers « libres » ou « coutumiers » doivent être comptés au nombre des francs-tenanciers, ni dans quelle mesure ils le sont. Mais nous n'avons aucun moyen d'évaluer leur nombre. S'il était important, il accroîtrait sensiblement la différence numérique qui existe entre le suffrage des propriétaires et le suffrage des contribuables.

Trois autres hypothèses doivent retenir notre attention, bien qu'aucune d'entre elles ne soit aussi vraisemblable que celle que nous venons d'examiner, car elles portent toutes sur le statut des tenanciers qui tiennent leurs terres à vie ou pour un certain nombre de générations, ou encore pour un certain nombre d'années ou de générations : or, en droit, leur cas ne fait aucun doute.

2. Si, allant à l'encontre de l'usage légal, King ne considère pas comme des francs-tenanciers les détenteurs de tenures pour la durée de leur vie ou pour plusieurs générations, deux possibilités se présentent : a) ou bien les orateurs de Putney font comme King, et, dans ce cas, nos estimations n'en sont nullement affectées ; b) ou bien ils les considèrent comme des francs-tenanciers et alors il nous faudrait les faire passer de notre classe 2 à notre classe 1. Cette opération aurait pour résultat de réduire la disparité entre suffrage des propriétaires et suffrages des contribuables, mais il nous est impossible de savoir de combien.

3. Si, allant à l'encontre de l'usage légal, King considère comme des francs-tenanciers les détenteurs de tenures pour un certain nombre d'années ou de générations, deux possibilités encore : a) ou bien les orateurs de Putney font comme lui (ce qui est tout à fait possible, car les tenanciers de ce type jouissent en fait d'une sécurité aussi grande que les francs-tenanciers ordinaires : or c'est la sécurité de la tenure qui constitue le critère essentiel qu'appliquent Cromwell et Ireton pour déterminer qui doit posséder le droit de vote) et nos estimations n'en sont nullement affectées ; b) ou bien, les orateurs

de Putney ne les considèrent pas comme des francs-tenanciers et, dans ce cas, il nous faudrait les faire passer de notre classe 1 à notre classe 2. Cette opération aurait pour effet d'accroître la disparité entre les deux types de suffrages, mais, encore une fois, il nous est impossible de savoir de combien d'unités.

4. Si King ne considère pas les détenteurs de tenures pour un certain nombre d'années ou de générations comme des francs-tenanciers alors que les orateurs de Putney le font, il faudrait les faire passer de notre classe 2 à notre classe 1, réduisant ainsi la disparité entre les deux suffrages.

En bref, des quatre hypothèses possibles, la plus vraisemblable (la première) réduirait l'importance de notre classe 1 et accroîtrait celle de notre classe 2 ; les trois autres ou bien n'auraient aucune incidence sur nos calculs, ou bien dans un cas auraient le même effet que la première hypothèse, et, dans les deux autres l'effet inverse. Mais nous n'avons aucune raison de préférer l'une quelconque de ces quatre hypothèses à celle que nous avons retenue. Nous persisterons donc à ne pas considérer comme des francs-tenanciers ceux que King appelle « fermiers ».

Nous plaçons dans cette classe censitaire la moitié des familles de marchands et de négociants de second ordre, la moitié des familles appartenant aux professions libres et scientifiques, ainsi que la moitié des officiers de l'armée et de la marine : soit 16 500 familles. Font également partie de cette classe l'ensemble des gens de lois et tous les ecclésiastiques, soit 20 000 familles[35]. Par hypothèse, nous ajoutons également le quart des familles d'artisans, de boutiquiers et de commerçants, soit 25 000 familles. La classe 2 comprend donc 211 500 familles, soit un total de 181 300 hommes adultes.

Classe 3 : Non-contribuables ne figurant pas en 4.

Nous partons de l'hypothèse que cette classe ne comprend que le quart des artisans, des commerçants et des boutiquiers. Cela fait 25 000 familles, soit 21 400 hommes adultes.

Cette hypothèse peut sembler limiter arbitrairement l'importance de cette classe. Mais deux considérations sont en mesure de la justifier.

a) Ceux que King appelle « artisans, boutiquiers et commerçants » sont tous des producteurs ou des entrepreneurs indépendants, les journaliers et les autres salariés étant rangés dans l'une ou l'autre des catégories de serviteurs. Cela étant, il ne paraît pas déraisonnable de supposer qu'un quart seulement de ces hommes ne sont ni contribuables ni bourgeois des corporations.

b) Attribuer à cette classe plus du quart des boutiquiers, des commerçants et des artisans serait, semble-t-il, une exagération, étant donné ce que nous savons du nombre total des familles exonérées de taxes. Nous ne connaissons pas le nombre exact des familles qui occupent ou possèdent une maison sans payer de taxes. Mais l'estimation que donne King du produit des impôts sur les maisons et les fenêtres n'est pas sans fournir d'indications à ce sujet. Sur les 1 300 000 maisons habitées, il estime que 330 000 sont exonérées de taxes parce que leurs occupants reçoivent des aumônes, et il en découvre encore 380 000 qui sont exonérées de taxes parce qu'elles sont occupées, dit-il, par « ceux qui ne contribuent à l'entretien ni de l'Église ni des pauvres[36] ». Ces chiffres concernent des maisons dont certaines devaient loger plus d'une famille. Bien qu'ils s'accordent assez mal avec la répartition entre familles riches et familles pauvres qui figure sur le tableau général de King, ils donnent à penser que le nombre total des familles exonérées de taxes est de très peu supérieur à l'ensemble des familles de salariés et d'indigents qui occupent une maison.

Cela dit, même si nous multipliions par deux le nombre d'hommes faisant partie de cette classe, les proportions entre celle-ci et les trois autres ne seraient pas sensiblement affectées ; quant aux proportions entre le suffrage des non-salariés et les trois autres suffrages, elles le seraient encore moins[37].

CONVERSION DES ESTIMATIONS
POUR PASSER DE 1688 À 1648

Après avoir converti le nombre de « familles » fourni par King pour obtenir le nombre d'hommes adultes, et après avoir réparti ces derniers dans les diverses classes censitaires, l'importance numérique de ces classes s'établit comme suit en 1688 :

Classe 1 : Francs-tenanciers et bourgeois des corporations	235 700
Classe 2 : Contribuables, propriétaires ou locataires d'une maison, qui ne figurent pas en 1	181 300
Classe 3 : Non-contribuables ne figurant pas en 4	21 400
Classe 4 : Serviteurs et indigents	862 000
Total[38]	1 300 400

Il nous faut maintenant convertir ces chiffres pour évaluer l'importance numérique de ces classes censitaires en 1648. Nous pouvons partir du principe que la répartition de la population en classes sociales ne subit pas de changement notable entre 1648 et 1688. Toutefois un changement important affecte sa répartition en classes censitaires : en 1647-1648, l'armée est considérablement plus nombreuse qu'en 1688, et, comme les Niveleurs accordent le droit de vote à tous les soldats de l'armée parlementaire[39], ceux d'entre eux qui, en tant que civils, auraient fait partie de la classe 4 doivent être promus d'une classe. Ce fait nous oblige à adapter nos estimations pour 1688 — qui, autrement, auraient pu donner une idée satisfaisante des proportions entre les diverses classes censitaires — à la situation démographique de 1648.

La croissance démographique est très irrégulière au XVIIe siècle. On peut toutefois l'évaluer globalement à 10 % entre 1648 et 1688. Il nous faut donc réduire nos chiffres de ce pourcentage. Nous obtenons le tableau suivant :

Classes censitaires	1688 Nombre d'hommes adultes	1648 Nombre d'hommes adultes (compte non tenu des soldats)
Classe 1	235 700	212 100
Classe 2	181 300	163 200
Classe 3	21 400	19 300
Classe 4	862 000	775 800
Totaux	1 300 400	1 170 400

Faisons maintenant intervenir ce facteur variable qu'est l'armée. Le nombre des hommes qui ont servi dans les armées parlementaires entre 1640 et 1649 a évolué en fonction des exigences de la Guerre civile. En 1645, il se situait entre 60 000 et 70 000 hommes, dont 22 000 faisaient partie de la Nouvelle Armée (*New Model Army*[40]). Après la première Guerre civile, certains de ces hommes furent renvoyés dans leurs foyers, d'autres furent réunis sous le commandement unique de Fairfax ; à l'époque des débats de Putney, l'armée devait compter plus de 32 000 hommes[41]. Avec le déclenchement de la seconde Guerre civile en 1648, on assiste à une nouvelle mobilisation : en mars 1649, l'armée compte quelque 47 000 hommes[42]. Entre les Deuxième et Troisième *Accords*, c'est-à-dire entre décembre 1648 et mai 1649, l'armée a dû être forte d'au moins 45 000 hommes.

Nous sommes en mesure d'évaluer en gros le nombre des soldats qui, en tant que civils, auraient fait partie de la classe des serviteurs et des indigents. La Nouvelle Armée se composait à l'origine de 6 600 cavaliers, 1 000 dragons et 14 400 fantassins[43]. Les cavaliers et les dragons étaient des volontaires qui vivaient en gentilshommes ; on peut supposer qu'ils appartenaient tous aux classes des propriétaires ou des contribuables. Les hommes de l'infanterie, dont plus de la moitié provenaient de la conscription forcée, étaient en grande partie illettrés[44] ; il ne semble pas exagéré d'estimer que les trois quarts des fantassins, c'est-à-dire à peine moins de la moitié de l'armée, appartenaient à la classe des serviteurs et des indigents et que le reste faisait partie de celle des non-contribuables. Si nous posons que l'armée plus importante de 1648 est composée en gros de la même manière que la Nouvelle Armée à ses débuts, nous pouvons estimer que sur les 45 000 hommes qu'elle comprend, 22 100 viennent de la classe 4[45]. Si l'on divise l'armée en classes sociales, on obtient les chiffres suivants :

Classes 1 et 2	15 500
Classe 3	7 400
Classe 4	22 100
Total	45 000

Dès lors, l'ensemble des hommes adultes se répartit comme suit :

Classe 1	212 100	dont	8 500	sont soldats
Classe 2	163 200	—	7 000	—
Classe 3	19 300	—	7 400	—
Classe 4	775 800	—	22 100	—
Totaux	1 170 400	—	45 000	—

Faisons maintenant passer dans la classe 3 les 22 100 soldats qui, dans le civil, appartenaient à la classe 4. En 1648, la répartition en classes censitaires se fait donc de la manière suivante :

Classe 1 : Francs-tenanciers et bourgeois des corporations	212 100
Classe 2 : Contribuables ne figurant pas en 1	163 200
Classe 3 : Non-contribuables ne figurant pas en 4, plus les soldats initialement en 4	41 400
Classe 4 : Serviteurs et indigents, moins les soldats passés en 3	753 700
Total	1 170 400

Et, en appliquant la formule nous permettant de passer aux classes censitaires, nous obtenons, pour les suffrages dont il est question dans les écrits des Niveleurs, les chiffres suivants :

A. Suffrage des propriétaires	212 100
B. Suffrage des contribuables	375 300
C. Suffrage des non-salariés	416 700
D. Suffrage universel masculin	1 170 400

NOTES

Note A.

1. *The Elements of Law Natural and Politic :* cet ouvrage qui, en 1640, circulait en manuscrit fut publié en 1650 sous forme de deux traités (*Human Nature*, et *De Corpore Politico*). C'est F. Tönnies qui l'a, pour la première fois, publié sous son titre original (Cambridge, 1928). Dans nos notes, la mention *Elements* renvoie à cette édition.

2. *De Cive*, 1642 : cet ouvrage a été publié en 1651 dans une version anglaise sous le titre : *Philosophical Rudiments Concerning Government and Society*. C'est ce texte que S.P. Lamprecht a publié à New York en 1949 sous le titre : *De Cive or The Citizen*. Dans nos notes, la mention *Rudiments* renvoie à cette édition.

3. *Leviathan*, 1651 : nous utilisons l'édition de W.G. Pogson Smith, Oxford, 1929. [La traduction française suit l'édition donnée par Gérard Mairet, *Léviathan*, Paris, Gallimard, 2000, Folio Essais n° 375, à partir de l'édition de Richard Tuck, Cambridge, Cambridge University Press, 1995 (*N.d.É.*)]

Note B.

Si nous utilisions la définition économique très abstraite des pouvoirs de l'homme, à laquelle nous avons fait allusion dans la note 66 du chapitre I, nous pourrions, après avoir élaboré un modèle économique de concurrence parfaite dans lequel certains hommes ne possèdent ni terres ni capitaux, montrer que le rapport social fondé sur le salaire n'implique aucun transfert, au profit de l'employeur, d'une partie quelconque des pouvoirs du salarié : nous aurions, en effet, commencé par définir les pouvoirs de celui-ci de telle manière qu'en soit exclu tout accès à la terre ou au capital. Dans un modèle de ce genre, on peut prouver que les salaires sont égaux au produit marginal net du travail ; mais il va de soi que ce produit marginal net n'entretient aucun rapport constant avec la quantité d'énergie ou d'habileté dépensée par la main-d'œuvre ; il varie en fonction du rapport existant entre l'offre de main-d'œuvre et l'offre de capital ou de terre. Toutefois, même dans ce modèle, où les pouvoirs de l'homme sont définis de façon restrictive, il peut y avoir transfert (qui s'ajoute à celui qu'implique notre définition des pouvoirs de l'homme), dès lors qu'on cesse de poser en principe l'existence d'une concurrence parfaite. Ce transfert supplémentaire provient d'une concurrence quasi parfaite ou imparfaite entre acheteurs de la force de travail d'autrui. Cette concurrence imparfaite a tendance à se produire lorsque les acheteurs sont moins nombreux que les vendeurs ; étant moins nombreux, ils peuvent se mettre d'accord entre eux, tacitement ou expressément, pour ne pas se porter acquéreurs de main-d'œuvre au-dessus d'un certain taux de salaire ou pour ne pas accepter de vendre leurs terres ou leurs capitaux au-dessous d'un certain prix : de la sorte, ils s'assurent une plus grande part du produit du travail que celle qu'ils pourraient obtenir autrement.

Note C.

Voir sur ce point : Thomas Nagel, « Hobbes on Obligation », *Philosophical Review*, LXVIII (1959), pp. 68-83. Pour Nagel, Hobbes fonde bien l'obligation sur l'intérêt personnel, mais a tort de la considérer comme une obligation morale : « On ne saurait appeler obligation morale ce qui, par principe, n'entre jamais en conflit avec l'intérêt personnel » (p. 74). Même en admettant ce point de vue, et en admettant aussi que chez Hobbes l'obligation ne se fonde que sur l'intérêt personnel, il ne s'ensuit pas qu'on puisse refuser à celle-ci tout caractère moral. Car dans la perspective de Hobbes, l'intérêt personnel de chaque individu recèle sa propre contradiction : son intérêt à court terme s'oppose à son intérêt à long terme. Dès lors, l'obligation fondée sur l'intérêt à long terme peut, en principe, entrer en conflit avec l'intérêt à court terme.

Note D.

Que veut dire Hobbes lorsqu'il se réfère à Dieu comme à l'auteur de la loi naturelle ? Il est impossible de le dire avec précision. Mais même si l'on estime qu'il veut probablement fonder l'obligation sur un système de peines et de récompenses éternelles ou sur la volonté de Dieu, on est obligé de reconnaître que la théorie de Hobbes peut fort bien se fonder « sur un ensemble de lois naturelles n'ayant d'autres sanctions qu'elles-mêmes » (H. Warrender, in *Political Studies*, VIII, 1960, p. 49). Voir du même auteur *The Political Philosophy of Hobbes*, p. 311, où l'on peut lire que les interprétations de Hobbes qui font intervenir les peines et les récompenses éternelles ou la volonté de Dieu « n'ont guère d'incidence significative sur la déduction des devoirs de l'homme ; elles ne font que fournir le dernier terme, purement formel d'ailleurs, du système d'autorité hiérarchisée ».

Note E.

On pourrait être tenté de penser qu'il existe une solution intermédiaire, c'est-à-dire une société dans laquelle tous les hommes reconnaîtraient une inégalité hiérarchique, sans qu'aucun d'entre eux ne prétende à une supériorité *illimitée*. Ce type de société remplirait ainsi la condition indispensable à son fonctionnement : si personne ne prétend à une supériorité illimitée, tous les hommes peuvent être moralement obligés. Mais il est difficile d'imaginer une société de ce genre : comment les hommes pourraient-ils admettre unanimement qu'ils sont inégaux sur des points socialement décisifs, sans que certains d'entre eux ne se mettent à prétendre à une supériorité illimitée ? ou encore, comment les hommes dans leur ensemble pourraient-ils accepter qu'on impose une fois pour toutes des limites précises à la supériorité à laquelle ils sont en droit de prétendre en fonction des inégalités sociales de fait ? Si l'on allègue les systèmes hiérarchiques fonctionnels, tel le système féodal idéalisé, nous répondrons que précisément les systèmes de ce genre ont toujours eu recours à des postulats (et des sanctions) d'ordre surnaturel pour imposer une différenciation morale aux hommes.

Note F.

Tout en affirmant que le premier *Accord* et la position prise par les Niveleurs à Putney sont en faveur du suffrage universel masculin (cf. chap. II, note 1), Firth mentionne les restrictions apportées par les Niveleurs au cours des débats, mais ne voit là aucune contradiction ; même chose chez Gardiner, *loc. cit.* ; dans *English Democratic Ideas in the Seventeenth Century*, 1898, éd. Laski, 1927, G.P. Gooch note les restrictions (p. 131), mais parle plus loin du plan des Niveleurs « en faveur du suffrage universel masculin » (p. 132). Dans *The Leveller Movement*, 1916, T.C. Pease affirme que lors des débats de Putney « la proposition de suffrage universel présentée par les Niveleurs l'emporta » (p. 224), alors qu'en fait le suffrage qui y fut adopté excluait serviteurs et indigents (lettre du 11 novembre 1647, *in* Woodhouse, *op. cit.*, p. 452). Quant à Woodhouse, il considère ce même vote comme une résolution en faveur du suffrage universel masculin (p. 29) et il affirme que l'*Accord* prévoit expressément le suffrage universel (p. 71). Dans son ouvrage *Left-Wing Democracy in the English Civil War*, 1940, D.W. Petegorsky déclare que les Niveleurs revendiquent le suffrage universel (pp. 96, 116, 118), tout en reconnaissant que « les salariés […] devaient être exclus du projet de suffrage qu'ils défendaient » (p. 109). Pour D.M. Wolfe, *Leveller Manifestoes of the Puritan Revolution*, 1944, le suffrage universel l'emporte à la fin des débats de Putney consacrés au droit de vote (p. 61) ; cet auteur traite la *Petition* de janvier 1648 comme une revendication du suffrage universel masculin alors que le texte de la pétition elle-même qu'il reproduit (p. 269) exclut nommément serviteurs et indigents ; il interprète le premier *Accord* comme s'il s'agissait d'un texte favorable au suffrage universel (pp. 14 et 235) et affirme qu'*Un Nouvel Engagement, Manifeste…* du 3 août 1648 propose ce type de suffrage, alors que le texte lui-même se borne à réclamer que « le peuple soit également réparti pour le choix de ses Représentants ». Pour Maurice Ashley, dans *John Lilburne, Plotter and Postmaster* (1947), le premier *Accord* est en faveur du suffrage masculin et le vote intervenu à Putney représente « l'acceptation du principe du suffrage masculin défendu par les Niveleurs » (p. 43) ; cet auteur note que la *Petition* de janvier 1648 écarte du suffrage les mendiants et les criminels, mais ne remarque pas qu'elle en écarte aussi les serviteurs. Enfin, Perez Zagorin, dans *A History of Political Thought in the English Revolution*, 1954, présente les Niveleurs comme les partisans du suffrage universel masculin, et se borne à noter que les serviteurs et les indigents se voient exclus du suffrage dans le troisième *Accord* et dans les débats de Putney.

Note G.

Pour Eduard Bernstein (*Cromwell and Communism : Socialism and Democracy in the Great English Revolution*, 1930 ; l'édition allemande originale date de 1895), les Niveleurs revendiquent à Putney le suffrage universel (p. 68, n.) ; cet auteur en fait les champions « des intérêts politiques de la classe ouvrière de l'époque et de l'avenir » (p. 86). Il note que dans la deuxième et la troisième version de l'*Accord* serviteurs et indigents sont écartés du droit de vote. Pour rendre compte de

cette mesure, qui contredit son interprétation des principes
défendus par les Niveleurs, il avance que les journaliers
« étaient en général dans une situation intermédiaire entre
celle des apprentis et celle des maîtres » et que, « dans les circonstances de l'époque, étendre le suffrage aux ouvriers agricoles aurait renforcé le parti réactionnaire » (p. 87). Ces
deux considérations ont certes leur importance. Mais elles ne
sauraient constituer une explication satisfaisante, car elles
méconnaissent l'extraordinaire attachement des Niveleurs
aux principes : s'ils avaient jamais adopté le principe du suffrage universel, ils n'auraient guère pu en écarter les ouvriers
agricoles pour des raisons de pur opportunisme. M.A. Gibb,
dans *John Lilburne, the Leveller, a Christian Democrat* (1947), voit
chez les Niveleurs des partisans du suffrage universel masculin et affirme que le vote intervenu à Putney « ratifie la proposition en faveur du suffrage universel » (p. 209). Elle note
que le troisième *Accord* exclut les salariés et reprend les arguments de Bernstein pour expliquer « ce manquement des Niveleurs à leur idéal ». Mais une explication de ce genre pose
la question beaucoup plus qu'elle ne la résout.

Note H.

Dans son livre *The Concern for Social Justice in the Puritan Revolution* (1948), H.W. Schenk estime qu'en 1647 les Niveleurs
« semblent avoir fait campagne en faveur du suffrage universel masculin », alors qu'en 1648 ils écartent du suffrage les salariés et les indigents. À l'appui de cette dernière affirmation,
il cite le deuxième *Accord* sans remarquer que ce texte exclut
également tous les non-contribuables. Il explique ce changement dans la position des Niveleurs en alléguant des raisons
d'opportunisme politique et conclut qu'« étant donné la
théorie politique des Niveleurs, on est en droit de supposer
que les restrictions apportées au suffrage universel ne devaient être, dans leur esprit, que des mesures temporaires »
(p. 40, n. 48). L'explication et l'hypothèse peuvent, à la limite,
s'appliquer à ceux dont Schenk ne mentionne pas l'exclusion

(les non-contribuables), mais certainement pas à ceux dont il mentionne l'exclusion (indigents et serviteurs), puisque depuis le 29 octobre 1647 à tout le moins, et jusqu'à la fin de leur campagne, les Niveleurs n'ont cessé de proposer cette exclusion. Francis D. Wormuth, dans *The Origins of Modern Constitutionalism* (1949), présente les Niveleurs comme des partisans convaincus du suffrage universel masculin (pp. 75 et 79) ; il estime que le vote intervenu à Putney ratifie ce type de suffrage (p. 81), note que le deuxième *Accord* en écarte les salariés, les indigents et les non-contribuables, et déclare que le troisième *Accord* rétablit le suffrage universel masculin (pp. 83-84). Pour Joseph Frank (*The Levellers*, 1955), les Niveleurs se montrent partisans du suffrage universel masculin dès le mois d'octobre 1646 (pp. 94, 123, 133, 151) et jusqu'au deuxième *Accord* ; le fait que ce dernier écarte du suffrage de larges couches de la société est présenté comme un compromis (pp. 176-177). Quant à l'exclusion dont font l'objet, dans le troisième *Accord*, les serviteurs et les indigents, cet historien se borne à la noter sans commentaire.

Note I.

Il ne semble pas que les Niveleurs aient jamais revendiqué le droit de vote pour les femmes. Gibb (*op. cit.*, p. 174) attire l'attention sur la déclaration par laquelle Lilburne affirme, dans la *Défense de la Liberté de l'Homme libre*, du 16-19 juin 1646 (Woodhouse, pp. 317-318), que « tous les hommes et toutes les femmes pris dans leur particulier et leur individuel » sont « par nature égaux et identiques en puissance, dignité, autorité et majesté, aucun d'entre eux n'ayant sur l'autre, par nature, la moindre autorité, puissance ou pouvoir de gouvernement », sinon « par accord ou consentement mutuels ». Pour Gibb, cette déclaration implique nécessairement que la femme a les mêmes droits politiques que l'homme. Mais c'est là une conclusion erronée que Lilburne n'a jamais tirée. Ce qui découle de cette déclaration, c'est que, pour Lilburne, les femmes, tout autant que les hommes, ont dû donner leur accord pour insti-

tuer le gouvernement ; or un tel accord, précise-t-il, peut être
« donné directement ou indirectement, ou supposé l'avoir été
(given, derived or assumed) [...] pour le bien et l'avantage réciproques, mais nullement pour faire tort, nuire ou porter atteinte à quinconque ». Une telle définition du consentement
peut sans difficulté recouvrir un transfert supposé des droits et
de l'autorité de la femme au profit de son mari. La femme de
Lilburne, qui n'a pourtant pas cessé de le défendre très activement, s'est toujours rangée aux opinions et aux décisions politiques de son mari, et il semble bien que l'un et l'autre aient
estimé cette attitude naturelle et juste. Dans la *Pétition des Femmes (Petition of Women)* du 5 mai 1649 (Woodhouse, pp. 367-
368) que Gibb invoque également, les Niveleurs affirment
l'égalité spirituelle de l'homme et de la femme, et ajoutent
qu'ils ont tous deux un intérêt identique en ce qui touche aux
libertés et aux garanties politiques (c'est-à-dire aux libertés civiles) ; mais ils ne réclament nullement l'égalité des droits politiques. — Dans leur pétition de mars 1647 (Wolfe, *op. cit.*,
p. 136), les Niveleurs demandent à nouveau que cesse, aussi
bien pour les femmes que pour les hommes, l'arbitraire des
procédures légales. — En fait, pour les Niveleurs des deux
sexes, il semble aller de soi que les femmes ont délégué à leurs
maris l'exercice de leurs droits politiques. Notons d'ailleurs
qu'à une époque où les rapports typiques entre employeurs et
employés passent pour être analogues aux rapports familiaux,
on n'a aucun mal à postuler un transfert d'autorité similaire
des serviteurs au profit de leurs maîtres. C'est ce que fait Petty
lorsqu'au cours des débats de Putney il postule que « les serviteurs [...] appartiennent *(are included in)* à leurs maîtres »
(Woodhouse, p. 83 ; cité *supra*, p. 207).

Note J.

Une répartition des sièges en fonction des contributions
respectives de chaque comté s'accorde logiquement avec
n'importe quel type de suffrage. En fait, elle a été proposée
par Ireton en même temps que le suffrage, très restreint, des

propriétaires (Woodhouse, p. 83) ; quant aux Niveleurs, ils appuient cette proposition dans la *Position de l'Armée* (puisque ce texte ratifie toutes les stipulations de la *Déclaration* du 14 juin ; voir Haller et Davies, pp. 61, 77) en même temps, nous l'avons vu, que le suffrage des non-salariés. Il est vrai que deux semaines plus tard, dans le premier *Accord*, ils proposent une répartition des sièges en fonction du nombre des habitants. Mais cela ne signifie nullement qu'ils aient changé d'avis sur le droit de vote. Ireton et Cromwell s'emparent de cette clause du premier *Accord* et la montent en épingle ; mais, ce faisant, ils dénaturent les faits, et même doublement : d'abord, ils laissent entendre que la proposition antérieure visant à répartir les sièges proportionnellement au montant des contributions impliquait le suffrage des propriétaires (ce qui n'était certainement pas le cas dans la *Position de l'Armée*) ; ensuite, ils font croire que la répartition en fonction du nombre des habitants implique le suffrage universel masculin (ce qui est certainement contraire à la vérité, comme le prouvent, à Putney, les déclarations des Niveleurs qui écartent du droit de vote serviteurs et indigents).

Note K.

Il semble qu'à Putney les Niveleurs aient posé en principe que les soldats des armées parlementaires ont tous le droit de vote : cf. les déclarations de Pourpoint de Cuir (c'est-à-dire Everard) (Woodhouse, p. 7), de Sexby (pp. 69-70) et de Rainborough (p. 71). Il est probable qu'on doive également attribuer aux Niveleurs la recommandation sur le suffrage que contient le rapport du Comité du Conseil de l'Armée en date du 30 octobre 1647. Aux termes de cette recommandation, « tout Anglais libre, ou tout homme à qui a été accordée la qualité de libre citoyen d'Angleterre, qui a servi le Parlement pendant la guerre récente, a lutté pour les libertés de l'Angleterre, et se trouvait sous les armes avant le 15 juin 1645, aura, lors desdites élections, le droit de voter [...] même si, par ailleurs, il ne satisfait pas aux conditions du suffrage » (Woodhouse, p. 450). Le comité en question comprenait Rainborough et Sexby aussi bien que Cromwell et Ireton. Les chefs de l'armée font une concession en acceptant d'accorder le droit de vote aux soldats qui, autrement, ne le posséderaient pas, mais cette concession est minime : l'essentiel de la recommandation, dont la clause concernant les soldats n'est qu'une addition projetée, laisse à la Chambre des communes d'alors le soin de fixer les conditions du suffrage « de manière à élargir la liberté commune autant qu'il est possible en tenant compte de l'égalité [ou équité ?] et de la fin de notre Constitution actuelle sur ce point ». À en croire la *Lettre de plusieurs Agitateurs* (Woodhouse, p. 450), le vote qui intervient à la fin des débats de Putney porte sur la proposition suivante : « Que tous les soldats et les autres qui ne sont ni serviteurs ni indigents » aient le droit de vote. Comme la lettre s'adresse à tous les soldats et présente ce vote comme une victoire de « votre liberté traditionnelle et coutumière », la proposition ne peut avoir qu'un sens : que tous les soldats et tous les civils, qui ne sont ni serviteurs ni indigents, doivent avoir le droit de vote.

Note L.

À titre d'exemple, voir ce que dit Rainborough à Putney (Woodhouse, p. 53) et ce que Lilburne déclare dans la *Défense de la Liberté de l'Homme libre* (*ibid.*, p. 317). On peut même se demander si les Niveleurs reconnaissent ce droit à ceux qui « appartiennent à leurs maîtres ». Ils n'ont jamais clairement exposé l'idée qu'ils se font du contrat social. Il arrive fréquemment à Lilburne d'invoquer la « maxime naturelle » selon laquelle personne ne peut être obligé sans son propre consentement. Il s'en sert indifféremment pour justifier : *a*) le droit de tout individu à être partie au contrat, ou à la délégation de pouvoir, qui instituent le gouvernement, et *b*) le droit de tout homme à choisir les législateurs. C'est dans ce dernier sens qu'il utilise cette maxime dans *Serments irréfléchis, serments non avenus* (voir *supra*, pp. 225-226) où elle ne saurait s'appliquer, nous l'avons vu, qu'à l'ensemble des hommes libres. Il l'emploie (essentiellement, mais pas uniquement) dans le premier sens dans *La Tyrannie royale dévoilée (Regall Tyrannie discovered)* de janvier 1647 : « La Raison me dit qu'aucune loi ne devrait m'être imposée sans mon consentement [...] oui, la Raison me dit qu'en ce domaine aucune souveraineté ne saurait être légitimement exercée, aucune loi être imposée, qui n'aient été auparavant accordées ou reconnues d'un commun accord, c'est-à-dire avec l'accord de tous les individus » (p. 10) ; et Lilburne d'ajouter : « c'est une maxime naturelle, fondée en raison, qu'aucun homme ne peut être obligé si ce n'est de son propre accord, et que tout homme — ou toute institution — qui impose à un peuple une loi, sans avoir été choisi par lui ou mandaté pour légiférer, commet un acte de tyrannie absolue » (p. 46). Pour Lilburne, « mon accord » se confond avec le « commun accord, c'est-à-dire l'accord de tous les individus » ; ceux qui « appartiennent à leurs maîtres » sont donc compris, au deuxième degré, dans cet accord commun. Voir l'argument de la *Petition, supra*, p. 209.

Note M.

Oceana, pp. 99, 154 ; *Prerogative*, pp. 243, 247. Il n'est pas facile de savoir avec précision l'idée que Harrington se fait de l'importance de la population anglaise. Dans *Prerogative*, p. 247, il parle d'« un million de pères de famille », chiffre qui semble inclure les ouvriers aussi bien que les citoyens. C'est là un chiffre raisonnable qui n'est pas très éloigné de celui que donne Gregory King lorsqu'il évalue à un million et un tiers le nombre de « familles » anglaises en 1688, toutes classes réunies. Dans *Oceana*, p. 154, Harrington déclare que le nombre des hommes de plus de dix-huit ans (apparemment les chefs de famille) se monte à un million ; mais il est difficile de savoir si ce chiffre inclut les « serviteurs ». Car Harrington l'obtient en partant du nombre des « anciens » (âgés de trente ans et plus) et des « jeunes » (dix-huit à trente ans) « inscrits sur les registres annuels », ce qui semblerait impliquer qu'il comprend les citoyens mais pas les serviteurs ; or ce même chiffre est repris aussitôt après et il apparaît alors clairement qu'il comprend les journaliers. Dans *Art of Lawgiving*, p. 403, Harrington déclare que l'Angleterre est une communauté « de 500 000 hommes, ou plus », le contexte impliquant, plus ou moins confusément, qu'il s'agit d'hommes situés, dans l'échelle sociale, au-dessus de la classe des serviteurs. Tous comptes faits, il semble probable que, pour Harrington, il existe en Angleterre environ 500 000 citoyens du sexe masculin et le même nombre de serviteurs. Ce chiffre n'est pas, lui non plus, très éloigné des estimations de King (voir *supra*, pp. 462-463, 472-475).

Note N.

Dans l'Introduction à son édition des *Deux Traités du Gouvernement civil*, P. Laslett admet que Locke « est tout disposé à envisager une appropriation continue et permanente du travail d'un homme par un autre », mais il estime que « c'est forcer la pensée de Locke que de lui faire dire qu'un homme peut vendre son travail, le travail étant entendu comme la propension [*sic*] à travailler » (p. 104). Pourtant, ce qui est vendu par le contrat de salaire, c'est l'aptitude d'un homme à travailler. Le « service qu'il s'engage à fournir » (pour reprendre l'expression de Locke) est incontestablement limité en qualité — le journalier qui travaille chez un boulanger ne s'engage pas à accomplir le travail d'un ouvrier agricole — et peut être limité en quantité, mais ce qui est vendu c'est le travail futur d'un homme, ou encore son aptitude supposée à accomplir à l'avenir le travail pour lequel l'employeur a signé un contrat. Mais, dès lors que l'homme peut aliéner son travail, il s'ensuit que Locke sépare bien vie et travail : voir *supra*, pp. 361-364.

Note O.

Les articles de foi se ramènent essentiellement à ceux-ci : il existe une vie future, le salut ne peut être assuré qu'à ceux qui croient que le Christ est ressuscité d'entre les morts pour devenir le sauveur de l'humanité. Locke explique que ce sont là des notions simples que l'expérience de leur vie quotidienne permet aux illettrés de comprendre tout comme ils comprennent les miracles : « Guérir les malades, rendre d'un mot la vue aux aveugles, ressusciter et être ressuscité des morts sont des faits qu'ils peuvent imaginer tout aussi aisément qu'ils comprennent que celui qui les accomplit ne peut le faire sans l'aide d'un pouvoir divin. Ces choses ne dépassent nullement l'appréhension la plus ordinaire : tout homme qui comprend la différence qu'il y a entre maladie et santé, corps sain et corps estropié, mort et vie, est capable de professer cette doctrine » (*ibid.*, II, 580).

Note P.

P. Laslett (Introduction à *Two Treatises of Government*, p. 105), pour qui la section 111 constitue l'objection majeure qu'il oppose à tous ceux qui veulent faire de Locke un théoricien essentiellement bourgeois, n'a pas vu ce point. Citons ici les arguments qu'il avance à l'appui de sa thèse. Nous ne reviendrons pas sur ce que nous avons dit dans la section 2, III : nous y avons répondu à l'objection selon laquelle pour transformer Locke en un théoricien bourgeois il faut ignorer tout ce qu'il dit de l'origine de la propriété et des limites qui lui sont assignées. Mais Laslett ajoute qu'il faut également ignorer tout ce que Locke dit de la « réglementation de la propriété », et sa remarque est doublement curieuse. En effet, si l'on veut que les biens de chaque individu et son droit à en acquérir soient assurés, il faut de toute évidence que les possessions de tous soient réglementées : c'est d'ailleurs ce que Locke déclare explicitement (*Deuxième Traité*, section 120). Mais il est probable que Laslett a ici à l'esprit le fait que Locke « ne se plaint jamais des règlements compliqués de son époque "mercantiliste" en invoquant le droit de propriété » (p. 104). Il va de soi que Locke est partisan du mercantilisme. Mais cela n'est nullement en contradiction avec sa

défense de l'entreprise capitaliste et de l'appropriation capitaliste illimitée. Le droit à l'appropriation capitaliste, bien
loin d'impliquer l'absence de toute réglementation étatique
de type mercantiliste, peut fort bien en exiger la présence ;
voir *supra*, chap. II, pp. 336 *sq.*, 361. Quant à l'insistance avec
laquelle Locke affirme que les obligations de la loi naturelle
s'appliquent à la vie en société, il n'est nullement nécessaire,
pour faire de Locke un bourgeois, de nier que, dans son esprit, ces lois s'appliquent aussi à la propriété. Bien au contraire : c'est parce qu'elles s'appliquent à la propriété que
Locke a pris si grand soin de montrer que, loin d'être contraire à la loi naturelle, l'appropriation illimitée est autorisée
dans l'état de nature (voir *supra*, pp. 336 *sq.* et 361-362). Charles
H. Monson, Jr., tombe, semble-t-il, dans la même erreur que
Laslett en ce qui concerne la réglementation de la propriété :
« Il est tout simplement faux », écrit-il (*Polilical Studies*, VI, 2,
1958, 125), « de dire que Locke approuve des droits de propriété inaliénables ». Il va sans dire que Locke ne les a jamais
approuvés : d'ailleurs, personne ne l'a jamais soutenu. Locke
estime qu'en consentant à l'institution de la société civile,
l'individu consent aux règlements de l'État qui sont un
moyen de protéger sa propriété. Mais cela ne contredit nullement le droit d'appropriation illimitée. Comme nous l'avons
montré, l'appropriation capitaliste illimitée *exige* que l'État ait
juridiction sur la propriété, et admet en toute logique de
nombreuses interventions de l'État dans le domaine de la
propriété privée.

Note Q.

Section 21. Ce passage ne figure pas dans l'édition Everyman des *Traités* (éd. W.S. Carpenter) ni dans l'édition Ap-
pleton-Century du *Deuxième Traité* comprenant la *Lettre sur la
Tolérance* (éd. C.L. Sherman, New York, 1937). Ces deux éditions suivent la leçon d'un des tirages de la première édition
des *Traités* qui ne contenait pas de section 21 : elles la rempla-
cent arbitrairement en divisant une autre section en deux

(Sherman coupe ainsi la section 20, Carpenter la section 36, si bien que toutes les sections comprises entre la section 21 et la section 35 de l'édition Everyman présentent des erreurs de numérotation). Peter Laslett a étudié les caractéristiques des deux premiers tirages de la première édition de l'œuvre de Locke, et la manière dont les éditeurs ont résolu les problèmes qu'ils posent : « The 1690 Edition of Locke's *Two Treatises of Government* : Two States », *Transactions of Ihe Cambridge Bibliographical Society*, IV, (1952), 341-347.

Note R.

Dans son livre intitulé *Locke on War and Peace*, (1960), R. Cox montre de manière convaincante que des deux points de vue que Locke expose, le deuxième représente réellement sa pensée. S'il adopte le premier au début du *Deuxième Traité*, ce serait pour « ne pas choquer les opinions reçues » de ses lecteurs ; ayant ainsi commencé par masquer son point de vue réel, il entreprendrait « un renversement progressif, mais très précisément calculé » de sa position, et s'arrangerait « discrètement, mais systématiquement, pour retourner » l'image de l'état de nature sur laquelle s'ouvre le *Deuxième Traité* (pp. 72-73, 76). À cela, on pourrait objecter que ce renversement n'est pas aussi graduel que Cox le suggère, puisqu'il intervient dès la section 21. Mais la difficulté sérieuse que présente l'interprétation de Cox, c'est que Locke a besoin *des deux* tableaux qu'il trace de l'état de nature (comme nous l'avons indiqué, notamment dans le paragraphe précédent) pour fonder ses conclusions. Il nous semble donc encore plus probable que Locke adopte sincèrement les deux points de vue contradictoires, sans avoir conscience de leur incompatibilité.

Note S.

Nous avons placé les 10 000 gens de loi dans la classe 2 et les 10 000 fonctionnaires dans la classe 1, mais nous aurions aussi bien pu répartir également ces deux groupes dans l'une et l'autre classes. Nous aurions peut-être dû ne tenir aucun compte, dans nos calculs, des ecclésiastiques, car il n'est pas sûr qu'ils aient eu le droit de vote en 1648. Tant que les impôts payés par le clergé ont été votés par l'Assemblée du clergé (c'est-à-dire jusqu'au début de la Guerre civile et pendant une brève période après la Restauration), les ecclésiastiques n'ont pas eu le droit d'élire les membres du Parlement. En 1663, un accord entre l'archevêque Sheldon et Lord Clarendon stipula que les règles fiscales s'appliquant aux propriétés séculières s'appliqueraient dorénavant aux revenus ecclésiastiques, et Burnet précise (*History of His Own Time*, éd. 1823, I, 340) que cette mesure « eut pour effet [...] que le bas clergé eut dès lors constamment le droit d'élire les représentants à la Chambre des communes ». De nombreux membres du clergé « prirent part à la première élection qui suivit la Restauration, et une loi votée pendant la session parlementaire de 1664-1665 [16 et 17 Car II, c I], qui assujettissait le clergé aux mêmes impôts que les laïcs, confirma leur statut d'électeurs » (Porritt, *The Unreformed House of Commons*, 1903, I, 3). Mais ce n'est pas seulement après 1663 que le clergé renonça à son droit de voter ses propres impôts. Depuis le début de la Guerre civile et jusqu'en 1660, « que le clergé se soumît volontairement, ou par souci de sa popularité, ou encore parce qu'il ne possédait aucun représentant au Parlement, les soi-disant Parlements lui imposèrent les mêmes règles fiscales qu'aux laïcs » (Laurence Échard, cité dans *English Historical Documents 1660-1714*, éd. A. Browning, p. 416). Il est donc tout à fait possible que les membres du clergé aient été considérés comme des électeurs pendant toute la durée de la Guerre civile.

Note T.

Voici le calcul le plus simple du nombre des salariés à temps complet : 260 000 serviteurs du sexe masculin résidant chez leurs maîtres (tableau III de King), plus 364 000 (« familles » d') ouvriers et employés, plus 35 000 (« familles » de) simples soldats (tous ces chiffres sont fournis par King dans son tableau général reproduit *supra*, pp. 462-463) : total = 709 000. Ce chiffre représente 45 % des 1 578 000 personnes du sexe masculin âgées de plus de seize ans (cf. King, tableau IV). D'autres calculs, utilisant les totaux figurant dans le tableau général de King et tenant compte de l'absence possible d'hommes à la tête de certaines « familles » (voir *supra*, pp. 468-469), donnent des proportions variant entre 43 % et 45 %. Si l'on ajoute les 400 000 *cottagers*, on obtient une proportion supérieure aux deux tiers.

NOTES NUMÉRIQUES.

Introduction

1. Par exemple, lorsque les Niveleurs postulent que les serviteurs sont, à juste titre, exclus du droit de vote (voir *infra*, pp. 205-218, ou quand Locke postule que le travail du maître englobe celui de son serviteur (voir *infra*, p. 356-357).

2. Par exemple, lorsque Locke pose en principe que les pauvres laborieux sont incapables d'obligation rationnelle (*infra*, pp. 370-372).

3. C'est le cas, chez Harrington, du postulat selon lequel les rapports de marché prédominent dans la société de son temps que dirige pourtant la *gentry* (*infra*, pp. 289-301) et, chez Locke, des deux thèses contradictoires à quoi se ramène sa conception de la société (*infra*, pp. 400-407).

4. Voir, par exemple, Leo Strauss, *Droit naturel et Histoire*, Plon, Paris, 1954, pp. 217-224 et 256-257 ; on consultera aussi R.L. Cox, *Locke on War and Peace*, Oxford, 1960, dont je discute les thèses *infra*, chap. IV, note 9 ; voir aussi, à la fin de ce volume, la Note R, p. 495.

5. John Harris, *Le Grand Dessein (The Grand Designe)*, cité *infra*, pp. 210-211.

I. *Hobbes : l'obligation politique en régime de marché.*

1. G.C. Robertson, *Hobbes*, 1886 ; John Laird, *Hobbes*, 1934 ; Leo Strauss, *The Political Philosophy of Hobbes, Its Basis and Genesis*, Oxford, 1936.

2. *Elements of Philosophy* (*English Works*, éd. Molesworth, vol. I, p. 74).

3. *Ibid.*, pp. 73-74 ; voir également l'Introduction du *Léviathan*.

4. Cf. *infra*, pp. 136-138.

5. A.E. Taylor, « The Ethical Doctrine of Hobbes », *Philosophy*, XIII (1938).

6. *Rudiments*, Epistle Dedicatory, p. 5, et Preface, pp. 11, 13 ; *Elements of Law*, Epistle Dedicatory, p. XVII, et chap. I, section I ; *Léviathan*, Relecture et conclusion, p. 953. Sur les éditions utilisées ici, voir Note A, *infra*, p. 481.

7. M. Oakeshott, Introduction à son édition du *Leviathan*, Oxford, 1947, p. LVIII.

8. *Op. cit.*, pp. LIX-LXI.

9. Howard Warrender, *The Political Philosophy of Hobbes* (Oxford, 1957), et *Political Studies*, VIII, 1 (février 1960), pp. 48-57. Voir également Note D, *infra*, p. 483.

10. Elle l'a été notamment par Stuart M. Brown, Jr., « Hobbes : The Taylor Thesis », *Philosophical Review*, LXVIII, 3 (juillet 1959).

11. Voir *infra*, section 5, II.

12. Voir *infra*, sections 4, V ; et 5, I.

13. Warrender, *op. cit.*, pp. VIII-IX.

14. Voir Note A, *infra*, p. 481.

15. *Léviathan*, chap. 13, pp. 226-227.

16. *Ibid.*

17. *Ibid.*, Relecture et conclusion, p. 959.

18. *Ibid.*, chap. 17.

19. Voir *infra*, sections 2, III, et 3.

20. *Léviathan*, chap. 13, pp. 225-226 ; cf. *Rudiments*, Preface, p. II.

21. *Léviathan*, chap. 13, p. 227.

22. *Ibid.*, chap. 13, p. 222.

23. *Ibid.*, p. 223.

24. *Elements*, part. I, chap. 14 ; le titre se trouve à la page XV.

25. *Rudiments*, chap. I, sections 4, 10, 15 ; cf. chap. 8, section 1.

26. *Ibid.*, section 12 ; cf. section 13.

27. La version latine porte « *benevolentia* ».

28. *Rudiments*, section 2, pp. 22-24.

29. *Ibid.*, chap. I, section 2, p. 24.

30. *Ibid.*, sect. 13-14, pp. 29-30.

31. *Léviathan*, chap. 13, p. 228.

32. *Ibid.*, Introduction, p. 66.

33. *Ibid.*, p. 67.

34. Sur l'emploi qu'il fait de cette méthode, voir J.W.N. Watkins, « Philosophy and Politics in Hobbes », *Philosophical Quarterly*, vol. V, n° 19 (1955), pp. 125-146.

35. *Léviathan*, chap. 3, pp. 88-89.

36. *Ibid.*, chap. 6, p. 126.

37. *Ibid.*

38. *Ibid.*, pp.135-136.

39. *Ibid.*, p. 137.

40. *Ibid.*, chap. 8, p. 147.

41. *Ibid.*, p. 154.

42. *Ibid.*, chap. 11, pp. 187-188.

43. *Ibid.*, chap. 10, p. 171.

44. *Elements*, part. I, chap. 8, section 4, p. 26.

45. On peut toutefois considérer qu'il est implicite dans l'affirmation du chapitre 8 précédemment citée, dans laquelle Hobbes définit la vertu de toute chose comme son éminence, c'est-à-dire sa comparaison avec toutes les autres. Mais, pas plus que l'autre, cette affirmation ne se déduit des postulats psychologiques.

46. *Léviathan*, chap. 10, pp. 171-172.

47. *Ibid.*, p. 173.

48. *Ibid.*, p. 174.

49. *Ibid.*, pp. 178-180.

50. *Elements*, part. I, chap. 8, section 5, pp. 26-27.

51. *Léviathan*, chap. 8.

52. *Ibid.*, chap. 11, p. 188. La même distinction se retrouve au chapitre 13 dans le contexte de l'état de nature : « De plus, comme il y en a qui prennent plaisir à contempler leur propre puissance à l'œuvre dans les conquêtes, ils les poursuivent bien au-delà de ce qui est nécessaire à leur sécurité ; si bien que les autres, qui sans cela se seraient contentés de vivre tranquillement dans des limites modestes, augmentent leur puissance par des attaques, sans quoi ils ne seraient pas longtemps capables de survivre en se tenant seulement sur la défensive » (pp. 222-223).

53. Lorsque, parlant de l'hypothétique état de nature, Hobbes conclut que tous les hommes y luttent nécessairement pour accroître leur pouvoir sur autrui, il n'a pas besoin de postuler autre chose que l'absence de lois ; en effet, dès lors que les lois n'existent pas, tout le monde est exposé aux empiétements d'autrui, et les hommes modérés ne manqueront pas d'être attaqués par ceux qui instinctivement cherchent à accroître leur pouvoir.

54. Leo Strauss, *The Political Philosophy of Hobbes*, pp. 8-12.

55. *Ibid.*, p. 10. Richard Peters, *Hobbes* (1956), commet la bévue de prendre cette phrase pour une citation de Hobbes (p. 153).

56. Hobbes, *English Works*, VII, p. 73.

57. *Elements*, part. I, chap. 7, section 7, p. 23.

58. Strauss, *op. cit.*, pp. 11-12.

59. *Elements*, part. I, chap. 14, section 3, p. 54 (c'est nous qui soulignons).

60. *Rudiments*, chap. 1, section 4, pp. 25-26 (c'est nous qui soulignons).

61. *Léviathan*, chap. 8, p. 154.

62. *Elements*, part. I, chap. 9, section 1, p. 28.

63. *Ibid.*, chap. 8, section 4, p. 26.

64. *Léviathan*, chap. 10, p. 177.

65. Comme les postulats *d)* et *g)* offrent une ressemblance superficielle, il n'est peut-être pas inutile de préciser en quoi

ils diffèrent l'un de l'autre : le postulat *d)* stipule que chacun essaie d'obtenir le plus possible pour le moins possible, mais nullement que chacun aspire à obtenir plus qu'il ne possède.

66. Une définition plus étroite de ces pouvoirs n'est concevable que dans un modèle de *système économique* qui fait abstraction des qualités humaines de l'homme au point de cesser de le considérer même comme un système de matière en mouvement qui doit, sous peine de périr, perpétuer le mouvement qui l'anime, pour ne voir en lui que le possesseur d'un facteur de production appelé « force de travail ».

67. Voir Note B, *infra*, p. 481.

68. Voir *infra*, pp. 110 et 163-166.

69. Voir Note T, *infra*, p. 496. Cf. Clapham, *Concise Economic History of Britain* (Cambridge, 1949), qui arrive à la conclusion (pp. 212-213) que les individus qui sont salariés toute leur vie constituent, bien avant la fin du XVIIe siècle, la majorité de la population.

70. *Behemoth*, éd. Tönnies, p. 126, cité *infra*, pp. 116-117.

71. Cf. G. Davies, *The Early Stuarts* (Oxford, 1945). Des nouveaux riches qui accèdent à la propriété foncière à la suite des guerres civiles, cet historien déclare (p. 271) : « Entre eux et leurs fermiers n'existe aucun lien personnel — rien, si ce n'est la relation du paiement comptant. »

72. Cf. B.E. Supple, *Commercial Crisis and Change in England 1600-1642* (Cambridge, 1959) : dans cette magistrale analyse de l'instabilité qui affecte l'économie de marché à cette époque, l'auteur montre que les interventions incessantes de l'État dans les domaines des salaires, des prix, de l'investissement et du commerce font partie d'une politique à long terme visant à « protéger l'Angleterre des effets les plus brutaux des fluctuations économiques en évitant une régression structurelle de l'industrie et du commerce », et que « la crainte légitime du chômage et de l'instabilité économique » en constitue le ressort essentiel (p. 251 et, d'une manière plus générale, tout le chapitre 10).

73. *Léviathan*, chap. 24, p. 383.

74. *Ibid.*, chap. 15, p. 257.

75. *Ibid.*

76. *Ibid.*

77. *Ibid.*

78. *Ibid.*, pp. 257-258.

79. *Ibid.*, p. 263.

80. *Behemoth*, éd. Tönnies, p. 2.

81. *Ibid.*, p. 4.

82. *Ibid.*

83. *Ibid.*, p. 2.

84. *Ibid.*, p. 25.

85. *Ibid.*, p. 4.

86. *Ibid.* Cf. Harrington, *Oceana* : « Par où l'on voit que c'est la dissolution du gouvernement qui causa la guerre, et non pas l'inverse » (*Works*, 1771, p. 65).

87. *Behemoth*, p. 110.

88. *Ibid.*, p. 126.

89. *Ibid.*

90. On peut se demander si ce n'est pas cette observation qui inspire à Hobbes l'idée que la valeur, ou prix, d'un homme est déterminée non par le vendeur, mais par l'acheteur (*Léviathan*, chap. 10, pp. 173-174).

91. Cf. *supra*, pp. 43-44, 65-67.

92. Bien entendu, il aurait pu également le déduire du seul postulat selon lequel tous les hommes ont une tendance innée à chercher sans cesse à dominer autrui : mais — nous l'avons déjà montré (*supra*, pp. 83-84) —, il ne saurait s'agir alors d'un postulat strictement physiologique.

93. *Elements*, part. I, chap. 1, section 2, p. 1.

94. *Léviathan*, chap. 14, p. 233.

95. Voir Note C, *infra*, p. 482.

96. Voir Note D, *infra*, p. 483.

97. *Elements*, part. I, chap. 14, section 2, p. 54.

98. *Rudiments*, chap. I, section 3, p. 25.

99. *Léviathan*, chap. 13, p. 220.

100. *Ibid.*, p. 222.

101. *Elements*, part. I, chap. 14, section 6, pp. 54-55.

102. *Rudiments*, chap. I, section 7, pp. 26-27.

103. Voir *infra*, pp. 153-154.

104. Voir A.C. MacIntyre, « Hume on "Is" and "Ought" », *Philosophical Review*, LXVIII (1959), pp. 451 *sq.*

105. MacIntyre, *op. cit.*, p. 462.

106. Voir Note E, *infra*, pp. 483-484.

107. Cf. *supra*, section 3, VI.

108. Cf. *supra*, pp. 111-114.

109. *English Works*, I, p. IX.

110. On pourrait revendiquer cet honneur pour Grotius : n'a-t-il pas débarrassé la loi naturelle de toute volonté ou finalité divines ? Toutefois, le postulat de sociabilité naturelle sur lequel il se fonde est tout aussi peu solide que celui de rationalité commune.

111. Cf. John Bowle, *Hobbes and his Critics* (1951).

112. Harrington souscrit entièrement aux « traités de la nature humaine, de la liberté et de la nécessité » de Hobbes, dans lesquels il voit « ceux qui, à l'époque moderne, ont jeté sur ces sujets le plus de lumière ; ce sont ceux que j'ai suivis, et que je continuerai de suivre » (*Prerogative of Popular Government, Works*, 1771, p. 241). Sur l'appréciation qu'il porte sur la société conçue comme marché, voir *infra*, chap. III, section 2.

113. Cf. *infra*, chap. IV, section 4, en particulier les pages 394-398 et 404-405.

114. *Art of Lawgiving*, Livre III, Préface (*Works*, 1771, p. 404).

115. *Deuxième Traité*, sections 89, 95-99.

116. *Ibid.*, sections 138, 142. Cf. *infra*, chap. IV, pp. 422-428.

117. *Léviathan*, chap. 19, pp. 316-317.

118. Cf. *supra*, pp. 100-101.

119. *Léviathan*, chap. 19.

120. Cf. *supra*, pp. 114-117.

121. Cf. *infra*, pp. 163-168.

122. *Rudiments*, chap. 14, section 7, p. 160 ; *Léviathan*, chap. 24, pp. 383-384.

123. *Léviathan.*, pp. 386-387 ; *Elements*, part. II, chap. 3, section 5, pp. 100-101.

124. *Léviathan*, chap. 24.

125. *Ibid.*, p. 388.

126. *Léviathan*, chap. 30, p. 509 ; cf. *Rudiments*, chap. 13, section 14, pp. 150-151.

127. *Léviathan*, chap. 30, p. 498.

128. *Ibid.*

129. *Ibid.*, p. 501.

130. J.W.N. Watkins, « Philosophy and Politics in Hobbes », *Philosophical Quarterly*, vol. V, n° 19 (1955), p. 133.

131. *Léviathan*, chap. 20.

132. *Ibid.*, chap. 30, pp. 496-497.

133. *English Works*, I, 8.

134. *Elements*, Ep. Ded., p. XVII.

135. Hobbes n'espère pas mettre l'État à l'abri de la violence étrangère. Mais il estime que les hostilités internationales sont moins néfastes que les guerres civiles. Comme, par les guerres internationales, les souverains « protègent les entreprises de leurs sujets, cette situation n'engendre pas la misère qui accompagne la liberté des individus particuliers » (*Léviathan*, chap. 13, p. 227).

II. *Les Niveleurs : Suffrage et liberté.*

1. C.H. Firth (éd.), *The Clarke Papers*, vol. I (Camden Society Publications, N.S. 49, 1891), p. 299 (n.) : « Les champions de l'*Accord* étaient, comme le montre le débat, partisans du suffrage universel masculin. » Cf. p. XLIX : « [...] le premier article [du premier *Accord du Peuple*] revendique le suffrage universel masculin. »

2. Nous en examinons *infra*, pp. 207-212, 218-227, les principales, celles qu'on a coutume de citer.

3. R.S. Gardiner, *History of the Great Civil War 1642-1649*, vol. III, 1891, p. 225. Cet auteur affirme également que *La Position de l'Armée authentiquement formulée (The Case of the Army Truly Stated)* propose le suffrage universel masculin (sauf cas d'incivisme) (*op. cit.*, p. 215) : sur ce point, voir *infra*, p. 219.

4. Au XVIIe siècle, ce terme désigne couramment tous les salariés, c'est-à-dire quiconque travaille pour un employeur en échange d'un salaire. Voir Appendice, pp. 464-466.

5. A.S.P. Woodhouse, *Puritanism and Liberty* (1938), p. 83. Cette phrase constitue la première allusion aux intentions des Niveleurs, dans le débat de Putney, quant à l'étendue du suffrage. Nous étudions *infra*, pp. 207-218, le rapport que cette déclaration entretient avec celles qui la suivent.

O. Lutaud a rassemblé dans *Les Niveleurs, Cromwell et la République* (collection Archives, n° 31, Julliard, Paris, 1967) un certain nombre de documents qu'il a traduits. On pourra également se reporter à sa traduction de l'*Accord du Peuple*, Annales, 1962, pp. 501-516. *(N.d.T.)*

6. Woodhouse, *op. cit.*, p. 452. Que ce vote ait réellement eu lieu, ou qu'il ne soit qu'un argument de propagande, ne nous importe pas ici. Signalons toutefois que D.M. Wolfe (*Leveller Manifestoes of the Puritan Revolution*, 1944, p. 61, note 10) émet des doutes sur l'authenticité de ce vote, qu'il présente d'ailleurs, de manière équivoque, comme un vote sur le suffrage universel masculin : il fait remarquer que Clarke ne le mentionne pas dans les minutes des débats de ce jour à Putney. Mais Wolfe confond les dates. Le vote auquel la *Lettre* fait allusion a dû avoir lieu le 4 novembre, et non pas le 30 octobre comme il le suppose. Or, ce jour est l'un de ceux dont les minutes de Clarke ne parlent pas. Il n'est donc pas nécessaire de supposer que ce dernier a délibérément omis de le mentionner dans ses minutes des débats.

7. British Museum, E. 419 (15), fol. 7 verso.

8. Wolfe, *Leveller Manifestoes*, p. 269.

9. Woodhouse, *op. cit.*, p. 357 ; Wolfe, *op. cit.*, p. 297.

10. Wolfe, *op. cit.*, p. 403. Ajoutons que les deuxième et troisième versions de l'*Accord* écartent aussi du droit de vote, pour un certain nombre d'années, ceux qui ont combattu aux côtés du roi pendant les Guerres civiles.

11. Voir Note 31 *infra*, p. 508.

12. Voir Note F, *infra*, pp. 484-485.

13. Voir Note G, *infra*, p. 485-486.

14. Voir Note H, *infra*, pp. 486-487.

15. À trois exceptions près : lors des débats de Putney, Cromwell envisage d'accorder le droit de vote aux fermiers censiers par droit d'héritage (Woodhouse, *op. cit.*, p. 73) ; le Comité réuni le 30 octobre 1647 fait une concession modérée en faveur des soldats (voir Note K, *infra*, p. 489-490) ; enfin, la deuxième version de l'*Accord* enregistre une autre concession importante mais sans lendemain (voir Note K, *infra*, p. 489-490).

16. Coke, *The Compleate Copyholder*, 1644, sections 15-17.

17. Blackstone, *Considerations on Copyholders*, 1758.

18. Woodhouse, p. 73.

19. G. Jacob, *A New Law-Dictionary*, 1750, *s.v.* « Freehold » ; Wm. Cruise, *A Digest of the Laws of England Respecting Real Property*, 4ᵉ éd., 1835, vol. I, pp. 47-48 (titre I, nᵒˢ 10-12).

20. Cromwell se refuse à considérer qu'« un habitant assujetti à un loyer exorbitant pendant un an, deux ans ou vingt ans » jouisse d'une tenure fixe et permanente (Woodhouse, p. 62). Quant à la phrase incomplète de Petty : « Un homme peut avoir un bail de 100 livres par an, il peut avoir un bail pour trois générations » (Woodhouse, p. 61), le moins qu'on puisse dire, c'est qu'elle n'est pas claire. Si l'on adopte telle quelle la leçon de Woodhouse, elle contient même, semble-t-il, une erreur de fait, car le tenancier dont le bail était fait pour trois générations avait légalement qualité de franc-tenancier.

21. Voir Appendice, en particulier pp. 472-476.

22. Wolfe, *op. cit.*, p. 342.

23. Cf. Appendice.

24. À titre d'exemple, signalons qu'à Putney les apprentis sont rangés dans la même catégorie que les serviteurs ; dans la *Pétition* de janvier 1648, les criminels sont exclus du scrutin ; les deuxième et troisième versions de l'*Accord du Peuple* privent du droit de vote pour quelques années ceux qui se sont activement rangés du côté du roi pendant la Guerre civile.

25. Cf. Appendice.

26. Voir Appendice, pp. 475-476. Le chiffre de 21 400 que nous donnons pour cette catégorie est celui que l'on obtient avant de faire les conversions nécessaires pour passer de la population de 1688 à celle de 1648. Cette conversion ramène ce chiffre à 19 300 (Appendice, p. 478).

27. Voir Note K, *infra*, pp. 489-490.

28. Voir Appendice, p. 477 *sq.*

29. Voir Appendice.

30. Voir Note K, *infra*, pp. 489-490.

31. Par « toutes », nous entendons ici toutes les déclarations contenues dans ce qu'on pourrait appeler le canon des écrits niveleurs (à savoir les textes publiés par Woodhouse, Wolfe, Haller et Davies dans leur livre *Leveller Tracts* 1647-1653 [1944], et Haller dans son ouvrage intitulé *Tracts on Liberty in the Puritan Revolution, 1638-1647* [1934] ; à quoi nous ajoutons toutes celles qui sont mentionnées ou citées à propos du suffrage par tous les ouvrages auxquels il est fait référence dans les Notes F, G et H *infra*.

32. Peu de temps avant sa fin, le mouvement niveleur publie une proposition d'élections générales extraordinaires qui accorde le suffrage aux domestiques. L'*Accusation de Haute Trahison portée contre M. Olivier Cromwell, alléguant plusieurs cas de forfaitures par lui commises (A Charge of High Treason against Oliver Cromwell, Esq., for several Treasons by him committed)*, du 14 septembre, ou août, 1653 (British Museum, 669, f. 17 (52), et aussi dans *Somers Tracts*, VI, 302, qui le publient partiellement), proposait en effet une élection spontanée : « Nous demandons que le 16 octobre 1653 [...] le peuple d'*Angleterre* tout entier forme un seul corps rassemblant les maîtres, leurs fils et leurs serviteurs, et se rende dans les chefs-lieux de comtés ou tous autres endroits convenables en *Angleterre* et au *Pays de Galles*, et y apparaisse avec toutes les armes de guerre qu'il pourra raisonnablement emporter, pour y élire sur-le-champ toutes les personnes que le peuple de ces comtés, cités et bourgs a eu jusqu'ici coutume d'élire pour le représenter au Parlement. » Cette affiche constitue un geste désespéré, l'un des derniers, des Niveleurs. C'est en

tout cas l'unique pièce que nous ayons trouvée parmi les documents niveleurs de toutes sortes dans laquelle les serviteurs se voient accorder le droit de vote. Son radicalisme jure avec la modération qui caractérise les propositions de suffrage que contiennent les manifestes officiels du mouvement.

33. Le premier *Accord* a été écrit avant le 28 octobre, date à laquelle il est mentionné pour la première fois au Conseil général de l'armée, et probablement après le 20 octobre. Sur ce point, voir Wolfe, p. 224.

34. Ainsi en est-il des « pauvres laboureurs » dont parle Baxter (Unwin, *Studies in Economic History*, p. 347).

35. Il est admis que les Niveleurs sont particulièrement liés à cette classe ; on voudra bien noter la fréquence de leurs interventions à Putney en faveur de ceux qui ont perdu les biens qui faisaient d'eux des francs-tenanciers pour avoir servi dans les armées parlementaires : cf. notamment, Rainborough, pp. 56, 67, 71, et Sexby, pp. 69, 74, *in* Woodhouse, *op. cit.*

36. Voir *infra*, pp. 212-218.

37. Le 29 octobre 1647. Le texte s'en trouve dans Woodhouse, *op. cit.*, pp. 52 et suivantes.

38. Woodhouse, pp. 443-444 ; Wolfe, p. 226.

39. Woodhouse, p. 53.

40. À l'époque, ce terme désigne généralement ceux qui ont combattu aux côtés du roi pendant la Guerre civile ; il arrive toutefois qu'il soit employé dans un sens plus large : c'est ainsi que le tract anti-niveleur *Réponse à certaines Délibérations (Declaration of some Proceedings)* l'utilise pour attaquer les « incendiaires séditieux ». On a compris qu'il s'agit des Niveleurs (Haller et Davies, *The Leveller Tracts 1647-1653*, 1944, p. 121).

41. Woodhouse, pp. 82-83.

42. Firth et Davies, *Regimental History of Cromwell's Army*, 1940, pp. 563-565.

43. Par exemple, *Case of the Army Truly Stated* (15 octobre 1647), *in* Wolfe, *op. cit.*, p. 212.

44. Wolfe, *op. cit.*, p. 269.

45. Woodhouse, p. 82.

46. *The Grand Designe,* by Sirrahniho [John Harris], 1647, fol. 7, recto et verso. La date donnée par Thomason est le 8 décembre (British Museum, E. 419 (15)). Wolfe y fait allusion (*Leveller Manifestoes,* p. 65), mais ne le cite pas et ne semble pas voir son importance.

47. Wolfe, *op. cit.,* pp. 402-403.

48. C'est-à-dire entre les pages 52 et 82 du texte qu'en donne Woodhouse.

49. La première est de Petty, p. 61 ; la seconde de Wildman, p. 66.

50. Voir Note I, *infra,* pp. 487-488.

51. Woodhouse, pp. 53, 56 (cf. 55), 67, 80, 81.

52. *Ibid.,* pp. 57, 63, 70 (cf. 72), 77.

53. *Ibid.,* p. 59.

54. *Ibid.,* p. 454. C'est la dernière allusion de Cromwell aux propositions de suffrage des Niveleurs qu'aient enregistrée les minutes des débats à Putney.

55. *Ibid.,* pp. 53-55, 57-58, 62-63.

56. *Ibid.,* respectivement pp. 59, 75, 80, 61-62.

57. *Ibid.,* p. 53.

58. *Ibid.,* p. 83.

59. *Ibid.,* p. 63.

60. *Ibid.,* p. 64.

61. Le texte des minutes n'est pas absolument limpide, mais il est difficile d'imaginer qu'on puisse en donner une autre interprétation.

62. Woodhouse, p. 82

63. *Ibid.,* p. 58 ; cf. p. 62.

64. *Ibid.,* pp. 62-63.

65. *Ibid.,* p. 73.

66. *Ibid.,* p. 78.

67. Haller et Davies, pp. 64-87 ; Wolfe, pp. 196-212 ; Woodhouse (en partie seulement), pp. 429-436.

68. D'après Woodhouse, qui a modernisé orthographe et ponctuation, il faudrait lire ici : « ... sauf ceux qui se sont privés ou se priveront de cette liberté du fait de leur incivisme, soit définitivement, soit pour quelques années » (p. 433).

69. Indiquons en outre que les Niveleurs considéraient le premier *Accord* comme une simple reprise des principes énoncés dans la *Position de l'Armée*. Dans la Postface à l'*Accord*, il est dit que ce document n'a fait qu'« extraire quelques principes de liberté civile, de tous ceux qui vous ont été proposés dans la *Position authentiquement formulée* [*sic*], et les rédiger sous forme d'accord » (Wolfe, p. 233).

70. P. 33, *in* Haller, *Tracts on Liberty in the Puritan Revolution*, vol. III, p. 291. Cité par Gibb, *John Lilburne, the Leveller*, p. 139, et Fank, *The Levellers*, p. 63, n. 46.

71. Frank, *The Levellers*, p. 82.

72. Wolfe, p. 129 ; Haller, *Tracts*, III, 370.

73. *Londons Liberty in Chains Discovered*, pp. 52-53 ; cf. Gibb, *John Lilburne*, pp. 158-159.

74. *Londons Liberty...*, pp. 52-53, cité par Frank, *The Levellers*, pp. 93-94.

75. *Londons Liberty...*, p. 54. Frank, *The Levellers* (Cambridge, Mass., 1955), p. 94, cite ce passage et l'interprète comme une revendication du suffrage universel.

76. Voir Note J, *infra*, pp. 488-489.

77. *Charters of London*, pp. 3-4. Wolfe cite une partie de ce passage (p. 14) où il voit une prise de position en faveur du suffrage universel.

78. Richard Baxter, *The Poor Husbandman's Advocate to Rich Racking Landlords*, éd. F.J. Powicke, 1926.

79. *Rash Oaths...*, p. 50 ; cité en partie par Frank, *The Levellers*, p. 123.

80. Voir également, Note L, *infra*, pp. 490-491.

81. *Ionah's Cry*, p. 13. La paraphrase qu'en donne Wolfe, p. 33, remplace « tout soldat » par « tout homme ».

82. Voir Note K, *infra*, pp. 489-490.

83. Lilburne, *A Whip for the Present House of Lords* (*Des verges pour l'actuelle chambre des Lords*), cité par Petergorsky, p. 110.

84. *England's Birthright Justified* (*Justification du droit imprescriptible de l'Angleterre*) (octobre 1645), *in* Haller, *Tracts*, III, 261 ; *Vox Plebis* (19 novembre 1646), cité par Wolfe, p. 13.

85 *Appeal*, dans Wolfe, p. 176.

86. *Second Agreement, in* Wolfe, p. 301 ; cf. *Petition* du 11 septembre 1648, *in* Wolfe, p. 288.

87. Woodhouse, pp. 53-55, 58, 60, 63.

88. *Ibid.*, pp. 59, 75. Cf. p. 80.

89. Ireton (*ibid.*, p. 60) affirme que le principe de l'égalité du droit à la vie avancé par les Niveleurs aboutirait à permettre à tout homme, au nom du droit naturel, de revendiquer n'importe quoi et « même ce qui n'est point indispensable à l'entretien de sa vie ». Plus loin (p. 73), il déclare plus nettement encore : « Je tiens de la nature le droit de ne pas périr mais de satisfaire à mon entretien. »

90. *Ibid.*, pp. 61-62.

91. Clarke, dans les débats : *ibid.*, p. 75.

92. Woodhouse, p. 57.

93. *Ibid.*, p. 69.

94. Lilburne, *Free-man's Freedom Vindicated*, juin 1646, Postscriptum, *in* Woodhouse, pp. 317-318.

95. Overton, *An Arrow against all Tyrants*, pp. 3-4. Ces paragraphes sont partiellement cités par Pease, *The Leveller Movement*, pp. 141-142, par Zagorin, *History of Political Thought in the English Revolution*, p. 22, et par Frank, *The Levellers*, p. 96.

96. Overton, *An Appeale from the Degenerate Representative Body of the Commons...*, *in* Wolfe, pp. 162-163.

97. *Appeale*, in *ibid.*, pp. 159-160.

98. Mais voir *infra*, pp. 257-260.

99. *The Just Defence of John Lilburne*, *in* Haller and Davies, p. 455.

100. Par exemple, Lilburne, *England's Birthright Justified*, dans Haller, *Tracts*, III, 261-262 ; Overton, *Remonstrance of Many Thousand Citizens* (7 juillet 1646), dans Wolfe, p. 124. Voir également les auteurs mentionnés par Petergorsky, p. 81.

101. Il est très courant au XVIIᵉ siècle de parler d'un droit ou d'une liberté en termes de propriété. Le mot *property* (ou *propriety*, car ces deux termes sont interchangeables à l'époque) signifie donc alors « droit à » ou « droit sur » quelque chose. Les Niveleurs disent : « avoir une propriété *sur* une

chose » *(to have a property in a thing)*, par quoi ils entendent le droit d'utiliser, de jouir, de disposer de cette chose et d'en interdire l'usage à autrui. C'est ainsi qu'ils parlent de la propriété « sur » la terre, les biens, le droit de commerce, le suffrage ou « sur » sa propre personne.

102. Voir Note L, *infra*, pp. 490-491.

103. Voir *infra*, chap. IV, pp. 362, 381-382, la distinction analogue que Locke établit.

104. Woodhouse, p. 79.

105. Woodhouse, p. 67. Cf. *infra* la position de Locke sur ce point, chap. IV, p. 411.

106. *Ibid.*, p. 67.

107. *Ibid.*, p. 71.

108. *Ibid.*, p. 78.

109. Voir nos citations, *infra*, pp. 258-260.

110. Voir *infra*, chap. IV, section 2.

111. *Léviathan*, chap. 10, pp. 178 et 180.

112. *Petition* de janvier 1648, article 14 (Haller et Davies, p. 113 ; Wolfe, p. 270). Cf. aussi les articles 6 et 7.

113. *Les Cris lamentables d'innombrables artisans misérables (The Mournfull Cryes of Many Thousand Poor Tradesmen)* (Haller et Davies, p. 127 ; Wolfe, p. 276).

114. *Mournfull Cryes...*, Haller et Davies, p. 127 ; Wolfe, p. 276.

115. *Le Sanglant Projet (The Bloody Project)* (28 août 1648), Haller et Davies, pp. 144-145.

116. *Petition* de janvier 1648, article 9. Haller et Davies, p. 111 ; Wolfe, p. 268.

117. *Appeale*, Wolfe, p. 178.

118. *Défense de la Liberté de l'homme libre (Free-man's Freedom Vindicated)*, Woodhouse, p. 388.

119. *Londons Liberty*, p. 17.

120. *A Manifestation* (avril 1649), Wolfe, p. 388.

121. Winstanley, *La Loi de Liberté (The Law of Freedom)*, chap. I et III (*Works*, éd. Sabine, pp. 519, 536).

III. *Harrington : l'État et l'égalité des chances.*

1. R.H. Tawney, « Harrington's Interpretation of his Age », in *Proc. Brit. Academy*, XXVII, 200. (Il s'agit de la Raleigh Lecture.)

2. Par *gentry*, il faut entendre ce que de Bonald appelait « noblesse du second ordre ». Les historiens français n'ayant pas retenu cet équivalent, nous conservons le terme anglais tout au long de ce chapitre. *(N.d.T.)*

3. Christopher Hill, *Puritanism and Revolution*, 1958, chap. x.

4. Cf. *supra*, chap. I, pp. 87-88, 97-108.

5. *Oceana*, p. 37. Voir également *Prerogative of Popular Government*, pp. 227, 270 ; *Art of Lawgiving*, p. 363 ; *System of Politics*, p. 467 (où Harrington change la proportion, qui devient de deux parties sur trois). Toutes les références de ce chapitre renvoient à l'édition de 1771 d'*Oceana and Other Works*.

6. *Oceana*, p. 37.

7. *Ibid.*, p. 38 ; cf. *System*, p. 466.

8. *Prerogative*, p. 270 ; *Art of Lawgiving*, p. 364.

9. *Oceana*, p. 64.

10. *Ibid.*

11. *Ibid.*, p. 65.

12. *Art of Lawgiving*, pp. 364-366.

13. Même si nous n'avions pas de bonnes raisons de penser que Harrington sait fort bien que la *gentry* et la noblesse réunies possèdent beaucoup plus du dixième des terres, la preuve existe qu'à son avis les deux ou trois cents plus gros propriétaires fonciers possèdent à eux seuls à peu près un dixième des terres. Il estime en effet à dix millions de livres sterling le revenu annuel de l'ensemble des propriétés foncières d'Angleterre. Or, déclare-t-il, il n'existe, au moment où il écrit, guère plus de trois cents individus jouissant d'un revenu foncier annuel supérieur à 2 000 livres (*Oceana*, pp. 99-100). Le revenu annuel global des trois cents propriétaires les plus importants représente donc au moins 600 000 livres. En fait, comme le chiffre de 2 000 livres constitue un minimum

et non une moyenne, il est fort probable que ce revenu s'élève à 1 000 000 de livres par an, c'est-à-dire au dixième de l'ensemble des revenus fonciers.

14. *Oceana*, pp. 39-40.

15. *Ibid.*, p. 53.

16. *Ibid.*, p. 124.

17. *Ibid.*, p. 125.

18. *Ibid.*, pp. 123-125.

19. Cette conclusion n'est valable que si Harrington emploie ici le mot « déséquilibre » dans le sens qu'exige l'énoncé général du principe de la balance, et non pas dans le sens particulier qu'il lui donne plus loin. Voir *infra*, pp. 313-315, où nous étudions l'usage ambigu qu'il fait de ce mot.

20. *Oceana*, p. 38

21. *Ibid.*, p. 133.

22. *Art of Lawgiving*, p. 419.

23. *Valerius*, pp. 449-450. Cf. *infra*, p. 304-305.

24. « Harrington's Interpretation of his Age », p. 212.

25. *Ibid.*, p. 216, et « The Rise of the Gentry », *Econ. Hist. Rev.*, XI (1941), 5.

26. *The Gentry, 1540-1640, Econ. Hist. Rev. Supplement*, n° I (1953).

27. *The Gentry*, p. 45.

28. *Ibid.*, pp. 45-46.

29. *Oceana*, pp. 64-65 ; *Art of Lawgiving*, pp. 364-366.

30. *Prerogative*, p. 281.

31. *Ibid.*, p. 246.

32. *Art of Lawgiving*, p. 408.

33. *Pian Piano*, p. 528.

34. *The Gentry*, pp. 49-50.

35. *Ibid.*, p. 52.

36. *Oceana*, p. 100 ; *Prerogative*, p. 280, citée *infra*, p. 298.

37. *Oceana*, p. 165 ; voir *infra*, p. 296-297.

38. *A Discourse Shewing That the Spirit of Parliaments [...] is not to be trusted*, p. 575.

39. J.G.A. Pocock, *The Ancient Constitution and the Feudal Law* (1957), pp. 128-129.

40. *Prerogative*, p. 229.

41. *Ibid.*, p. 278 ; cf. le point de vue de Locke sur l'avarice (*infra*, chap. IV, pp. 390-392) et la manière dont Hobbes en parle (*supra*, chap. I, p. 73).

42. *System of Politics*, p. 471.

43. *Oceana*, p. 154.

44. *Prerogative*, pp. 242-243.

45. *Ibid.*, p. 279.

46. *Oceana*, p. 165.

47. *Prerogative*, p. 231.

48. *Oceana*, p. 165.

49. *Art of Lawgiving*, p. 363.

50. *Prerogative*, p. 280.

51. Rappelons que la loi agraire de Harrington fixe de la manière suivante les limites du revenu foncier annuel : 2 000 livres pour l'Angleterre, autant pour l'Irlande et 500 livres pour l'Écosse (*Oceana*, p. 100).

52. *Oceana*, pp. 33-34.

53. *Ibid.*, p. 77 ; *Art of Lawgiving*, p. 409.

54. *Oceana*, p. 138 ; cf. *infra*, chap. IV, p. 409, l'attitude de Locke à l'égard de la classe laborieuse, qu'il ne considère pas comme membre à part entière de la société civile.

55. *Oceana*, p. 49 ; cf. *Prerogative*, p. 247 ; *Art of Lawgiving*, p. 433.

56. *Valerius*, pp. 449-450 ; cf. *Oceana*, p. 133 ; *Art of Lawgiving*, p. 419.

57. *Oceana*, p. 144.

58. Cf. par exemple : *Prerogative*, p. 246 ; *Valerius*, p. 459.

59. *Prerogative*, p. 244.

60. Cf. Note M, *infra*, p. 491-492.

61. *Prerogative*, p. 247.

62. *Ibid.*, pp. 242-243.

63. *Oceana*, pp. 154-155 ; *Prerogative*, p. 247.

64. Voir par exemple, *Oceana*, p. 37 ; *Prerogative*, pp. 227, 270 ; *Art of Lawgiving*, p. 263 ; *System of Politics*, p. 467.

65. *Prerogative*, p. 243 ; cf. p. 242.

66. *Ibid.*, p. 247 (cité *supra*, p. 307).

67. *Ibid.*, p. 243.

68. *Ibid.*

69. *Oceana*, p. 99.

70. *Prerogative*, pp. 243-244.

71. *Supra*, p. 279.

72. *Prerogative*, p. 226.

73. *Oceana*, p. 65.

74. *Politicaster*, p. 560.

75. *Ibid.*, p. 553.

76. *Art of Lawgiving*, pp. 402-403.

77. *Oceana*, p. 36.

78. Machiavel, *Discours sur Tite-Live*, liv. I, chap. LV.

IV. *Locke : théorie politique de l'appropriation.*

1. L. Stephen, *English Thought in the Eighteenth Century* (1876) ; C.E. Vaughan, *Studies in the History of Political Philosophy* (1925) ; H.J. Laski, *Political Thought from Locke to Bentham* (1920) et *Rise of European Liberation* (1936) ; enfin, R.H. Tawney, *Religion and the Rise of Capitalism* (1926), trad. fr., 1951.

2. Mais pas celle du professeur Tawney qui a attiré l'attention sur un présupposé décisif de la pensée du XVIIᵉ siècle : l'idée que la classe laborieuse constitue une race à part (nous revenons sur ce point, *infra*, pp. 376-379). Mais il n'élucide pas toutes les conséquences de ce postulat pour la théorie politique de l'époque, car elles ne sont pas essentielles à sa thèse.

3. Willmoore Kendall, *John Locke and the Doctrine of Majority-Rule* (Urbana, Illinois, 1941).

4. Kendall, *op. cit.*, pp. 103-106.

5. *Ibid.*, pp. 134-135.

6. Voir *infra*, pp. 396-397.

7. J.W. Gough, *John Locke's Political Philosophy, Eight Studies* (Oxford, 1950).

8. « Rationnel » s'entend ici dans le sens que lui donne Locke lorsqu'il déclare qu'est rationnel quiconque obéit à la loi naturelle ou raison (voir par exemple *Deuxième Traité*, section 6 : la raison, c'est la loi naturelle ; section 8 : transgresser la loi de la Nature, c'est vivre selon une autre règle que celle de la raison et de l'équité commune). Sur les contradictions qui affectent la notion de rationalité humaine chez Locke, voir *infra*, pp. 383-393.

9. R.H. Cox, dans *Locke on War and Peace* (Oxford, 1960), s'est élevé contre ceux qui accusent Locke d'avoir manqué de rigueur dans l'usage qu'il fait des conceptions traditionnelles. Pour ce critique, l'usage (généralement abusif) que Locke fait de Hooker fait partie d'un plan très concerté pour déguiser ou atténuer son point de vue réel (très proche de celui de Hobbes). Il en est de même des affirmations contradictoires de Locke concernant l'état de nature. Cf. pp. 400-401, et Note R, *infra*, p. 495.

10. *Deuxième Traité*, section 124. Toutes les citations de cette œuvre sont empruntées à l'excellente traduction qu'en a donnée Bernard Gilson. Cf. *Deuxième Traité du Gouvernement civil*, Vrin, Paris, 1967 *(N.d.T.)*.

11. Voir par exemple les sections 94, 134, 138 et 222.

12. Section 87.

13. Section 123.

14. Section 173.

15. Sections 138 et 139.

16. Voir *infra*, pp. 363-364, 407 *sq.*

17. *Deuxième Traité*, section 4.

18. Section 6.

19. Section 4.

20. Section 25.

21. *Ibid.*

22. Section 26.

23. *Ibid.*

24. Section 27.

25. *Ibid.*

26. Section 28.

27. Section 27 ; cf. section 33.

28. Section 31.

29. Section 46.

30. Section 32.

31. Section 33.

32. Section 36.

33. Section 35.

34. Section 36.

35. *Ibid.*

36. Section 45.

37. Section 46.

38. Section 50.

39. Section 36.

40. Section 37.

41. Section 46.

42. Sections 48 et 50.

43. *Some Considerations of the Consequences of the Lowering of Interest and Raising the Value of Money* (1691) ; in *Works*, éd. 1759, vol. II, pp. 22-23.

44. *Works* (1759), II, 19.

45. *Ibid.*

46. Bodleian Library, Ms. Locke, c. 30, f. 18.

47. *Deuxième Traité*, section 50 (c'est nous qui soulignons).

48. Section 4.

49. Section 14.

50. Nous pensons avoir ainsi répondu à la question soulevée par Gough qui, reconnaissant que pour Locke monnaie et travail salarié existent bien dans l'état de nature, ajoute : « L'état de nature chez Locke devient ainsi de moins en moins vraisemblable. S'est-il vraiment imaginé qu'une économie marchande complexe a pu exister dans l'état de nature, en l'absence d'un gouvernement politique ? » (Gough, *op. cit.*, 2ᵉ édition, 1956, Additional note). Cf. *infra*, pp. 360-361.

51. *Deuxième Traité*, section 36.

52. Sections 45 et 48.

53. Section 36.

54. Cette addition a été publiée pour la première fois dans la quatrième édition du *Deuxième Traité* (1713), et les éditions ultérieures la reprennent tout comme celle des *Works*. Malheureusement, certaines éditions modernes du *Deuxième Traité*, prenant pour bases des états antérieurs du texte, l'omettent.

55. *Considerations, Works* (1759), II, 29. Sur le droit des hommes qui ne possèdent rien aux moyens de subsistance, voir *Premier Traité*, sections 41-42.

56. *Deuxième Traité*, section 41.

57. Section 26.

58. Sections 27 et 33.

59. Section 36.

60. Section 27.

61. Section 85.

62. Voir note N, *infra*, p. 492.

63. Laslett (*op. cit.*, p. 104, n.‡) estime que ce passage ne prouve pas que le travail de son serviteur puisse appartenir à celui qui l'emploie. Je ne vois pas, quant à moi, comment on pourrait être plus clair que Locke : le travail accompli par mon serviteur fait bel et bien partie du « travail qui m'appartenait ». Le seul problème qui se pose est celui que j'aborde dans les pages suivantes : les rapports sociaux fondés sur le salaire, qui existent dans la société civile, existent-ils aussi, pour Locke, dans l'état de nature ?

64. *Works* (1759), II, pp. 13-16.

65. *Ibid.*, p. 29.

66. *Ibid.*, p. 36.

67. Cf. *supra*, pp. 346-348.

68. Sur le sens du mot « raison » dans ce contexte, voir *infra*, pp. 385-389.

69. *Deuxième Traité*, section 135.

70. Cf. *infra*, pp. 381-382. On comparera utilement avec la position des Niveleurs sur ce point, chap. II, pp. 242 *sq.*

71. *Deuxième Traité*, section 4.

72. Section 135.

73. Sections 182 et 183.

74. Section 85.

75. « La *valeur* d'un humain, ou son MÉRITE, est comme celle de toutes les autres choses, à savoir son prix » (*Léviathan*, chap. 10) ; « le travail humain étant aussi un bien échangeable en vue d'un profit, comme toute autre chose » (*ibid.*, chap. 24).

76. *Deuxième Traité*, section 27.

77. Cf. *infra*, p. 406-407.

78. Cf. *infra*, pp. 389-393.

79. Cité par H.R. Fox Bourne dans son livre *The Life of John Locke* (1876) ; vol. II, p. 378.

80. *Works* (1759), II, 36.

81. *Ibid.*, II, 585-586. Cf. *Human Understanding*, Bk. IV, chap. xx, sections 2-3.

82. Voir Note O, *infra*, pp. 492-493.

83. *Works* (1759), II, 580.

84. *Ibid.*, 582.

85. On trouvera d'autres expressions de ce calvinisme anglais dans l'ouvrage de Christopher Hill, *Puritanism and Revolution* (1958), pp. 228-229.

86. R.H. Tawney, *Religion and the Rise of Capitalism*, chap. IV, section 4, édition Penguin, 1948, p. 267.

87. William Petyt, *Britannia Languens* (1680), p. 238. On trouvera dans E.S. Furniss, *The Position of the Laborer in a System of Nationalism* (New York, 1920), pp. 16 *sq*, des passages semblables à celui-ci tirés de divers auteurs de l'époque. On se rapportera également à William Petty, *Political Arithmetic*, in *Economic Writings*, éd. Hull, I, 307, 108, 267.

88. *Considerations, Works* (1759), II, 19.

89. *Deuxième Traité*, sections 4 et 5.

90. Sections 4, 6, 44, 123.

91. Section 27.

92. Section 4.

93. Cf. *supra*, p. 362, et aussi chap. II, pp. 242 *sq.*

94. *Deuxième Traité*, section 50.

95. Nous y revenons, *infra*, pp. 395-396.

96. *Deuxième Traité*, section 34.

97. Section 32.
98. Section 34.
99. Section 35.
100. Section 34.
101. Section 45.
102. Section 50.
103. Section 46 ; cf. section 51 où Locke emploie l'expression « inutile autant que malhonnête ».
104. *Ibid.*
105. Section 48.
106. Section 35.
107. Section 111.
108. Sections 107 et 108.
109. Section 107.
110. Section 108.
111. Voir Note P, *infra*, pp. 493-494.
112. *Léviathan*, p. 180.
113. Voir *supra*, pp. 362-364.
114. Voir *supra*, chap. III.
115. *Essay Concerning Human Understanding*, éd. Fraser (1894), bk. I, chap. II, section 13. Cf. cette réflexion, digne de Hobbes, que Locke consigne dans son journal en 1678 : « La source principale des actions des hommes, la règle qu'ils leur assignent et la fin qu'ils leur fixent, semblent être leur crédit et leur réputation ; et ce qu'ils essaient à tout le moins d'éviter, c'est généralement la disgrâce et la honte. » On notera aussi les conséquences qu'il en tire pour l'art de gouverner. (Cité par Fox-Bourne d'après les manuscrits, *op. cit.*, I, 403-404.)
116. *Deuxième Traité*, section 6.
117. Section 19.
118. Sections 6, 8 et 10.
119. Section 19.
120. Voir Note Q, *infra*, pp. 494-495.
121. *Deuxième Traité*, section 123, Cf. sections 124-125, « les Hommes » ; 131, « tant de malaise et d'insécurité » ; 137, « égalité des forces ».

122. Section 226.

123. Section 227.

124. Voir *infra*, pp. 420-426.

125. *Deuxième Traité*, sections 107-108.

126. Section 135.

127. Voir Note R, *infra*, p. 495.

128. *Deuxième Traité*, sections 4 et 5.

129. Section 6.

130. Section 60.

131. Section 83 ; cf. également section 80.

132. Section 170.

133. Section 173.

134. Bien entendu, Locke justifie également l'esclavage, mais sans faire intervenir une différence intrinsèque de rationalité entre maître et esclave. L'esclavage, pour lui, n'est légitime que lorsqu'un homme a, « par sa faute, encouru la peine capitale, par quelque action qui mérite la mort » (section 23). Il semble avoir considéré l'esclavage comme une forme de châtiment parfaitement appropriée à ses criminels naturels.

135. *Deuxième Traité*, section 123.

136. Par exemple, sections 123, 131 et 137.

137. Par exemple, sections 138-140, 193.

138. De la même manière, Harrington postule que les salariés se situent en dehors de la république ; cf. *supra*, chap. III, pp. 301-302.

139. *Deuxième Traité*, section 140. Cf. également section 158.

140. Section 119.

141. Section 122.

142. Section 120.

143. Section 122.

144. Section 121.

145. Comparer avec le point de vue d'Ireton : *supra*, chap. II, pp. 253-254.

146. Cf. pp. 371-372 les passages cités du *Christianisme raisonnable* où Locke avance cette opinion. Sur son exactitude,

voir les estimations de King, citées en Appendice, *infra*, pp. 461-480.

147. *Deuxième Traité*, section 138.

148. Section 140.

149. Gough, *op. cit.*, p. 69.

150. *Considerations, Works* (1759), II, 36, 29.

151. L'étendue et la diversité des ressources de Locke ont été récemment mises en lumière. Dans les années 1670, il possédait des terres d'un revenu annuel de 240 livres sterling, des sommes importantes investies dans le commerce de la soie, la traite des Noirs et autres entreprises relevant du commerce extérieur ; de plus, il possédait de l'argent sous forme de prêts à court terme et de prêts hypothécaires. En 1694, lors de la première émission de valeurs par la Banque d'Angleterre, il en acquiert pour 500 livres ; en 1699, il demande conseil sur le meilleur moyen d'investir 1 500 livres « inemployées ». À sa mort, sa fortune se montait à environ 20 000 livres. Nous empruntons ces renseignements à Maurice Cranston, *John Locke, a Biography* (1957), pp. 114-115, 377, 448, 475.

152. *Deuxième Traité*, section 88.

153. Section 94.

154. Section 96.

155. Sections 97 et 98.

156. Section 120.

157. Sections 128, 136.

158. Section 120.

159. Sections 99, 129, 131.

160. Section 97.

161. Cf. H.J. Habbakuk, « English Landownership, 1680-1740 », *Econ. Hist. Rev.*, février 1940.

162. Gough, *op. cit.*, p. 178 ; Locke, *Essays on the Law of Nature*, éd. W. von Leyden (Oxford, 1954), pp. 15, 27 ; Cranston, *op. cit.*, p. 67 ; Locke, *Two Treatises of Government*, éd. Laslett, pp. 19-20.

163. Bodleian Library, Ms. Locke, c. 28, f. 3[r].

164. Ms. Locke, e. 7, ff. 1-2.

165. *Deuxième Traité*, sections 135-136.
166. Bodleian Library, Ms. Locke, c. 28, f. 3ʳ.
167. Ms. Locke, e. 7, f. 2.
168. *Deuxième Traité*, section 149.

Conclusion.

1. Voir *supra*, chap. II, p. 234.
2. Cité *supra*, chap. II, pp. 261-262.
3. *Supra*, chap. III, pp. 270-273.
4. *Prerogative of Popular Government*, *Works* (1771), p. 241.
5. *Supra*, chap. I, pp. 98-101.
6. *Supra*, chap. I, p. 103.
7. *Supra*, chap. I, pp. 144-146.
8. *Supra*, chap. I, pp. 160-163.
9. Cité *supra*, chap. II, p. 261.

Appendice.

1. Gregory King, *Natural and Political Observations and Conclusions upon the State and Condition of England, 1696*, publié en appendice au livre de George Chalmers, *Estimate of the Comparative Strength of Great Britain...* (London, 1804). Plusieurs des tableaux établis par King ont été repris (avec de légères modifications) par Charles Davenant dans son *Essay upon the Probable Methods of Making a People Gainers in the Balance of Trade* (cf. Davenant, *Works*, 1771, vol. II). Davenant est, à certains égards, plus utile que King, car il fournit des renseignements sur les méthodes employées par King et sur les sources de ses estimations.

2. D.C. Coleman, « Labour in the English Economy of the Seventeenth Century », *Economic Historical Review*, 2ᵉ série, VIII, 3 (1956), p. 283, et les auteurs qu'il cite.

3. Voir le tableau de King dans Chalmers, pp. 48-49. Nous avons amputé ce tableau de trois de ses colonnes et omis certains totaux qui sont sans intérêt pour notre démonstration.

4. La manière dont a été rédigé le fameux Statut des Apprentis et des Artisans de 1563 pourrait donner à penser que l'on distingue alors entre « serviteurs » (section 7) et « artisans et travailleurs loués à la journée ou à la semaine » (section 9). Mais la section 11 n'établit aucune distinction entre eux : elle parle indifféremment des « serviteurs, travailleurs et artisans engagés à l'année, à la journée ou autrement » ou encore des « sus-dits artisans, agriculteurs ou tous autres travailleurs, serviteurs ou ouvriers ». Quelle qu'ait été l'intention des auteurs de ce statut, les sources citées dans les quatre notes suivantes font clairement apparaître que le terme « serviteur » comprend, au XVIIe siècle, les « travailleurs » et autres personnes engagées pour moins d'un an.

5. Sur le taux des salaires, voir, par exemple, George Unwin, *Studies in Economic History*, éd. Tawney, 1927, p. 296 (taux de salaire en 1630 de certaines catégories précises de serviteurs employés dans l'industrie textile) ; on trouvera, p. 292, l'exemple intéressant d'un drapier employant en 1615 un grand nombre de serviteurs payés à la tâche. Sur les auteurs économiques du XVIIe siècle, on pourra consulter d'Andrew Yarranton, *England's Improvement by Sea and Land* (London, 1677), pp. 124-125, 127, 132, 164-171, 179-188 ; Thomas Firmin, *Some Proposals for the Imployment of the Poor* (London, 1681), pp. 9, 45 ; John Carey, *Essay on the State of England* (*Bristol*, 1695), p. 161.

6. Mildred Campbell, *The English Yeoman under Elizabeth and the Early Stuarts* (New Haven, 1942), App. III, p. 398.

7. Campbell, *op.cit.*, pp. 212-214.

8. Voir Unwin, *op.cit.*, et les économistes contemporains qu'il cite p. 282, n. 2.

9. Cf. la description que donne Coleman du sous-emploi de la main-d'œuvre rurale, dont il dit que « si jamais catégorie sociale a constitué "une armée de réserve du travail", c'est bien elle ». *Econ. Hist. Review*, 2e série, VIII, 3, p. 289.

10. King *in* Chalmers, p. 39.

11. King *in* Chalmers, p. 40.

12. En modifiant nos hypothèses, tout en demeurant largement dans les limites du vraisemblable, on obtient des chiffres situés entre 600 000 et 500 000. Il serait fastidieux de
reproduire ici nos calculs ; il suffit de noter que nos résultats
s'accordent avec les chiffres fournis par King dans son tableau III.

13. Si l'on considère l'ensemble de la population mascu-
line, les hommes qui ont entre seize et vingt et un ans représentent 18 % de l'ensemble des hommes qui ont vingt et un
ans et plus (King, tableau IV) ; pour les serviteurs résidant
chez leurs maîtres, le pourcentage est probablement plus
élevé, puisque tous les apprentis (qui ont en général entre
seize et vingt et un ans) sont comptés dans cette catégorie de
serviteurs. La seule autre indication, c'est que l'âge moyen de
ces serviteurs est de vingt-sept ans (tableau IV), ce qui peut
s'accorder avec l'hypothèse que la moitié au plus de ces serviteurs a moins de vingt et un ans.

14. King *in* Chalmers, p. 40. Par « ceux qui ont plus de
vingt et un ans », il semble entendre ceux qui ont vingt et un
ans révolus.

15. King *in* Chalmers, p. 39. Yarranton note la difficulté
qu'éprouvent les veuves qui ont des enfants à se remarier,
même lorsqu'elles possèdent des biens (A. Yarranton, *England's Improvement* (1677), pp. 165-168, 172).

16. Dans ses tables concernant la ville de Gloucester, King
note que les vieilles filles à la tête d'un ménage représentent
4,7 % de l'ensemble des ménages (King *in* Chalmers, pp. 70-
71).

17. Pour faire bref, nous dirons hommes adultes pour désigner ceux qui ont vingt et un ans et plus.

18. Cette catégorie englobe probablement les hommes de
la marine de guerre et ceux de la marine marchande, dont
Davenant parle nommément ; en tout état de cause, les uns
et les autres peuvent être considérés comme des salariés (Davenant, II, p. 201).

19. Nous posons toutefois en principe que chacune des
« familles » de marins a à sa tête un homme ; autrement dit,

nous postulons que les veuves de marins sont rangées dans la catégorie des employés ou dans celle des *cottagers* et des pauvres.

20. Cette hypothèse est arbitraire, mais nullement absurde. Car une correction de cet ordre permet d'aboutir à un nombre total d'hommes âgés de plus de vingt et un ans qui est presque identique à celui que donne King dans son tableau IV (1 300 000).

21. Voir *infra*, pp. 477-480.

22. Comme dans le cas des marins, nous posons en principe que chacune des familles de soldats a à sa tête un homme, mais il nous faut tenir compte de ceux qui sont mineurs. Si nous ne les évaluons qu'au septième, au lieu du quart comme pour les marins, de l'ensemble des soldats, c'est que le métier de marin semble avoir été plus lucratif que celui de soldat et avoir attiré davantage d'hommes jeunes.

23. A.S.P. Woodhouse, *Puritanism and Liberty* (1938), pp. 82-83 ; *Deuxième Accord, ibid.*, p. 357 ; *Troisième Accord, in* Don M. Wolfe, *Leveller Manifestoes*, p. 269 : tous ces textes parlent de « ceux qui reçoivent des aumônes ». Pour l'expression « mendiants », voir *Letter* du 11 novembre 1647, *in* Woodhouse, p. 452 ; *The Grand Designe* (8 décembre 1647) ; *Petition* du 18 janvier 1648, *in* Wolfe, *Leveller Manifestoes*, p. 269.

24. Débats de Putney, *in* Woodhouse, p. 83.

25. King *in* Chalmers, p. 36.

26. Davenant, *Works*, II, pp. 203-204.

27. *Ibid.*, pp. 203, 205.

28. *Ibid.*, p. 201.

29. Cf. G.M. Trevelyan, *English Social History*, 1946, p. 274 : De ces *cottagers* et de ces pauvres, cet historien déclare : « nous sommes en droit de supposer qu'ils représentent ceux qui essayaient d'assurer leur indépendance économique en évitant d'être salariés et qui, à en croire King, y réussissaient fort mal ».

30. King *in* Chalmers, p. 55.

31. *Ibid.*, p. 57.

32. *Ibid.*, p. 59.

33. *Ibid.*, p. 73.

34. Voir *supra*, chap. II, p. 191-192.

35. Voir Note S, *infra*, p. 495-496.

36. King *in* Chalmers, p. 59.

37. La classe 3 passerait de 21 400 hommes à 42 800 ; de 181 300, la classe 2 serait réduite à 159 000 hommes ; quant aux classes 1 et 4, elles demeureraient telles quelles. Le suffrage des non-salariés ne bougerait pas (438 000), le suffrage des contribuables passerait de 417 000 à 395 600 hommes ; quant aux suffrages des propriétaires et au suffrage universel masculin, ils resteraient inchangés.

38. Le total des hommes adultes donné par King dans son tableau IV est de 1 300 000.

39. Voir Note K, *infra*, pp. 489-490.

40. C.H. Firth, *Cromwell's Army* (1902), pp. 33, 34.

41. 22 000 hommes pour la Nouvelle Armée et 10 000 pour l'armée du Nord (Firth, *op. cit.*, p. 34).

42. Firth, *op. cit.*, pp. 34-35.

43. Firth and Davies, *Regimental History of Cromwell's Army*, I, pp. XVII-XVIII.

44. Firth, *Cromwell's Army*, p. 40.

45. Cette proportion peut sembler trop élevée, bien qu'elle soit très sensiblement inférieure à celle de cette classe par rapport à l'ensemble de la population. Nous pourrions réduire cette proportion, mais il nous faudrait alors augmenter le nombre des soldats qui appartiennent à la classe 3 dans des proportions qui ne s'accordent guère avec ce que nous savons de la proportion des hommes faisant partie de la classe 3 par rapport à l'ensemble de la population.

ŒUVRES ET ÉDITIONS CITÉES

I. OUVRAGES DU XVIIᵉ SIÈCLE

1. Harrington.

Nous citons toutes ses œuvres d'après l'édition de 1771 de *Oceana and Other Works*, publiée à Londres.

2. Hobbes.

Behemoth or the Long Parliament, ed. F. Tönnies, Londres, 1889.
De Cive, voir *Philosophical Rudiments*.
Decameron Physiologicum, dans *English Works*, ed. Molesworth, Londres, 1839-1845, vol. VII.
Elements of Law Natural and Politic, ed. F. Tönnies, Cambridge, 1928.
Elements of Philosophy, the First Section, Concerning Body, dans *English Works*, ed. Molesworth, vol. I.
Leviathan, ed. W.G. Pogson Smith, Oxford, 1929.
Philosophical Rudiments Concerning Government and Society.
Cette version anglaise (1651) du *De Cive* (1642) a été publiée sous le titre *De Cive or The Citizen* par S.P. Lamprecht, New York, 1949. C'est à cette édition que renvoie la mention *Rudiments*.

3. Écrits des Niveleurs.

On trouvera de très nombreux textes niveleurs dans les recueils modernes suivants :

William Haller (ed.), *Tracts on Liberty in the Puritan Revolution, 1638-1647*, 3 vol., New York, 1934 (abréviation : Haller, *Tracts*).

William Haller et Godfrey Davies (eds.), *The Leveller Tracts 1647-1653*, New York, 1934 (abréviation : Haller and Davies).

Don M. Wolfe (ed.), *Leveller Manifestoes of the Puritan Revolution*, New York, 1944 (abréviation : Wolfe).

A.S.P. Woodhouse (ed.), *Puritanism and Liberty, being the Army Debates (1647-1649) from the Clarke Manuscripts, with Supplementary Documents*, Londres, 1938 (abréviation : Woodhouse).

Pour les textes publiés partiellement ou intégralement dans l'un de ces recueils, nous indiquons en note la référence au recueil correspondant ; pour les autres textes, nous renvoyons aux originaux et, le cas échéant, aux ouvrages modernes qui les reproduisent partiellement.

4. Locke.

a) Ouvrages publiés.

An Essay Concerning Human Understanding, ed. A.C. Fraser, Oxford, 1894.

Essays on the Law of Nature, ed. W. von Leyden, Oxford, 1954.

The Reasonableness of Christianity, dans *Works*, 6ᵉ édition, Londres, 1759, vol. II.

Some Considerations of the Consequences of the Lowering of Interest and Raising the Value of Money, dans *Works*, 6ᵉ édition, 1759, vol. II.

Two Treatises of Government, ed. Peter Laslett, Cambridge, 1960.

b) Manuscrits.

Journal pour l'année 1678. Publié dans H.R. Fox Bourne, *The Life of John Locke*, New York, 1876, vol. I, pp. 403-404.

Civil Magistrate (1660). Bodleian Library, Ms. Locke, c. 28 et
    e. 7.
Report on the Poor (1697). Publié dans H.R. Fox Bourne, *The
    Life of John Locke*, 1876, vol. II, pp. 377-391.
Trade. Bodleian Library, Ms. Locke, c. 30, f. 18.

II. OUVRAGES POSTÉRIEURS

Les titres, dates et lieux de publication (autres que Londres) de tous les ouvrages modernes cités ou mentionnés
dans ce volume sont donnés dans la première des notes infra-
paginales, ou de celles situées à la fin du volume, dans laquelle mention est faite de ces ouvrages. Pour retrouver ces
références, il suffit de se reporter à l'Index : le premier chiffre (ou les premiers chiffres, au cas où nous citons plusieurs
ouvrages d'un même auteur) renvoie à la page où figurent
toutes les références nécessaires.

POSTFACE

L'INDIVIDU ET SES PROPRIÉTÉS

L'ouvrage de Crawford Brough Macpherson (1911-1987) constitue un élément marquant de l'histoire de la pensée anglo-américaine classique. Ce domaine a connu, depuis les années 1950, de profonds bouleversements liés à l'édition critique des œuvres des auteurs majeurs tels Hobbes et Locke, mais aussi — et peut-être *surtout* — au profond renouvellement d'ordre méthodologique qu'a connu l'histoire des idées dans le domaine politique. On ne peut certes pas dire de *La Théorie politique de l'individualisme possessif* qu'elle participait en soi de ce renouvellement. Pour autant, on limiterait l'intelligence que nous pouvons avoir de cette séquence de la pensée politique si l'on se privait de la connaissance approfondie d'un ouvrage qui constitue indéniablement l'un des piliers du contexte historiographique — certains ajouteront : « idéologique » — dans lequel ce revirement méthodologique intervint et acquit sa pleine signification. La richesse, l'érudition, la sophistication des arguments et la profusion des implications politiques qui caractérisent les prises de position en ce domaine sont telles que nous ne pourrions leur faire droit dans cette postface. Du moins pouvons-nous en dégager les principales lignes de force.

Lecture marxiste des révolutions bourgeoises

La discussion portant sur la pensée politique a connu successivement trois axes majeurs de problématisation. Le premier mettait essentiellement aux prises conservateurs et modernes, le deuxième, libéraux et progressistes, le troisième enfin : libéraux et républicains. Nous ne reviendrons pas sur le premier pour porter immédiatement notre attention sur le deuxième. À ce titre, il est inévitable de repartir de la fameuse critique marxienne des « droits de l'homme » et des révolutions bourgeoises. Dans un texte de 1867, qu'en raison de sa force et de son efficace intellectuelle nous nous permettrons de reprendre intégralement, Marx identifiait vigoureusement les bases de ce qui deviendra la lecture « progressiste » :

> [...] la sphère de la circulation des marchandises, écrit-il, où s'accomplissent la vente et l'achat de la force de travail, est en réalité un véritable Éden des droits naturels de l'homme et du citoyen. Ce qui y règne seul, c'est Liberté, Égalité, Propriété et Bentham. *Liberté !* car ni l'acheteur ni le vendeur d'une marchandise n'agissent par contrainte ; au contraire, ils ne sont déterminés que par leur libre arbitre. Ils

passent contrat ensemble en qualité de personnes libres et possédant les mêmes droits. Le contrat est le libre produit dans lequel leurs volontés se donnent une expression juridique commune. *Égalité !* car ils n'entrent en rapport l'un avec l'autre qu'à titre de possesseurs de marchandise, et ils échangent équivalent contre équivalent. *Propriété !* car chacun ne dispose que de ce qui lui appartient. *Bentham !* car pour chacun d'eux il ne s'agit que de lui-même. La seule force qui les mette en présence est celle de leur égoïsme, de leur profit particulier, de leurs intérêts privés. Chacun ne pense qu'à lui, personne ne s'inquiète de l'autre, et c'est précisément pour cela qu'en vertu d'une harmonie préétablie des choses, ou sous les auspices d'une providence tout ingénieuse, travaillant chacun pour soi, chacun chez soi, ils travaillent du même coup à l'utilité générale, à l'intérêt commun[1].

Faisant écho à certains aspects de la critique du droit et de la propriété que donne Rousseau dans le *Second Discours sur l'origine et les fondements de l'inégalité parmi les hommes*, Marx se fait moraliste dans la dénonciation de cette innovation juridique et politique. Il inscrit d'emblée « les droits de l'homme » dans l'horizon d'une duplicité qu'il s'agit pour lui de faire éclater au grand jour. Paradant sous les augures d'une égalité morale enfin conquise entre les êtres humains, les « droits de l'homme » représenteraient bien plutôt la consécration de l'égoïsme moral. Les

---

1. Karl Marx, *Le Capital*, trad. fr. J. Roy, révisée par l'auteur, livre I, chap. VI, « La transformation de l'argent en capital », Paris, Éditions sociales, 1976, p. 135.

« droits de l'homme » ne mettent pas les êtres humains sur un pied d'égalité, mais les jettent en fait bien plus sûrement les uns contre les autres. À cette première dimension de la critique marxienne, qui recoupe certains aspects de la critique conservatrice, telle qu'elle se trouve notamment exprimée dans les travaux d'Edmund Burke[1], Marx en ajoute une seconde, interne celle-ci et reposant sur une contestation de la dimension d'émancipation des « droits de l'homme » et, en général, des déclarations qui se font fort de les instituer. À l'instar de Rousseau, mais dans les termes d'une philosophie de l'histoire revue et précisée grâce aux catégories de l'économie classique, Marx dénonce la partialité d'un dispositif juridique dont la finalité ne serait que de préserver les intérêts de la classe possédante au détriment des autres : nul n'ignore que pour lui,

> la société bourgeoise moderne, qui est issue des ruines de la société féodale, n'a pas surmonté les antagonismes de classes. Elle a mis seulement en place des classes nouvelles, de nouvelles conditions d'oppression, de nouvelles formes de lutte à la place des anciennes[2].

Marx ne considère pas que le discours des droits de l'homme est lui-même travaillé par une contra-

1. *Réflexions sur la Révolution française* (1790), trad. P. Andler, Paris, Hachette Pluriel, 1989, pp. 74 *sq.*
2. Marx et Engels, « Manifeste du parti communiste » (1848), in *Philosophie*, éd. Maximilien Rubel, Paris, Folio essais, 1994, p. 399.

diction entre une logique d'émancipation et une logique d'aliénation[1]. Ce discours est bien plutôt l'expression, le symptôme, la résultante en même temps que l'instrument d'une domination de classe. L'homme non-propriétaire de moyens de production se retrouverait ainsi doublement esclave : esclave à l'égard de son propre intérêt et esclave à l'égard de celui qui daignera lui acheter sa force de travail[2]. L'État et le droit sont par essence un État et un droit « bourgeois », c'est-à-dire qu'ils correspondent à ces conditions nouvelles de l'oppression auxquelles répondront des formes de luttes inédites.

Le témoignage de Tocqueville

Ces écrits de Marx ne sont pas seulement des actes visant, par l'invention d'un nouveau langage

1. Marcel Gauchet a, pour sa part, mis l'accent sur cette dimension intrinsèquement dialectique des déclarations. Il écrit en ce sens : « Il est un envers menaçant — qui ne le sait à présent ? — du projet d'une société libérée de toute oppression : la domination totale. Il peut parfaitement y avoir aussi un revers à la lutte naïve pour l'accroissement de la sphère des droits de l'individu : le renforcement du rôle de l'État, l'approfondissement de l'anonymat social, l'aggravation encore du désintérêt pour la chose publique et de la banalisation angoissée des conduites » (« Les droits de l'homme ne sont pas une politique » (1980), *in* Marcel Gauchet, *La Démocratie contre elle-même*, Paris, Gallimard, 2002, pp. 24-26).

2. Karl Marx : *La Sainte Famille* (1845), avec F. Engels, Paris, Éditions sociales, 1969, p. 139 : « La reconnaissance des droits de

de l'émancipation, à subvertir l'ordre des discours politiques alors prédominants. Ses interventions ont aussi valeur de témoignage. Marx exprime en fait une vision du monde social à laquelle n'étaient pas insensibles certains libéraux. Alexis de Tocqueville rapporte ainsi, dans ses *Souvenirs* (1850-1851), qu'avec quelques amis parlementaires il avait songé à rédiger « un programme sous forme de manifeste » qui définirait leur démarche pour « la session législative prochaine ». Tocqueville fut chargé de rédiger ce programme et en octobre 1847 il s'attela à la tâche. Il écrivit alors, avec la clairvoyance à laquelle il nous a accoutumé :

> Le temps viendra où le pays se trouvera de nouveau partagé entre deux grands partis. La Révolution française, qui a aboli tous les privilèges et détruit tous les droits exclusifs, en a pourtant laissé subsister un, celui de la propriété. Il ne faut pas que les pro-

l'homme par l'État moderne ne signifie pas autre chose que la reconnaissance de l'esclavage par l'État antique. La base naturelle de l'État antique, c'était l'esclavage; celle de l'État moderne, c'est la société bourgeoise, l'homme de la société bourgeoise, c'est-à-dire l'homme indépendant, qui n'est rattaché à autrui que par le lien de l'intérêt privé et de la nécessité naturelle, dont il n'a pas conscience, l'esclavage du travail intéressé, de son propre besoin égoïste d'autrui. L'État moderne, dont c'est la base naturelle, l'a reconnue comme telle dans la proclamation universelle des droits de l'homme. Et ces droits, il ne les a pas créés. Produit de la société bourgeoise poussée, par sa propre évolution, à dépasser les anciennes entraves politiques, il ne faisait que reconnaître quant à lui sa propre origine et son propre fondement en proclamant les droits de l'homme. »

priétaires se fassent illusion sur la force de leur situation, ni qu'ils s'imaginent que le droit de propriété est un rempart infranchissable parce que, nulle part jusqu'à présent, il n'a été franchi, car notre temps ne ressemble à aucun autre. Quand le droit de propriété n'était que l'origine et le fondement de beaucoup d'autres droits, il se défendait sans peine ou plutôt, il n'était pas attaqué ; il formait alors comme le mur d'enceinte de la société dont tous les autres droits étaient les défenses avancées ; les coups ne portaient pas jusqu'à lui ; on ne cherchait même pas sérieusement à l'atteindre. Mais aujourd'hui que le droit de propriété n'apparaît plus que comme le dernier reste d'un monde aristocratique détruit, lorsqu'il demeure seul debout, privilège isolé au milieu d'une société nivelée, qu'il n'est plus à couvert derrière beaucoup d'autres droits plus contestables et plus haïs, son péril est plus grand ; c'est à lui seul maintenant à soutenir chaque jour le choc direct et incessant des opinions démocratiques. [...] Bientôt, ce sera entre ceux qui possèdent et ceux qui ne possèdent pas que s'établira la lutte politique ; le grand champ de bataille sera la propriété, et les principales questions de la politique rouleront sur des modifications plus ou moins profondes à apporter au droit des propriétaires. Nous reverrons alors les grandes agitations publiques et les grands partis[1].

La position de Tocqueville est intéressante à plusieurs égards. Si elle permet bien sûr d'apprécier la

1. Alexis de Tocqueville, *Souvenirs* (1850-1851), éd. L. Monnier, J.P. Mayer et B.M. Wicks-Boisson, Préface Cl. Lefort, Paris, Gallimard, coll. « Folio Histoire », 1999, pp. 21-22.

justesse de ses analyses de la dynamique démocratique en général, elle a aussi le mérite de présenter
une forme singulièrement aboutie de problématisation du statut de la Révolution. Avec Tocqueville, le
monde nouveau se détourne d'un régime ancien et,
à l'heure d'apprécier les fruits d'une telle révolution,
réalise que celle-ci est toujours en mouvement, sans
que l'on puisse en entrevoir alors le terme. Le « choc
direct et incessant des opinions démocratiques »
poursuit son œuvre et, du terrain politique, aspire à
se déplacer désormais vers le terrain social[1]. Partout,
Tocqueville dit percevoir les « signes précurseurs de
cet avenir » et s'étonne que ses collègues parlementaires ne fassent le nécessaire pour, modifiant le
« droit des propriétaires », garder la société présente
de la « vieille maladie démocratique » :

> Croit-on que ce soit par hasard, par l'effet d'un
> caprice passager de l'esprit humain, qu'on voit ap-
> paraître de tous côtés ces doctrines singulières, qui
> portent des noms divers, mais qui toutes ont pour
> principal caractère la négation du droit de pro-
> priété, qui, toutes, du moins, tendent à limiter, à
> amoindrir, à énerver son exercice ? Qui ne recon-

---

1. Comme François Furet l'écrivait, à propos du marxisme,
dans *Penser la Révolution française* (Paris, Gallimard, coll. « Folio
Histoire », 1978, pp. 30-31) : « [...] le marxisme — ou disons ce
marxisme qui pénètre avec Jaurès l'histoire de la Révolution —
déplace vers l'économique et le social le centre de gravité du
problème de la Révolution. Il cherche à enraciner dans les progrès
du capitalisme la lente promotion du Tiers État, chère à l'historiographie de la Restauration, et l'apothéose de 1789. »

naît là le dernier symptôme de cette vieille maladie démocratique du temps dont peut-être la crise approche ?

L'enjeu d'une telle discussion renvoie ni plus ni moins au statut des révolutions. Quand finissent-elles ? demandera-t-on. La lecture de l'*Histoire socialiste de la Révolution française* de Jean Jaurès nous rappelle clairement qu'en définir le terme, c'est aussi concomitamment déterminer le sens et la portée de l'émancipation voulue[1]. Il peut en découler qu'une autre révolution est encore à venir ou à craindre. Là encore, retrouvons Tocqueville. Le 29 janvier 1848, il s'adressait à la Chambre des députés en ces termes :

> On dit qu'il n'y a point de péril, parce qu'il n'y a pas d'émeute ; on dit que, comme il n'y a pas de désordre matériel à la surface de la société, les révolutions sont loin de nous. Messieurs, permettez-moi de vous dire que je crois que vous vous trompez. Sans doute, le désordre n'est pas dans les faits, mais il est entré bien profondément dans les esprits. Regardez ce qui se passe au sein de ces classes ouvrières, qui,

1. Jean Jaurès, *Histoire socialiste de la Révolution française*, Paris, Éditions sociales, 1968. La littérature consacrée à cette question est extrêmement vaste et dense. Nous nous contenterons de renvoyer, s'agissant de l'histoire de France, à l'ouvrage de François Furet, *Penser la Révolution française, op. cit.* Cet ouvrage était au cœur des discussions au moment du Bicentenaire de la Révolution française et permettra de retrouver les références des ouvrages de ceux qui furent alors ses adversaires.

aujourd'hui, je le reconnais, sont tranquilles. Il est vrai qu'elles ne sont pas tourmentées par les passions politiques proprement dites, au même degré où elles en ont été tourmentées jadis ; mais, ne voyez-vous pas que leurs passions, de politiques, sont devenues sociales ? Ne voyez-vous pas qu'il se répand peu à peu dans leur sein des opinions, des idées, qui ne vont point seulement à renverser telles lois, tel ministère, tel gouvernement même, mais la société, à l'ébranler sur les bases sur lesquelles elle repose aujourd'hui ? N'écoutez-vous pas ce qui se dit tous les jours dans leur sein ? N'entendez-vous pas qu'on y répète sans cesse que tout ce qui se trouve au-dessus d'elles est incapable et indigne de les gouverner ; que la division des biens faite jusqu'à présent dans le monde est injuste ; que la propriété repose sur des bases qui ne sont pas les bases équitables ? Et ne croyez-vous pas que, quand de telles opinions prennent racine, quand elles se répandent d'une manière presque générale, que, quand elles descendent profondément dans les masses qu'elles doivent amener tôt ou tard, je ne sais pas quand, je ne sais comment, mais qu'elles doivent amener tôt ou tard les révolutions les plus redoutables ? Telle est, Messieurs, ma conviction profonde : je crois que nous nous endormons à l'heure qu'il est sur un volcan[1].

De telles observations correspondent parfaitement à l'idée que Marx se faisait alors de la situation politique. « La Révolution française, qui a

1. Alexis de Tocqueville, *Souvenirs, op. cit.*, pp. 23-24.

aboli tous les privilèges et détruit tous les droits exclusifs, en a pourtant laissé subsister un, celui de la
propriété. » Cette assertion est de Tocqueville ; on
imagine pourtant sans peine Marx la reprenant à
son compte, pour dénoncer l'inachèvement, voire
la trahison, de la Révolution. Tant les révolutions
américaine que française pourront, à cette aulne,
être interprétées comme marquant, en une certaine mesure, la victoire de la contre-révolution. La
modération thermidorienne ne serait que l'expression d'une volonté d'interrompre un processus
politique *et* social sur des bases qui soient favorables aux membres de la bourgeoisie. Dans la réin-
terprétation de ce moment de l'histoire politique
moderne pourront se mettre en même temps en
place les premiers éléments d'une historiographie
libérale[1].

L'historiographie libérale et sa critique :
L'apport de C.B. Macpherson

Karl Marx a ouvert, à sa manière, un conflit des
interprétations qu'aujourd'hui l'on ne saurait dire
clos. Nous le constatons tout particulièrement en

---

1. François Furet, *La Révolution en débat*, présentation de Mona
Ozouf, Paris, Gallimard, 1999. Pour la « version américaine de la
Révolution », cf. sur ce point Bruce Ackerman, *Au nom du peuple*
(1991), Préface P. Weill, trad. fr. par J.-F. Spitz, Paris, Calmann-
Lévy, 1998, tome 1, chap. VIII, « La révolution perdue ».

ce qui concerne l'histoire de la pensée politique
anglaise et américaine des XVIIe et XVIIIe siècles. Les
analyses que propose Marx, par exemple dans sa
discussion des thèses de Bruno Bauer dans *Sur la
question juive*, ont profondément marqué tout un
courant dit « progressiste » de l'historiographie[1].
On en retrouvera ainsi très clairement la logique
dans la célèbre étude que Charles Beard — le fondateur de la *New School of Social Research* — donna,
en 1913 (quatre ans avant la révolution d'Octobre !), de la Constitution américaine[2]. Il contesta la
légitimité de l'analyse axée sur le point de vue *politique* des conventionnels, pour expliquer le texte
par référence aux seuls intérêts économiques de
ceux-ci[3]. Cet acte fondateur a eu le mérite — ainsi
que le reconnaît, dans la préface à l'ouvrage en
question, Forrest McDonald (que l'on ne pourra
soupçonner de partialité à son égard) — de rendre
possible le débat constitutionnel et historiographique en mettant un terme à la révérence stérile que,
selon lui, l'on se contentait alors de manifester à
l'égard de la Constitution. On aurait quelque
peine à surestimer les effets de cette analyse économique de la Constitution américaine. En effet,

1. *La Question juive* (1843), trad. fr. par M. Rubel, Paris, Gallimard, 1982, pp. 69-79.
2. Charles Beard, *An Economic Interpretation of the Constitution of
the United States* (1913), New York, Macmillan, 1952, réédition
Free Press, 1986.
3. Voir notamment le chapitre V de cet ouvrage, pp. 73 *sq.*

comme par ricochet, c'est, à travers la question inévitable des origines idéologiques de la pensée politique américaine, toute la théorie politique du XVIIᵉ
siècle qui allait se trouver engagée[1]. Si les « Pères
fondateurs » de la République américaine étaient
porteurs d'intérêts de classe, il fallait bien que les
penseurs ayant mis à leur disposition les ressources
intellectuelles de leur révolution ne le fussent pas
moins. Pendant près de quarante ans, cette interprétation ne sera pas décisivement contestée. Elle
le sera en revanche dans les années 1950, notamment par Louis Hartz[2], Clinton Rossiter[3] et Richard
Hofstadter[4]. Le contexte politique est alors bien
différent : c'est une époque marquée par la guerre
froide et les luttes de libération nationale. Par
leurs efforts conjugués, ces historiens et ces polito-
logues entreprirent de réhabiliter le principe
d'une lecture *politique* de la révolution américaine,
en s'attachant à établir le rôle moteur que, dans ce
processus, jouèrent en premier lieu les idées et
non plus les intérêts économiques. C'est essentiellement à partir de la figure de John Locke que se
déployèrent leurs travaux. Ce dernier devenait en

---

1. Sur cette école historiographique progressiste, on pourra
lire l'ouvrage de Richard Hofstadter, *The Progressive Historians :
Turner, Beard, Parrington*, Chicago, University of Chicago Press,
1979.
2. *The Liberal Tradition in America*, New York, Harcourt, 1955.
3. *Seedtime of the Republic*, New York, Harcourt, 1953.
4. *The American Political Tradition*, New York, Vintage, 1957.

quelque sorte le père de la révolution américaine et de la république qui en jaillit. Contre la méthode « progressiste » d'interprétation de la pensée et des pratiques politiques et constitutionnelles, ils soulignèrent l'influence que des considérations d'ordre strictement politique exercèrent sur le cours des événements, et la puissance ainsi que — se situant par là résolument dans la perspective tracée par Tocqueville — la continuité de l'attachement à une conception libérale du droit et du gouvernement (absence de féodalité oblige), sur le mode de ce que l'on a pu alors appeler le « consensus libéral ».

C'est précisément dans le contexte de ce revirement historiographique qu'il faut situer l'ouvrage de Crawford Macpherson. L'auteur a étudié à l'Université de Toronto puis à la prestigieuse London School of Economics and Political Science, où enseignait alors notamment Harold Laski — politologue célèbre[1] qui était en même temps une figure centrale du Parti travailliste. Celui-ci exerça une influence certaine sur le jeune Macpherson, comme ce dernier le reconnaîtra souvent. À son instar, Macpherson cherchera, dans le contexte de sciences sociales dominées par une conception positiviste de l'objectivité, à concilier son engagement militant,

---

1. Ses œuvres sont nombreuses ; nous signalerons seulement celle qui est la plus significative pour nous, soit : *Political Thought in England from Locke to Bentham* (1920), Westport, Greenwood Press, 1973.

nettement marxiste[1], et ses travaux universitaires.
Nous pouvons à cet égard soutenir sans craindre de
faire erreur que Macpherson ne participe pas de ce
processus de « dépolitisation » des études d'histoire
des théories politiques que décrit Robert Wolker
pour l'Angleterre du XXe siècle[2]. À cet égard, il se
situe bien davantage sur des bases qu'occupe encore
aujourd'hui Quentin Skinner, lorsque celui-ci dit de
sa démarche d'historien qu'elle « culmine en une revendication d'ordre politique : la plume est une arme
puissante ». Ce qui lui permet cependant d'ajouter
pour sa part que si nous sommes de fait en partie
tenus par les langages normatifs dans lesquels nous
nous insérons, nous pouvons aussi « être plus libres

---

1. Ce qui n'allait pas parfois sans une certaine dose d'aveuglement politique, comme par exemple, lorsqu'il entreprend,
en 1965, de consacrer de longues analyses aux trois types de démocratie : la démocratie libérale, la variante communiste de la
démocratie et la démocratie dans le tiers-monde et qu'il se demande notamment sous quelles conditions l'État mené par une
avant-garde peut être dit « au sens large » un État démocratique. Il ne fait aucun doute que Macpherson était un fervent
démocrate, on peut néanmoins regretter que le degré d'analyse
empirique dont il était capable dans l'étude des pensées du
XVIIe siècle n'ait pas été mieux mis à profit dans l'appréciation
de la situation politique que connaissait alors l'Union soviétique
de Brejnev.

2. « The Professoriate of Political Thought in England since
1914 : A Tale of Three Chairs », *in* D. Castiglione et I.
Hampsher-Monk (éd.), *The History of Political Thought in Natio-
nal Context*, Cambridge, Cambridge University Press, 2001,
pp. 134-158.

que nous le supposons parfois[1] ». Comme Laski, Macpherson aborde donc politiquement l'histoire des idées politiques. Comme Laski également, il avait la conviction que la démocratie ne pourrait protéger ses valeurs constitutives que si elle parvenait à transformer radicalement le système économique capitaliste. Ce sont là des leçons qu'il n'oublierait pas. Fort de cette formation, il revint en 1956 à l'Université de Toronto, où lui fut offerte la possibilité d'enseigner l'économie politique. Si ses publications portaient en général sur la démocratie[2], c'est toutefois par ses travaux en histoire de la philo-

1. Quentin Skinner, *Visions of Politics*, vol. 1, « Regarding Method », Cambridge, Cambridge University Press, 2002, p. 7, et p. 89 : « It is a common place — we are all Marxists to this extent — that our own society places unrecognised constraints upon our imagination. » Notons au passage qu'en donnant une portée « politique » à ses travaux historiographiques, C.B. Macpherson s'accorde paradoxalement un privilège qu'il refuse à Hobbes ou à Locke, qui n'ont la latitude, en ce qui les concerne, que d'exprimer des intérêts de classe.

2. *Democracy in Alberta : The Theory and Practice of a Quasi-Party System* (1953, rééd. Toronto, Toronto University Press, 1968), *The Real World of Democracy* (1966, rééd. Oxford, Oxford University Press, 1972, trad fr. : *Le Véritable Monde de la démocratie*, Montréal, Presses de l'Université du Québec, 1976), *Democratic Theory : Essays in Retrieval* (Oxford, Clarendon Press, 1973), *The Life and Times of Liberal Democracy* (1977, rééd. Oxford, Oxford University Press, 1990, trad. fr. par A. d'Allemagne : *Principes et limites de la démocratie libérale*, Montréal, Boréal, 1985), *The Rise and Fall of Economic Justice, and Other Papers. The Role of State, Class and Property in Twentieth-Century Democracy* (Oxford, Oxford University Press, 1987).

sophie politique[1] qu'il établit tout d'abord, et peut
être le plus durablement, sa renommée académique[2].

Sa démarche n'était évidemment pas isolée[3]. Son
ambition était d'opposer à une historiographie « libérale » une interprétation « progressiste » des
auteurs majeurs des XVIIe et XVIIIe siècles, dont la clef
de lecture serait à aller chercher dans des présupposés sociaux implicites. Pour Macpherson, l'insuffi-
sance voire l'absence de prise en compte de ces
présupposés explique que de nombreux problèmes
d'interprétation subsistent encore au moment où il
entreprend son étude (*supra*, pp. 20 *sq.*). Partant du
principe qu'il serait « étonnant que les théoriciens
politiques énoncent toujours clairement tous les
présupposés dont ils se servent » (*supra*, p. 21),
Macpherson — présupposant lui-même que la pensée
d'un auteur est toujours pleinement cohérente[4] — se

1. Outre le présent ouvrage, il faut signaler son livre consacré
à *Burke* (Oxford, Oxford University Press, coll. « Past Masters »,
1980) et son édition du *Leviathan* de Hobbes (Londres : Penguin
Books, 1985).

2. La reconnaissance académique ne se fit en effet pas attendre
et, en 1958, il fut élu à la Société royale du Canada et associé, comme
chercheur, au Churchill College de l'Université de Cambridge.

3. Walter Euchner, s'intéressant plus spécifiquement à la
conception lockienne de la loi naturelle, développera une analyse convergente dans *Naturrecht und Politik bei John Locke* (1969),
Francfort, Suhrkamp, 1991.

4. Ce point est évidemment contestable et il le fut, notamment
par Quentin Skinner dans deux articles, « Interpretation,
Rationality and Truth » et « Meaning and Interpretation in the
History of Ideas », repris dans *Visions of Politics, op. cit.*, pp. 54-56
et, en référence explicite à Macpherson, pp. 70-72.

donne pour tâche d'élaborer l'interprétation qui convient dès lors que l'on reconnaît l'importance des présupposés d'ordre socio-économique. Ce type d'option interprétative va évidemment à l'encontre d'une historiographie fondée sur l'étude des intentions *explicites* et *conscientes* de l'auteur. Macpherson s'en explique en arguant que l'auteur peut fort bien ne pas songer à préciser des idées qui ont, pour son époque, un très grand caractère d'évidence. Il reconnaît qu'il faut certes être prudent dans le recours à ce type d'hypothèse ; toutefois, précise-t-il, si l'on constate non seulement que ce présupposé était courant à l'époque, qu'il comble un manque logique dans l'argumentation de l'auteur, et qu'en outre l'auteur renvoie dans un autre contexte à ce que vise ce présupposé, alors « sa présence implicite tout au long [du] raisonnement [se pare d']un caractère de probabilité telle, qu'à vouloir l'ignorer on s'expose à de grands risques d'erreur » (*supra*, p. 22).

Le maintien dans l'implicite d'un tel présupposé peut s'expliquer de différentes manières. Macpherson n'hésitera pas à faire ici référence à la stratégie herméneutique mise au point par Leo Strauss, fondée sur la conviction que l'écriture en philosophie politique comporte le plus souvent des niveaux ésotérique et exotérique qu'il faut s'attacher à identifier. Pour des raisons de prudence ou « de peur d'offenser les lecteurs qu'il souhaitait convaincre » (*supra*, p. 24), un auteur — telle est la thèse de Strauss — pouvait être conduit à dissimuler certaines thèses, prenant ce faisant le risque de glisser dans son propos des incohérences qui auraient cependant le mérite d'alerter le lecteur plus averti qui sait devoir chercher, au-delà de l'explicite dans le texte, le sens véritable de sa pensée[1]. Macpherson estime que l'« existence de tels subterfuges est toujours possible » ; chez Locke, ajoute-t-il, celle-ci est même probable, toutefois, « même chez ce dernier, elle est loin d'expliquer tout ce qui doit l'être ». Et il conclut sur ce point : « Il est beaucoup plus satisfaisant de se rallier à l'hypothèse selon laquelle des présupposés d'ordre social ont été imparfaitement énoncés ou laissés à l'état implicite » (*supra*, p. 24). Pour caractériser le ressort intellectuel de cette dynamique de l'implicite, Macpherson fait fond sur une redéfinition de l'individualisme moderne qu'il fait remonter à l'œuvre de Thomas Hobbes. Peu susceptible d'être estimée appartenir à la tradition libérale, l'œuvre de ce dernier est cependant caractérisée comme étant imprégnée par l'individualisme naissant (*supra*, p. 19). En ce sens, Hobbes participerait pleinement de l'entreprise moderne de destitution de la tradition de la loi naturelle.

Là encore, il est intéressant de constater le parallèle qu'il est possible d'établir entre la démarche de Macpherson et celle de Leo Strauss. Tous deux s'inscrivent dans un rapport critique à cette séquence de la philosophie politique, Macpherson dénonçant l'individualisme libéral qui la caractérise, tandis que

---

1. Leo Strauss, *Droit naturel et histoire* (1953), trad. fr. par M. Nathan et É. de Dampierre, Paris, Champs-Flammarion, 1986 ; cf. notamment son étude de Locke, seconde partie du chapitre 5.

Strauss reproche à cette philosophie politique moderne d'avoir oublié la « vie politique » elle-même
en tant qu'elle se dépasse — ce que comprenait
bien la philosophie politique classique — vers une
vie authentiquement philosophique[1]. Cette lecture
de Hobbes, tant chez Macpherson que chez Strauss,
se caractérise donc par une insistance sur les liens
de continuité qui le rattachent à Locke. Tout
comme Strauss également, Macpherson est amené à
situer la philosophie politique de Locke au principe
de la pensée libérale[2]. Bien qu'adoptant conjointement — mais pour des raisons différentes — une

---

1. Leo Strauss, « On Classical Political Philosophy » (1945), *in*
L. Strauss, *What is Political Philosophy?* Chicago, Chicago University
Press, 1959. Voir également l'ensemble d'articles rassemblés par
Thomas Pangle, *in* Leo Strauss, *The Rebirth of Classical Political
Rationalism*, Chicago, Chicago University Press, 1989. Pour une
critique de cette analyse, cf. Alain Renaut, sa présentation générale à l'*Histoire de la philosophie politique* qu'il a dirigée, tome 1,
Paris, Calmann-Lévy, 1999, pp. 10 *sq.*
2. En ce même sens, voir Pierre Manent, *Histoire intellectuelle du
libéralisme*, Paris, Calmann-Lévy, 1987, pp. 92-93 : chez Hobbes,
écrit-il, « les individus de l'état de nature ne sont pas vraiment
des individus titulaires de droits à eux intrinsèquement attachés,
et le pouvoir ainsi construit n'est pas vraiment protecteur de
leurs droits puisqu'il ne peut les protéger que parce qu'il peut les
menacer. Le programme de ce qui va devenir le libéralisme est
alors tracé ; il s'agira de donner sa pleine extension à l'idée hob-
bienne du pouvoir politique en modifiant son commencement et
sa fin : on interprétera l'individu de l'état de nature de manière
à pouvoir lui attacher des droits intrinsèques, et on conservera le
pouvoir de façon qu'il puisse seulement protéger les droits individuels, non les attaquer. Telle sera la démarche de Locke. »

attitude critique à l'égard de la modernité libérale, ni Macpherson ni Strauss, nous le voyons, ne contestent la structure interne du « consensus libéral » qui domine alors l'historiographie politique.

La Théorie politique de l'individualisme possessif n'est pas seulement l'œuvre d'un idéologue. L'intérêt de l'ouvrage réside tant dans la systématicité à laquelle il aspire que dans la précision des analyses textuelles qu'il propose. Sa systématicité est d'autant plus féconde intellectuellement qu'elle est déterminée par la référence continue à un concept explicatif, celui d'individualisme possessif, qui conserve encore aujourd'hui une grande pertinence. Trouvant l'une de ses sources d'inspiration dans l'ouvrage, célèbre en son temps, du socialiste chrétien Richard Tawney (1880-1962), *The Acquisitive Society* (1921)[1], Macpherson en précise la nature sur un mode qui lui permet essentiellement de recouvrer la dimension éthique de la critique de la propriété privée et du désir individuel d'appropriation. L'individualisme possessif lui parait être un élément conférant à la tradition libérale son unité et, à ce titre, devrait donc selon lui rendre possible « une compréhension renouvelée des principales théories politiques élaborées au XVIIe siècle[2] ». Cet individualisme, dont il dit qu'il est essentiellement « l'affirmation d'une propriété », est au fondement de la théorie moderne de la démocratie libérale (*supra*, p. 20). S'il ne va pas jusqu'à affirmer que les notions

1. New York, Harcourt & Brace, 1921.
2. Cf. p. 11.

de liberté, de droit, d'obligation et de justice sont toutes déduites strictement de cette idée de possession, il
n'hésite pas cependant à soutenir qu'elles sont toutes
« puissamment façonnées » par elle (*supra*, p. 19)[1].
Massive, la thèse centrale de l'ouvrage s'énonce ainsi :
l'individualisme possessif désigne « la tendance à considérer que l'individu n'est nullement redevable à la
société de sa propre personne ou de ses capacités,
dont il est au contraire, par essence, le propriétaire
exclusif ». Dès le XVIIe siècle, écrit-il,

> l'individu n'est conçu ni comme un tout moral, ni
> comme la partie d'un tout social qui le dépasse, mais
> comme son propre propriétaire. C'est dire qu'on at-
> tribue rétrospectivement à la nature même de l'indi-
> vidu les rapports de propriété qui avaient alors pris
> une importance décisive pour un nombre grandissant
> de personnes, dont ils déterminaient concrètement la
> liberté, l'espoir de se réaliser pleinement. L'individu,
> pense-t-on, n'est libre que dans la mesure où il est
> propriétaire de sa personne et de ses capacités. Or,
> l'essence de l'homme, c'est d'être libre, indépendant
> de la volonté d'autrui, et cette liberté est fonction de
> ce qu'il possède (*supra*, pp. 18-19).

De cette conception de l'individu peut alors procéder une définition de la société · « [...] la société

---

1. Pour une autre histoire moderne de l'individu, cf. Alain Renaut,
L'Ère de l'individu. Contribution à l'histoire de la subjectivité, Paris,
Gallimard, 1989. Sur le lien entre les exigences de l'individualisme
et les théories classiques du marché, dans le contexte d'une étude de
la monadologie leibnizienne, cf. *ibid.*, pp. 141-146.

— soutient Macpherson — se réduit à un ensemble d'individus libres et égaux, liés les uns aux autres en tant que propriétaires de leurs capacités et de ce que l'exercice de celles-ci leur a permis d'acquérir, bref, à des rapports d'échange entre propriétaires. Quant à la société politique, elle n'est qu'un artifice destiné à protéger cette propriété et à maintenir l'ordre dans les rapports d'échange » (*supra*, p. 19). La thèse de Macpherson, en raison de sa radicalité mais en même temps parce qu'elle usait des instruments les plus classiques de l'historiographie politique, suscita immédiatement de nombreuses discussions et de très vives réactions[1]. Elle s'affirma en tous les cas sans tarder comme un contrepoint à l'historiographie dominante qui ne pouvait être légitimement ignoré.

Contestations historiographiques

En dépit des grandes qualités du maître ouvrage de Macpherson en histoire des idées politiques, la « révolution méthodologique[2] » qui se produisit dès la fin

---

1. Par exemple, Isaiah Berlin, « Hobbes, Locke and Professor Macpherson », in *Political Quarterly* 35 (1964), 444–68 ; Robert E. Goodin, « Possessive Individualism Again », in *Political Studies*, 24 (Décembre 1976), pp. 488-501 ; Alan Ryan, « Locke and the Dictatorship of the Bourgeoisie », *Political Studies* (1965), vol. XIII, et Ruth Grant, « Locke's Political Anthropology and Lockean Individualism », in *Journal of Politics*, 50 (1988), pp. 42-63.

2. Jean-Fabien Spitz, « Introduction », *in* Locke, *Le Second Traité du gouvernement civil*, Paris, Presses universitaires de France, 1994, pp. LVIII *sq.*

des années 1960 dans le domaine de l'histoire des
idées politiques ne joua guère en sa faveur. Les nouvelles élaborations méthodologiques engagées par des
auteurs tels que John Dunn[1], Reinhart Koselleck[2],
Quentin Skinner[3] et John Pocock[4], et le développement d'une historiographie républicaine face à la tradition libérale, donnèrent l'occasion d'engager de
nouveaux travaux d'interprétation des œuvres essentielles de cette période de l'histoire intellectuelle. Dans
une telle perspective, les choix épistémologiques de
l'école « progressiste » allaient être mis à rude épreuve.

Si l'on en croit John Pocock, le renouveau méthodologique, qui prit pour cibles les historiographies
straussienne, libérale et marxiste, s'appuie en partie
sur les principes de l'analyse linguistique que pri-
saient les philosophes dans les années 1950[5]. Les

1. « The Identity of History of Ideas » (1968), in *Political Obligation in its Historical Context*, Cambridge, Cambridge University
Press, 1980.
2. « Begriffsgeschichte et histoire sociale », in *Le Futur passé.
Contribution à la sémantique des temps historiques*, Paris, éd. de
l'EHESS, 1990.
3. « Meaning and Understanding in the History of Ideas »
(1969), in *Visions of Politics. Regarding Method*, vol. 1, Cambridge,
Cambridge University Press, 2002.
4. « The History of Political Thought : A Methodological In-
quiry » *in* P. Laslett et W. Runciman (éd.), *Philosophy, Politics, and
Society*, vol. II, Oxford, Blackell, 1962. Cf. également son introduction à *Virtue, Commerce, and History*, Cambridge, Cambridge
University Press, 1985.
5. Pour tracer les grandes lignes de ce renouveau, nous nous ap-
puyons essentiellement ici sur l'analyse qu'en donne John Pocock,

pensées étaient alors interprétées comme des propositions auxquelles correspondent un nombre limité de modes de validation ou bien encore, dans le contexte des théories de la parole conçue comme acte performatif — quand dire c'est faire —, comme des manières d'agir. Ce renouveau ne s'explique pas uniquement par cette évolution dans le domaine de la philosophie du langage. Le travail éditorial de Peter Laslett, sur les ouvrages de Filmer et de Locke, va en outre encourager toute une génération de chercheurs à réévaluer l'importance du cadre théorique et historique dans lequel s'insèrent les œuvres politiques. On commença alors à s'intéresser plus spécifiquement aux langages historiquement déterminés dans lesquels se déployaient les arguments politiques ainsi qu'aux auteurs en tant qu'agents historiques prenant part à des batailles politiques. Si l'édition critique et la publication des écrits de Filmer pouvaient ici jouer un rôle crucial, c'est parce qu'elles permettaient, comme l'indique Pocock, de relire les ouvrages de John Locke et d'Algernon Sidney, comme des *réponses politiques* aux prises de position de Filmer[1].

Une première thématisation de cette manière d'écrire l'histoire des idées politiques allait être engagée, nourrie de la rencontre avec les travaux de Thomas Kuhn sur la notion de paradigme, et soute-

---

notamment dans son introduction à *Virtue, Commerce, and History*, *op. cit.*

1. *Ibid.*, p. 3.

nue notamment par les premiers articles épistémologiques de Quentin Skinner. Ce dernier insistait
alors sur la nécessité de travailler à la détermination
des intentions et des mobiles des auteurs de cette
tradition[1], tout en se gardant, par la multiplication
des points d'appui dans divers types d'archives, des
difficultés particulières que l'on a résumées sous la
formule de « cercle herméneutique[2] ». Le souci de
répondre également à l'objection selon laquelle il
serait difficile d'identifier un ensemble isolé d'intentions propres à un auteur donné et préalable à leur
formulation a incité à un surcroît de précision dans
l'interprétation. Pour tenir compte de cette profonde
objection, il fallait en effet s'attacher à reconstruire
le détail du rapport entre le langage dans lequel
l'auteur s'inscrivait et la manière singulière qu'il avait
de s'y manifester. Cela supposait de rééquilibrer le
rapport entre œuvre singulière et contexte, en mettant en valeur « la matrice sociale et intellectuelle
générale dont sont issus » les travaux des figures majeures de l'histoire de la philosophie politique[3].
Comme Quentin Skinner et John Pocock le souli-

1. Quentin Skinner, *Visions of Politics, op. cit.,* pp. 90-102.
2. *Virtue, Commerce, and History, op. cit.,* p. 4.
3. Quentin Skinner, *Les Fondements de la pensée politique moderne*
(1978), trad. fr. par J. Grossman et J.-Y. Pouilloux, Paris, Albin
Michel, coll. « Bibliothèque de l'Évolution de l'Humanité »,
2001, pp. 9, 12. Skinner distinguait alors sa méthode de celle,
« textualiste », de Pierre Mesnard, dans *L'Essor de la philosophie politique au XVIᵉ siècle,* Paris, Vrin, coll. « De Pétrarque à Descartes »,
1969.

gnent, cette double exigence impliquait que l'on cherche à établir ce que l'auteur cherchait à « faire » lorsqu'il avançait telle ou telle proposition[1]. Cette minutie dans la restitution du rapport entre intention, texte et contexte allait enrichir considérablement la discussion sur les auteurs, et notamment, en raison des enjeux attachés à la question de la fondation de la pensée politique anglo-américaine, sur les œuvres des philosophes anglais du XVIIᵉ siècle. Ce développement historiographique, orienté pour une part essentielle contre la lecture libérale de la tradition, faisait porter ses effets tant sur l'école straussienne que sur l'école « progressiste ».

S'agissant de Macpherson, c'est sans doute son interprétation de Hobbes qui a été le plus immédiatement et le plus fortement contestée. Sur ce point, il semblerait que Macpherson se soit surtout inscrit dans la perspective définie et défendue par Leo Strauss[2]. Nombreuses seront, en tout état de cause, les études s'appliquant à montrer que l'on ne peut

---

1. Quentin Skinner, *Les Fondements de la pensée politique moderne*, *op.cit.*, p. 12 : « Que pouvons-nous donc saisir au juste par cette approche, qui nous aurait échappé à la simple lecture des textes classiques ? Je pense globalement qu'elle nous permet de caractériser l'*acte* que commettaient leurs auteurs en les écrivant. » Dans le même sens, cf. John Pocock, *Virtue, Commerce, and History*, *op. cit.*, p. 5 : « Bref, quelle était la stratégie finalisée *(purposive strategy)*, parfois dissimulée de ses actions ? »

2. C.B. Macpherson, « Hobbes's Bourgeois Man », in *Democratic Theory*, *op. cit.*, pp. 238-250. À rapprocher de Leo Strauss, *The Political Philosophy of Hobbes* (1936), Chicago : Chicago University Press, 1952.

établir de lien entre la pensée politique de Hobbes et l'émergence du capitalisme et des valeurs bourgeoises[1], et que l'on ne peut espérer rendre compte des spécificités de la philosophie politique de Hobbes autrement que par une interprétation des intentions politiques qui étaient les siennes[2].

Fragile sur Hobbes, l'interprétation macphersonienne de Locke a mieux résisté à ses critiques. Dans *La Politique révolutionnaire et les deux Traités du gouvernement de John Locke* (1986)[3], Richard Ashcraft souligne ainsi l'importance de l'ouvrage de Crawford Macpherson pour les études lockéennes. Ce qui ne l'empêche nullement par ailleurs d'y voir l'exemple d'une herméneutique dont il dénonce les limites, en évoquant précisément l'insuffisante prise en compte des données empiriques qui définissent le contexte : « On pourrait, écrit-il dans un premier temps, aborder l'interprétation des théories politiques du XVIIe siècle en utilisant un modèle du capitalisme dans lequel on postule des relations causales dont l'historien suppose qu'elles se situent sur la limite extérieure de la conscience des individus de

---

1. I. Berlin, « Hobbes, Locke and Professor Macpherson », *op. cit.* ; A. Ryan, « Hobbes and Individualism », *in* G. Rogers et A. Ryan (éd.), *Perspectives on Thomas Hobbes*, Oxford University Press, 1992 ; R. Tuck, *Hobbes*, Oxford, Oxford University Press, 1989.

2. James Tully, « After the Macpherson Thesis », in *An Approach to Political Philosophy : Locke in Context*, Cambridge, Cambridge University Press, 1993.

3. Trad. fr. par J.-F. Baillon, Paris, PUF, coll. « Léviathan », 1995.

l'époque. On dit parfois que le capitalisme s'est développé dans le dos de ceux qui lui ont donné naissance. Si on observe le développement de l'histoire sur une durée suffisamment longue, on trouve dans cette remarque un fond de vérité indubitable. [...] Sur le court terme, toutefois, pareilles affirmations ont tendance à sacrifier une trop grande part de ce qui est essentiel pour établir les données empiriques du contexte. » Et, en référence explicite à l'interprétation de Macpherson et à sa propre manière d'envisager la bonne méthode, il précise : « [...] en soulignant l'importance des divisions de classe ou des facteurs économiques, même quand ils ont leur part dans des explications causales, j'ai essayé de considérer ces phénomènes [...] comme de simples exemples particuliers extérieurs à la conscience sociale des acteurs. Il se peut que *nous* choisissions d'y voir des exemples d'illusion ou des étapes du développement historique du capitalisme. Je serais même prêt à démontrer qu'il y a de bonnes raisons pour que nous les considérions ainsi. Mais cela ne nous autorise pas, à mes yeux, à attribuer les concepts ou les intentions définies par rapport à ces concepts aux sujets historiques eux-mêmes[1]. » Concrètement, cette différence d'appréciation du statut des divisions de classe et des facteurs économiques en général l'amène à privilégier une interprétation *politique* des textes classiques dont traite également Macpherson. Il se démarquera ainsi de l'interprétation

1. *Ibid.*, p. 14.

que donne ce dernier des écrits des Niveleurs dans son étude du fondement de la politique radicale, en reprenant notamment son analyse des liens entre Locke et les Niveleurs à la lueur de la question du droit de vote[1]. Ashcraft reproche à Macpherson, non de s'appuyer sur le contexte historique pour étayer son interprétation — ses propres réquisits méthodologiques l'interdisent —, mais de commettre des erreurs factuelles dans l'établissement des données empiriques[2]. Ces erreurs factuelles entraînent évidemment, à ses yeux, des interprétations erronées, comme ce sera aussi le cas en ce qui concerne la manière dont John Locke concevait le statut politique des « classes laborieuses »[3].

Ashcraft critique Macpherson à la manière dont François Furet critiquera les historiographies marxistes qu'il jugeait réductrices parce que obnubilées par les exigences intellectuelles du présent. Dans le même ordre d'idées, lorsque John Dunn présenta sa propre étude de *La Pensée politique de John Locke*, il n'omit pas de dénoncer tant l'interprétation de Crawford Macpherson que celle de Leo Strauss en des termes virulents : Sa présentation des thèses de Locke se veut « historique », martèle-t-il, ce qui implique, selon lui, de donner une « présentation de ce que Locke lui-même a vraiment dit, et non d'une doctrine qu'il aurait ré-

1. *Ibid.*, pp. 162 *sq.*
2. *Ibid.*, p. 163.
3. *Ibid.* p. 290.

digée (sans doute inconsciemment) au moyen
d'une espèce d'encre invisible qui n'apparaîtrait
qu'éclairée par la lumière (ou chauffée par l'ar-
deur) d'un esprit du xxe siècle »[1].

L'enjeu intellectuel et politique de ces discussions est d'importance puisqu'il s'agit de disputer
aux historiographies straussienne et marxiste la
place d'interlocuteur critique privilégié de l'interprétation libérale de la pensée politique moderne.
En dépit des reproches qu'il lui adresse, c'est cependant à Macpherson que John Dunn consacre les
plus nombreuses analyses et c'est sur une discussion
de son hypothèse concernant la fonction du concept de l'individualisme possessif qu'il conclut son
ouvrage. Bien qu'explicite et ferme dans ses désac-
cords interprétatifs, John Dunn prend très au sérieux
la capacité du concept proposé par Macpherson à
capturer la signification du libéralisme capitaliste. Il
ne conteste pas la fécondité du concept en général,
mais doute simplement que la pensée de Locke
puisse être interprétée par ce biais :

> C'est, selon Macpherson, une figure classique du
> libéralisme que de donner de l'essence de l'homme
> une version qui présente la soumission de l'individu
> à l'économie de marché comme non coercitive par
> nature et comme offrant la liberté la plus étendue
> qui soit compatible avec la nature du monde exté-
> rieur. Les marxistes ont raillé avec éloquence le ca-

1. John Dunn, *La Pensée politique de John Locke* (1969), trad. fr.
par J.-F. Baillon, Paris, PUF, coll. « Léviathan », 1991, p. 5.

ractère mensonger de ces prétentions, bien qu'ils n'aient pas encore à ce jour, comme l'admet Macpherson, vraiment réussi à produire une alternative concrète qui soit, sans ambiguïté, moins coercitive. Dans cette perspective, la structure de la pensée de Locke sera peut-être génératrice d'un certain embarras pour les zélateurs les plus simplistes du libéralisme[1].

Autrement dit, s'appuyant sur le sens du concept d'individualisme méthodologique, John Dunn est amené à problématiser la place de Locke au sein de la tradition libérale. Il souligne ainsi qu'« il n'y a absolument aucune raison de supposer que, pour Locke, la soumission de l'individu au marché ne soit pas une expérience coercitive[2] ».

Ce point est en outre confirmé par la manière dont John Locke comprenait les inégalités. Relevant directement de présupposés théologiques, cette conception s'articule à une représentation de la rationalité du mode de vie qui ne l'incite aucunement à « aspirer à un changement social égalitariste[3] ». En conclusion de son propos, John Dunn n'hésite pas à professer une position extrêmement critique à l'égard de notre ère, qui serait bien, selon lui, celle des « théories politiques bourgeoises[4] », et la tonalité plus positive que l'on relève alors dans l'appré-

1. *Ibid.*, p. 266.
2. *Ibid.*
3. *Ibid.*, pp. 266-267.
4. *Ibid.*, p. 267.

ciation de la thèse défendue par Macpherson peut paraître s'expliquer par sa propre critique de l'individualisme moderne.

*Pertinence analytique du concept
d'individualisme possessif*

Le concept macphersonien d'individualisme possessif, s'il n'épuise pas l'entière signification de la tradition libérale, permet bien d'en thématiser une dimension prégnante. C'est ce que nous pouvons constater dans l'usage qu'en fait, par exemple, Charles Taylor dans sa critique de la conception atomiste de l'individu moderne et de ses effets sur la société. Dans *Les Sources du moi*, celui-ci rappelle que nous héritons du XVIIe siècle un atomisme qui nous incite à penser que la société politique est le produit d'une volonté ou à la concevoir d'un point de vue instrumental. La société est conçue comme ayant pour finalité de permettre à l'individu de réaliser les fins qui lui sont propres. Il précise : « De ce siècle, nous héritons nos théories des droits, la tendance moderne à définir les objets requérant une protection juridique *(immunities)* en termes de droits subjectifs. » C'est, ajoute-t-il,

> une conception qui place l'individu autonome au centre de notre système juridique. À Locke, nous devons le vernis qui contribuera à en accroître l'influence, ce que Brough Macpherson a appelé « l'individua-

lisme possessif », une représentation des biens les plus
fondamentaux dont nous jouissons — la vie, la liberté
— sur le mode de la propriété. Cette construction reflète la position d'extrême désengagement vis-à-vis de
lui-même du moi lockien pris dans sa ponctualité
même. La force endurante de cet individualisme est
un signe de l'attrait que conserve cette compréhension de soi[1].

Par-delà cette convergence de fait, que l'on pourrait aisément expliquer en s'appuyant sur le fond
éthique de la critique marxiste ou chrétienne de l'individualisme libéral, nous pouvons également percevoir que, si les analyses historico-philosophiques de
Macpherson peuvent être parfois contestées, cela ne
semble pas priver le concept d'individualisme possessif lui-même de sa valeur heuristique en tant qu'axe
de problématisation d'une position radicalement individualiste telle que celle incarnée de manière dominante par le néolibéralisme contemporain. Un
rappel des thèses défendues par l'un de ses théoriciens les plus illustres nous paraît de nature à rendre manifestes les vertus interprétatives du concept
d'« individualisme possessif ».

D'un point de vue néolibéral, le tort des conceptions « progressistes » de la justice est, à leur niveau
le plus fondamental, d'autonomiser la répartition
sociale des richesses par rapport à la structure de
leur production. Robert Nozick, l'un des penseurs

1. Charles Taylor, *The Sources of the Self. The Making of Modern
Identity*, Cambridge, Harvard University Press, 1989, pp. 196-197.

les plus convaincants de cette tradition, jugeait ainsi, dans *Anarchy, State, and Utopia* (1974)[1], que la structure de la répartition des richesses doit être exclusivement déterminée par la structure de leur production. Le propre des théories redistributives de la justice, comme celle par exemple de John Rawls dans *La Théorie de la justice* (1971)[2], est d'introduire entre ces deux éléments un principe de proportionnalité sur la base duquel une redistribution des richesses produites soit légitime, possible et anticipable. Si cette démarche est inacceptable d'un point de vue néolibéral, c'est parce que le système des droits n'est légitime que lorsqu'il se déploie, comme le rappelle Nozick, selon les « visées individuelles propres à des transactions individuelles ». Dans une telle perspective, il est donc proprement aberrant d'introduire le principe d'une visée supérieure ou ne serait-ce qu'un « modèle de redistribution » :

> Penser que la tâche d'une théorie de la justice distributive, écrit-il, est de remplir l'espace laissé en blanc dans la formule « à chacun selon son... », c'est être prédisposé à rechercher un modèle ; et le traitement séparé de la formule « de chacun selon son... », fait comme si la production et la répartition étaient deux problèmes distincts et indépendants. Du point de vue du droit, ces deux questions *ne sont pas* distinctes[3].

1. *Anarchy, State, and Utopia*, New York, Basic Books, 1974.
2. Trad. fr. par C. Audard, Paris, Seuil, 1997.
3. Nozick, *Anarchy, State, and Utopia, op. cit.*, pp. 159-160.

Il est évident que, pour Nozick, il suffit de produire un objet pour avoir un droit sur lui — dès lors, bien entendu, que nous appartiennent les éléments entrant dans le processus de la fabrication. La question de la propriété de l'objet ne se pose donc pas : « Les choses viennent au monde déjà rattachées à des gens ayant des droits sur elles[1]. »

À l'instar de l'économiste autrichien Friedrich von Hayek dans *Le Mirage de la justice sociale*[2], Nozick considère ainsi que l'instauration d'un principe de redistribution des richesses induira la négation non seulement de l'idée d'égalité entre les individus, mais également et surtout de leur intégrité en tant que tel. Les deux arguments que met en avant Nozick pour justifier une telle thèse montrent, nous semble-t-il, la pertinence du concept d'individualisme possessif pour en déduire les prémisses.

Le premier argument cherche à montrer qu'intuitivement nous serions tous profondément néolibéraux, en ce sens que nous serions viscéralement attachés à l'idée de pouvoir jouir des avantages résultant d'un libre exercice de nos droits de propriété. Cet argument, très souvent repris dans les discussions de l'ouvrage de Nozick, se déploie à partir de son fameux exemple fondé sur la situation d'un joueur professionnel de basket-ball, Wilt Chamberlain.

---

1. *Ibid.*, p. 160.
2. Volume 2 de son ouvrage majeur : *Droit, législation et liberté* (1976), trad. fr. par R. Audouin, Paris, PUF, coll. « Quadrige », 1982.

Schématiquement, l'argument consiste à demander au lecteur de définir ce qui lui paraît être la situation initiale la plus légitime du point de vue de la répartition des biens. Sur cette base, il entend montrer, grâce à l'exemple de ce joueur de basket-ball, qu'intuitivement nous préférons toujours le principe libertarien de circulation des biens et services, plutôt que l'idée libérale d'une redistribution même minime des richesses. La démonstration fonctionne de la manière suivante : nous partons d'une situation (D1) que nous établissons de sorte que la répartition des biens nous apparaisse comme étant légitime. Sur ce intervient un joueur de basket-ball qui, grâce à son talent individuel, va accroître sa part de richesse. Le mécanisme de cette progression est simple : son talent attire du public, le club qui l'engage tire profit de ce pouvoir d'attraction et décide de lui reverser une part des sommes gagnées grâce à lui. Au terme de la saison sportive, la situation sociale présente une structure nouvelle de la répartition des richesses (D2) : Wilt Chamberlain a vu la somme de ses richesses augmenter, et cette augmentation est légitime puisque tous ses « supporters » ont volontairement acheté leur billet d'entrée pour les matches où il se produisait. Celui-ci a donc un droit légitime et absolu sur les richesses accumulées, quand bien même, parallèlement, un autre individu privé de talents monnayables sur le marché aura consommé toutes les ressources que nous lui aurons attribuées dans la situation légitime (Dl). Nozick demande alors : « Si D1 était une répartition

juste, et que les gens, volontairement, sont passés
de D1 à D2, transférant une partie de ce qui leur
revenait en D1 (à quoi sert la répartition, si on ne
peut disposer de ce qui a été réparti ?), alors la répartition en D2 n'est-elle pas également juste[1] ? »

En d'autres termes, dès lors que les individus ont
un droit sur les ressources dont ils disposent en D1,
ce droit comprend nécessairement la possibilité pour
eux d'en disposer librement, par exemple en versant
une partie de leurs ressources à Wilt Chamberlain
ou en procédant à un échange avec lui. Pour Nozick,
cette situation et son évolution en D2 ne peuvent
être considérées comme étant injustes. Autrement
dit : parce que tous les transferts de biens se sont
déroulés légitimement (c'est-à-dire que les individus
avaient un droit sur ce qu'ils transféraient et que
personne ne les contraignait à entrer dans cette relation d'échange), et ce à partir d'une répartition
des biens établie sur une base légitime, alors la nouvelle répartition des richesses (D2) ne peut être que
juste. Chaque individu possède donc un droit absolu de propriété sur les biens dont il dispose désormais en D2 ; ce qui signifie du même coup que
personne ne peut prétendre avoir aussi un droit sur
ces biens. Or, précise Nozick, pour qu'une politique
de redistribution des richesses soit concevable et
légitime, il faudrait que l'on dispose d'un critère
permettant de limiter le droit de propriété sur les
choses. Il faudrait, par exemple, qu'on puisse dé-

---

1. Nozick, *op. cit.*, p. 161.

montrer qu'une personne ayant épuisé toutes ses ressources à la fin de la saison sportive a un *droit* sur les biens résultant des échanges qui auront fait la fortune de Wilt Chamberlain. Pour Nozick, cela est tout simplement impossible.

L'effectivité de l'argument tient au fait de dire qu'il est absurde, d'un côté, d'exiger que chacun ait une juste part des richesses disponibles et d'empêcher, d'un autre côté, que chacun dispose pleinement des richesses qui lui reviennent[1]. Nous voyons que l'exemple choisi, pour illustrer son argument, d'un sportif de haut niveau a beau ne pas être le plus « noble » que l'on puisse trouver en ce type de recherche, il n'en reste pas moins excellent, en ce sens qu'il renvoie à un contexte familier et qu'il lie au corps même du sportif les mécanismes de production de la richesse[2]. Cela

---

1. Will Kymlicka, *Contemporary Political Philosophy. An Introduction*, Oxford, Oxford University Press, seconde édition, 2002, pp. 105 *sq.*

2. Nous n'insistons pas ici sur les raisons pour lesquelles l'argumentation de Nozick nous paraît déjà ici poser problème. Signalons malgré tout que 1° la démarche est incomplète parce qu'elle part d'une situation légitime sans prendre en compte les principes qui font que cette situation peut être considérée en tant que telle – ce qui présente un sérieux problème pour une théorie procédurale de la justice ; 2° non seulement Nozick ne tient pas compte des principes rendant possible D1, mais il suppose que les droits de propriété qui ont été initialement répartis correspondent à *sa* conception du droit de propriété, qui, nous le rappelons, prévoit que l'on possède de façon absolue des biens particuliers. Ce qui, bien entendu, n'est pas nécessairement le cas, puisque la propriété peut bien exister suivant d'autres modalités.

nous amène au second argument avancé par Nozick ; argument qui nous situe au cœur d'une problématique que la notion d'individualisme possessif permet d'exprimer en des termes tout à fait convaincants.

Le problème de la légitimité de la situation initiale rejoint celui, bien connu dans l'histoire de la philosophie politique, de la légitimité de la première appropriation. Locke et Rousseau, notamment, ont contribué magistralement à établir la configuration et les limites de cette problématique. Comme on le sait, Rousseau n'en reste pas à sa condamnation morale de la propriété qui l'amène, dans la seconde partie de son *Discours sur l'origine et les fondements de l'inégalité parmi les hommes,* à faire du premier propriétaire un simple « imposteur[1] ». Il envisage en effet le principe d'une légitimité possible de la propriété, dès lors que celle-ci trouve sa justification et sa valeur dans le travail humain qui lui est attaché. Rousseau écrit ainsi sur un mode tout à fait lockéen :

> […] il est impossible de concevoir l'idée de la propriété naissante d'ailleurs que de la main-d'œuvre ; car on ne voit pas ce que, pour s'approprier les cho-

1. J.-J. Rousseau, *Discours sur l'origine et les fondements de l'inégalité parmi les hommes* (1754), seconde partie : « Que de crimes, de guerres, de meurtres, que de misères et d'horreurs n'eût point épargnés au genre humain celui qui arrachant les pieux ou comblant le fossé, eût crié à ses semblables: Gardez-vous d'écouter cet imposteur ; vous êtes perdus, si vous oubliez que les fruits sont à tous, et que la terre n'est à personne. » (Paris, Folio essais, p. 94)

ses qu'il n'a point faites, l'homme y peut mettre de plus que son travail. C'est le seul travail qui donnant droit au cultivateur sur le produit de la terre qu'il a labourée lui en donne par conséquent sur le fond, au moins jusqu'à la récolte, et ainsi d'année en année, ce qui faisant une possession continue, se transforme aisément en propriété[1].

Dans l'*Émile*, Rousseau défendra de nouveau le principe d'une justification de la propriété par le travail, affirmant notamment que « l'idée de la propriété remonte naturellement au droit du premier occupant par le travail[2] ». Ce faisant, Rousseau, tout comme Locke, apporte une précision tout à fait importante que l'on va retrouver au cœur de la conception néolibérale de l'individu et de la propriété. Dans l'*Émile*, lorsque le gouverneur cherche à faire comprendre à son élève ce que signifie la propriété, il établit un lien étroit entre le bien susceptible d'appropriation et la personne, à travers la médiation du travail : « [...] je lui fais sentir, dit-il, qu'il a mis là son temps, son travail, sa peine, sa personne enfin ; qu'il y a dans cette terre quelque chose de lui-même qu'il peut réclamer contre qui que ce soit, comme il pourrait retirer son bras de la main d'un autre homme qui voudrait le retenir malgré lui[3]. »

Cette idée exprime précisément le sens de ce que Macpherson a appelé l'« individualisme posses-

---

1. *Ibid*, p. 103.
2. J.-J. Rousseau, *Émile ou de l'éducation*, Paris, Folio essais, p. 169.
3. *Ibid.*, p. 167.

sif », à savoir le lien que, par le biais du travail, les premiers penseurs de la modernité politique établissent entre l'individu et le bien possédé (cf. sa conclusion : « Individualisme, propriété et démocratie libérale »), le lien qu'ils affirment avec la plus grande netteté entre la « propriété de soi » et la « propriété privée ». Il nous paraît évident que Nozick exprime lui-même cette idée, lorsqu'il choisit de fonder ce second argument sur l'idée moderne de *propriété de soi.*

Ce second point correspond en fait à un approfondissement du premier. La chance de Wilt Chamberlain était finalement de posséder des talents ayant une valeur d'échange. La propriété sur les biens acquis était, nous l'avons vu, fondée sur la propriété des talents qu'il exerçait dans le cadre de son activité sportive. En donnant de sa personne, il produisait de la richesse. L'exemple était d'autant plus efficace qu'il renvoyait aux exigences de l'individualisme possessif le plus pur : le sportif produit la richesse par son propre corps et semble ne rien devoir à personne (on ne reçoit pas en héritage la capacité à marquer des paniers à trois points).

La portée de l'argument que Nozick tirait tout d'abord de cet exemple était limité : il s'appuyait sur l'évidence d'avantages liés à un libre exercice des droits de propriété, mais, à ces avantages, on pouvait tout aussi bien opposer le constat d'inconvénients ou d'effets pervers. Nozick se place par la suite sur un autre plan, en cherchant à dévoiler *un rapport de nécessité* entre « individualisme possessif » et « droit absolu sur des biens particuliers ». Il veut ainsi démontrer que la théorie néolibérale de l'État minimal et du libre marché est irréfutable dans une perspective moderne, quand bien même nous réprouverions les effets négatifs que sa mise en œuvre peut également produire.

C.B. Macpherson a défini l'individualisme possessif par un ensemble de sept propositions .

> *Proposition I :* L'homme ne possède la qualité d'homme que s'il est libre et indépendant de la volonté d'autrui. *Proposition II :* Cette indépendance et cette liberté signifient que l'homme est libre de n'entretenir avec autrui d'autres rapports que ceux qu'il établit de son plein gré et dans son intérêt personnel. *Proposition III :* L'individu n'est absolument pas redevable à la société de sa personne ou de ses facultés, dont il est par essence le propriétaire exclusif. [...] *Proposition IV :* L'individu n'a pas le droit d'aliéner totalement sa personne, qui lui appartient en propre ; mais il a le droit d'aliéner sa force de travail. *Proposition V :* La société humaine consiste en une série de rapports de marché. [...] *Proposition VI :* Puisque l'homme ne possède la qualité d'homme que s'il est libre et indépendant de la volonté d'autrui, la liberté de chaque individu ne peut être légitimement limitée que par les obligations et les règles nécessaires pour assurer à tous la même liberté et la même indépendance. *Proposition VII :* La société politique est d'institution humaine : c'est un moyen destiné à protéger les droits de l'individu sur sa personne et sur ses biens, et (par conséquent) à faire régner l'ordre dans les rapports d'échange que les

individus entretiennent en tant que propriétaires de leur propre personne (*supra*, pp. 433-436).

Nozick s'inscrit résolument dans ce cadre, tout en y joignant une référence au principe kantien de l'égalité morale entre les personnes qu'il présente comme une interprétation de ce principe de la propriété de soi[1]. Le raisonnement s'engage de la façon suivante : « Les individus ont des droits, et il est des choses qu'aucune personne, ni aucun groupe, ne peut leur faire (sans enfreindre leurs droits)[2]. » Il établit ensuite que le principe de l'égalité morale entre les individus, en même temps qu'il leur permet d'affirmer leur spécificité en tant qu'être humain, leur permet de revendiquer le droit de ne jamais être traité comme un moyen, mais toujours comme une fin. À partir de là, Nozick tente de démontrer que les biens et les facultés dont l'individu est le propriétaire font partie intégrante de son individualité. Toute atteinte à ces droits est, par conséquent, en même temps une atteinte à sa dignité. En ce sens, toute politique redistributive porterait atteinte à la dignité de certains individus, puisqu'elle comprend effectivement la nécessité d'utiliser certains individus comme moyens visant à compenser les déséquilibres sociaux dont d'autres qu'eux pâtissent. Selon Nozick, seule une société organisée suivant une logique néolibérale est à la mesure de l'exigence éthique

1. R. Nozick, *op. cit.*, pp. 30 *sq.*
2. *Ibid.*, p. 9.

kantienne, puisqu'elle serait la seule à ne pas institutionnaliser le principe suivant lequel les individus peuvent être utilisés à titre de moyen : « L'État minimal, écrit-il, respecte notre intégrité en tant qu'individus qui ne peuvent être utilisés de quelque façon que ce soit par d'autres, comme moyens, outils, instruments ou ressources ; il nous traite comme des personnes ayant des droits individuels avec la dignité que cela implique[1]. »

C'est seulement dans un tel contexte que nous pouvons, selon Nozick, conduire notre vie comme nous l'entendons et réaliser nos desseins, tenter de nous porter au niveau de la conception que nous nous faisons de nous-mêmes. Ce point important se présente ainsi à la fois comme une défense du néolibéralisme et comme une critique de toute théorie redistributive et, plus particulièrement, du libéralisme politique de John Rawls[2]. En effet, Nozick considère que l'auteur de la *Théorie de la justice* n'assume qu'imparfaitement le principe moderne de l'individualisme possessif, 1° parce qu'il refuserait à celui qui dispose de talents particuliers de profiter *pleinement* des ressources qu'il génère et 2° parce qu'il l'instrumentaliserait au bénéfice d'autrui. La lecture de Nozick est en réalité faussée par les objectifs théoriques et politiques qui sont les siens. De toute évidence, l'œuvre de Rawls intègre une

1. Nozick, *op. cit*, p. 334.
2. John Rawls, *Théorie de la justice* (1971), trad. C. Audard, Paris, Seuil, coll. « Points », 1997.

interprétation de la *propriété de soi* qui ne débouche pas sur le principe d'un droit absolu sur les choses. Rawls, en effet, admet tout à fait que l'on puisse exercer ses talents pour générer des richesses. En revanche, il dit bien qu'aucun mérite particulier ne devrait être attaché au fait de posséder telle ou telle compétence, et que, par conséquent, le fait de disposer de talents ou de facultés ayant une valeur d'échange ne justifie en rien les trop grandes inégalités sociales qui peuvent résulter de leur exercice. Pour Rawls — et tel est le sens particulier de sa conception du « mérite » —, les talents sont largement *immérités* et dépendent grandement des circonstances sociales et naturelles :

> Le principe de l'équité des chances, écrit Rawls, ne peut être qu'imparfaitement appliqué, du moins aussi longtemps qu'existe une quelconque forme de famille. La mesure dans laquelle les capacités naturelles se développent et arrivent à maturité est affectée par toutes sortes de conditions sociales et d'attitudes de classe. Même la disposition à faire un effort, à essayer d'être méritant, au sens ordinaire, est dépendante de circonstances familiales et sociales heureuses. Il est impossible, en pratique, d'assurer des chances égales de réalisation et de culture à ceux qui sont doués de manière semblable ; pour cette raison, nous souhaiterions peut-être adopter un principe qui reconnaisse ce fait et qui, aussi, atténue les effets arbitraires de la loterie naturelle elle-même[1].

1. *Ibid.*, p. 105.

Rawls, à la différence de Nozick, considère ainsi que la propriété de soi ne donne pas un droit *absolu* sur les ressources résultant de l'exercice de talents propres. Ce faisant, il soustrait sa théorie de la justice au modèle de l'individualisme possessif, du moins en sa proposition III affirmant, rappelons-le, que l'« individu n'est absolument pas redevable à la société de sa personne ou de ses facultés, dont il est par essence le propriétaire exclusif ».

Nozick reproche à Rawls de ne pas établir entre « individualisme possessif » et « droit absolu sur les ressources produites par les talents possédés » le même lien de nécessité ; mais le sujet, pour Rawls, peut faire droit à l'exigence éthique kantienne, sans que pour autant le fait de prélever une partie des ressources qu'il génère soit à considérer comme une atteinte à sa dignité de sujet. Nous pourrions même, à la lumière d'une théorie du sujet qui montre en quoi le rapport à autrui est constitutif de la subjectivité en tant que telle[1], défendre l'idée selon laquelle la prise en compte des besoins d'autrui est un élément nécessaire du respect que l'homme doit à l'homme.

La lecture de *La Théorie politique de l'individualisme possessif* vaut ainsi doublement. Tout d'abord, elle donne à une séquence de la pensée politique majeure pour notre temps une unité chargée de

1. A. Renaut, *Kant aujourd'hui*, Paris, Aubier-Flammarion, 1997.

sens. Certes, les analyses peuvent dans leur détail, par rapport à tel ou tel auteur, faire l'objet de contestations légitimes, mais il n'en demeure pas moins qu'un angle véritable de problématisation a été proposé et qu'il peut nous appartenir désormais d'en faire usage selon des modes que l'on pourra estimer moins réducteurs. Ensuite, cette analyse historique permet la détermination d'un concept qui, ramené à de justes proportions, conserve une réelle pertinence critique à l'heure de repenser, parfois sous l'angle d'une théorie de l'identité et de la reconnaissance, les rapports multiples qu'entretiennent propriété de soi, propriété privée et propriété sociale dans les sociétés modernes démocratiques[1]. Cette historiographie de type « progressiste » n'est pas la seule à prétendre à un tel statut. L'essentiel des reproches qui lui furent adressés sur le plan de l'interprétation des œuvres provient d'une école historiographique qui lui dispute, non sans succès, ce privilège, à savoir la tradition républicaniste où s'illustrent notamment John Pocock, Quentin Skinner et Philip Pettit[2]. Différentes, voire

1. Voir, par exemple, sur ce point, Nancy Fraser et Axel Honneth, *Redistribution or Recognition? A Political-Philosophical Exchange*, Londres, Verso, 1998. On lira également avec profit l'intéressante discussion de Robert Castel et Claudine Haroche, *Propriété privée, propriété sociale, propriété de soi. Entretiens sur la construction de l'individu moderne*, Paris, Fayard, 2001.
2. De ce dernier, lire notamment *Républicanisme. Une théorie de la liberté et du gouvernement*, trad. fr. par P. Savidan et J.-F. Spitz, Paris, Gallimard, 2004.

contraires[1], ces perspectives constituent en même temps des niveaux de problématisation complémentaires de la modernité politique et d'une forme de libéralisme qui serait bien inspirée d'en prendre la juste mesure.

PATRICK SAVIDAN

1. Il suffit pour s'en rendre compte de comparer les interprétations diamétralement opposées de la pensée de Harrington que proposent John Pocock et C.B. Macpherson.

INDEX

Composition Nord Compo.
Impression Société Nouvelle Firmin-Didot
à Mesnil-sur-l'Estrée, le 3 novembre 2004.
Dépôt légal : novembre 2004.
Numéro d'imprimeur : 70776.

ISBN 2-07-031667-X/Imprimé en France.

130047